编委会

学术人生

浙大中文学者访谈录

胡可先　史文磊　主编

浙江大学出版社
ZHEJIANG UNIVERSITY PRESS
·杭州·

图书在版编目（CIP）数据

学术人生：浙大中文学者访谈录 / 胡可先，史文磊
主编. —杭州：浙江大学出版社，2023.1
　　ISBN 978-7-308-22650-9

　　Ⅰ.①学… Ⅱ.①胡… ②史… Ⅲ.①中文－科学工
作者－访问记－中国－现代 Ⅳ.① K825.5

　　中国版本图书馆 CIP 数据核字（2022）第 085408 号

学术人生：浙大中文学者访谈录

胡可先　史文磊　主 编

责任编辑	胡　畔
责任校对	赵　静
封面设计	周　灵
出版发行	浙江大学出版社
	（杭州市天目山路 148 号　邮政编码 310007）
	（网址：http://www.zjupress.com）
排　　版	杭州浙信文化传播有限公司
印　　刷	浙江全能工艺美术印刷有限公司
开　　本	710mm×1000mm　1/16
印　　张	26.5
字　　数	400 千
版 印 次	2023 年 1 月第 1 版　2023 年 1 月第 1 次印刷
书　　号	ISBN 978-7-308-22650-9
定　　价	98.00 元

前　言

2020 年是浙江大学中文系建系一百周年，为了一百周年系庆，我们举行了一系列庆祝活动，其中一项重要的活动就是编写一部浙大中文学科学者访谈录。

浙江大学中文系滥觞于 1897 年成立的求是书院和育英书院的国文课程，发端于 1920 年的之江大学文理学院国文系和 1928 年的浙江大学文理学院中文系。1998 年四校合并后建立新的浙江大学中文系，并由中文系和古籍研究所融合而成中国语言文学学科。由之江大学国文系和浙江大学中文系两个源头的汇聚与分合，铸就了百年的历史。产生了夏承焘、姜亮夫、王驾吾、蒋礼鸿、孙席珍、胡士莹、任铭善、郭在贻、徐朔方、吴熊和等著名学者，形成了优良的学术传统。

这个优良的学术传统可以概括为三个方面：第一，专家与博雅的融合。由宋至清开启的浙东学派与浙西之学，经过中文学科夏承焘、姜亮夫等诸多大师的弘扬，一直传承至今。"浙西尚博雅""浙东贵专家"二者融合的学风，在浙大中文学科的百年传统中得到了很好的凝聚和体现。诸如夏承焘先生以温州人传承浙东学派"学贵专精"与"学究于史"的精神，开启词史之学，又坐镇东南与海内外学者声气相通，建立博雅通达的词学体系，成为"一代词宗"。第二，求实与创新的精神。浙大中文学科值得大书一笔者是它的学统。中文学科滥觞于 1897 年的求是书院和育英书院，求是书院的创办就孕育着求实精神，育英书院的创办目的是培育英才。百年历史，浙学影响，名师垂范，形成了我们中文学科求是、求实、求真的学术

传统。这一传统，在"三古"即古代文学、古代汉语、古典文献领域表现最为突出。同时在文艺学、中国现当代文学、比较文学与世界文学、语言学及应用语言学诸领域也有显著的表现。第三，包容与开放的胸怀。我们中文学科，在学术上，容纳了各种学说，也创造了各种学说；在思想上，强调包容理念，提倡独立精神。我们坚持开放办学，激发广大师生的创造力，打开了格局，凝聚了精神。

目前的浙江大学中文学科，语言、文学与文献并驾齐驱，形成以文献史料为基础，将文学与语言、传统与现代、文献与文物、文学与影像、编纂与研究融为一体的研究格局，古今汇通，中西兼融，是浙江大学人文社会科学学科中既有悠久的历史底蕴又有强烈的现代气息的学科。

作为浙大中文学科百年传承的历史，我们将在系史上留下一份积淀，就向全体在职教师征集访谈录，经过一年的努力，共收到21位学者的25篇访谈录。这些访谈录，在学术方面至少有四个方面的启示：

第一，学术研究的传承。一个学科的建立、稳定和发展，学统的建立、学派的形成、学风的营造至关重要，而这些有赖于学术研究的传承。访谈录中一项重要内容就是学术研究的传承。如张涌泉教授谈到自己学术起步的时候受到郭在贻老师的影响："郭老师就有意识地培养我。我也经常把我写的一些小文章请郭老师看。郭老师看了以后，就鼓励我。正是郭老师的影响，加上我古汉语课成绩好，把我对语言学、汉语言文字学的兴趣激发出来了。后来我就慢慢地走上语言学的研究道路。"张涌泉又考取了郭在贻老师的研究生，后来与郭老师合撰了"敦煌学三书"。再如王云路教授在访谈录中也深情地说："我1982年考取杭大中文系汉语史专业的硕士研究生，导师是郭在贻先生，毕业后分配至古籍研究所任教至今。1992年，我获得博士学位，导师是姜亮夫先生。我主要研究古代语言，其实我刚读大学时比较喜欢文学，但是语言更像是一门理性的科学，不需要特别多的想象，和我的秉性更相契合。提到求学、治学经历，我马上就想起了两位郭老师。在我的学术之路上，他们是我的启蒙者和引路人。"一百年当中，传承有序的几代学人，支撑着中文学科的发展。

第二，学术道路的艰辛。学术研究并不是一条平坦的道路，只有不畏艰辛、勇于挑战者才能臻于理想的境地。谈到学术道路的艰辛，翟业军教授回忆自己出生于宝应的小镇，由中师毕业通过自考读本科，毕业后再到扬州大学读硕士、到南京大学读博士而走上学术之路。在南京大学工作多年，学术取得成就后逐渐得到学术界的认可，被浙大中文系作为优秀学者引进。他在访谈录中也发出这样的感慨："中师生，这是一个既酸楚又幸福，因而显得古怪、意味深长的话题，里面潜藏着许多那段历史的信息，值得进一步探究。"目前，翟业军教授取得的学术已有目共睹，这样也就更印证了"英雄不问出处"的古训。无独有偶，访谈录中的庄初生教授，最初也是中师学生，后来又进入正规大学学习，变成了科班出身，学术道路就要顺畅得多。

第三，学术研究的追求。一位学者走上学术研究道路之后，对于学术研究的不懈追求，才是其取得成就的方向和目标，同时也要坚守学术的底线。如吴秀明教授在访谈中说："学术研究本应超越世俗功利，以契接历史公意和客观事实或如康德所说的以'善的意志'来发言，并一以贯之地忠于自己的内心。但在现实的语境中，情况往往并非如此。虽然学术理念发生变化是很正常的，也是常有之事，但这种变化应有内在的逻辑。最起码是'修辞立其诚'，'我手写我心'，不能用今天来否定昨天，或是为了今天的某种功利简单地否定昨天。这不仅是对历史、现在和未来负责，同时也是对自己负责，它涉及学术伦理和为人为文的底线。"超越功利、不媚时俗、忠于内心、坚守底线，看起来是学术研究守正创新的基本要求，但在翻云覆雨的时代变迁、眼花缭乱的社会诱惑中，能够持之以恒地追求学

术，是非常不容易的。

第四，教书育人的天职。教书育人是教师的天职，也是立身之本。从访谈录中，我们看到了各位学者至性虔诚的教学态度和因材施教的教学方式。如汪维辉教授谈到自己教学时说："我始终认为，作为一名大学教师，教书育人是我的天职，教书是我的本分，而科研则是个人的事。我尤其喜欢给本科生上课，因为不管是在南京大学还是在浙江大学，我们的本科生都是当代中国最优秀的大学生，给本科生上课，我总是享受着'得天下英才而教育之'的快乐。我觉得在大学教书，要把课上好，除了教学技巧外，更重要的是要靠内容取胜，这就需要有科研作支撑。我常常把我的研究心得融入教学之中，受到学生的欢迎。"庄初生老师也说："要教好书，首先要做好学术研究，特别是在大学上的专业选修课。……至于现代语言学，给你们上的课无非就是这六个字的内容：语音、音系、音变。……如果没有这些方面的研究，拿着别人写的教材来讲，恐怕永远无法讲好。那些知识在经过自己的研究之后，已经内化为自我的东西，上课都能脱口而出，而不是照本宣科。"他们不仅将教书育人作为本分与天职，而且将自己的学术研究融化于教学过程当中，不断培养出学术英才。

总之，这部学术访谈录不仅突出表现了受访者的学术贡献，而且通过访谈得到学术成果之外的很多启示，包括受访者的学术背景、学术经历、学术理念、学术个性、治学方法等，同时能够提供教书育人的指引和因材施教的策略。希望这本访谈录在浙大中文学科的百年发展中体现出一定的学术史和教育史意义。

胡可先

2021 年 12 月 18 日

目 录

问学于文史之间

——吴秀明教授访谈录

史婷婷 ※

学者
名片

吴秀明，汉族，1952 年生，浙江温岭人，浙江大学教授、博士生导师。为国家教学名师、浙江省有突出贡献的中青年专家。兼任中国文艺理论学会副会长、浙江省中国当代文学研究会会长等。1976 年毕业于杭州大学汉语言文学专业。出版《中国当代长篇历史小说的文化阐释》《中国当代文学史料问题研究》《当代文学"历史化"问题研究》等 20 多部著作，在《文学评论》《文艺研究》《中国现代文学研究丛刊》等刊物发表文章近 300 篇。主持"历史文学研究""当代文学文献史料问题研究""当代文学研究的'历史化'及其主要路径与方法"等 5 项国家社科基金重点项目与一般项目。获教育部高等学校优秀教学和研究成果奖二、三等奖多项。

※ 史婷婷，浙江财经大学人文与传播学院讲师。

一、"求是博雅"传统的当代演绎

史婷婷（以下简称史）： 吴老师，您好！很荣幸今天能有这样一个机会与您进行对话与交流。我们知道，浙大中文系作为一个具有百年历史的老系，有着优良的传统。您作为中文系承上启下的一代学者之一，对这个传统有何理解？

吴秀明（以下简称吴）： 如果从 1897 年求是书院创立时延请名家开设国文课程算起，浙大中文系已历春秋 120 余载，倘若将 1920 年的之江大学文理学院国文系视作现代意义上的浙大中文的源头，那么它迄今已走过百年风雨沧桑的历史。20 世纪 70 年代，我从杭大中文系毕业就留校工作至今，可以说中文系培养了我，我也有幸见证了近半个世纪以来中文系的风采。虽然我们历经了从"老杭大"到"新浙大"的转变，但中文系的良好学风从第一代学者夏承焘、姜亮夫等老先生，到第二代的蒋礼鸿、徐朔方、吴熊和、王元骧等先生，再到我们这些"50 后"，以及从"60 后"到"80 后"学人，在这里一直就没有中断过，几代师辈的精神之道与治学之术始终是激励我们后人前行的动力。2011 年，由我任总主编，吴笛、黄健、陶然三位教授任分卷主编的三卷本《浙江大学中文系系史》，就曾用"考镜源流"的方式对此进行了梳理。通过"系史"的编纂，我对浙大中文系的"前世今生"有了更全面深切的理解：这就是百年的历史，加之浙学的影响，名师的垂范，使它逐渐形成了"求是博雅"的学术传统。这也为中文系的继续发展奠定了坚实的基础，筑就了很高的学术平台。2017 年底，在教育部组织实施的第四轮学科评估中，浙大中国语言文学学科被评为 A 级，与复旦大学、南京大学等 5 所全国名校一起，成为仅次于北大、北师大（他们为 A+）的中国语言文学的重镇，这也从一个角度显示和见证了我们的实力，尽管在师资队伍组成上，因体制之故，我们浙大中文系现今还不到50名教师，仅仅是许多同类学校的一半，甚至还不到一半。

史： 想来"求是博雅"不仅是浙大中文系的传统，而且对包括中国现当代文学在内的新兴学科乃至整个人文学科的发展，都有普遍的借鉴意义吧！

吴： 是的。正如我在十年前的"钱江新潮"丛书总序中提到的那样：浙大中文系长期以来以"求是博雅"为系训，正是因非求是无以成专家，非博雅则无以成通儒。在我的理解中，所谓"求是"，就是求真、求实；所谓"博雅"，就是求善、求美。不尚空谈，不发虚辞，以追求真理为目标，以崇尚事实为基础，强调学术研究的"实事求是"与"实事求是"的学术研究——我认为这是中文系生生不息的学术传统，它贯穿百年而又延续至当下，已内化为我们的一种精神生命，一种支撑当下中文系存在和发展的基点。作为中文一级学科"大家族"的重要一员，现当代文学自然也不例外。

说到这里，我想起了吴熊和先生与我讲的一件轶事。他说自己60年代在杭大中文系跟夏承焘先生从事词学研究时，有一次给夏先生提交了一篇八千字的文章，不想夏先生认为里面的"水货"太多需要榨干，导致他后来不敢写长文章了。紧接着他对我说："你们现当代文学与我们古代文学不一样，好像特别擅写长文章！"这是三十年前的事了，吴先生本人也于八年前驾鹤西去离开了我们，但此番话至今令我记忆犹新，感慨良多。不同于"三古"（古代文学、古代汉语、古典文献）具有非常成熟与完善的学科体系，包括现当代文学在内的新兴学科自有其独到的优势，但我们也得坦率承认，它在历史积淀方面是存在着明显的不足的。以当代文学为例，虽然20世纪80年代文学批评曾一度引领风骚，对整体文坛乃至学界产生

了不可小觑的辐射影响，批评本身也成了文学史的重要一部分。但回过头来看，这些批评也包括有些理论践行的主要还是"我批评的就是我"，它在充分凸现批评主体个性和才情的同时，是否存在着"注水"过多的问题？这样想来，几十年前吴先生的批评至今还是颇有现实意义的。

史：说起吴熊和先生，我想到您在几年前撰写的那篇很感人的悼念文章，文中提及吴先生一句话"从事人文学科研究要耐得住寂寞，耐得住冷落"，给我留下深刻的印象，你能否从治学角度展开一下？

吴：你说的这篇文章，是 2012 年吴熊和先生追思会的发言稿。吴熊和先生是我非常敬重的师辈，无论是作为学者，还是作为古代文学学科乃至中文系曾经的"掌门人"，他都是很杰出的。"从事人文学科研究要耐得住寂寞，耐得住冷落"是吴先生经常与我们说的，自然也是他的经验之谈。包括中文在内的人文学是一门"无用之用"的学问，它对精神性、情感性、审美性的追求，对意义、价值、生命的叩问，是需要放在长时段中，用超越世俗的眼光才能充分彰显其价值。而当下盛行的评估体系，它似乎更看重论文和项目的量化指标及其在此生产过程中的动态价值，所以，为完成这些指标以及为求现实的功利效果，它往往催生了我们急于求成的心理。有关这方面，最近一些年来批评反思的声音很多，也很强烈，但迄今尚无体制性层面或有效的应对措施。看来只有靠我们学人个人自身的定力和修为了。可以说，学者能否保持定力和修为走自己的路成了最大的挑战。不必讳言，我这样讲是很有点无奈和苦涩的。

史：我记得您在《浙江大学中文系系史》代序（《我心中的浙大中文系》）中曾提及您目睹过许多中文系名师大家的风采，并有幸向他们讨教，获益良多。除了刚才谈到的要耐得住寂寞之外，您认为，师辈们的治学理念与态度对您的影响还具体体现在哪些方面？

吴：如你所知，"三古"一直以来都是浙大中文系（1998 年四校合并以前为"杭大中文系"）的传统强势学科，它们悠久历史凝结而成的学术传统，使之即使在特殊年代也产生了一批经得起时间考验的精品力作，而成为中文系弥足珍贵的宝贵财富，不仅对我们后辈为人为文产生了深刻的影响，而且还为包括现当代文学在内的新兴学科的规范化及其进一步提升提供了重要的参考。记得十多年前受邀参加古代文学博士论文答辩，在答辩会上，吴熊和先生针对"三古"擅长的考证，曾指出要"有所考，有所不考"，意即并非所有的材料和对象都值得去考证，它还有一个选择的问题；考与不考以及如何考，它关涉研究者的学养、心胸、境界以及对研究对象的宏观整体的判断——也就是司马迁所说的"究天人之际，通古今之变"。如此，才能将研究引向扎实、厚重与开阔，对对象做出更精准的评价。

这也就牵涉到与"考"相关的"论"的问题。这一点，王元骧先生有关文学理论研究对我是有影响的。这里所说的影响，除了立论之外，我主要是指严密的逻辑思维，环环相扣、层层推进的演绎方式，以及行文，包括上下句、上下段之间衔接的严丝合缝，呈现逻辑上的自洽、有序与完整。其实古代文学也不排斥"论"，就像徐朔方先生的《汉诗论稿》、吴熊和先生的《唐宋词通论》一样，其"言必有据"的研究中也都有"论"的观照和审思。从这个意义上，我认为不应将中文系的"实事求是"传统简单狭隘地理解为考据或实证，它同时应该包括思想理论，并由此形成考论结合（或曰史论结合）的治学理路。只有这样，才能形成并实现更高层次的"实事求是"。这也是我们今天在阐释中文传统时需要注意的。

说到师辈的治学理念与态度，我认为还应该包括学术真诚。学术研究本应超越世俗功利，以契接历史公意和客观事实或如康德所说的以"善的意志"来发言，并一以贯之地忠于自己的内心。但在现实的语境中，情况往往并非如此。虽然学术理念发生变化是很正常的，也是常有之事，但这种变化应有内在的逻辑。最起码是"修辞立其诚"，"我手写我心"，不能用今天来否定昨天，或是为了今天的某种功利简单地否定昨天。这不仅是对历史、现在和未来负责，同时也是对自己负责，它涉及学术伦理和为人为文的底线。道理很简单，"批评家需要具备知识储备、历史感（包括传统）和个人才能，当然还有专业操守和道德底线。……'真诚'（真实）写作是产生优秀作家和批评家的一个基本前提，而'真诚'既是对修辞和语言能力的考验，也是对精神难度和问题意识的要求"[1]。就此而论，学术研究，包括研究什么以及怎样研究，它从一个侧面反映了研究者的人格及价值取向。所谓的文品背后是人品，应该说还是有道理的。

史： 就您个人的学术经历与心得而言，您认为当代文学应如何从实践层面与"求是博雅"这一中文系传统进行对接呢?

吴： 我想到 2017 年年底系里撰写的教育部有关学位点自评总结报告，它在谈及浙大中文学科三大鲜明特色时，曾十分醒目地将"文献史料"作为中文系的其中一个特色："形成以文献史料为基础，将文学与语言、传统与现代、文献与文物、文学与影像、编纂（整理）与研究融为一体的研究格局，并通过教材编纂与项目合作，落实到教学和人才培养上，形成并初

---

① 霍俊明：《批评的矢量：众目所视或内在秘密》，《山花》2018 年第 5 期。

步构建了一个古今打通、多元立体的文献史料研治体系。"可见文献史料在浙大中文学科中的地位。事实上，经过多年的积淀，当然也受整体时代学风的影响，我们现当代文学这里多少也出现了变化。除了我本人的当代文学史料研究外，我的同事陈力君、张广海也分别在鲁迅影像史料和左翼文学史料研究方面倾心用力，取得了不俗的成绩，他们各自从不同方向和维度，为本学科研究提供了新的学术生长点。当然，陈、张二人的史料研究，是与他们的导师郑择魁教授、陈平原教授的影响和熏陶有关，我也从他们那里学到了不少新的东西，包括思维观念与方法手段。尽管彼此的研究对象与范围有所不同，但它毕竟都是基于事实的一种研究，与中文系的学术传统具有血脉关联。

史： 您长期在浙大中文系工作，经历了从"老杭大中文系"向"新浙大中文系"转换的全过程，还主编过"系史"，想必对中文系有一种特殊的感情。这从"系史"总序中能感受得到。当年此文发表，曾赢得广泛的好评，其影响力可以说较之您研究和评论文章甚至更大。可否以您的经历，来谈谈中文系学科发展的前景？这也是像我这样的从浙大中文系出来的人十分关心，并在各种场合经常议论的一个话题。

吴： 这个话题涉及百年历史，实在有点大，以我这样的身份及水平学识，坦率地说，回答不了，也不合适。这里只想结合"系史"编纂，冒昧地谈一点个人体会：首先，当然是要发挥"三古"的学术优势，但同时又不能拘囿于此，而应该有新的拓展，有更高远的追求。毕竟"一代有一代之学术"嘛！事实上，经过了风风雨雨、分分合合的百年历史，现在的浙大中文系已不再是 1920 年的老之江国文系、1928 年的老浙大中文门，甚至也不同于 1998 年四校合并前的老杭大中文系。整个社会文化教育生态

变化之快之大，令人瞠目结舌，你可以因不适发牢骚，做"重温"老杭大中文系之"梦"，但你必须得直面并且承认，不仅是浙大，整个中国乃至整个世界都在发生深刻的变化，它已形成了一股不可阻挡的"潮流"。面对这样的情形，每个学科及每个个体都在变化，这不是你要不要、愿不愿，而是不得不变或身不由己要变或必须要变。像我这样的 50 后，因经历和教育所致，属比较理想主义的一代，与现有环境及学术生态，往往不那么协调。我曾在"系史"总序中提出了新兴学科"历史化"与传统学科"现代化"相融发展，并对中文一级学科在新形势下如何"守正创新"，寻找浴火重生之路在五个方面进行了反思。翻翻在近十年前写的文字，我以为现实的基本语境没有变，甚至比以前更严峻了。看来中文学科未来的发展，还是任重而道远。当然，这是 60 后及比他们更年轻一代的学人的事了。

二、当代文学史料的多维探讨

史：我发现对当代文学史料的关注是您近些年研究的重心，特别是 2016 年主编出版的《中国当代文学史料问题研究》及其配套的史料选丛书，对当代文学史料做了较为全面系统的梳理。我很好奇，您为何感兴趣于史料研究，将它作为一个重要的学术问题提出？

吴：我的学术研究大体上经历了"历史小说研究""文学史研究""文献史料研究"三个阶段。无论是"历史小说研究"，还是"文学史研究""文献史料研究"，"历史"均是贯穿其中的一个重要关键词，可以说我对于"史"的兴趣是始终一贯的。你说的当代文学史料研究，最早可追溯到 2005 年与人合撰的《应当重视当代文学的史料建设》一文，在该文中，我首次对当代文学史料的内容、特点和存在问题等方面做了较全面的清理。后来在《史料学：当代文学研究面临的一次重要"战略转移"》《当代文学学科建设与史料意识的自觉》两篇"笔谈"文章中，进而从学科建设和发展的角度做了强调。再后来，就是为完成国家重点项目"中国当代文学文献史料问题研究"而撰写的具体的专题性文章，并最终形成了一部 65 万字的论著。

至少到目前为止，我认为当代文学史料学以及与之相关的问题，都是实实在在的，它源自实践，是对历史与现实史料存在的理性概括，用钱理群的话来说，"就是对遗失的生命（文字的生命及创作文字的创造者人的生命）的一种寻找与激活，使其和今人相遇与对话"[1]，是真命题，而不是相反。每个问题及方面，又都是一个系统，它对我来说，哪怕穷尽一辈子也都完成不了，甚至只完成千百分之一。当代文学已有七十年历史，有不少层累性的史料积累，随着研究及"历史化"的启动，提出这个问题应属本义。没有想到，真正开展起来竟如此不易，观念障碍也有不少。"当代文学史研究者，已经意识到资料长期匮乏的严重性。然而坦率地说，这种工作无论规模、连续性和系统性都不能与现代文学的资料建设相提并论，迄今还有业内人士对他们的艰苦努力不以为然，以为与'当代文学'无关。对此我不想做过多评论。"[2] 程光炜此说，我深以为然。而之所以如此，这是否与长期以来形成并占主导的批评及其思路和心态有关呢？

当然，当代文学史料研究并非今天才有，上述所说的史料研究也不都是从开创意义上讲。但诚如马良春在谈现代文学史料时所说的那样，毋庸置疑，过去有关这方面工作，"多半是自发的、零散的"，"'史料学'的建立，这就意味着要进行有组织有计划的工作，改变过去的自发的、零散的状态，

---

① 钱理群：《重视史料的"独立准备"》，《中国现代文学研究丛刊》2004 年第 3 期。
② 程光炜、夏天：《当代作家的史料与年谱问题》，《新文学评论》2018 年第 1 期。

使整个资料工作形成一个适应现代文学史研究需要的完整体系"。① 虽然对于这一渐成趋势的史料研究及其"当代文学史料学",人们见仁见智,存在着不同的看法,但我以为,这显然不是少数人或少数刊物人为炒作的结果,而是带有某种深刻的必然性。对此,我在与你合作撰写的《当代文学史料研究状况考察——基于数据的统计与分析》(《当代作家评论》2018 年第 6 期)一文中,专门对当代文学史料研治情况作了数据统计与分析,相信可为人们讨论提供一些新的参考。需要补充一句:尽管史料研究是当代文学研究及其"历史化"的重要基础,但也警惕一哄而起,不认为人人都适合,都要去搞。在史料研究问题上,我还是主张多元分流分层,意思是说,大家不必千军万马都挤在批评这座独木桥上,而应该有部分人分离出来泡图书馆、档案馆,从事这方面的当然也是学科建设的基础工作;即使进行史料研究,也应该多样化,整理、鉴别与研究均可作合乎个性的自主选择,不必也不应在这里搞所谓的尊卑贵贱的"等级"划分。

史: 拜读了《中国当代文学史料问题研究》之后,我有一个明显的感觉,就是您与常见的"专题"性路子不同,主要倾向于"综合"研究,这种研究是否含有史料学构建的意向呢?

吴: 现在的当代文学史料研究大多都是"专题"性的,虽然这种"掘一口深井"的方式有利于逐步地完善当代文学史料学的体系,但多少有些"各自为政"的味道。我认为从文学史料到文学史料研究,再到文学史料学是一个必要而渐进的过程。像古代文学及现代文学,就有《中国古代文

---

① 马良春:《关于建立中国现代文学"史料学"的建议》,《中国现代文学研究丛刊》1985 年第 1 期。

学史料学》（张可礼）、《先秦两汉文学史料学》（曹道衡等）、《隋唐五代文学史料学》（陶敏等）、《中国现代文学史料学》（刘增杰）、《中国现代文学文献学研究》（徐鹏绪等）等。这体现了这两个学科自觉及较为成熟的状态，从中也可看出综合研究的理念。而迄今为止，以"中国当代文学史料学"命名的、系统自洽的综合论著还没有。我主编的《中国当代文学史料问题研究》及其配套的 11 卷本史料选（现因故只出了 5 卷）丛书，只是一种尝试，当然它也反映了我对当代文学史料的有关整体性思考。尤其是《中国当代文学史料问题研究》一书，在主观上是有为"当代文学史料学"提供某种雏形之意。但也仅仅是"某种雏形"，所以没有亦不敢将它名为"中国当代文学史料学"，至于实际效果如何就不敢说了。希望得到同行专家和广大读者的批评指正。在此有必要提及，2020 年国家社科基金项目"指南"中，有"新中国文学史料学研究"以及"中国当代文学史料整理与研究""当代故世作家传记和年谱研究"等选题，这不仅从学术，而且从体制层面为史料研究及其提升到"学"的高度提供了依据，是值得关注的。

史：史料研究是一个传统，从这样的视域来看当代文学史料研究，您认为应该需要注意什么问题？

吴：一方面，我们必须承认，不同于古代或更遥远的远古时期，当代文学史料研究主体与对象均生活在同一时空。由于诸多原因，尽管它在真实性甚至在价值取向上尚有不少问题，但是否存在足以改变现有结论的重大史料未被发现呢？众所周知，20 世纪初中国学界曾出现了轰动一时的四大史料发现（即甲骨文、汉晋简牍、敦煌遗书、清宫内阁大库档案），这些新史料的发现对当时乃至今天的学术研究产生不可低估的重大影响，也

造就了诸多学术研究大家。以甲骨文为例，它成就了"甲骨四堂"即罗振玉（号雪堂）、王国维（号观堂）、董作宾（字彦堂）和郭沫若（字鼎堂），唐兰认为，"卜辞研究，自雪堂导夫先路，观堂继以考史，彦堂区其时代，鼎堂发其辞例，固已极一时之盛"①。但另一方面，我们也要看到，从先秦两汉到唐宋元明清，包括民国以迄于今的当下，文学史料更多和更长的时间里，还是以点滴性发现的渐进式方式推进。像上述所说的类似四大发现这样的情况毕竟极为罕见，不具有普遍性，我们不能以此为准来排贬和要求包括当代在内的其他朝代的史料研究，否则就显得过酷而不近情理。在古代文学领域，学人们对此都能从容看待，他们并不因没有出现类似的四大发现而放松或忽略了对史料的重视及其不懈的投入，当代文学如果以此为由，不努力弥补加紧跟进，相反对之予以批评指责，那是不应该的，也是蛮可悲的。

当然，如同每门学问都有各自的适应域一样，史料也不是万能的。我们在研究时对之应有清醒的界限意识，不必将其功能价值过分夸饰。须知，史料研究毕竟更多关注文学周边，属于外部研究，它不能取代对美的评判。这也是我们研究需要注意的另一个问题。

史：您在继 2010 年国家重点项目"中国当代文学文献史料问题研究"之后，又申报了 2015 年国家重点项目"当代文学研究的'历史化'及其主要路径与方法"，并在《文学评论》《文艺研究》《文艺理论研究》《中国现代文学研究丛刊》等重要刊物上发表了一系列阶段性成果，这些文章可否看作是您史料研究的"再出发"？

---

① 唐兰：《天壤阁甲骨文存》自序，辅仁大学，1939 年。

吴：姑且也可以这样说吧。《中国当代文学史料问题研究》主要是探讨文学史料的本体及其相关问题，而《当代文学研究的"历史化"及其主要路径与方法》则是对文学史料研究的研究，从某种意义上讲难度更大，它较多涉及学术史问题。所谓的"历史化"，是指有别于文学批评的一种学科化、专业化的学术活动。它不但在"外源"性上受到以詹姆逊为代表的西方马克思主义理论的影响，而且在"内源"性上与中国汉宋两学的诠释系统具有内在的关联。完整意义上的"历史化"，它应该同时包含了"外源性"与"内源性"两种思想学术资源。对此，我曾在《后现代主义语境中的知识重构与学术转向》等文中，尝试着作了一番归纳和分析。毕竟，当代文学也不"年轻"了，它两倍多于现代文学的时长，使其逐渐成为相对比较稳定的一个知识谱系，我们有必要超越固有的"批评"状态，将其当作一个问题置于认识性的知识框架中来进行考察和反思，就像福柯所说着眼于那种知识与思想的生产，是不妨可将它当作一门"学问"去尝试了。后一项目即"历史化"项目的申报，也体现了我对目前当代文学整体研究历史和现状的一个判断。

史：以前的当代文学以"批评"为主，真正属于"研究"的不是太多，可以说，文学批评是构成当代文学的一个显在特点。那么，您认为批评与史料是什么关系呢？这个问题迄今似无人谈及。

吴：我认为，当代文学批评与文学史料共同支撑着理论思维，彼此构成了一个"正三角"（"△"）的关系。批评与史料之间存在着看似矛盾，实则相反相成、相互建构的互动关系，批评经过了这些年的发展，也已有了一部属于自己的批评史。批评尽管是带有主观色彩的审美评判活动，但它并不像有人所理解的那样一味地拒斥理性，相反，优秀的批评总是能将

主观的感性认识与客观的理性判断有效地融会一体。一味地强调批评的审美纯粹性与审美纯粹性的批评，排拒它与包括史料在内的外部世界的关联，也容易造成自我封闭，反过来给批评带来负面影响。有关这方面，我在新近发表的《批评与史料如何互动》一文中有过分析，这里恕不重复。需要指出的是，近年来，已有学人在不遗余力地倡导"学理性批评"，将其视为《文学评论》办刊六十年来"力倡和践行的批评的标准"，有的还执着地为其辩护。这与我所讲的"批评与史料互动"，就其内在本意来说，大致是相通的。借用倡导者的话来说，就是"从事文学批评和研究也必须植根于历史，如果离开了历史，我们的文学批评和研究将陷入虚浮无根的非确定状态"[1]。

　　当然，反过来，史料研究也应放开眼光，融会与吸纳批评的元素，丰富充实自己，这是一种双向能动而又互惠互利的关系。事实上，不少版本或本事研究（即文本与历史原型之间关系研究），就明显借鉴了文本细读的批评方法。史料研究侧重于真伪甄别，属于真实性范畴，它有自己的功能价值，我们不宜简单地用所谓的审美性来强行要求史料研究，进而对之进行否定。有识者指出：一个学科发展到一定阶段，大凡都会提出"历史化"问题，何况从文学史角度来看，"实录"与"虚构"并存或者交叉，始终是文学创制的基本特点。按现代文艺理论的说法，文学是作家个人的心灵活动当然没有问题，但如果研究者想整体性地把握一个作家作品，仍需把它重新还原到历史之中。如此一来，虽说作家本人并不认为自己仅仅是历史的产物，但研究者如果跟着他们的思维走就无法开展工作[2]。当代文学不能过于强调特殊性，而将自己置身于历史之外，这并不利于学科的提升和

---

① 参见刘艳：《学理性批评与批评的学理性》，《长江文艺评论》2018 年第 2 期。
② 程光炜、夏天：《当代作家的史料与年谱问题——程光炜先生访谈录》，《新文学评论》2018 年第 1 期。

发展。有关这一点，解志熙在二十多年前针对现代文学研究存在着类似认识，就作过批评①，建议有兴趣者不妨一读。

史： 对了吴老师，我注意到无论是 2010 年的《中国当代文学史写真》，还是 2012 年的《中国现当代文学作品与史料选》，文学教育一直是您的关注点。这是否与您曾任十四年之久的中文系系主任，尤其是与您教师的身份及人才培养理念有关？

吴： 因为我始终认为自己不仅是学者，更是一名教师。将史料融会到教学与人才培养中，实现对"纯中文"的超越，这一方面与我曾任中文系系主任有关，另一方面也融涵了我在教学科研过程中对文史"分科"弊端的深切认识与体会。我认为，对中文专业学生而言，授课的内容与范围，仅仅局限在纯语言文学界域是不够的，应该同时向史学开放。《中国现当代文学作品与史料选》及《中国语言文学作品与史料选》相关系列教材，就是基于这样的考虑而编纂的。不仅是教材，在实际的课堂教学中，我也注意文里文外、书里书外的互融互证。最近看到一个材料：陈寅恪在西南联大讲课时每每要引证很多的史料，他把每一条史料一字不略地写在黑板上，总是写满了整个黑板，然后坐下来，按照史料分析讲解。他告诫学生，有一分史料讲一分话，没有史料就不能讲，不能空说。他以身作则，总是在提出充分史料之后，才能讲课，这已是他的多年习惯。当时陈寅恪多病体弱，眼疾已相当严重，写完黑板时常常汗水满面，疲劳地坐下来闭目讲解②。我看后为他的认真深受感动，也从其"以史治教"的方法得到启发。

---

① 解志熙：《"古典化"与"平常心"》，《中国现代文学研究丛刊》1997 年第 1 期。
② 转引自周勋初：《当代学术研究思辨》，北京大学出版社 2013 年版，第 100 页。

当代文学讲的作家作品及其思潮现象都是近距离乃至无距离，且大家都比较熟悉的，一般不会也没必要满黑板地抄录史料，但它是否也有个融进史料，与之进行对话的问题？窃以为，如史料运用得当，它不但可以求真，而且还有助于对美的评判把握，加深对作品的理解。出于上述理解，这些年我在给本科生上当代文学专业课时，有意以史料为中介，对作家作品进行"超文本"解读。比如在讲徐迟《哥德巴赫猜想》时，我会告诉学生，作者其实遮蔽了陈景润在"文革"中受到江青的特殊"照顾"这段史实，而并非如作品所写的那样全然是受难者；在讲顾城"朦胧诗"时，我会告诉学生，当年为"朦胧诗"的"崛起"曾引发十分激烈的论争以及后来顾城在新西兰独流岛自杀，希望超越感性层面对其诗作进行评价；在讲柳青《创业史》时，我会告诉学生，柳青的长女刘可风在新近出版的《柳青传》及其他有关的年谱中披露了柳青在20世纪六七十年代对互助合作运动的反省，及其对未动笔的第四部续作的"合作化运动怎样走上了错误的路"的设想，试图结合作者的"后期思想"来分析它。这与过去纯粹地就文本谈文本不同，至少为之提供了另一种阐释的可能性。通过这样的"以史治教"，培养学生的史料意识，为他们日后可持续发展打下较扎实的基础。

三、治学方法及对研究主体的反思

史：您在当代文学研究领域已耕耘数十载，在治学方面一定有很多体会，可否结合当代文学学科的属性与特点谈点看法？

吴：在现在中文一级学科建制中，当代文学似乎有点特别：一方面它是一个学科，另一方面它又经常不被认为是一个学科，很多时候变成了借文学之名进行"公共发言"的一种表达。此种情形，在社会文化转型或思想观念碰撞比较激烈的年代尤其。这也不是说就不好，或不可以。但实事求是地说，它也容易由之导致人文学者与公共知识分子角色的混淆，给我们研究带来言说快感的同时，有意无意地疏忘或搁置了对学科发展的长时段思考。那么，到底如何处理专业性与公共性之间的关系呢？好像没有现成的答案，似乎也不可能有现成的答案，每个人只能根据自己的兴趣和爱好做出选择，并且说说容易，真正做起来其实是很难的，有时候甚至无法由个人意志所决定，有诸多身不由己的成分。因此，对之有必要抱持一分同情的理解，包括对"公共发言"的表达，不能也不宜一概排斥。

尽管如此，我认为当代文学还是要有点专业意识，面对"公共"问题，要有所选择，有所为有所不为。一味躲到象牙塔里，固不足取，但不加选择地都参与，什么都要插一脚，恐怕也不是个办法。大学中文系及当代文学专业毕竟不是文联作协及其创研室，我们有自己的专业和岗位，主要是通过自己的专业和岗位来发言的。在这个前提下，谈所谓的治学及研究方法，也就是说，治学及方法不能脱离我们的专业和岗位，否则就流于浮泛。我这样说，也许有点封闭了。

史：您的研究融入了较多的思想理论，显得比较思辨，有深度，也比较大气，这是否也与研究方法有关？

吴：谢谢，但这样的夸奖不敢当。我起步于历史小说批评，80年代曾两次参加茅盾文学奖初评工作，对批评有具体切实的感受和体会。我也比较喜欢理论，每每作文，都习惯于寻找理论作为"批判的武器"，有时候为寻找不到而苦恼，并且不无固执地认为包括史料研究在内的当代文学研究应充分发挥思想理论作用，而思想理论反过来能激活历史，实现更高层次的史论结合。为此，我平时比较关心思想理论（包括史学、哲学、社会学、

文化学方面的理论），而不愿太拘囿于所谓的"纯文学"。在研究时，每篇文章都试着或正或侧地旁及一个思想理论问题，包括史料研究。像《中国当代文学史料问题研究》，下编九章的"专题探讨"，实则从史论关系的九个方面展开对史料的探讨，它述及历史、政治、科学等思想理论。当代文学史料问题原本就与思想理论联系在一起，其中不少是"思想解放"运动的产物（如俞平伯的红学研究和胡风事件的"平反"等），而"思想解放"是与"实事求是"不可分割地联系在一起。如果将其视为"反思想理论"或"去思想理论"而加以批评，这就有违事实和常识。

不过在高度重视思想理论的同时，我们也不能不看到其"灰色"的另一面。相比于丰富、复杂的生活与艺术本身，思想理论及其解释不是万能的，而是有限的。尤其在当下，有必要谨防和警惕这样一种不成文的做法：就是往往从西方那里找到某个"主义"，然后按图索骥，再去找作品作印证式解读。应该说，这样的研究在当下绝非个别，它在相当程度上已弥漫为一种"风尚"。

史："历史化"是近年来的一个新话题，它强调文学研究的学科化、规范化，这与通常所说的对文学的定位还不完全一样。我知道您是主张当代文学"历史化"的，请简述一下您的看法。

吴：文学及文学研究就其本质而言是主观的，文学讨论的问题从根本上讲是不可验证的，这也是文学的魅力所在，是它不同于社会科学和自然科学的重要特点。也正因此，文学史料学或曰朴学是有先天局限的，对此保持警惕有其必要，也可以理解。那么，到底怎样看待和处理这个"矛盾"关系呢？我以为，这里的关键不在简单的肯定或否定，而在确认其基础性的同时有边界和节制及审美之维的介入，即所谓的文本内证。任何不适当的夸大或贬斥，都不合适。说到这里，我想起了南大周勋初先生在谈古代文学研究时说的一番话，他说：一个优秀的作家作品可以从各种不同角度去接触它，一个优秀的研究工作者应该具有多方面的能力。"但在我国学界也有一些不正常的现象，那就是文人相轻的旧习未能根除。人们各以所长，相轻所短，例如擅长写赏析文字的人往往看不起考证工作，而擅长作考证工作的人往往轻视赏析文字，这些都是一偏之见，往往造成自我局限。"① 他的话，用在当代文学研究上来也完全合适。

还有一点需要指出，"历史化"实则是站在今天的立场上对往昔历史的一种爬梳和归整，所以，它不可能没有研究者史观的介入。今天，我们当然需要对传统狭隘的政治决定论进行纠偏，将过去被遮蔽了的日常、地下、边缘等"非中心"历史还给历史，但同时也不应该排斥或忽略"中心"历史的作用。当代文学史不能狭隘为革命文学史，同样，也不能简单套用福柯的异托邦理论，将其窄化为地下史、民间史抑或碎片泡沫之类的异托邦史，从一个极端走向另一个极端。

史：学术创新是响彻学界的一个响亮而又诱人的话题，也是当代文学研究的一个重要的驱动力。流行的做法是向西方"拿来"，借助于"外源性"资源进行创新，您所走的"问学于文史之间"的治学路径与之不同，但您的《中国当代文学史料问题研究》却被评为 2016 年中国社会科学出版社重大出版成果，产生了较大的影响，这怎样解释？

吴：我是从 20 世纪 80 年代过来的，身上明显打上了那个时代的烙印。观念革命、文体革命、方法革命，这一切我都经历过。那时刚从"文革"

---

① 周勋初：《当代学术研究思辨》，北京大学出版社 2013 年版，第 313 页。

走出来，思想观念封闭僵化，所以，在此情况下，这种"革命"很受大家欢迎，也自有其特殊的意义。但当社会回归常态，它所潜存的问题也开始暴露出来。尤其是进入新世纪之后，随着传统文化的复兴及诸多因素的综合作用，学术研究至此出现了翻转，原先以"外源性"（实则是"西方性"）为本的学术创新逐渐降温，"内源性"的行情看涨，开始受到重视，王国维、陈寅恪等实证治学方法重新得到了确认。

当然，这样讲王国维、陈寅恪可能有失简单，其实这两位学术大师不仅擅长考据，而且在考据中融入思想，并将其纳入原创性的"义理"阐释体系之中，在更高层次和境界中进行史料与思想碰撞、互动与对话。所不同的是他们的博学，将思想蕴含在丰富宏博的带有原创性的史料之中，以高度契合的方式呈现出来，以致使我们浑然不觉。推动学术创新的一般有两条：一是观念发现，二是史料发掘。长期以来，我们往往推崇前者而排贬后者，由之带来了许多问题。对此，我们有必要从源头和方法论上进行反思。这也可以说是近些年渐成气候的史料研究给我们的一个启迪吧。

史：有种说法认为，当代文学史料研究只能提供一些局部性的知识，不能改变学科的历史框架，故意义不大。您对此是怎样看的？再进一步，您认为当代文学研究应该怎样"历史化"？

吴：我们今天当然十分仰慕王国维、陈寅恪等人的学问。但常识也告诉我们，"一代有一代之学术"，故没有必要去模仿，事实上也模仿不了。今天毕竟不同于百年前的近现代，它有自身的背景与情况，也有自己的"问题与方法"。比如从研究对象或曰史源上看，当代文学不存在王国维所说的沉睡在"地下"上千年乃至更为遥远的新史料，所以毋须也不必在这方面耗费心力，而是可将自己全部的智慧和注意力都聚焦于与我们生存于同一时空的"地上",从中央馆藏与地方保存、官方档案与民间私藏那里去寻找。而对馆藏档案史料,我们要有所期待但也不过分期待。所谓的"有所期待",是冀希政府按照《档案法》尽快尽多地公布材料,毕竟当代文学史料生成于"一体化"机制中,而"一体化"是自上而下的、层级型的,这些处在文化链上最高端的重要史料公布,虽不能像百年前的四大史料发现那样,会根本颠覆和改观当代文学史料的整体格局、走向和基本结论,但也自有其重要的功能价值;所谓的"不过分期待",是指当代文学的发展脉络、基本框架、知识谱系,经过积淀大体已成或几成共识,特别是在新时期思想解放、政治平反以来,陆续有不少披露,若无特殊或特别重大史料的发现,一般不会恐怕也难以改变现有文学史的结论。当代文学"历史化"、知识化,当然有价值论的茹涵,并可作价值评判,但这一切不应将其作狭隘化、功利主义的理解。

至于你说的"局部性的知识",我不清楚你的具体所指,是从哪个意义上使用这个概念的?它是否就是近年来有人批评的史料研究的零散化?如果是,我以为有两点需要辨析:首先,这种情况也许存在,但它到底有没有形成一种现象,泛化为一种普遍的"时代症候"?其次,我想强调的是,即使是零散化,史料对象的零散也许不是最重要的,最重要的还是史料研究主体的零散。如果说上述说法有道理的话,那么我们在研究及其"历史化"时,就不能将眼光仅仅局囿于史料对象本身,为史料而史料,相反,应该由此及彼,由表及里,将其纳入"究天人之际,通古今之变"的阐释体系中,与社会文化及研究主体的整体性相勾连。这才是问题的核心和关键所在。当代文学史料实在太庞杂,它任何的一方面都远超于以往的全部累积,加之政治的、人事的、世俗等复杂因素的掺杂,这自然对研究主体的理性认知水平和能力提出了更高的要求,亦提醒我们在研究史料时不仅要破"人蔽",而且也要破"己蔽"(戴东原语)。

史：我注意到近几年您对"历史化"研究主体不足提出批评与反思；当然也有不尽同的意见，认为讲"历史化"弊大于利，"历史化"实则是非文学的"史学化"，您是怎样看的？

吴：这个问题，前面多少已有述及。按照王瑶的说法，当代文学史是历史科学与文学艺术的结合，它同时涵盖文史双重内涵。由于"分科"建制，导致现代大学中文专业乃至整个文学圈内的包括我在内的几代人对史学的隔膜和生疏，以至有人认为现当代文学史的编写，只有请从事党史研究的人参与，才比较靠谱①。而对这一点，现在学界似乎有意无意地回避了，只是将批评的目光投向对诗、思缺失的关注。这当然不无可以，理论上也没问题。但从实践活动或理论"及物性"的角度来讲，这种批评是否确当、对榫？至少与我的阅读印象存在着较大的出入。当代文学学人不同于旧时学者（如清代乾嘉学派），我们现有的知识学养，到底有多大"史学化"的可能？这里是否太夸大了呢？我想，是很值得商榷的。

为什么会对"历史化"做出这样排贬性的评价呢？个中原因也许是多方面的，但批评思维的潜在影响，不妨可视为其中一因。也就是说，它涉及研究主体"历史化"以及如何"历史化"这样一个更为隐匿、复杂自然也更难把握的问题。当代文学毕竟不同于古代文学甚至不同于现代文学，在这里，长期以来盛行的批评，它在给该学科带来当代性、灵动性的同时，是否也不知不觉地弱化了它的历史感、厚重感，压抑了它与历史对话的潜能呢？当然，这不是说现有的"历史化"已做得很好，不存在问题，也不需要批评与反思了。

---

① 徐庆全、胡学常、商昌宝：《不尽如人意：史学视域中的文学史》，《名作欣赏》2016 年第 3 期。

史：我注意到同样是文学史及"历史化"研究，您与其他学者不一样，从十五年前的《中国当代文学史写真》到前两年的《中国当代文学史料问题研究》，可以说是贴着史实的研究。我想问一下：这样一种研究方法是否与研究心态有关？

吴：这个问题提得好，"历史化"恐怕有一个研究心态的问题，它看不见、摸不着，实则无时不在、无处不存地影响和左右着我们，包括研究过程及其节奏，甚至我认为心态问题就是影响和制约当代文学"历史化"及史料研究的最大也是深层的隐性障碍。尽管在"政治中心"向"经济中心"转型的世俗化时代，反躬自省，包括我自己在内，治学心境浮躁，似乎再也无法回到 80 年代相对单纯、朴素的状态。但在具体的学术实践中，我想我们还是要贴着问题、现象、发现、心得去谈，而不是先预设一个观点，或给一顶帽子或一个符号，依此进行褒贬臧否。这也就牵涉到前面所说的"个体的定力和修为"了，有一个底线和自律的问题。我认为"常态"的当代文学及其史料研究应该具有这样的心态：回到实事求是"原点"，贴着史实飞翔，心境放松但又不能任性。正是从这个意义上，我认为将史料定位于工具的说法，失之浅显，相反，对傅斯年不无极端的"史学等于史料学"多了一份理解。看来方法问题是与心相通的，它不仅是技术性、操作性的，而且还是精神性、心理性的。

史：以上所说的研究方法，是否与福柯谱系学的影响有关？这些年有关谱系学研究颇成态势，您是怎样看待谱系与方法之间关系的？

吴：应该说，近些年学界有关知识谱系研究与福柯谱系学的影响有关。但我们也不要忘记，中国传统在这方面亦有自己丰厚的资源。如章学诚的

"辨章学术,考镜源流",就有知识谱系的蕴含,它既是一种知识分类,也是一种治学方法。众所周知,传统治学一般都将史料分为目录、版本、考据、校勘、辑佚、注释等几种形态,它主要运用"归纳法",强调考据甄别;而现代研究根据全球化、大众化、信息化的实际,则在传媒、批评、评奖等方面做出新的拓展,它更倾心于"演绎法",侧重于理性辨析。近年来刊物上不少"考论"文章,就明显具有这样的特点,它大多"重论轻考""以论代考",甚至"有论无考",代替考的,往往是来自田野调查的图表或统计数据——有人将其称之为"三重证据法",或者是对史实作爬梳和叙述。而之所以如此,在我看来,主要有如下两点:一是从客观上讲,当代文学学人与研究对象零距离的关系,决定了它的实证研究可以绕过传统小学训诂等文字或文物层面的求索,而改由与之具有横向同构关联的政治、民间、档案史料的调研和叙述,这也符合研究对象的客观实际的,更何况论与考还有"同一性"的另一面。二是从主观上看,恐怕与学人缺少这方面的知识学养、学术训练乃至沉潜心态有关。谱系与方法属于学术本体范畴,它也反映了学术的成熟,是学科专业化、规范化的一个重要标志。我们对此,应该给予足够的重视。

史: 谢谢,您讲的治学及研究方法使我受益匪浅,相信对整个当代文学研究都有启示。最后,请您谈谈对当代文学"历史化"及史料研究有何期待?

吴: 当代文学只有起点而无终点,同样地,当代文学史也是正在行进中的历史。这种状况在给当代文学研究平添风险性、不确定性,提出严峻挑战的同时,也为其提供了丰富的空间和创新发展的可能性。虽然"历史化"及史料研究只是其中的一个环节,它不可能也不应该取代其他,但它显然是一项重要而又不可或缺的基础性的"宏大的系统工程"（樊骏语）。相信随着当代文学学科化、学理化、规范化的逐步推进，"历史化"及史料研究在不久的将来必有进一步的提升与发展。我们现在需要做的，是根据实际情况，将目前可做和能做的基础性工作，包括目录、版本、选本、年鉴、大事记，也包括作家的年谱、传记等先做起来，并且尽量花功夫将它做得更加扎实。钱理群曾经说过："历史评价必须是长时段的，甚至可以说，时间越长，历史事件和人物多方面的矛盾暴露越充分，评价越客观，越具有科学性。有些问题过于复杂，一时看不清楚，就不妨搁一搁，冷却一下，不要急于作结论。与其轻率作判断，不如下功夫把历史事实的方方面面搞清楚。"① 我认为这是很有道理的，值得引起重视。

---

① 参见谢保杰：《主体、想象与表达——1949—1966 年工农兵写作的历史考察》序，北京大学出版社 2015 年版。

从"由文入史"到"文史互证"

——吴秀明学术研究的学理路径与学科意义

王　姝

新时期以来，重新启动的当代文学批评与当代文学史建设一方面在新方法、新观念与新理论的不断更迭中进行着学术积累与推进；另一方面，在方法、观念与理论的疲软后，又有回到文学的审美维度，对文本细读的积极倡导。《文艺报》近年来为此专门开设了"回到文学本体"栏目进行深入探讨。文学批评如何入史，史论如何与文本细读结合，是文学在文学本体、文学史学与文艺美学等不同维度对相同问题的折射。吴秀明的学术研究，从历史文学批评起步，自觉建构历史文学理论体系，并由此推进到当代文学史及学科建设，他从"由文入史"到"文史互证"的学理路径，将"理论思维"与"文本细读""史料实证"三者融会在一起，对此做出了积极的、富有成效的探索。韦勒克和沃伦在《文学理论》一书中，就认为文学理论、文学史和文学批评三者既相互区别又相互包容："文学理论不包括文学批评或文学史，文学批评中没有文学理论和文学史，或者文学史里欠缺文学理论与文学批评，这些都是难以想象的。显然，文学理论如果不植根于具体文学作品的研究是不可能的。文学的准则、范畴和技巧都不能'凭空'产生。可是，反过来说，没有一套课题、一系列概念、一些可资参考的论点和一些抽象的概括，文学批评和文学史的编写也是无法进行的。"① 基于此，吴秀明将文、史、论视为互为支撑而又互渗互融的"正三角"（"△"）："如果说处在'正三角'尖顶的是'理论思维'，对'作品解读'与'史料实证'产生能动作用，那么居于其底线两个端点的'作品解读'与'史料实证'就相辅相成，共同支撑着'理论思维'，使之成为实事求是的言说。"② 这是他对文学批评及其历史化、理论化的学理追求，同时也是对文学史和学科建设的思辨性积淀。

一、"由文入史"与历史文学批评

吴秀明之所以选择历史文学批评，一方面是因为新时期以来历史文学尤其是历史小说的繁荣，而与之相应的文学批评却显得十分冷落，基本还停留在古代历史小说的印象式点评，现代文学领域茅盾、郭沫若等"古为今用"的理论框架中。另一方面，同时也是更重要的原因，当代历史文学从新时期传统历史小说的集中爆发，到 20 世纪八九十年代以来的新历史小说、革命历史小说等风格迥异的各体历史小说，正同步应和着改革开放以来社会思潮与文化演变，它在思想艺术蕴含诸方面较之一般的现实题材作品要开阔得多，也丰厚得多。而相对其他文学样式，当代历史文学批评更需要扎实的文本细读和深厚的理论思辨能力，方能廓清历史价值判断中

① 〔美〕雷·韦勒克、奥·沃伦:《文学理论》，刘象愚等译，生活·读书·新知三联书店 1984 年版，第 32 页。

② 吴秀明:《重返文学的"历史现场"——吴秀明学术论文自选集》自序，浙江大学出版社 2018 年版。

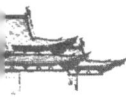

的种种误区，将当代历史文学背后的问题与意义阐发出来。

吴秀明 1981 年在《文艺报》刊发的《虚构应当尊重历史——历史小说真实性问题探讨》和发表于《文学评论》1982 年第 2 期的《评近年来的历史小说创作》，是他历史文学批评的成名作。他对历史文学创作现象的及时回应，已经显现了文学审美批评与理论问题探讨相结合的学理性批评特色。历史文学既是历史的诗化，又是诗化的历史，"历史+文学"的质变，使历史文学创作难上加难："作小说难，作历史小说更难，作历史小说而欲不失历史之真相尤难。作历史小说不失其真相，而欲其有趣味，尤难之又难。"① 面对难上加难的评论对象，作历史小说批评正是迎难而上，被常人视为畏途。姚雪垠的感慨就揭示了历史小说批评所要求的历史素养与理论能力，他说："几年来，出现了几部写历史的小说。我看了几篇评论文章，都写得不能令人信服，不能让人同意。为什么呢？因为写文章的人，或者不熟悉历史，或者不熟悉小说艺术，历史小说中错误地虚构历史，评论者不仅没有指出这些描写不符合前人生活，反而加以吹捧。这原因可能就在于评论者自己也不晓得不认识这些描写不符合历史生活。"②

吴秀明迎难而上，与"我评论的就是我自己"的轻盈不同，他的历史文学批评甚至显得有些笨拙。为了弄清历史小说《陈胜》中秦二世观看"人兽相斗"的细节是否符合历史事实，吴秀明请教了精通文史的姜亮夫等老先生们，又在老先生们的指点下查阅了《史记》《汉书》《秦会要》《太平御览》等大量历史文献、稗官野史和笔记小说，于是有了《文艺报》重点刊发的评论《虚构应当尊重历史——历史小说真实性问题探讨》。《评近年来的历史小说创作》则是对 20 世纪七八十年代之交历史小说创作的总

---

① 魏绍昌：《吴趼人研究资料》，上海古籍出版社 1980 年版，第 145 页。
② 姚雪垠：《我对学习研究中国文学史的一点意见》，《郑州大学学报》1981 年第 2 期。

体扫描，并对历史小说的思想艺术特色、真实性和成败得失进行了全面的归纳，这是最早对当代历史小说大潮的系统理论总结。吴秀明把文本阅读与史料查询相结合，追求文史互证的学术品格，开始了他在历史文学批评这块贫瘠而又艰难的领域里的辛勤耕耘，开始建立他的学术根据地，并逐渐显露出理论、文本、史料三者结合的治学理路与方法。

发表于 20 世纪 80 年代初的《虚构应当尊重历史——历史小说真实性问题探讨》和《评近年来的历史小说创作》，特别注重历史小说中历史真实与艺术虚构关系问题的探讨。这恰恰契合了新时期伊始整个社会拨乱反正的思潮。如何看待历史背后体现了历史观和价值观，"历史真实"正是当时的时代话语和重要命题。论文发表后产生了较大的影响，《新华文摘》《文汇报》《文摘报》都全文摘要或转载了那两篇文章。而吴秀明对历史文学这一研究对象的选择，及其围绕着历史文学的批评，一直针对时代发声，渗透着强烈的问题意识与现实关怀。

进入 90 年代以后，历史文学热持久不衰：唐浩明、二月河、熊召政的传统现实主义写作；苏童、刘震云、格非、莫言、赵玫等灵动飞扬、形态各异的新历史写作以及周而复、李尔重、王火等的革命历史写作；乃至戏说类、新编类、反讽类的先锋历史写作，历史文学日益呈现出驳杂多元的状态，承载了审美、文化及价值导向等重要而丰富的内蕴。另一方面，历史文学热正在不断成为一个意味深长的文学事件：从长篇历史小说《张居正》的热销并获奖，到电视剧《雍正王朝》《少年天子》的热播，乃至"品三国""读论语"……围绕着历史文学创作展开的重重矛盾、种种争议，正激烈地表达着我们这个时代在价值观念、思维方式、艺术审美等诸多方面发生的全面而深刻的嬗变。用文学叙事的方式反思历史，应和社会转型的时代脉动，转型期社会正把历史文学推向时代价值思想选择的峰尖浪顶。有关历史文学的评价，纽结着本时代许多重大关节问题的思考。需要我们从文本细读出发，发现重要的理论

与现实问题，凭借"史识"与"诗思"的辩证思维方式，通过缜密的理论推演，以宏阔的批评视野，进行透彻的论述评价，并在观点背后蕴藏着学术激情、问题意识与现实关怀。

如评价徐兴亚《金瓯缺》时，吴秀明指出："要真正形象而深刻地反映历史的真实面貌，只有深入到社会关系的内部，深入到时代风云中去，准确有效地写好人物的思想性格和精神面貌才行。"[①] 这是他从审美感受出发的，对历史文学真实性做出的一种判断。在 2007 年出版的《中国当代长篇历史小说的文化阐释》一书中，吴秀明更是站在现代性的基点上重新反思当代长篇历史小说的发展与变迁。他在"前言"中指出："历史题材小说虽然写的是过去的历史生活，但它却与传统历史文化具有难以切割的精神联系"，"从当代中国文化文学的总体建设来说，立足于民族'根'性基础上进行创化"，是可以"使由于现代性而产生的文明取得平衡或再平衡"，这在很大程度上也是新时期历史小说长盛不衰的重要原因。正是由于"历史"对"现代"的融入，才使得当代长篇历史小说的发展史成为当代社会思想文化变迁的几近忠实的一面镜子。传统历史与文化在现代意识的烛照下再现生机是历史文学的核心价值，也成为历史文学能够不断呼应时代发展的根本原因所在。以"现代性"这一阿基米德点，全面归纳和梳理了当代长篇历史小说的历史背景及其发展、总体构架与现实谱系，并进一步从文化的宏观论述深入历史小说的文学审美层面。这样一种学术思路，突破了谈文学仅限于文本，谈文化作空蹈之舞的虚诞性，而恢复了一种恢宏的学术视角与扎实的审美批评方式。

从这样的学术立场和视野出发，吴秀明将长篇历史小说的发展，看作

① 吴秀明：《在历史与小说之间》，时代文艺出版社 1987 年版，第 153 页。

是一部丰富的当代中国社会变革与发展的文化启示录。研究定位在文化阐释，为研究对象找到了一个最契合其精神本质的考察视角。在开放宏阔的文化视角观照下，对当代历史小说蕴生的文化转型语境及其本体演变做了清晰的勾勒，把阶级立场、人文立场与新历史的叛逆立场都纳入统一的视野，突破了传统研究的画地为牢、各自为政，进而全面考察了历史小说在全球化语境中的民族本土文化立场，对其中有关明清叙事、历史翻案、另类写作等重要文化现象做出了富有时代新意和深度的独特思考。许多问题不仅在谈历史小说本身，更旨在通过对历史小说的评析表达吴秀明对时代文化思潮的隐忧与反思。如在谈到历史翻案时，吴秀明敏锐指出这股对戡乱治世的帝王将相进行"翻案"的文化热背后，其实寄托着作家对人文理性的执着追求；而新历史的翻案则又进一步颠覆了人文理性本身。这样，就把两种从精神价值到美学追求截然不同的历史叙事，有效地纳入了文学文化发展的链条中，并在相互比较参照的基础上指出它们在急切翻案的同时，程度不同地表现对阶级斗争、民间意识的排斥心理，对底层苦难与反抗正义不应有的忽视，从而使其明显缺乏历史的厚重感，隐忧之情溢于言表。再如分析历史文学热潮的缘起时，吴秀明认为，这是全球化语境下的本土文化立场以及传统文化对西方式现代历程的一种富有意味的纠偏。这既出自一种学术理性的分析，更融入了他对本土文化坚定的自信力。

以文化研究的视角深入作品的审美层面，浓重的理性思辨色彩与独到的审美感悟结合，将文学现象与文化意义交融在一起的精到论断，立足理性感性化与感性理性化的认知方式，使吴秀明的历史文学批评逸出传统的文学批评，成为批评、史证与理论三者的有机结合，不断表达着对当下价值、文化问题的批判，具有强烈的问题意识和鲜明的时代感。

二、历史文学理论的学理思辨

在对历史文学创作现象做出及时批评回应的同时，吴秀明开始有意识地总结历史文学的规律，建构他的历史文学理论，实现从文学批评到文艺学的学科跨越。而这一历史文学理论又是建基于扎实深入的文学批评之上的。80 年代初，他相继编选出版了 5 本当代历史小说与评论选"选本"，还做了"建国三十五年来（1949—1984）历史小说书目辑览"，这实际上是历史文学批评最基础的史料积累与文献准备，也成为其后历史文学理论建构的丰富资源和坚实础石。

80 年代中后期，学术界掀起了方法论的热潮，三大论、叙事学、精神分析学、心理学、接受美学、阐释学、结构主义等一波又一波的新方法、新理论相继引介，当代文学批评几乎成了西方理论的演练场。流行的操作是，阅读一部文学作品，然后套用一种西方文学理论来进行阐释，似乎不用西方理论就无法解读中国当代文学作品，但用西方理论解读当代作品的有效性如何已无人详加辨析。在这样的热潮中，吴秀明反倒沉潜下来，他"有意识压制自己的发表欲，而颇读了一些美学、文化学、心理学、叙事学以及新方法论等方面的书"，"在进行了三四年之长的当代历史小说追踪性评论以后，从具体的作家作品出发，由此及彼，逐渐萌生了将历史文学当作一种独立的学科形态、系统整体地研究它的个性特征和基本理论的想法"，"使自己以往的研究藉此能有一个新的质的提高"[①]。

1994 年、1995 年先后推出的《文学中的历史世界——历史文学论》《历史的诗学》《真实的构造——历史文学真实论》三部历史文学理论专著，

---

① 吴秀明：《文学中的历史世界——历史文学论》，吉林教育出版社 1994 年版，第 3 页。

实现了吴秀明的学术抱负。这三部专著所论问题各有侧重，不同问题又相互阐发，互为补充，最后在历史文学时代要求与文学自身内在要求这一基点上，探索和建构了属于"这一个"的历史文学理论。

《文学中的历史世界》将历史文学界定为"以一定历史事实为基础加工创造的"，"与一定史实具有异质同构联系的文学"①，从真实性的内外层次、结合方式，历史感与现实感的关系，历史题材的艺术转化特征、条件与差异性，读者接受与媒介层面，对历史文学创作中的"翻案""影射""现代化"等重要问题进行了理论阐释。《历史的诗学》分为"理论篇""发展篇""实践篇"三部分，"理论篇"从哲学的高度阐述了历史转为文学的诗化路径，是历史文学的本体论，"发展篇"和"实践篇"则从宏观、微观两个方面来对中外历史文学艺术实践进行总体描述和具体分析，对相关问题做出了自己的解释。《真实的构造》针对历史文学研究的难点和热点——"历史真实"问题展开专门探讨。在古今中外的文学家、美学家以及历史哲学家对"历史真实"的讨论之上，运用系统论的方法，把历史文学真实理解为一个立体多维的系统，涵盖映像性真实（历史真实与艺术真实）、主体性真实（历史真实与作家主体）、当代性真实（历史真实与当代需要）、认同性真实（文本真实与读者接受）等四个要素，并站在"历史真实"这一逻辑基点，对历史文学的艺术类型、虚构手段、审美机制、现代意识及形式规范展开了深入探讨，通过"整体系统分析和静态专题分析相结合"②的学术思辨，重构了历史文学理论。这样的理论构架，"在操持传统的社会学、美学、哲学、史学批评方法的同时，也广泛地借鉴了心理学、文化学、符号学、结构主

---

① 吴秀明：《文学中的历史世界——历史文学论》，吉林教育出版社1994年版，第5页。
② 吴秀明：《真实的构造——历史文学真实论》，春风文艺出版社1995年版，第198页。

义、发生认识论、阐释学、接受美学、系统论等文艺学方面的研究成果"①，充分显现了跨学科的理论视野与多角度的逻辑思辨特色，它不仅是对此前历史文学批评的总结，同时更是对历史文学的理论建构。正是通过这样的不懈探索，当代历史文学批评才成为"一种独特的学科形态"②。

吴秀明在谈及自己为何选择历史文学为研究对象时曾说："选择历史文学批评和理论研究，恐怕还是对历史文学当中包含的思辨的东西感兴趣。在理性和感性之间，我可能比较偏重于理性和思辨。历史文学和一般的文学不一样，它除了审美的元素之外，还有其他必须要涉及的东西，比如说历史哲学、历史观念、历史理性、历史的道德基础、真实和虚构，等等，这些是很基础的东西。这些思辨性的东西，对我的吸引力是蛮大的。"③因此可以说，从历史文学批评，到历史文学理论建构，是吴秀明内在的学术追求与学术理路的自然呈现。而经由历史文学理论探索和建构，对于纷繁复杂的历史文学现象，更能通过理论的批判，达成现实的指向。

90年代以来，随着整个社会经济、文化与结构的全面转型，社会思潮与文学思潮也异常活跃，文化与文学均发生了完全不同于传统的嬗变与重组，而在新的文学观、历史观的影响下，人们对"历史"及"历史真实"有了全新的认识。历史文学也不同于以往，从题材内容、创作方法到传播媒介、演绎手段显得更加丰富多元。这使原本比较复杂的历史文学，在概念扩大的同时也显得更为复杂。这里既有受到新历史主义影响，只有"虚"的历史形态而无"实"的历史依据的新历史小说，如《红高粱》，也有对革命历史文学的改造与重塑，如黎汝清的《皖南事变》等，将它们都一起

---

① 吴秀明：《真实的构造——历史文学真实论》，春风文艺出版社1995年版，第418页。
② 吴秀明：《文学中的历史世界——历史文学论》后记，吉林教育出版社1994年版。
③ 周保欣：《文学表象的"真"和历史哲学的"真"——文学史家吴秀明访谈》，《文艺报》2014年6月16日。

归属到"历史题材文学"这一整体概念上来，并分别在不同的场合使用不同的概念，这是吴秀明面对时代变化对原有"历史文学"（历史小说）概念所做的一种"扩容"性的调整：即它不再拘囿于与历史原型关联，也不再局限于写实纪实，而是将历史文学视为极具包容性和弹性的一种文学共同体，在内涵上，它同时包括了"传统型历史文学""新历史文学（小说）"和"革命历史文学"三大板块或曰子系统。

如何把这些主旨各异、形态多姿甚至歧见明显的不同类型的历史文学，放在同一个理论平台进行观照和把握？在这方面，吴秀明此前所建立的历史文学理论就显现出它的阐释与包容的功能来。他在 21 世纪出版的《中国当代长篇历史小说的文化阐释》《中国当代历史文学的创造与重构》《当代历史文学生产体制与历史观研究》几部论著，就从当代文化建构的理性高度入手，以中外历史文学尤其是 20 世纪中外历史文学丰富复杂的创作与批评实践为背景和参照，将审美研究与思想文化考察、文本剖析与文本形成路径追溯、个案研究与综合分析、史实透析与哲理思考结合起来；对当代历史文学的生产体制，在该体制下派生的创作实践及表现形态，存在于创作实践中的历史观问题进行全面考察。不同于前一阶段的历史文学批评，建基于历史文学理论之上的历史文学考察，融会了问题意识、前沿意识、批判意识和整合意识，使得研究既具学理深度、学术厚度，又具有现实针对性。

如对历史文学生产体制的研究着重揭示历史文学与当代社会的历史进程、主流意识形态体制、市场文化体制之间的关系。其中包括当代社会历史进程复杂性带来的对历史认知的复杂性；当代中国主流意识形态及由此形成的发表、出版、批评、评奖制度对历史文学创作的倡导与控制；作家对主流意识形态的顺应、超越和曲折形态的批判或批评；市场体制对历史文学生产与消费的制约；市场体制与主流意识形态的复杂关系在历史文学审美空间中的特殊表现形态；影视和网络等视觉类文化产品的生产方式对

历史文学创作的影响等等。力求从历史文学的发展演变历程，市场与政治体制的多重作用，多元的社会文化语境与人们消费历史的多重欲望，人的解放的现代化进程和民族文化的寻根和认同，社会转型时期人们的价值困惑与精神探求等多方面，对当代历史的体制成因进行深入考察和揭示。对历史文学的历史观问题的研究则讨论当代整个社会历史观的复杂内涵与哲学根基，以及创作者和批评研究工作者对历史观的选择及评价；从这一连接沟通历史文学生产体制与创作实践、影响制约历史文学生存发展的根本核心问题出发，探求和总结历史文学成败得失的深层原因。面对当代历史文学历史观表现的多元性，通过对当代历史文学代表性作品《海瑞罢官》、《刘志丹》、《保卫延安》、《沙家浜》（小说版）等作专题研究，在充分注意历史文学价值内涵特殊性的前提下，一方面主张历史唯物主义和有益于民族精神健康生长的创作原则，主张符合时代精神的多元价值的兼容和互补；另一方面又倡导探寻与深厚的民族文化和先进的社会主义文化相适应的大境界、高品位的历史文学价值观。这样的观点既面向现实问题，又有理论思辨。

对历史文学的叙事形态研究，紧契虚实关系（真实观）、审美转换展开。以美学和精神文化的双重视角以及现代文体学的内涵和外延标准，重新确立超越传统历史文学知识谱系的三种类型：一是遵循基本史实和旨在探究历史本体的"求实类"文本；二是借叙事层面的历史形态演说现代人的人生感悟与生活欲望的"虚拟类"文本；三是当代文学特有的运用文学形式表达意识形态或个人化的对近现代中国革命历史实践理解的"革命历史叙事类"文本，并对它们进行细解。重点以"谁在说"（身份审定）、"说什么"（表现对象）、"怎样说"（叙述策略）为逻辑线索和学理基点，探讨不同时期和不同类型的历史文学的意义内涵及艺术特征，并对各种历史叙事之间以及与同时期其他文类之间异同的复杂关系进行剖析。最后从审美价值和精神诉求的角度，对当代历史文学的社会历史和精神文化总体特征进行提炼、概括与揭示，以期获得对历史文学的理想层次和境界认识的深化与升华。

三、文学史学科建设与"文史互证"（一）

从历史文学批评到历史文学理论的建构，其内在的学术理路始终依赖审美经验与理论思辨的有机结合，追求文本、理论、史料三者间的"文史互证"。如果说历史文学研究是吴秀明在不自觉中找到的"学术根据地"，那么从历史文学研究迈向文学史及学科建设，更是他在"找到了'根据地'之后如何防止它所带来的负面效应、实现理性的超越"[①]的自觉选择。20世纪90年代以后，吴秀明的学术视野不断扩大，研究重心逐渐转移到当代文学思潮、当代文学史写作以及当代文学学科史的研究，并旁及教育学、生态文学、地域文学研究等领域，开始主动走出了历史文学研究这片自己独立开垦的"学术根据地"。这一新开垦的学术领地，其实也内在地与他历史文学研究的学术理路同步。《转型时期的中国当代文学思潮》《中国当代文学史写真》《中国现当代文学史与生态场》等学术成果正是吴秀明在这一领域的重要收获。面对最近一二十年来整个社会环境、高等教育改革、大学建制、文学学科生态的巨大变化，吴秀明在他的当代文学史及学科建设的实践中融入了中文学科如何守正创新、拓宽内涵与外延，如何处理基础与应用、传统与现代的关系等现实问题的诸多思考，诸多忧思。

自20世纪90年代以来，随着文学观、历史观的变革，当代文学史编写与学科建设呈井喷式的发展态势。"20世纪中国文学""重写文学史"

---

① 吴秀明:《在历史与小说之间徜徉——我的历史小说研究》,《中国社会科学报》2010年4月15日。

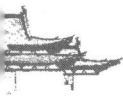

的讨论引发了关于"新文学整体观""民间立场""潜在写作"以及审美、人性、启蒙等话题。这些新的思潮与观念出现，催生了洪子诚的《中国当代文学史》，陈思和主编的《中国当代文学史教程》，杨匡汉、孟繁华主编的《共和国文学五十年》等一批当代文学史的写作。这些文学史著作从原有的苏联模式中摆脱出来，呈现各自不同的文学理念，文学史写作迎来了前所未有的高潮。在诸多文学史中，吴秀明主编的《中国当代文学史写真》等具有相对明确的定位和独特的个性。他的融史著与选本于一体的文学史，是在与学生互动对话中建构的。在众多文学史急于演练自己文学观念时，吴秀明却对文学史编写提出了一个"为谁写"也就是"以谁为本位"的问题。与一味追求理论的创新与学术体系的完备不同，他质疑了教师高于学生的"不平等语境"所带来的所谓"主观性"，主张返回以学生为本位的互动对话的历史建构："学者们由于掌握了知识权力，在想象中获得一种自我选择的理论自由。为了强调自己的主观情感与理论论断，他们往往在高谈阔论中陈列有利于自己论断的资料，而将不利论断的材料偏废。"① 这部属于"描述型"的《中国当代文学史写真》，追求一种开放对话的述史方式。文学史的编写究竟以谁为本位，在以往的各家文学史著述中，大多对此定位不明晰，或含糊其辞。这可能是出于对原有集体编写，千人一面的教科书编写模式的扬弃。但过分追求文学史著者的"主观性"，从著者个人的文学观念出发编写的文学史，虽然凸显了学术个性和创造性，却未免遗忘或疏漏了文学史的功能价值。强调以学生为本位的文学史编写，则将文学史还原到教学参考书的位置，它成了大学教育与学科传承的线索与纲目。

《中国当代文学史写真》打破了传统教材系统阐述的权威面目，淡化

---

① 吴秀明：《中国现当代文学史与生态场》，中国社会科学出版社 2009 年版，第 130 页。

个人的主观色彩，突出文献性、原始性、客观性，代之以"你说""我说""他说""大家说"的多元视角；多描述、少判断，不妄下结论，不搞独断式的话语霸权，一切靠史实说话，以史实取胜。其具体内容，主要由以下5个部分组成：（1）作家作品简介；（2）评论文章选粹；（3）作家自述；（4）编者评点；（5）参考文献和思考题。其中"作家作品简介"和"编者评点"尽量少而精，用中性语言描述；而有意突出"评论文章选粹"（精选不同时期或同一时期多位有代表性的评论家相异甚至截然对立的观点）和"作家自述"两个部分（这两个部分约占全书三分之二的篇幅）。在构架和思路上，"强化突出编写的文献性、原创性和客观性，把大部分的篇幅留给原始文献资料的辑录介绍上，自己尽量少讲；即使讲，也是多描述、少判断"①。把当代文学史的学术脉络客观地呈现在学生面前，而将编者的观点就隐含在对这众多观点和材料的选择和编撰上。这样做，一方面可以避免编者在课堂教学中的一元化话语霸权；另一方面，"通过对多种多样甚至矛盾对峙的原典评论的解读和阐释，以平等姿态与编者甚或与评论家展开积极对话，开阔视野，培养他们独立思考的能力和创造性的思维"②。该文学史出版后颇受好评，它曾被一些刊物作为"一线教师投票选出的最有价值、使用率最高的现当代文学史教材"进行过介绍，并于2006年被遴选为国家"十一五"规划教材，先后由浙江大学出版社、北京大学出版社出版。

《中国当代文学史写真》较好地避免了"阐释型"文学史易犯的"主观独断"的缺陷，大胆尝试了"描述型"文学史编写范式。而他主编的另一部文学史《当代中国文学六十年》，则基于前后两个"三十年"历时变化的客观事实，以鲜明的学术特色与编史态度尝试解决当代文学史的诸多难题。

---

① 吴秀明主编：《中国当代文学史写真》前言，浙江大学出版社2002年版。
② 吴秀明：《中国现当代文学史与生态场》，中国社会科学出版社2009年版，第159页。

作为一门只有起点而没有终点的新兴学科，当代文学与当下社会贴得很紧，缺乏必要的"入史"距离，也很难实施行之有效的文学作品"经典化"的筛选机制。以往在苏联模式影响下的诸多当代文学史，就是以意识形态为中心展开文学史叙述，它通过对政治文化的总体把握，以文艺运动与文艺思想斗争为纲，以具体作家作品为目，实现对文学"事实"统一的价值判断。面对"当代文学史有丘陵，没有高山"[①]的质疑，面对当下文学创作与文学批评的不断浸入，文学史的界限如何划定？经典作家作品如何选择？在划定与选择背后，如何显示文学史著者的文学史观与价值判断？

《当代中国文学六十年》从整体性出发，首先指出了当代文学的"预设"性特点，为我们理解当代文学"前三十年"的乌托邦色彩，理解一体化文学的生产体制与文学实践提供了一个全新而又颇具学理内涵的核心观点。在体例上，对当代文学时间叙述秩序与空间结构形态进行了独到的处理。该教材把当代文学分成"前三十年：走向统一的文学"（1949—1979）、"后三十年：走向开放的文学"（1979—2009）这样两个大的时间跨度，在具体叙述中大量引进"历史事实"和"文本事实"，关注它们彼此的属性及其真实性内涵。在文学史的具体叙述上，"尽可能用较为平和或中性的语言予以道出，而不作褒贬强烈的价值判断"[②]。《当代中国文学六十年》强调学科规范，在内容选择上主要体现如下理念：（1）理清文学发展的基本脉络，对文学史的基本轨迹进行梳理。以开放的文学史观，站在文学史基本线索与脉络的基础上，还原文学史的原生状态，才能避免当代文学史内部的价值不平衡，也才能给学生提供更为全面、客观的文学史基本史实。（2）对主要或具有

---

① 吴秀明：《面对丘陵的忧思——关于当代文学学科历史、现状与建设的几点思考》，《渤海大学学报》2011年第1期。

② 吴秀明：《当代中国文学六十年》前言，浙江文艺出版社2009年版。

代表性的作家作品进行介绍。这里所谓的"主要或具有代表性的"作家作品并不一定是"文学经典",而是指在文学史发展过程中,在文学史脉络中造成过影响、具有文学史意义的作家作品。因为"文学经典"的认定,必然涉及文学价值的判断。但从文学史叙述的角度来讲,作品的审美价值并不是唯一的取舍标准,历史价值、文化价值从中也同样发挥了重要作用。与其急于用一种或几种文学观念判断经典或急于"经典化",不如暂时搁置价值判断,用"主要或具有代表性的"作家作品清单来撰史更合适,也更贴近文学史实际。这样也能较好地避免在一元价值判断下,以"文学经典"名义对其他作家作品造成遮蔽。(3)对文学史的价值判断隐含在文学史叙述中,避免下过于霸权、太过刚性的断语。由于当代文学的当代性与开放性,常常不可避免地渗透了研究者的生命体验,在与当代社会的对话中凸显论著者鲜明的艺术观、价值观与历史观。

文学史作为学科传承与文学教育的"历史中间物",它既是对"文学存在"的反映和概括,也必然因为编者"才""学""识"的差异,或隐或显地传达着编者的价值观。当代文学史编写如何在"事实"与"思想"、"客观"与"主观"之间,最大限度地激活这个学科的生命内涵,感受、理解和体会其中的丰富文本和历史过程,达成作家和研究者、文学史教授与传承之间的能动对话,这正是吴秀明对当代文学史编写与学科建设的终极追求。在这些当代文学史编写的实践之上,吴秀明的《中国现当代文学史与生态场》一书对现当代文学史的教材编写与学科建设作了"考镜源流"式的归纳和梳理。"所谓学科,就字源上讲,就是知识的生产和组织的'操控体系'。"①这一理解既承认文学史是一种权力话语,又肯定其知识的客观性。他将文

---

① 吴秀明:《中国现当代文学史与生态场》,中国社会科学出版社 2009 年版,第 40 页。

学研究分为"作家作品—文学思潮—文学史—学科"四个序列。"每个序列都是独立的本体，但同时又含有一定的递进式的关系。正因这样，所以学科总是与文学史、文学思潮和作家作品联系在一起。尤其是文学史和作家作品，更是其中的核心和关键。如果说作家作品（特别是经典或准经典的作家作品）可称之是支撑一个学科的阿基米德点的话，那么文学史则就成为规范和确立一个学科地位的基础工程。"①

吴秀明就是这样基于当代文学学科历史与现实境遇，细析其"整体性格"与"矛盾性特征"，剖解"20世纪中国文学""重写文学史"等理念与修史实践之间的现实落差。如对于整体文学史的写作，空间上"如何通过对大陆及台、港、澳地区文学的分流考察，描述和概括中国当代文学发展的全貌，构建一个能够融合它们彼此文学创造和经验的当代中国文学的整体视野和框架"；时间上又如何避免，用"审美／政治"的二元对立思维，以一种"非意识形态"的"意识形态"，消解当代前三十年"经典"作家作品，虚化弱化延安文学与十七年文学，导致现代文学对当代文学的"收编"，用单向度的"人的文学"取代"人民的文学"，造成另一种观念压抑。从这些严肃的思考出发，他对五四神话的多元多维性、当代文学的体制化、一体化问题都一一做了洞微烛幽的阐发。

四、文学史学科建设与"文史互证"（二）

吴秀明在讲当代文学学科规范与客观性时，还高度重视文学史料的研治及其在研究和学科建设中的作用。这与他对当代文学知识谱系的思考

---

① 吴秀明：《面对丘陵的忧思——关于当代文学学科历史、现状与建设的几点思考》，《渤海大学学报》2011年第1期。

有关。他对那些真理在握、斩钉截铁地宣判姿态总抱有一种警惕之心，相反，对研究中出现的"犹豫不决"则表示理解："我们也不能就此据此就判定治史家价值观上的左右摇摆；恰恰相反，有时还表示着他们对文学史的尊重。它即是一种无奈，但何尝不是研究求实治学态度的一种折射呢？"①吴秀明认为："重理论阐释而轻文献史料，已成为主导这个学科的基本取向。……对文献史料的漠视，不能不说是其中的一个'脆弱的软肋'。这也从侧面反映当代文学研究的浮躁和学科的不成熟，必须引起学界足够的重视与反思。"②为此，他提出向古代文学、现代文学的学术规范和治学之道寻求借鉴，从学术研究的整体格局和学科建设，特别是从支撑学术研究和学科建设"基础性"或"系统工程"角度来探讨当代文学史料研究问题。

在当代文学历史化与学科化的学术追求下，当代文学史料学开始得到广泛重视，以文献史料的客观实证，矫正一直以"观念创新"为主导的学科主流研究范式。但这样说并无意于将问题简单化和绝对化。一方面，我们应当看到，以往通过思想、观念及理论的变革，确乎照亮了"目的导向型"的当代文学研究，为当代人写当代史留下了足够的反省观察与阐释的距离，也使文学批评以始终在场的姿态，汇入和推动着当代文学的转型。另一方面，我们也要注意，当代文学的史料研究或曰史料转向，不能停留在呼吁与重视的层面，而缺乏具体切实的行动，也不能基于揭秘的心理，热衷于挖掘个别性的新奇史料，鸡零狗碎地"玩"史料、"堆"史料。那样，不仅对当代文学史料学，甚至对整体的当代文学史及学科建设都会带来意想不到的伤害，当然，它也无法撼动以往"以论带史"或业已固化的叙述体系。

正是看到了这一点，吴秀明将自己及志同道合者从事的史料研治，称

---

① 吴秀明：《中国现当代文学史与生态场》，中国社会科学出版社 2009 年版，第 125 页。
② 吴秀明、刘杨：《无法割断的历史情缘——吴秀明教授访谈录》，《新文学评论》2014 年第 1 期。

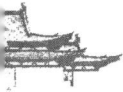

之为意义重要的一次"战略转移"，是返回当代文学研究和学科建设的"原点"进行"再出发"。①他的史料研治，不是漫不经心的一种随机或随意的行为，而是在融会贯通文学与史学诸多思想理论的基础上的整体系统的考量。上文提及的《中国现当代文学作品与史料选》《中国当代文学史料丛书》等，尤其是在社会和学界产业广泛影响的《中国当代文学史料问题研究》（该书被评为2016年中国社会科学出版社重大出版成果），就反映了他在这方面付出的努力。而从中文专业教育的角度讲，"文学史料"的引进，它也可对原来单一的"文学作品"教育模式进行有效的补充：既完善了学科体系与知识结构，使得当代文学史在"作品与史料"的二维呈现中变成更加丰富立体，同时又进一步向文化史、思想史、社会史开放。用惯常的标准考量，当代文学呈现出明显的"前低后高"的不平衡态势，但如果走出"纯文学"划地自限，当代文学只有"丘陵"，没有"高山"的劣势，则可以转变为社会文本的优势。比如"文革"时期的文学，仅从纯文学角度观照显然是不够的。倘若将其还原到当时的历史语境，作为社会文本或文化文本来读，考察作品在体制中生成的途径，主流意识形态对文学的掌控，以及批评、媒体与接受等多元合力的作用，那么当代文学史就不再是一维的作家作品史，而是可以变成二维、三维乃至多维的关系史、问题史、现象史。这虽然是非文学非审美的一种评价，但它仍自有合理性及其意义价值。

吴秀明强调对文献史料的关注和文学现场的还原。从《中国当代文学史写真》《当代中国文学六十年》，到《中国现当代文学史与生态场》《中国现当代文学作品与史料选》《中国当代文学史料丛书》，他努力追求一种客观性的文学史，而将价值立场蕴藉于事实的选择与叙述之中。

---

① 吴秀明、刘杨：《无法割断的历史情缘——吴秀明教授访谈录》，《新文学评论》2014年第1期。

说是"再出发"，是指他提出并实践当代文学研究由"以论代史"向"史论结合"嬗变的"战略转移"，并不是说他"去思想理论""反思想理论"，或放弃了作为研究者的主体性。用他自己的话来说，就是在"'事实'与'主体'之间寻求一种互动生成的平衡"①，在文学之"诗"与历史之"史"之间寻求更高层次的互动生成。这一点，可以说是贯穿于他史料研究的始终，几乎每篇文章都不嫌啰唆地反复论及，可见其良苦用心。它也从一个侧面反映和体现其稳健而又偏至的学术品格。这里倘要细究，可能与他理论思辨的学术旨趣有关；往大处说，与新时期以来倡导并形成的"思想解放，实事求是"的时代精神有关。他将自己主编的《中国当代文学史料丛书》（11 卷）分为"公共性""私人性""民间与地下""通俗文学""台港澳文学""文学期刊、社团与流派""影像与口述文学""戏改与样板戏""文代会等重要会议""文学评奖""文学史与学科史料卷"等 11 种不同的类型②，并在纵向上"辨章学术、考镜源流"，横向上各种类型之间彼此互补，构成体系性的当代文学史料架构，便充分体现了他的"史与思"（也包括史与诗）互动互证、互补互融的史料观。显然，这样的史料学就不仅仅是个别局部和支节的修残补缺，而是导向对文学史整体全局性质的调整，对当代文学学科及其研究真正起到转向与重构的作用。而这样一种编纂，它自然必然地内蕴了思想理论的解释框架，这绝不是为史料而史料可以做到的。

　　《丛书》每一卷，都很好地体现了编者对该类史料的理性认知和把握。如《公共性文学史料卷》将中央政府的文件、决议，领导人的讲话、批

---

① 吴秀明：《中国现当代文学史与生态场》，中国社会科学出版社 2009 年版，第 157 页。
② 吴秀明主编：《中国当代文学史料丛书》（11 卷），2016—2017 年已由浙江大学出版社出版 5 卷《公共性文学史料卷》《文学期刊、社团与流派史料卷》《通俗文学史料卷》《文学评奖史料卷》《文学史与学科史料卷》；还有 6 卷由于种种原因，迄今尚未出版。

示等纳入上编"政策与导向",中宣部、文联、作协领导人对上层意图的解释与传达纳入中编"中介与阐释",而将两报一刊(《人民日报》、《解放军报》、《红旗》杂志)以及《文艺报》《人民文学》等纳入下编"媒体与舆论",构成完整的公共性文学史料系统。《文学史与学科史料卷》则分为"文件与规定""事件与问题""评价与探索""时间与空间"四大体例,把"重写文学史""再解读"与海外中国当代文学研究、对"十七年"文学的评价、"红色经典"、少数民族文学、台港澳文学以及通俗文学等的入史问题都纳入四大体例,这里既有会议纪实、访谈、对话,同时还有代表性的研究综述。这样,史料的编选不但在逻辑有序的解释框架中呈现了历史的原貌,同时还以代表性的观点与论述丰富了史料的多维立体层次。

对于当代文学史料而言,最大的问题不在史料搜集之难,而在当代那些过于丰富甚至显得有些溢出的,纷繁复杂、彼此联系而又异同并呈的史料如何有机地组织起来。选择什么、如何选择仍然需要借助于有关的思想理论,方能把饾饤枝节的史料碎片,引向人文学者对于"宇宙之基源""人生之根蒂"的形上思考。胡适曾将史实研究概括为"科学的"和"艺术的"两个方面:"一方面是科学的,重在史料的搜集与整理,一方面是艺术的,重在史实的叙述和解释。"[①]可见研究之不易。吴秀明自己亦这样感慨地说:"在史料研究过程中,感到最棘手也是费时最多的往往不是史料的搜集,而是如何将其纳入逻辑有序的'立体'体系中给予阐释,并由此及彼提出问题,将现象研究上升为历史研究。"[②]《丛书》同时

---

① 顾颉刚:《古史辨》2,上海古籍出版社 1982 年版,第 340 页。
② 吴秀明:《探寻立体呈现当代文学史料的体系与方式——〈中国当代文学史料问题研究〉的编纂理念与学术追求》,《南方文坛》2017 年第 3 期。

实现了两方面的功能：只有能够进入文学史的学术生产，并通过思想理论层面的反思与观照的史料，方能推动学术研究的视角转换与方法变革，实现当代文学研究"战略"意义的结构性调整。① 如《公共性文学史料卷》对于"胡风事件"，既编入胡风自己的《关于解放以来的文艺实践情况的报告——给党中央的信》，也编入了《胡风事件的另类史料——新华社〈内部参考〉中关于胡风事件的报道》，而批判胡适，则编入了胡思杜的《对我父亲——胡适的批判》。不是通过发现一条史料，否定另一条，而是通过多维多视角的呈现，构成史料之间彼此的对话，并进而型构其历史的"复调"现场。这对处于复杂纠缠的"身在'当代'说'当代'"②的当代文学研究及其文学史来说，就显得尤为重要。它可有效地克制我们太过强烈的价值评判冲动，以"抵近事实"的隐含努力，将对史料的批评性结论转化为学术研究的客观性真理追求。

与政治史、当代史纠葛难分的当代文学，即使是同一类型史料下也蕴藏了复杂的对立。《丛书》在解决当代文学内部的多元性、异质性问题时，以开放的眼光平视，通过史料的并置呈现，既力图梳理出渊源、潮流的主线，也不遗漏支线的复杂情态。《文学期刊、社团与流派史料卷》一方面以时间为序，展现当代文学期刊的发展演变与当代文学创作发展史之间的密切联系，另一方面又通过期刊的创刊、复刊、改版等重要节点，揭橥其与当代文艺生态环境、文艺事件、文艺思潮之间的沟连关系。《通俗文学史料卷》不但收录了 20 世纪 50 年代新中国通过对通俗文学的调整、改造与管控，将其纳入对文学艺术"社会主义改造"的全过程，同时也记录了通俗文学作家的"配合"改造，通俗文学期刊的主动调适，以及基于"民间"理念

---

① 吴秀明：《批评与史料如何互动》，《文艺研究》2017 年第 12 期。
② 程光炜：《当代文学 60 年通说》，《文艺争鸣》2009 年第 10 期。

差异而导致的配合不力、调适未果的史实，从而如实地展现了当代文学在创作与生产实践过程中，所受政治意识形态乃至政治权力的干预，以及在备受干预的同时，来自作家与民间或显或隐的抵制。

韦勒克认为，"在文学史中，简直就没有完全属于中性'事实'的材料"，即使是史料的取舍以及年份、书名、传记事迹等相对中性"事实"的还原，也离不开观念的参与、对话与激活。① 更何况当代文学史料研究，由于历史与现实原因，在它身上夹裹了太多的问题，情况殊为复杂。为什么近年来现当代文学史料研究普遍呈现向"批评"靠拢，即所谓的"史料研究批评化"的倾向，包括版本、选本、辑佚、考证等，有的研究者还提出了"将版本研究与文本批评整合起来"，"借鉴语言学、修辞学和写作学的研究经验，更要运用阐释学、文本批评的理论，对新文学版本进行综合研究"的"版本批评"的概念②。刘增杰也指出，"中国现代文学史料研究长期以来缺乏理论自觉，中国现代文学史料研究中轻视理论，向往于把新发掘出来的史料堆砌出来以示丰富，缺乏对已有史料作深入的理解与阐释"③。正是从这个意义上来讲，吴秀明上述有关当代文学史料编纂及研究——从 11 卷的《中国当代文学史料丛书》（选本），到 65 万字的《中国当代文学史料问题研究》（论著），其所体现的以史证论、史论结合，"历史"（史料）与"理论"，或曰"事实"与"思想"互渗互融的整体宏阔的文学史料观，就显得弥足珍贵。

概括地说，从历史文学批评起步，再到历史文学理论建构，再到当代文学史及学科建设，吴秀明历时四十年的学术研究，走的是"由文入史"

---

① （美）韦勒克、沃伦：《文学理论》，刘象愚等译，生活·读书·新知三联书店 1984 年版，第 32 页。
② 金宏宇：《中国现代长篇小说名著版本校评》，人民文学出版社 2004 年版，第 7 页。
③ 刘增杰：《中国现代文学史料学》，中西书局 2012 年版，第 214 页。

到"文史互证"的道路。他用历史的、文化的、生态的、审美的开阔视野和多维眼光审思当代文学。文学批评通过文本细读，指向现实问题，进行理论概括；文学史研究建基于文学批评和史料之上，追求文本、理论与史料三者的有机结合。他的研究，不仅在路径与方法上别具一格，形成了自己鲜明的特色，而且对当代文学"历史化"及学科建设具有重要的参照意义。及此需要补充一句，即使是在进行"文史互证"的当下，吴秀明还是回过头来强调基于审美和趣味之上的"人文性"批评，认为学者或批评家应该具有陈寅恪所说的"了解之同情"[①]的情怀，如此，包括史料研究在内的"文史互证"才有更大的包容性和对话性，并将轻盈的审美、扎实的史料与深邃的理论洞察结合起来，与文学史对接，当代文学才是鲜活的，真正成为审美判断与理论反思的"文学"学科。

（作者单位：浙江工业大学人文学院）

---

① 周保欣:《文学表象的"真"和历史哲学的"真"——文学史家吴秀明访谈》,《文艺报》2014年6月16日。

学术人生的盎然诗意

——吴笛教授的外国文学经典翻译与研究

魏　仁[※]

学者名片

吴笛，又名吴德艺，文学博士，浙江大学世界文学与比较文学研究所所长、教授、博士生导师，兼任中国中外语言文化比较学会会长、中国外国文学学会英国文学分会副会长、浙江省比较文学与外国文学学会会长等职，并担任国家社会科学基金学科评审组专家，系中国作家协会会员。1999年，曾入选"当代浙江作家50杰"，1993—1994年获国家留学基金，为俄罗斯圣彼得堡大学访问学者，2001—2002年获美国国务院富布莱特基金，为美国斯坦福大学研究学者。主要从事外国文学研究与翻译，主持国家社科基金重大项目、重点项目、一般项目、后期资助项目、重大项目子课题等多种外国文学类国家级项目的研究。

※　魏仁，山东大学文艺美学研究中心博士后，浙江财经大学讲师，研究方向为欧美诗歌与比较文学。

吴笛是当代浙江外国文学界的领袖人物之一。作为通晓中西文明的人文学者，吴笛既是才思敏捷的译界"才子"，又是沉潜灵通的学界"通人"；他通过卓越的译介会通让外国文学经典在中国大地得以"重生"，又通过敏锐的"学""问"兴致让外国文学经典在中国大地得以"扎根"。吴笛懵懂间超越大时代的"荒谬"，拜大师聚胆识跃然而成一家，通晓英俄双语、据守诗歌小说，旋为译界俊杰；别乡梓定钱塘放眼四海，涅瓦河畔体悟俄罗斯的魅力、旧金山湾沐浴美利坚的荣光。吴笛的学术人生诗意盎然，这种幸运既有赖于他求知求学的本能兴味，也有赖于他静心钻研的广博热忱。

吴笛，安徽铜陵人，当代中国外国文学研究领域的著名学者、文学翻译家；教授、博导，主要从事英美文学、俄罗斯文学、比较文学和文学翻译方向的研究。现担任浙江大学世界文学与比较文学研究所所长，浙江大学比较文学与世界文学专业、俄语语言文学专业博士生导师，兼任国家社会科学基金学科评审组专家、浙江省哲学社会科学学科评审组专家、浙江省比较文学与外国文学学会会长、浙江省作家协会外国文学委员会主任、浙江省作家协会全委会委员、浙江省社科联理事、浙江省文学学会常务理事、浙江省翻译协会常务理事、中国外国文学学会理事、全国外国文学教学研究会常务理事等职。

一、早慧别乡梓，拜师聚胆识

提及吴笛与外国文学的缘分，还得从他传奇的求学经历说起。

1954 年出生的他，赶上了"大跃进"和"人民公社化"运动。少年时期，吴笛便显露出过人的天赋，那些在同龄人眼中难解的方程、"佶屈聱牙"的诗文，到了他的手里，往往是轻而易举的事情，但聪颖的天

资并没有成为他逆转时代命运的砝码。在读书识字仅仅是为了"区分得清男女厕所"的"邻里共识"下，在家庭人口众多急需劳力挣工分养家糊口的现实重压下，10岁不到的吴笛不得不中断学业，被派往田间地头做着与成年人并无二致的苦活累活。就这样，白天做工，晚上苦读，甚至是充分利用白天做工中间休息的时间，"见缝插针"读上几页书，靠着顽强的毅力和一颗向学之心，只用了很短的时间便自学完了小学的课程。

正当家里人以为他能就此"安分"地干农活时，他的命运却因为一期墙报而彻底改写。那时，家里收音机里定时播报的英文广播是吴笛每天劳作之余的精神慰藉，虽然当时的他根本听不懂，但直觉上觉得很好听，很有意思。有一年年末，他在离家几十里路的地方挖一条通往长江的河道，因为离家远，更为了多挣看守工地多给的几个工分，他没有回家过年。一个人待在工棚的日子十分无聊，为了打发时间，他打算去县城里的新华书店买几本书，原计划买小说却因为当时的小说品种单调而未买成，最后买回了一堆英语教科书和词典。就这样，自学了两年，竟然学得不错，随着语法知识和词汇量的积累，公社的宣传栏里不时出现他用英文书写的墙报和宣传语，他的这些举动在小乡村一下子炸开了锅，市县教育局领导听说了他的事迹，专门请来华东师范大学的英语老师对他进行了口语和阅读考核，考核的结果是他们一致认为这位年轻人的英语水平足以胜任中学英语教师的工作，决定安排吴笛到当地的一所中学去当英语老师。吴笛再三明确表态不想当老师而只想读书，爱才心切的教育局领导决定推选这位优秀的年轻人进大学系统学习。当地教育局局长跑到田里来通知吴笛去考试的那天，他至今记得很清楚："他拿了毛巾把我脸上的汗擦一擦，帮我把草帽戴戴好。他说你不要担心，你考试不只是为个人，也是为我们争光，要争取能够去深造，造福社会。"后来吴笛只考了一门英语，就在开始正式招生的前几个月，被安徽师范大学外语系破格录取了。①

大学里被分到俄语专业的吴笛，非但没有放弃英语的学习，还给自己提出了苛刻的要求：英语、俄语两门语言必须齐头并进。据吴笛的大学同窗兼前同事蔡玉辉教授回忆："那个时候他的勤奋是出了名的，为了节省时间，一天只吃一顿饭，在寝室大门不出，潜心修学，以至于大学期间同学们都知道学院里有位鼎鼎大名的才子，却没几个真正见过他的庐山真面目。"正是在这近乎闭关的日子里，他的外语水平突飞猛进，时而还会提笔翻译自己喜欢的作品，并陆续有译作面世。1977 年大学毕业后顺利留校，在教学岗位上一待便是 8 年；长期的教学实践，使得他的外语水平训练得更加出色。与此同时，他还向当时在外语系任教的外籍教师和著名俄语翻译家力冈先生虚心请教，为后来的译介工作夯实了基础。

在安徽师范大学工作期间，1981—1982 年考入清华大学高校英语师资培训班学习。1985 年报考杭州大学研究生，以专业第一的成绩投身著名外国诗歌翻译、研究专家飞白先生门下，潜心学习、广结善缘。1988 年毕业后留校任教，1991 年破格晋升副教授并担任硕士生导师，1995 年破格晋升为教授，这在当时人才济济的杭大中文系，是一个传奇。1993—1994 年，获国家留学基金资助，赴俄罗斯圣彼得堡大学访学；2001—2002 年，获美国国务院富布莱特基金资助，赴美国斯坦福大学访学。2002 年回国后在职攻读博士研究生，2004 年获博士学位并担任博士生导师。1995 年起任杭州大学中文系外国文学教研室主任，1999 年起任浙江大学世界文学与比较文学研究所所长。

---

① 《盎然诗意学术人生——记浙江大学中文系博士生导师吴笛教授》，浙江大学人文学院网站，2011 年 11 月 17 日，http://www.ch.zju.edu.cn/external/news.php？id—2555O。

近 30 年间，吴笛教授翻译出版《雪莱抒情诗全集》《采果集》《劳伦斯诗选》《夏洛蒂·勃朗特诗全编（下）》《帕斯捷尔纳克诗选》《20 世纪外国抒情诗选》《现代外国女诗人诗选》《哈代抒情诗选》等译诗集和《苔丝》《艾德温·德鲁德之谜》《最后的炮轰》等长篇小说共 30 多部；主编《普希金全集》《世界诗库》《外国诗歌鉴赏辞典》等外国文学编著数十部；在《外国文学评论》《外国文学研究》《国外文学》等权威学刊发表学术论文 60 多篇；出版《哈代研究》《比较视野中的欧美诗歌》《哈代新论》《英国玄学派诗歌研究》等学术专著 10 余部；其译作和学术成果多次荣获教育部人文社科优秀成果奖、中国图书奖、国家图书奖提名奖和全国外国文学优秀图书奖特别奖、浙江省优秀社科成果奖、浙江省高校优秀科研成果奖等。1999 年，在浙江省"庆建国 50 年，评文坛 50 杰"活动中，获"浙江当代作家 50 杰"称号。①

二、译界名家铸名译，诗歌小说显才华

熟悉吴笛的人都知道，他不但能够翻译英、俄两种语言的外国文学作品，而且他的翻译往往能令原作焕发新生。吴笛的早期译作《最后的炮轰》（1983 年翻译出版）便是最好的例证。苏联当代著名作家尤·邦达列夫的名作《最后的炮轰》发表于 20 世纪 50 年代，是依据小说家在反法西斯卫国战争期间的真实经历写就的，被称作"战壕真实派"的代表作，曾在苏联文学界引起争论，对以后苏联文学的发展产生了深远的影响，是研究苏联文学绕不开的一部作品。我国迟迟没有将之翻译过来，是

---

① 吴笛：《从彼得堡到斯坦福——我对西方文化的感悟》，浙江大学人文 学院网站，2010 年 3 月 29 日，http：//www.ch.zju.eclu.cn/external/news，php？id=934。

受到 20 世纪六七十年代中苏交恶的国际政治影响。70 年代末，受"文化大革命"影响一度终止的外国文学翻译事业开始复苏，结束了长期与世隔绝、闭关自守的局面，人们强烈渴望通过外国文学作品重新认识世界，《最后的炮轰》在众人的期待声中诞生，一经出版便收获了大批"粉丝"，很多人是噙着泪读完它的。吴笛译作用生动的语言、贴切的表述，为读者勾勒出一位血肉丰满的诺维科夫连长，让他引领读者一起历经残酷的战争，体味生命个体在硝烟弥漫的战场上的心路历程。吴笛认为这部作品具备 20 世纪 50 年代中期以后苏联文学的一些突出特点：以白描的手法呈现战争的恐怖和残酷，表现英雄行为，写一个活生生的普通人的心灵真实，重点突出人道主义，描写人性美，宣传尊重人的生命。所以，译介这部作品对我们研究苏联五六十年代作品的主题及其反映出的社会意识形态大有裨益。

当有人问起吴笛选择翻译文本有没有什么特殊的要求和讲究时，他坦言："一是兴趣，二是这个作家的重要性。"如果说苏联作家邦达列夫的小说《最后的炮轰》符合他选择的第二要义，那么英国文豪狄更斯的最后一部小说《艾德温·德鲁德之谜》就正好契合了他的第一条要求。

狄更斯的长篇小说《艾德温·德鲁德之谜》被西方世界誉为"文学史中的不见天日之书、西方犯罪心理描写的先声"[①]，1870 年开始创作并分卷发表，一问世便获得了巨大的成功。同年 6 月，狄更斯患脑出血离世，随着大师的逝去，小说的结局成了一个真正的谜团。狄更斯去世后的许多年里，各种零散的新证据都没有办法证明他创作《艾德温·德鲁德之谜》的意图。一百多年来，西方文坛围绕这部小说出版的续作、揭秘、研究不胜

---

① 吴笛:《〈狄更斯全集〉等后记三篇》,《中文学术前沿》2012 年第 1 期。

枚举。此书虽在国外备受青睐，国内读者却并未有所耳闻。作为这部小说在中国的首位译者，吴笛认为《艾德温·德鲁德之谜》"东冷西热"的根源在于"狄更斯在中国长期被视作批判现实主义作家而为读者熟知，而《艾德温·德鲁德之谜》明显带有早期侦探文学的特色和某些类型小说的特点，国内主流文学观念长期对这样的作品缺乏关注，这也造成了我们对这部作品的忽略"。他同时也指出，狄更斯"在真实与梦境的结合，梦幻的巧妙运用，人物性格的刻画，尤其是双重性格的刻画，对后世，特别是对瑞典的斯特林堡和俄国的陀思妥耶夫斯基有较深的影响"[①]。译作出版后，在读者群中引起不小的震动，掀起了一场全民大讨论，有的读者甚至给吴笛写信，询问译者对于小说结局的意见。

2012 年，正值狄更斯诞辰 200 周年，浙江工商大学出版社出版了《狄更斯全集》，将吴笛的这本译作收入其中。如今回忆起翻译这本书时的情形，吴笛的激动、兴奋之情难掩。开始着手翻译《艾德温·德鲁德之谜》的时候，他刚刚在安师大执教不到半年，每天和学生一样，拿着饭盒去食堂打饭，去食堂的路上都在思考如何译，有时想到了，饭也不在食堂吃，怕忘了，匆匆赶回宿舍要先把路上想到的译出来，再开始吃饭。每天算着还有多少时间可以译完，很开心的。他自觉当时译得很认真，而且进入状态以后，大脑也比较好使。如果想不出好的表述，会去书店里找相关的书来看，还看多义词词典和有助于提高文学表达能力的书。译完之后，寄给了新华出版社，当时连助教职称都没有的吴笛，很快就收到了出版社寄给他的样书。这本译作 2012 年再版时，编辑让吴笛校对一遍，原本以为当年阅历尚浅的毛头小子一定比不过如今资历丰厚的

---

① 吴笛：《〈狄更斯全集〉等后记三篇》，《中文学术前沿》2012 年第 1 期。

大教授，但是很遗憾，校对了一遍下来，发现就连一个"的"字都没法改出来。① 这足以说明译者当年是如何的才思敏捷、认真仔细。

如果说 19 岁那年就读外语系是吴笛与外国文学缔结缘分的开端，那么杭州大学世界文学专业研究生的录取通知书，则是他与外国文学缔结终身盟约的证明。读研之后的吴笛没有了教学的羁绊，全身心地专注于他所钟爱的翻译事业，勤奋苦读，笔耕不辍。渐渐地原本四人间的寝室，到了第二年竟被他一人"霸占"，原来是他的室友们不忍心打扰这位醉心于翻译的同门，主动搬出去了。正是读研这段时间，他陆续翻译了英、美、俄等国多位诗人的诗作。

其后，吴笛相继翻译了英国作家哈代、劳伦斯、夏洛蒂·勃朗特以及俄罗斯大诗人帕斯捷尔纳克的诗歌作品，出版了《劳伦斯诗选》（漓江出版社 1988 年版）、《含泪的圆舞曲——帕斯捷尔纳克诗选》（浙江文艺出版社 1988 年版）、《野天鹅——20 世纪外国抒情诗 100 首》（黑龙江人民出版社 1988 年版）、《外国现代女诗人诗选》（漓江出版社 1990 年版）、《泰戈尔散文诗选》（浙江文艺出版社 1991 年版）、《梦幻时刻——哈代抒情诗选》（中国文联出版公司 1992 年版）、《雪莱抒情小诗》（浙江文艺出版社 1992 年版）、《雪莱抒情诗全集》（浙江文艺出版社 1994 年版）、《夏洛蒂·勃朗特诗全集（下）》（河北教育出版社 1996 年版）、《第二次诞生》（上海人民出版社 2013 年版）、《灵船》（上海人民出版社 2013 年版）、《时光的笑柄——哈代抒情诗选》（河南大学出版社 2014 年版）、《黑夜的天使——20 世纪欧美抒情诗选》（河南大学出版社 2014 年版）等诗歌译作，并译有《枕头底下的眼镜蛇》（山东文艺出版社 1986 年版）、《苔丝》（浙江文艺出

---

① 　吴笛：《〈狄更斯全集〉等后记三篇》，《中文学术前沿》2012 年第 1 期。

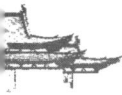

版社 1991 年版）、《对另一种存在的烦恼：俄罗斯白银时代短篇小说选》（云南人民出版社 1998 年版）、《街上的面具》（河南大学出版社 2014 年版）、《白夜》（敦煌文艺出版社 2014 年版）等多部长篇和中篇小说。

作为"名家名译"的一分子，吴笛的《苔丝》译本备受推崇。有读者曾这样评价："哈代小说《德伯家的苔丝》（*TESS OF THE D'URBERVILLES*），诸多中译本中，我认为吴笛翻译得既优美且忠实，毫无翻译小说或多或少的硬涩感。当你对原著某一段落句子只能意会而不能言传时，参看吴的译本时，将会为译文那精准达意又富艺术感染的演绎叫绝。"[①]

《含泪的圆舞曲》诞生于中俄文化交流尚不通畅以及国内没有帕斯捷尔纳克中文译本的前提下，辗转得来的两卷集俄文本帕斯捷尔纳克诗集对于译者来说珍贵异常。出版后，受到学界和读书界的广泛好评。诗人桑克在报刊上发文："《含泪的圆舞曲》的译者是力冈和吴笛，我享受恩惠十四年了，在这行字里我向你们鞠躬。"[②] 能得到诗歌创作界如此评价，是对译者最高的褒奖。这本诗集在 2014 年再版之后，为了保持译诗风格的统一，没有收入力冈先生的译诗。在保留原诗集中数首吴笛的译诗基础上，重新选译了帕斯捷尔纳克部分小说中的诗篇和部分早期诗作，在选译时，尽量避免与力冈先生前一个版本中所译的篇目重复，所以，再版的诗集以《第二次诞生》命名，一方面交代了译诗集的来龙去脉，另一方面，也寄寓了译者对新译本的期望。

在接受媒体采访时，吴笛坦言他的大部分译作都是在 35 岁之前完成的。[③] 35 岁之后，尤其是担任浙江大学世界文学与比较文学研究所所长

---

① （英）托马斯·哈代：《苔丝》"附录"，吴笛译，中国书籍出版社 2005 年版。
② 桑克：《泥水噗噜噗噜响》，《南方都市报》2002 年 6 月 13 日。
③ 吴笛：《从彼得堡到斯坦福——我对西方文化的感悟》，浙江大学人文学院网站，2010 年 3 月 29 日，http://www.ch.zju.eclu.cn/external/news，php？id=934。

和博士生导师之后，由于教学、科研繁忙，他不得不暂时放下自己热爱的这项工作。作为一名才华横溢、技艺超群的翻译家，吴笛凭着扎实的英语、俄语功底和卓越的文学语言表达能力，经过长期勤勤恳恳的翻译实践的历练，光芒四射地闪耀在我国外国文学翻译领域。

三、静心沉潜做学问，中西交流文雅士

20 世纪，面对两次世界大战以及其后的"核恐怖"威胁、消费主义日盛的社会现状，人们对诗的命运感到了困惑，甚至有人发出了诗歌是否已经死亡的疑问。在这样一个总体上缺少诗意的"散文时代""逐利时代"，一本文字按顺序排列、没有任何审美意义的黄页电话簿，发挥着难以想象的实用功能；而一部具有独特审美功能的优秀的抒情诗集，其存在的空间却极为狭窄。然而，生活中不可能没有诗歌，诗歌永远不会从人间蒸发而去，只要存在着生活，就会存在着诗歌，如今，诗歌仍然以自己特别的功能点缀生活、阐释生活、探索生活。世界诗坛正以多思潮、多视觉、多元化的趋势发展着凝结人类语言和思想精髓的诗歌艺术。世界诗坛为了适应新的时代的发展，在诗歌研究领域，人们也进行了很多富有成效的探索。

30 余部外国文学经典的翻译积累，使得吴笛对大量的理论文献资料驾驭自如，这也让此后的欧美诗歌研究工作变得游刃有余。吴笛的学术研究硕果累累，不仅出版有《哈代研究》《比较视野中的欧美诗歌》《浙江翻译文学史》《哈代新论》《浙籍作家翻译艺术研究》《英国玄学派诗歌研究》等多部学术专著，以及 10 卷集《世界诗库》（任副主编）、8 卷集《普希金全集》（任主编）、10 卷集《世界中篇小说名著精品》（任主编）、5 卷集《新世纪中西文学批评丛书》（任主编）、《外国诗歌鉴赏辞典》（任主编）、

《夏衍全集·译著卷》(3 卷)、《多维视野中的百部经典》、《经典传播与文化传承》、《名著图典》、"想经典"系列丛书、《莎士比亚作品鉴赏辞典》等多种编著,并主编《外国文学教程》、《外国文学简明教程》、《外国文学作品与史料选》(上、下)、《世界文学读本》(英文)、《世界名诗导读》、教育部人文社科研究项目"生态批评视野中的欧美诗歌研究"、浙江省社科规划基金项目"中西诗歌比较研究"等多项欧美诗歌研究课题。随着外国文学传播的深入和中西文化交流的发展,吴笛高瞻远瞩地意识到外国文学经典研究应在原有基础上向着跨学科研究领域拓展。"外国文学经典研究应从原有的文本研究转向文本生成渊源考证与生成要素的研究;应从文学翻译研究转向翻译文学研究;应从纸质文本的单一媒介流传转向音乐美术、影视动漫、网络电子的复合型的跨媒体流传;更应从'外向型'研究转向关注中外文化交流和民族文化身份建构与民族形象重塑。"① 2010 年,吴笛作为首席专家以"外国文学经典生成与传播研究"这一课题,一举夺得国家社科基金重大招标项目,成为全国人文社科领域第二位获得该项目的专家,实现了浙江省人文学科领域国家社科基金重大招标项目的零的突破。

2006 年,由吴笛领衔,组织浙江省外国文学研究团队成立了浙江省比较文学与外国文学学会,并担任会长至今。2009 年起他又担任国家社科基金学科评审组专家,并连任三届的浙江省作家协会外国文学委员会主任。虽然庶务繁忙,但吴笛始终兢兢业业,坚持平日里的学术积累,他常常以办公室为家,事必躬亲,责无旁贷,在学术上不断探索进取,精益求精。吴笛熟谙国内外的文献资源,每逢一门课程开课,他定会首

---

① 吴笛:《外国文学经典研究的转向与拓展》,《中国社会科学报》2011 年 11 月 10 日。

先将 JSTOR 等英文期刊资源引荐给同学们，鼓励大家学会利用学校的网络资源，珍惜良机，在学业上开阔眼界，开拓创新。他所指导的博士生和硕士生非常出色，有的已经在外国文学研究领域取得丰硕的成果，并有多人获得高级职称。2009 年，他指导的两名研究生被同时录取到美国和澳大利亚的名校攻读博士学位。2010 年和 2011 年，他指导的博士生中分别有 3 篇文章发表在国内权威刊物《外国文学评论》和国际权威刊物（A&HCI）《外国文学研究》上，有多人在人民文学出版社、上海译文出版社、浙江文艺出版社、浙江大学出版社、中国书籍出版社等出版了《狂野之夜》《奥登诗集》等外国文学译著。2010 年，他指导的硕士论文《诗乐交融的"出位"之思——论庞德〈华夏集〉中的音乐美学》，被评为浙江省优秀硕士论文，2010 年和 2011 年，他所指导的本科生论文《帕慕克作品中多重色彩的融合与身份建构》和《论〈苔丝〉隐喻建构的主要特征》分别获浙江大学百篇特优毕业论文。他所主编的《外国诗歌鉴赏辞典》（上海辞书出版社 2009 年版）也是他与学生们的共同研究成果。2010 年和 2011 年，吴笛指导的 2006、2007、2008、2009 级博士研究生分别以拜伦诗歌研究、奥登诗歌研究、威廉斯诗歌研究、休斯诗歌研究、赫伯特诗歌研究等欧美诗歌选题获得 3 项国家社科基金项目、2 项教育部人文社科研究项目立项，成绩突出。

在课堂上，吴笛风趣幽默，深入浅出，在他声情并茂的谈吐中，从萨福到莎士比亚，从叶芝到普希金，从雪莱到哈代，都一一从课本中逸出，来到我们身边，尤其是吴笛气质高贵的俄语朗诵，足以把学生们带入时代的情境中，体味那魂牵梦绕的俄罗斯民族情结。生活中，吴笛平易近人，始终葆有年轻的心态，他对时下潮流敏锐的捕捉力与同学们相较有过之而无不及，常常与学生探讨当下的热点话题。他还鼓励学生走进自然，投入大自然的怀抱享受那一份浑然天成的诗情画意，西溪湿地的九曲芦苇、钱

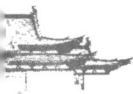

江新城的凭江远眺，都是吴笛带着学生们吟诗游历的经典路线。"我有一种海湾情结，远眺大海，不仅让思绪自由翱翔，而且能超越世俗，净化心灵，这里是杭州湾，我就在这定居了，出国访学也是如此，先是芬兰湾边的圣彼得堡大学，再是依傍着旧金山湾的斯坦福大学。"[①]1993—1994 年，吴笛赴俄罗斯圣彼得堡大学访学，他为编撰翻译《世界诗库·俄罗斯卷》拜访了很多学者，也为主编《普希金全集》而遍访普希金生命的足迹，最终将 8 卷《普希金全集》带回给国人，这套书不仅受到俄罗斯有关文化部门高度赞赏，而且被列为浙江省改革开放 20 年精品图书。2001—2002 年，吴笛作为当年国内文学学科唯一的一位美国国务院富布莱特基金获得者，赴美国斯坦福大学进行为期一年的访学研究。吴笛笑谈"每到一处，我便喜欢去当地的校园和墓地"[②]。这便是吴笛对于一个城市独特的感受方式。

如今，吴笛已经在高校外国文学教学的讲台上走过 30 多个年头，本科生、硕士生、博士生，每每聊起老师吴笛，言语间总是洋溢着被关怀、呵护的幸福感。如今浙大每一个校区都遍布着吴笛的崇拜者，大大小小课程的教室也都充满了慕名而来的学生。吴笛睿智的风度和普希金式的脸廓，以及那种撼动人心的人格魅力，都时刻激励着学生，成为学生人生历程上永远坚定的精神指针。

人们常常习惯性地认为，学术之路只有青灯黄卷和冷板凳，寡淡的象牙塔生活里只有健康的提前透支和经济的窘迫拮据，在唏嘘悲叹声中往往渲染一种虚幻的悲壮。不否认，这种生命状态可能是不少学者的真实写照；同样，不可否认，也有一种学者生涯如吴笛者：年轻时于懵懂间超越大时

---

① 吴笛：《从彼得堡到斯坦福——我对西方文化的感悟》，浙江大学人文学院网站，2010 年 3 月 29 日，http://www.ch.zju.eclu.cn/external/news，php？id=934。

② 《盎然诗意学术人生——记浙江大学中文系博士生导师吴笛教授》，浙江大学人文学院网站，2011 年 11 月 17 日，http://www.ch.zju.edu.cn/external/news.php？id—25550。

代的"荒谬"，拜大师聚胆识跃然而成一家，通晓英俄双语、据守诗歌小说，旋为译界俊杰；别乡梓定钱塘放眼四海，涅瓦河畔体悟俄罗斯的魅力、旧金山湾沐浴美利坚的荣光。作为通晓中西文明的人文学者，吴笛教授既是才思敏捷的译界"才子"，又是沉潜灵通的学界"通人"；他通过卓越的译介会通让外国文学经典在中国大地得以"重生"，又通过敏锐的"学""问"兴致让外国文学经典在中国大地得以"扎根"。更难能可贵的是，他并非只读书而不通社会事理的"腐儒"，他熟谙最近 30 年间中国翻译出版的市场状况，他是中国最早一批熟练使用电脑互联网的学者，他是最早一批驻足中国股票市场的学者，他更是最早一批"拿得出手"进行国际文化交流的学者。

学术与理论未必是灰色的，生命之树长青确是至理。吴笛的学术人生诗意盎然，这种幸运既有赖于他求知求学的本能兴味，也有赖于他静心钻研的广博热忱。行到水穷处，坐看云起时；耳顺之年的吴笛教授总感叹时间流逝的轻快，总是笑眯眯的吴笛教授已经规划好"退"而不休的学术人生。

（本文来自魏仁：《学术人生的盎然诗意——吴笛的外国文学经典翻译与研究》，何勤华、傅守祥主编：《文化正义论丛》第 3 辑，浙江大学出版社 2015 年版；又载《中国社会科学报》2015 年 7 月 27 日）

师承与砺学

——张涌泉教授访谈录

张　宜※

学者
名片

张涌泉，男，汉族，1956 年出生，浙江义乌人。现为浙江大学文科资深教授。1982 年毕业于杭州大学中文系，1994 年 12 月在四川大学获博士学位。兼任全国古籍整理出版规划领导小组成员、中国文字学会副会长、中国敦煌吐鲁番学会副会长（2010—2020）、浙江省语言学会会长，2005 年入选浙江省首批特级专家，2006 年受聘教育部长江学者特聘教授。

※　张宜，沈阳师范大学大学外语教学部主任，三级教授。

张宜： 今天是 2017 年 3 月 24 日，现在是晚上 9 点。此刻我是在春雨潇潇的杭州，在杭大路上的渔悦龙宫酒店。我今天要访谈的是我国著名的语言学家，浙江大学张涌泉教授。张老师您好，非常荣幸能在这样一个夜晚，能和您一起共进晚餐，并访谈您。这也是我的一个学习过程。张老师，我觉得在与您接触的这段时间里，感觉您是一个特别谦和、特别有责任感、特别认真和严谨的一位学者。本来我今天是带着非常忐忑的心情来求教您，但是跟您一见面，就觉得特别的温暖和轻松。张老师，您是怎样走上语言学研究道路的，您为什么要从事语言学的研究呢？

张涌泉： 谢谢张宜老师。说实在的，刚才你给我介绍，你以前访谈过的一些著名的语言学家，我想他们才是真正的、著名的语言学家。像我这样一个资历比较浅的人，我想未必适合作为你的一个访谈对象。

张宜： 张老师，您太谦虚了。

张涌泉： 但是你几次联系，并且有好几位我非常敬重的前辈推荐你来访谈我，我想拒绝也不好。（对于）你刚才讲的问题，我怎样走上语言学研究道路，这个对我来说完全是一个偶然。我读的大学是杭州大学。是"文革"后的第一届，七七级。刚上学，每门课大家都很有兴趣。给我们上"古代汉语"课的有两位老师，一位是祝鸿熹老师，一位是郭在贻老师。他们两位都是非常有影响的学者，课都上得非常好。我们当时有 141 个同学，我当时是丑小鸭式的人物，默默无闻。什么干部也不是，连课代表、小组长都没当过。所以任课老师差不多都不认识我。同学们的求知欲望都很强，学习都非常努力刻苦。这是七七级同学共同的特点。郭老师的课讲得特别好，对我们同学有很大的吸引力。（张宜：有魅力。）最后这门课的结业考试，我竟然

考了第一名。（张宜：崭露头角！）这很意外，郭老师他们当时大概也不知道这个张涌泉何许人也，竟然考了全年级第一，141个人。（笑）老师很惊讶。郭老师特意见了我。后来郭老师就有意识地培养我，我也经常把我写的一些小文章请郭老师看。郭老师看了以后，就鼓励。正是郭老师的影响，加上我古汉语课成绩好，把我对语言学、汉语言文字学的兴趣激发出来了。后来我就慢慢地就走上语言学的研究道路。

张宜： 张老师，刚才我们在吃饭的时候，您说起了，我之前看的一些资料也提到，您是浙江义乌农村的孩子，是从苏溪中学考出来的。我想问您，家庭和社会，当时给了您怎样的一种影响？您在农村长大，怎么能够激发起要读书、要出来、要考到省城的高校里面（的这种信念呢？），而且是（19）77年第一届。我知道（当年）有很多城市的、到农村的知识青年参加高考，（他们这么做）为了摆脱农村（环境），那您当时的成长环境是怎样的呢？父母对你有什么样的影响呢？

张涌泉： 我爸爸是一个中学（后来调到义乌师范学校）的老师。我妈妈是农村户口，所以我们全家兄弟姐妹七个人，全都是农村户口。我高中毕业以后，也就理所当然地回乡，回到家里劳动。

张宜： 您是回乡青年。

张涌泉： 是的。我是（19）74年春季的高中毕业生。当时也有上大学的，工农兵大学生，是要推荐的。像我这样的，我爸爸就是普通的老师，没什么（社会）关系，当然也就没有指望。所以我高中毕业以后，就开始在生产队里面劳动，当时在农科队。大概劳动了一年多，也想到外面的世界去看看。于是就到外面去打工。先是到安徽宁国县做砖瓦。（工作）很辛苦，那边也很荒凉，在山坳里面，常有野兽出没。经常半夜三更一个人在那里烧窑，有时不免有点害怕。烧窑做砖瓦是很累的，并且还很有点技术含量。比如说做砖头，有一个砖模，切一块十几斤重的泥巴，使劲往砖模里砸，姿势准确，力气也够了，泥巴才能在模具里分布得结结实实的。假如你力气不够的话，泥巴分布不均匀，那这块砖就废掉了。而我从小"小气伏力"（义乌方言，指身体单薄，力气小），次品不少。做砖瓦做了一年。那时我姐夫在江西南昌近郊的一个制药厂工作，于是他又让我去做搬运。（笑）就是把厂里做好的药运出去，然后把原料运进来。什么原料呢？就是白糖之类的，所以我差不多又做了一个搬运工。

张宜： 是靠自己的力气，还是开着车呢？

张涌泉： 主要靠力气，不是开车，是扛的。好在我姐夫在这个厂里工作，有些货物实在扛不动，我就不扛了，可以稍微偷点懒。

张宜： 能比烧砖稍微轻松一点。

张涌泉： 也差不多吧。所以（我）当过搬运工、做过砖瓦匠，在农村里面劳动过，经历过艰苦生活的锻炼。后来因为我爸爸在中学当老师，（我）得到机会又去当了代课老师。（做）代课老师，对我以后考大学是有一定影响的。所以我也算比较幸运，因为老爸是一个中学老师。我高中的时候就跟爸爸在他那个中学里面读书，潜移默化，我对教师这个职业还是比较仰慕的。

张宜: 您父亲从小接受过什么样的教育呢?

张涌泉: 他以前是金华师专毕业的。我爷爷是农民,把我爸他们兄弟三个(抚养长大),让我老爸去读师专,很不容易。因为老爸是中学老师,我得以到高中去读书。当时上高中也要推荐的。后来又让我去当代课老师。假如没有考大学这个机会,我有可能就一直在农村里面当个中学老师了。我们这一代是不幸的,我们的小学、初中、高中,几乎没有好好去读书,我们高中毕业以后就去农村劳动。但是我们又是幸运的,幸运的是我们抓住了机会,有一批人上了大学,赶上了好时候。我也是其中的一个幸运者。所以我爸爸的老师这个职业对我以后选择读书是有影响的。

张宜: 张老师,我想问您,在(19)77 年参加高考,您填报志愿的时候为什么会选择杭大中文系呢?

张涌泉: 说实在的,我们当时都不是太懂。你能(考)出来,就算好了。当时怎么填的志愿我都已经忘记了,只要能上大学就好,后来稀里糊涂地就给录取了,考得如何,怎么填志愿,我们都不是太清楚。

张宜: 您走进杭大中文系是命运使然,可以这么说吗?

张涌泉: 可以这么说。不过个人的命运是跟国家的命运联系在一起的。没有赶上这样的一个好时代,我们可能就会永远在农村里面、在社会的最底层,一辈子就这么过去了。所以我们算是赶上了好的时代。

张宜: (和您的同龄人相比)张老师您赶上了好时候,杭州大学的中文系又是我们国家汉语言文学的一个前沿地带，有很多著名的学者。

张涌泉：杭州大学虽然是一个省属高校，但是它的影响还是很大的。当时的杭州大学在全国高校里面的排名，可能大概是 30 名，它是全国地方高校的领头羊，差不多就是第一名。前几天看到苏州大学的排名，好像到了三四十名，实际上苏州大学当时是排在杭州大学后面的。所以杭州大学当时虽然是一个省属高校，但是在全国来说还是很有影响的，这里面有很多很著名的学者，包括对我影响一辈子的学者，刚才讲的郭在贻老师，比郭老师更年长的有蒋礼鸿先生、姜亮夫先生，都是一代名师。这里也有很多古代文学、古代文献方面的大师级学者，比如夏承焘先生和胡士莹、王驾吾、徐朔方先生等，都是有全国影响的大学者，所以说杭大中文系当时还是很厉害的。

张宜：张老师，为什么您没有像当时其他那些青年人一样，到了中文系就会想到去研究文学，当作家，您为什么会对古代语言文字产生兴趣了呢？

张涌泉：我刚才讲过，这主要跟我的古汉语考试考得特别好（有关），把我的兴趣激发起来了。是在本科阶段就把我的兴趣激发出来了。

张宜：张老师，古汉语您能学得那么好，和您的个性有没有什么联系呢？您的个性对您选择古汉语，选择近代文字研究，起了怎样的作用呢？

张涌泉：跟我的个性当然也有一定的关系。我这人应该说喜欢读书，能坐得住，比较勤奋，肯吃苦。这个跟前面讲的艰苦生活的磨炼是有关系的。

（上大学）这个机会来之不易，一定要好好读书，才能对得起父母的培养，对得起这么一个好的时代。

张宜：张老师，哪一个人、哪一本书，或者是哪一件事儿对您从事现在学术研究影响大呢？是什么因素促使您决定从事文字研究和敦煌学的研究？

张涌泉：可以说我是一个幸运的人，从小学开始，我（所遇到）的这些老师都是非常优秀的。我的小学老师是我们村校的一位老师，姓丁，叫丁成贤。这个老师对学生非常负责，上课条理很清晰，威信也很高的。后来的初中老师、高中老师对我的影响也很深。我的高中老师叫程思维，他是老杭大中文系毕业的，他的课上得非常好。我高中的时候作文写得比较好，程老师也经常表扬我。我的高中同学，现在说起来都知道我的作文特别好。所以从小学到高中，我碰到的老师都是非常优秀的，虽然当时是在"文化大革命"期间。（张宜：那个时候不是读书无用吗？）但是我也还是碰到了好老师。所以不管怎样，我也学到了一些知识。（张宜：所以底子还不错。）对对。上大学以后（遇到了）影响我一辈子的，影响我现在走上这条（研究）道路的名师。包括我们刚才讲过的郭老师，是郭老师直接把我引上语言文字研究这条道路上的。郭老师是我的任课老师，后来又是我的硕士生导师。（张宜：任课老师就是他讲"古汉语"这门课吧？）对的，他讲"古汉语"这门课。我的毕业论文是蒋礼鸿先生指导的。（张宜：您写的是《〈太平广记〉引书考》。）对对，是我的本科毕业论文，跟三位同学一起合作写，由蒋先生指导。蒋先生也直接给我们开过课的。我的博士生指导老师是项楚先生。我的博士后（合作导师）是裘锡圭先生。这些都是全国语言学界大师级的学者，碰上这么多好的老师，是我人生最幸运的事情。（张宜：您又一次提到了"幸运"这两个字。）人生难得，名师难遇啊！

你刚才问到对我影响比较大的一本书，我想我现在走上这条搞敦煌学，搞近代汉字研究的道路，都跟一本书有很大关系，这本书就是《敦煌变文集》①。

变文是一种文学体裁，跟变相有关。变相往往跟佛教有关，演绎佛经内容，把佛经通俗化，用一组组图画来表现佛教故事，叫作变相。"相"就是图画的意思。变化的图像，相当于我们的连环画、小人书有故事情节的一幅一幅的画，就是变相。"变文"就是变相的文字说明，就是一幅画的文字说明。（张宜：就是解释画的内容的。）变文相当于连环画的脚本。所以变文是一种文学体裁，但宋代之后失传了。很幸运，现在我们在敦煌文献里面发现了一大批敦煌变文的作品，总数大概有三百多个卷子。变文是后来白话小说之类通俗文学作品的直接源头。当时有六位很有影响的学者，王重民先生、周一良先生、向达先生等，他们把敦煌文献里的变文，汇编成一本书，这本书就叫作《敦煌变文集》。我读大学的时候，郭老师写了很多字词校释文章也是跟变文有关的。刚才我讲的（我）本科时候的指导老师蒋礼鸿先生，他的一本最有影响的著作就是解释变文里的词语的，叫作《敦煌变文字义通释》②。

张宜：后来您的《敦煌俗字研究》③被视为可以和蒋老师的《敦煌变文字义通释》媲美了。

---

① 《敦煌变文集》是唐代敦煌变文作品的总集，由王重民、王庆菽、向达、周一良、启功、曾毅公等人编校，人民文学出版社 1957 年出版。此书根据国内外收藏的 187 个敦煌写本，整理校勘，编选出七十八种作品。
② 参见蒋礼鸿著《敦煌变文字义通释》（增补定本），上海古籍出版社 1997 年版。
③ 《敦煌俗字研究》，上海教育出版社 1996 年版；第二版，2015 年版。

张涌泉：我的书当然不敢和蒋先生的书相提并论。但是周一良先生确实讲过，他说我的博士论文和蒋先生的《敦煌变文字义通释》堪称"（敦煌研究）双璧"。一个是讲词语的，一个是讲俗字的。（张宜：这是对您的一种肯定。）当时我读本科生的时候，还没有确定（将来）具体要做什么，只是对古汉语感兴趣。有时候写一些小文章。后来读了硕士生以后（才找到方向）。（那时候）我妈妈身体不太好，有一次（我陪）她到上海看病，我就把两本《敦煌变文集》（上下册）带上了，带到上海去了。（张宜：陪妈妈看病，您就在那看书。）对，有空的时候就读上几篇。我看的时候就发现里面有一些字句校勘方面存在问题。我就给圈出来了。回来以后，我就写了若干条这方面的札记。后来又把变文校勘存在的问题，分门别类，给它们归类。（张宜：就应该是考证了。）对。我把一类一类的问题总结出来。后来我向郭老师汇报，郭老师就让我分条写成专文。（张宜：让它系统化。）《敦煌变文集》里面有些错误，比如说，不懂俗字造成的错误，不明白俗语词造成的错误，我把它们分门别类地给归类了。归类以后，我再向郭老师去汇报。郭老师非常肯定，他鼓励我好好地再去仔细研读，进一步深化和系统化。

张宜：张老师，您本科毕业，回到义乌文化馆工作，您为什么没有留在省城呢？

张涌泉：对，（我）本科毕业了，（就回义乌文化馆）工作了。这个说起来话就长了。我大学毕业的时候，成绩是比较好的。没有留在省城完全也是一个偶然，为什么呢？当时是计划经济（时代），我们大学毕业生也是分配的，不像现在要（自己）找工作，（那时）是有分配指标的。当时的分配指标，金华地区有十几个（接收）杭州大学中文系毕业生的名额，就是我们中文系要分到金华地区的有十几个名额。但是我们只有五个金华地区考出来的毕业生，名额有十几个，那怎么办呢？首先就是金华地区的人必须全都回去，然后好几个其他地区的同学也被分配到金华去了。现在还有大学同学，不是金华地区的，照样在金华地区工作呢。否则金华地区的人不回去，其他地方的分到金华去，说不过去。当时分配的时候，还是考虑了地方因素的，哪个地区来的（原则上回到哪里去）。所以我当时虽然成绩比较好，包括郭老师，他也推荐我留校，但还是没能留下来。也怪我是个小人物。我的很多党员、学生干部同学都分到省机关里，我什么干部也不是，也没入党，所以就把我分到义乌文化馆去了。

张宜： 义乌文化馆跟您今天从事的语言文献研究能有多大的关系呢？

张涌泉： 文化馆主要是从事群众文艺工作，但是巧就巧在当时义乌文化馆和义乌图书馆还没有分开，（义乌图书馆）只是里面的一个图书组。就把我安排到图书组去了。义乌是有名的文化之邦，历史上也有很多有名的学者，包括骆宾王、宗泽、朱一新，近代以来的冯雪峰、吴晗等。当时义乌图书馆有 5 万多册古书。叫我去干什么呢？叫我去整理这些古书。所以这也算歪打正着，为我以后做文献整理奠定了基础。整理这些古书，丰富了我古书方面的知识。比如文献学、版本学、目录学的知识，本来在学校里学得不够的，我通过（接触）这些古书，丰富、实践了这方面的知识。我现在搞文献整理，很大程度上和这些古籍整理工作是有关系的。两年以后，图书馆和文化馆分家，成立义乌图书馆，当时就让我当义乌图书馆的首任馆长。并且这个时候也要发展我入党。（张宜：要提拔您。）因为我当馆长了，我们图书馆还有党支部的，馆长不是党员那可不行，所以马上叫我入党。（笑）我当了图书馆馆长，很快也入了党。（张宜：您怎么又去考

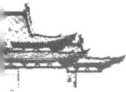

郭老师的研究生了呢？）考研究生是因为我的兴趣还是在古汉语方面，我出差的时候去看郭老师。郭老师，包括母校的其他一些老师就鼓励我再考研究生。于是就考回来了，考上（杭州大学）古籍研究所，读了两年研究生班，硕士论文指导老师就是郭老师。（张宜：考上古籍研究所，跟郭老师读了两年，这时候就开始系统研究古代语言文字了。）对，开始系统研究。郭老师给我们上文字学、训诂学这方面的课。当时我主要还是对文献学，包括训诂学方面感兴趣。后来搞文字学方面的研究，则跟裘老师、项老师也有很大关系。

张宜： 您说当年陪母亲看病，您看了《敦煌变文集》，当时在郭老师的指导下，您的硕士论文写了《敦煌变文校读释例》①。

张涌泉： 对，这是一篇很长的文章，大概四万字，研究生毕业以后就发表了。前面我们谈到《敦煌变文集》在校勘方面存在着不少问题。其中有些前贤已经指出，有些则没有指出。当时我想，造成这么多问题的原因何在？其中有没有一些规律性的东西可以总结？这篇文章，就是根据这个思路在郭老师指导下陆续修改完成的。当时郭老师因病住院，在病床上，他仍关心着文章的写作情况。每写成一条，就让我读给他听。后来病情稍有好转，郭老师就让我带上文章的初稿，陪他到医院外面走走。洪春桥边的茶室，植物园中的小亭，飞来峰下的石礅，郭老师抱病为我审读论文的情景，今天仍历历在目。这篇文章写成后，郭老师写了一篇很长的评语，给予很高的评价，体现了郭老师对我们年轻一代的热

---

① 《敦煌变文校读释例》（上），载《杭州大学学报》（哲学社会科学版）1987年第1期;《敦煌变文校读释例》（下），载《敦煌学辑刊》1987年第2期。

情扶持和殷切期望。在郭老师的大力举荐下，后来这篇长达四万字的论文分上下篇分别在《杭州大学学报》和《敦煌学辑刊》上发表了，这对于一个初出茅庐的年轻学子来说，该是多大的鼓舞啊！（张宜：您硕士是哪年毕业的？）硕士是（19）84年9月入学，（19）86年毕业的。当时我们研究生读两年，是研究生班，我是班长。（笑）（张宜：这时开始当领导了。）（笑）我读大学的时候什么都不是。这个时候我为什么是班长呢？因为我来的时候是党员、图书馆的馆长，有一定的身份了。（笑）跟我同寝室的有中国社科院文学所现任所长刘跃进，他现在是厅级干部了，我是他的入党介绍人。前两天我到北京去，还跟他合影了呢。我还跟人家吹牛，说我是刘跃进的入党介绍人，（笑）人家现在都是大领导了。

张宜：也是一段佳话啊！刚才您讲的这些就是对您从事敦煌学研究、古代文字研究有影响的人和事儿。您说到（19）89年的时候，郭先生就去世了。

张涌泉：对，郭老师是1989年初去世的。在撰写硕士论文的过程中，我曾把《敦煌变文集》中的一些疑点与敦煌变文的写本原卷（缩微胶卷）核对了一遍，结果发现该书的疏误大多与编者的误录有关；而当时发表的大量校勘、词语考释的论著大都依据《敦煌变文集》的录文，没能核对写本原卷，以致郢书燕说的例子举不胜举。而且这些论文散在报刊，读者查检不便，不利于研究工作的深入开展。如果能汇辑各家校说，并核对敦煌写本原卷，编辑一个敦煌变文的新校本，那该有多好啊！我和郭老师谈了我的想法，郭老师表示赞许。由于这一项目规模很大，正好当时我师弟黄征也在郭老师的指导下从事王梵志诗校勘方面的研究，熟知敦煌文献，于是郭老师便决定由我们三个人合作，一起来做这项工作。后来郭老师又和

我们一起讨论,提出编著《敦煌变文集校议》①和《敦煌吐鲁番俗字典》②二书的计划,这样,加上《敦煌变文汇校》,就是郭老师和我们合作撰著的"敦煌学三书"。

"三书"的设想和写作步骤大致是这样的:在前人校勘的基础上,通过核对敦煌写本原卷,对《敦煌变文集》的失误逐篇写出补校论文,在刊物上公开发表,广泛征求意见,然后加以修改并系统化,形成《敦煌变文集校议》一书;在《敦煌变文集》的基础上,增补其所未备,汇辑各家校说,并以己意加以按断,形成集大成的《敦煌变文汇校》一书;广泛调查搜集敦煌、吐鲁番写本中的俗字,并与传世字书、碑刻等文献中的俗字材料相印证,上讨其源,下穷其变,勾勒出每个俗字的渊源流变,形成《敦煌吐鲁番俗字典》一书。

1987年春夏之交,"三书"的第一种《敦煌变文集校议》的撰著工作正式启动。我们首先复印了所有当时能搜集到的敦煌变文研究方面的论著,并把与校勘有关的部分按《敦煌变文集》的页码逐篇逐句逐字顺序剪贴汇辑在一起;然后我和黄征冒着酷暑,用整整一个暑假的时间,借助阅读器把《敦煌变文集》所收变文与写本缩微胶卷核对一过,并做了详细记录。在此基础上,我们便开始逐篇撰写补校论文。我们三人的分工是这样的:黄征负责《敦煌变文集》上册各篇补校论文的撰写,我负责下册各篇补校论文的撰写,初稿完成后,互相交换校阅一过,再呈交郭老师审阅,最后由执笔人写定。

在郭老师的悉心指导和直接参与下,《敦煌变文集校议》的写作进行

---

① 《敦煌变文集校议》(与郭在贻、黄征合作),岳麓书社1990年版。

② "三书"的原来计划是编撰《敦煌吐鲁番俗字典》,后来由黄征编撰了《敦煌俗字典》,上海教育出版社2005年版。

得相当顺利。1988年初,就有多篇论文寄交各刊物发表。1988年5月20日,郭老师在写给西北师大赵逵夫教授的信中说:"弟与张、黄两位青年朋友合作撰写的敦煌学三书,其中《敦煌变文集校议》一稿将于年底蒇工,全稿约三十万字。此稿专谈我们自己的看法,自信不无发明,其中俗字和俗语词的考释方面,尤多独得之秘。"

1989年初,正当《敦煌变文集校议》全书即将完稿的时候,敬爱的导师就匆匆离开了我们,这使我们感到无限的悲痛。郭老师在留给我们的遗嘱中写道:

涌泉、黄征:

匆匆地告别了,万分惆怅。你们要努力完成我们的科研规划,争取把三本书出齐,以慰我在天之灵。有件事拜托你们:请把我未收入《训诂丛稿》的文章搜集起来,编一个续集,过几年后争取出版(现在当然不可能),为的是赚点儿稿费,以贴补我的家属,我个人则无所求也。

完成郭老师的遗愿,是我们弟子义不容辞的责任。在许多郭老师生前认识的不认识的朋友的关心和帮助下,我们把郭老师的遗稿整理结集为《郭在贻语言文学论稿》《郭在贻敦煌学论集》《郭在贻文集》《新编训诂丛稿》,先后由浙江古籍出版社、江西人民出版社、中华书局、浙江大学出版社出版。"敦煌学三书"的第一种《敦煌变文集校议》1989年底定稿以后,第二年11月即由岳麓书社出版。这本书后来获北京大学王力语言学奖和国家新闻出版署首届古籍整理图书奖。

张宜:张老师,我有一个疑问,浙江远离敦煌,为什么在我们杭州大学里能够有这么一大批的学者研究敦煌学呢?

张涌泉： 杭州跟甘肃相距很远，但是浙江跟敦煌有不解之缘。很多敦煌学的开拓者都是浙江人。早期敦煌学研究非常重要的两个人，一个是罗振玉，还有一个是王国维，他俩是敦煌学的奠基者，都是浙江人。敦煌研究院的前身是（国立）敦煌艺术研究所，艺术研究所的第一任所长是常书鸿，他也是浙江人。刚刚退下来的敦煌研究院的院长，叫樊锦诗，她也是杭州人。所以说浙江虽然跟甘肃相距遥远，但是浙江人与敦煌有不解之缘，很多从事敦煌学研究的人，包括我，包括项楚老师，也是浙江人。项老师也是很有影响的敦煌学家。

张宜： 对您的学术研究和为人处世产生过重大影响的导师郭在贻先生去世以后，您又是在怎样一个机缘里面和项楚老师联系上的呢？

张涌泉： 当时郭老师雄心勃勃地要带领我们做"敦煌学三书"。可惜英年早逝，去世的时候 50 岁生日还差一天。（张宜：太年轻了！）郭老师是当时语言学界最年轻的博士生导师，在全国影响非常大。后来当过全国人大常委会副委员长的许嘉璐老师，跟郭老师关系非常好；还有中国社科院江蓝生老师，郭老师比她年长，对郭老师也很敬重。前辈学者像吕叔湘先生、朱德熙先生，他们对郭老师都是很器重的。他才华横溢，又年轻，有很多研究计划，如果他能活到八九十岁，他的成就肯定会大得多，可惜英年早逝，他的抱负没有充分展现出来就去世了。我本来可以跟郭老师再进一步深造，但是郭老师去世了，对我的打击也很大。郭老师出道比项老师还要早，这个时候项老师也开始崭露头角，发表了一系列的文章。郭老师曾经评价在敦煌俗文学研究方面，项楚是第一人。他们彼此惺惺相惜，互相之间有很多通信联系。因为我们（我和黄征）是郭老师的学生，所以郭老师去世以后，他的很多朋友也很关心支持我们。在郭老师的引领下，我跟黄征与郭老师合作，在郭老师生前的时候发表了一系列的文章，也已经有一定的影响了。所以像项老师、裘老师都知道我们这两个年轻人。郭老师去世以后，很多前辈学者关心我们、提携我们，（张宜：给你们创造机会。）包括项老师、裘老师，甚至包括季羡林先生，都是非常提携我们的。当时我在杭大不太顺，在各方面特别是晋职方面受到一些影响，季先生亲自跟我们杭州大学的沈善洪校长讲，他说杭州大学是敦煌学的一个重要基地，有好几个年轻人，当时列举了包括卢向前、我、黄征，（他说）这几个年轻人都是很厉害的，要沈校长关注他们。后来我的很多事情，包括像评职称之类的，沈校长就直接干预。（张宜：您是破格教授。）破格的，在当时很特殊的。我在北大做博士后，当时我所有的关系都转到了北大，我博士后还没出站，杭州大学直接给我评了教授。（张宜：他们是想留人，怕您跑了。）按照政策人事关系不在学校的话，是不能评教授的，但当时沈校长不管这些，他敢于打破一切不必要的条条框框，让人感佩和怀念。

郭老师去世后，就在我迷惘、困顿之际，项楚先生伸出了救援之手，使我重新燃起了求学的火焰。项老师是研究古典文学出身（他是"文革"前古典文学专业毕业的研究生），但他深厚的小学根基和广博的古典文献（尤其是佛教文献）学养同样令人惊叹。他的《敦煌变文选注》《王梵志诗校注》《敦煌文学丛考》等著作蜚声海内外学术界，从而当之无愧地在敦煌俗文学作品的研究中居于世界领先水平。作为一个正处在迷途中的敦煌学爱好者来说，还有什么能比到项老师的身边学习更幸运的呢！1992年春，在项老师的鼓励下，我参加了四川大学的博士生入学考试，并荣幸地被录取了。1993年初，在一个阴冷的春日，年近40的我挥别杭州，踏上了"难于上青天"的巴蜀之路。我当时的心境，套用一句古话，真有几分"风萧萧兮易水寒，壮士一去兮不复还"的悲壮色彩。

成都的天总是阴沉沉的，但我那郁积多年的心却豁然开朗了。在川大，

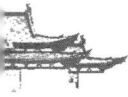

我感受到的是到处都是温暖的阳光，我也渴望着用"灿烂"来回报。我用屈原《橘颂》"深固难徙，更壹志兮"的名言来勉励自己，而不敢稍有懈怠。1993 年 10 月，我在《汉语俗字研究》①的后记中把自己所住的学生宿舍称为"自乐斋"，虽出于一时戏言，却也表明了自己献身于祖国传统文化研究的信心和决心。

辛勤的汗水，换来的是丰厚的回报。在川大不到两年的读书时间里，除撰写了一些单篇论文外，我还完成了 30 万字的《汉语俗字研究》以及近70 万字的《敦煌俗字研究》②的初稿。当然，这两部书的写作经过了较长时间的酝酿和资料的准备。20 世纪 80 年代初，我在阅读敦煌卷子的过程中，发现其中有许多殊异于后世刻本的特点，其中最重要的就是俗体字多。但由于种种原因，俗体字的研究是我国文字研究中最为薄弱的环节，而敦煌俗字的研究更是几乎等于零。在这种情况下，前人在校录敦煌文献时发生这样那样的错误便是不可避免的了。所以当时我便把研阅的重点放到了俗体字的上面。后来我在郭老师的指导下，撰写了《敦煌变文整理校勘中的几个问题》③《俗字研究与古籍整理》④《俗字研究与敦煌俗文学作品的校读》⑤等一系列与俗字相关的学术论文。当时郭老师还对我说，俗字的研究是一个前人不曾留意却又十分重要的研究领域，值得下大力气做更进一步的研究；将来这方面的材料积累多了，可以考虑写一部概论性的著作。《汉语俗字研究》的写作，就是遵从郭老师的遗嘱从 1992 年初开始着手进行的。该书作为入选国家古籍整理出版规划小组主编的《中国传统文化研究丛书》

---

① 《汉语俗字研究》（第一版），岳麓书社 1995 年版。（增订本）商务印书馆 2010 年版。
② 《敦煌俗字研究》，上海教育出版社 1996 年版。第二版，2015 年版。
③ 《敦煌变文整理校勘中的几个问题》（与郭在贻、黄征合作），载《古汉语研究》1988 年第 1 期。
④ 《俗字研究与古籍整理》（与郭在贻合作），载《古籍整理与研究》第 5 辑，中华书局 1990 年版。
⑤ 《俗字研究与敦煌俗文学作品的校读》，载《近代汉语研究》，商务印书馆 1992 年版。

第 1 辑中的唯一的一种语言文字学著作，1995 年 4 月由岳麓书社出版后，《中国语文》《中国图书评论》《古汉语研究》《语文建设》《汉学研究》《大公报》等报刊纷纷发表评论，称该书是"迄今为止第一部俗文字学的概论性著作"（许嘉璐主编：《中国语言学现状与展望》，外语教学与研究出版社 1996 年版，第 85—86 页），"填补了文字学领域的一大段空白"（《大公报》1997 年 6 月 24 日）。1995 年，该书获北京大学第六届王力语言学奖；2013 年，该书又荣获第二届思勉原创奖。

　　写一部敦煌俗字研究著作的设想，是在考虑写《汉语俗字研究》的同时产生的。唐五代是汉语俗字流行的一个高峰，而数以万计的敦煌写卷就是这一高峰的实物见证。我试图通过《汉语俗字研究》从比较宏观的角度对汉语俗字发生、演变的历史以及相关的理论问题做出大笔的勾勒；而写《敦煌俗字研究》的目的则在于通过对唐五代这样一个俗字流行高峰期的微观分析，对汉语俗字在某一特定历史阶段流传、演变的面貌做出更具体的描述，同时更直接地为敦煌文献的校勘整理服务。1989 年，台湾新文丰出版公司组织国内外学者编写"敦煌学导论丛书"，项楚老师曾推荐让我来写"敦煌俗字研究导论"，正与我的研究计划不谋而合。但当时郭老师刚刚去世不久，我还沉浸在失去恩师的巨大悲痛之中。由于种种原因，这个写作计划一直未能付诸实施。只是到了川大以后，在项楚老师的鼓励下，我才正式把它当作博士学位论文着手进行写作。从那以后，我在"自乐斋"里和敦煌俗字为伴，度过了几百个"快乐"的日日夜夜。论文的写作，倾注了项师的许多心血，从论文框架的构建到最后的写定，项老师都给予了悉心的指导，帮我避免了不少疏误。1994 年 10 月，论文提前完成进行答辩。由蒋绍愚、江蓝生、杨明照、张永言、赵振铎、项楚六位博士生导师组成的答辩委员会以及论文评议人都对论文给予了较高的评价，如北京大学周一良教授认为论文"是今后读敦煌写本的重要参考，功德无量，与蒋礼鸿先生

的《敦煌变文字义通释》堪称双璧";裘锡圭教授认为论文是"俗字方面的拓荒性著作";季羡林教授认为论文是作者把四川大学和杭州大学这两个敦煌学研究中心联系起来"所产生的优异的成果"。1996 年 12 月,《敦煌俗字研究》由上海教育出版社出版。《中国社会科学》1998 年第 2 期发表书评称该书"是一部规模宏大、新意迭出的学术专著"。北京大学蒋绍愚教授在《近十年间近代汉语研究的回顾与展望》(《古汉语研究》1998 年第 4 期)一文中指出:"张涌泉《汉语俗字研究》《敦煌俗字研究》是两部开创性的著作,得到学术界很高的评价。"1998 年,《敦煌俗字研究》评获教育部第二届普通高校人文社会科学研究成果一等奖。当然,我深知这些评论和荣誉只是前辈学者对后学的提携和鼓励,并不能真实地反映论文所达到的水平,我没有理由也不应该为此而沾沾自喜。但得知这些评价之后,我自信我近两年的心血没有白费,我没有辜负老师的教诲,一种高度紧张之后的欣慰、轻松之感洋溢在我的心间。

张宜: 那现在我想请您说下面这个话题,当时的杭大,后来的浙大,它们的环境在哪些方面有利于您从事学术研究,您又是怎样处理教学和科研关系的?

张涌泉: 我认为,一个学校要爱惜人才,要有好的团队,要有名师,要有领军人物。郭老师去世以后,相当于领军的人没有了。当时蒋礼鸿先生、姜亮夫先生年纪都比较大了,郭老师当时就是领军的。当时还有一些人事方面的影响,像郭老师他当时各方面都很突出,年轻教师里面他是最厉害的。但郭老师去世以后,反倒对我们不利了。当年我的成果也不少,但是我评副教授好几年评不上,直到(19)93 年才勉强评上。尽管我当时已有一些小名气了,《光明日报》讲到杭州大学的敦煌学的时候,还特别提到我，但是我当时连副教授也评不上。说实话，当时心情不太好。我这个人的脾气有点冲，说话也容易得罪人，我当时跟领导关系处理得不太好，现在回忆起来，其实我自己也有很大责任。所以这时我就打算调离杭州大学，开始想到南京师范大学，他们的商调函都发过来了。但我们的沈善洪校长就不放，因为他知道我和黄征很不错，而且季羡林先生也跟他讲过了。（所以）他就是不放。（张宜：沈校长是爱才，很了不起。）对，校长爱才，他很了不起，也很有胆略，重视年轻人才的提拔，当时影响很大。（张宜：尊重人才，爱惜人才。）所以当时我走不了，那怎么办呢？那就去读博士吧。但沈校长只同意我在职读博士，不放我的档案。但是我们部门的领导却希望我走，并专门给四川大学研究生部发公函要对方把我的关系转走。项老师就跟我说，既然杭州大学都发来了公函，那你就把关系转过来，以后就留在川大吧。当时我的女儿还小，家庭压力比较大，川大研究生部祝主任听项老师介绍了我的情况，同意我第一年在杭州大学学外语和政治，人可以不去，这是很破例的。并且更破例的地方是我在杭州大学学外语和政治，四川大学出这两门课的学习经费。相当于（四川大学）给杭州大学培养人，却由四川大学汇付培养经费（外校学生借读学分，按规定是要支付培养费的），很照顾我。（张宜：已经把您当成川大人了。）这恐怕是破天荒的。所以我对川大是非常感恩的，后来我个人的第一部学术著作《汉语俗字研究》荣获华东师范大学的思勉原创奖①，这是很有影响的民间学术大奖，我是最年轻的获奖者。与我一起获奖的，是李泽厚、罗宗强等，以前项老师、裘老师也得过。我是（当时获奖者中）最年轻的一个，是裘老师在我本人不知情的情况下推荐的。在获奖感言里，我说自己一路走来，有幸碰到了很

---

① 指专著《汉语俗字研究》继1995年获评北京大学第六届王力语言学奖后，又于2013年获评第二届思勉原创奖。

多好的老师，我获得这个奖，荣誉不仅仅属于我个人，而是老师培养的结果。我还说我要把这十万元的奖金捐给我的母校四川大学。《汉语俗字研究》这本书是郭老师在世的时候鼓励我写的，在川大读书时，在项老师的指导下完成的。后来又在项老师的指导下完成了我的博士论文《敦煌俗字研究》。所以我说我取得的成绩是老师培养的结果，荣誉要归功于老师，归功于母校。我想借此寄托我对老师、对母校的一份感恩之心。

张宜：张老师您在川大两年，等于是提前毕业，两年里您写了两部有影响的著作。

张涌泉：对啊，我是提前毕业。《汉语俗字研究》得了思勉原创奖，《敦煌俗字研究》获得教育部普通高等学校人文社会科学研究成果一等奖。（张宜：我在看资料的时候，我就在琢磨这两本书的写作时间。）我先写的《汉语俗字研究》，它是（19）95年出版的，《敦煌俗字研究》在我毕业的时候还没全部完成，上编完成了，下编没有完成。下编是后来做博士后期间完成的。（全书）大概是七八十万字。（张宜：难怪，您那两年等于是夜以继日啊！）是啊，当时我非常努力、非常勤奋。我给我的研究生宿舍起名叫"自乐斋"，自得其乐。（张宜：太了不起了！）我在北大做博士后的时候又写了一本书，一百多万字的《汉语俗字丛考》①。（张宜：天啊！我说的夜以继日，一点都不夸张啊。）差不多，当年我是非常努力的。

张宜：因为时间对每个人来说都是一样的，您能完成那么多东西，太

---

① 张涌泉：《汉语俗字丛考》，中华书局2000年版。

了不起了。所以刚才我觉得这个问题我只是问了您杭大和浙大的环境，实际上您又说了很多关于川大的（人文环境），我觉得这几个学校都有包括像您提到的沈校长、项老师等一批高瞻远瞩、爱才惜才、留才的（人）。

张涌泉：每个学校都有好老师，也有好的领导。川大项老师和系主任要我留下来，后来北大裘老师和郭锡良、蒋绍愚老师也曾动员我留在北大工作。但说来惭愧，但由于种种原因，我辜负了他们的期望和厚爱。还有个插曲就是当时我在川大读博士，沈校长又把我夫人从杭师大调到杭大，解除我的后顾之忧。有人希望我走人，但我们校长却把我夫人从杭师大调到杭大，可以说是真正的以情留人。我做的一些大的工程，（比如）我做《敦煌文献合集》，都跟沈校长的鼓励有关系。（张宜：我觉得一个好的环境非常重要。）好的环境、好的领导、好的老师对于成就一个人的学术事业是非常重要的。（张宜：张老师您真的挺幸福的，不光是幸运。）有好的老师、好的领导，这是人生最大的幸事啊！

博士毕业后，我有机会到北京大学做博士后研究。在北大期间，在合作导师裘锡圭先生的指导下，我完成了100多万字的博士后课题《汉语俗字丛考》，这是我在出版《汉语俗字研究》《敦煌俗字研究》两部俗字研究理论著作后，在具体疑难俗字考释方面所做的尝试，意图对《康熙字典》以后的大型字典在俗字方面的缺失进行一次总的清算。裘锡圭老师评价其"立论审慎，创获极多"，"其成绩大大超过了前人"。能得到裘老师这样学界公认的严师名师的褒赏，是作为一个学生所能感受到的最大的荣耀。

大约1996年初，我从北京回杭州过节，因住处相邻，我曾和杭州大学沈校长有过几次接触。当时的话题之一是如何发扬杭州大学敦煌学的传统优势，推出一些有影响的标志性的成果。经过一番思考，我提出了编纂"敦煌文献合集"的设想。对此，沈校长极为赞同，并让我通知黄征、卢向

前、王勇等人，在他家里一起讨论了项目的可行性，并决定尽快上马。为此，沈校长通过他任评审委员会主任的杭州大学董氏基金会提供了启动经费，同时又请王勇教授出面争取日本等海外经费的资助。1996 年底，在裘老师的关心下，"敦煌文献合集"获评为教育部全国高校古籍整理研究工作委员会重点项目。

1997 年初，我博士后出站，面对母校的召唤，我辞别北京的老师和朋友，重新回到了杭州大学任教。从此，"敦煌文献合集"项目进入了正式实施阶段。为保证编纂出版工作的顺利进行，杭州大学专门成立了"敦煌文献合集"工作委员会，沈校长亲自出任工作委员会主任。在沈校长的直接主持下，工作委员会曾先后五次召开有关会议，并以学校文件的形式下发了"'敦煌文献合集'项目工作会议纪要"，解决了编纂工作中的一些具体问题；校图书馆斥资数十万元购买了国内外业已出版的绝大多数敦煌文献方面的出版物，并特辟敦煌学资料中心，由"敦煌文献合集"课题组负责管理。所有这些，作为一个具体的科研项目来说，也都称得上是破天荒之举，从而为编纂工作的顺利进行提供了强有力的保证。2003 年，在《姜亮夫全集》出版座谈会上，作为《姜亮夫全集》的主编，沈校长在发言中把《敦煌文献合集》和《姜亮夫全集》的编纂当作他校长离任时未了的两大心愿，其情殷殷，让人动容，也催人奋发。

正是在沈校长的直接领导下，尽管难度大大超出我们的预期，但《敦煌文献合集》的编纂工作仍不断向前推进。2008 年 8 月，合集的第一部《敦煌经部文献合集》共 11 册 600 万字由中华书局精装推出。该书出版后，受到学术界很高的评价，认为"代表着当今古籍整理最高水平"，可以真正昂首自立于世界敦煌学著作之林；先后评获浙江省哲学社会科学优秀成果一等奖、中国政府出版奖图书奖、教育部高等学校人文社会科学研究成果二等奖，并被国家新闻出版广电总局、全国古籍整理出版规划领导小组评定为 1949 年以来首届向全国推荐的优秀古籍整理图书。现在，我们正在努力推进《敦煌史部文献合集》和《敦煌子部文献合集》的编纂工作。

张宜： 张老师，您是怎么样处理教学和科研关系的？

张涌泉： 教学和科研是互相促进的。你当一个老师，如果什么事情都是照本宣科，没有你的思想，没有你创新的一些东西，就没有吸引力。为什么郭老师当年给我们上课很吸引人？因为他课堂里讲的内容，很多是与他自己研究出来的（成果）有关的，书里面是看不到的。他不是照本宣科，书里面的内容，读一遍解释一遍就完了，一些书里讲错的东西他都给指出来，同时也包含许多有他自己创见的内容。（张宜：特别有自己的教学风格。）所以教学需要科研来支撑，科研搞得好的人，往往会把科研里创新的东西融入教学里，这样会提升教学的效果，同时教学也会促进科研。我的好几本书，都是直接跟教学有关的，比如我的《校勘学概论》[①] 是直接给本科生上课的教材。我前两年出的一本书叫《敦煌写本文献学》[②]，这是我很多年来给硕士、博士上课的提纲，在这个基础上写成的。（张宜：我看学界有评价说这是开创性的。）对，开创了一个学科，写本文献学是门新学问，这本书也是在教学的基础上形成的。我现在正在做的课题叫作"敦煌残卷缀合研究"，这个项目和我的教学、人才培养紧密结合起来，我的很多硕士生、博士生，甚至于本科生，都参加了这个课题。他们一边学习一边做课题，通过参加这个课题的研究，完成他们自己的学位论文。我的好

① 张涌泉：《校勘学概论》，江苏教育出版社 2007 年版。
② 张涌泉：《敦煌写本文献学》，甘肃教育出版社 2013 年版。

几个学生，包括我的两个学生的博士论文都入选了全国百篇优秀博士学位论文,张小艳①和韩小荆②,这个也是很不容易的。全国百篇优秀博士学位论文整个浙江大学的文科总共也只有五六篇，但是我的学生就有两篇。张小艳的博士论文（就是得益于）直接参加了我的课题（研究），我指定她去做"（敦煌）书仪语言研究"，就是跟我的课题结合起来的。（张宜：就是您给了她一个课题。）对，等于说我给她指定了一个课题，并且她做得很好，然后成就了她的博士论文,最后拿了全国百篇优秀博士论文。韩小荆的题目，实际上是我自己想做的一个题目。（张宜：《〈可洪音义〉研究——以文字为中心》。）对，我在写《汉语俗字研究》《敦煌俗字研究》的时候，发现《可洪音义》里有很多俗字，这里面是一个宝藏。韩小荆入校时的基础非常差，可以说当时她连文章都不大会写，但后来在她自己的努力和我的严格要求下，最终她的毕业论文也获得了全国百篇优秀博士论文。所以教学和科研互相之间有促进，不能完全分割，这个促进关系是非常重要的。张小艳现在是复旦大学的博士生导师，韩小荆是武汉大学的博士生导师。（张宜：她也等于成材了啊。）那当然成材了，拿了全国优博是了不起的事情，每个学校都很重视，很多学校是直接给评教授的。

张宜：所以张老师在您的工作和治学里面曾经最令您高兴和最使您沮丧的事情，您是不是也特别容易就能够想到啊？

张涌泉：最令我高兴的事情有两个，一个是我做学问经常有所发现。读书的时候，经常（有这种情况），有个词的意思人家搞不清楚，我把它

①　张小艳的博士论文于 2006 年入选全国百篇优秀博士学位论文。
②　韩小荆的博士论文于 2010 年入选全国百篇优秀博士学位论文。

搞清楚了。有个字人家不认识，我认识了。（张宜：或者是人家弄错了，您把它修正过来。）对，我把它修正了。所以读书做学问有所发现、有所发明，这个当然是最快乐的事情。用郭老师的话来说，就是一个词语的破释、一个字的破解，就相当于发现了一颗新星。有发现当然是最快乐的事情。另一个快乐的事情就是你培养的学生很优秀。我培养了不少学生，有一批学生是很优秀的。当然我对学生要求（很严格），据说学生都很怕我，大概跟我要求严格有关。像张小艳、韩小荆她们为什么能获优博论文？除了她们自己努力，我想跟我对她们要求很严是有关系的。首先是她们论文有个好的基础，然后我就要求她们毕业论文必须万无一失，没有任何错误，不能出现任何错字，连标点符号都不能有错，所以也是不容易的。对学生严格要求，是对学生最大的关爱。作为一个老师来说，其实没有比自己的学生能够成材更让人高兴的事了。

张宜：张老师，什么是使您沮丧的事呢？

张涌泉：让人沮丧的，像高校里面复杂的人事关系。我硕士毕业以后，在郭老师的引领下，出了不少成绩，但是我评副教授老是评不上。所以当时也是感到很郁闷的，觉得自己在原单位好像待不下去了。但是我比较幸运的是碰到了像沈校长这样的好校长。我这人也有毛病，有点倔，脾气不是太好。所以有的时候会顶撞领导，让领导不高兴。我认为一个小单位，一定要有好的氛围，领导要有能用容人的雅量，这个也非常重要。

张宜：我想请您谈一谈，您认为一位语言学家最应该具备什么样的学术修养？

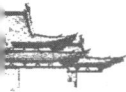

张涌泉： 我想有两点吧，第一点就是作为一个语言学家要有比较广博扎实的基础知识，知识要比较全面，不能太偏，因为要涉及方方面面的问题。第二点就是要有对学术的热情，做学问要有激情和热情，有兴趣，这个也是很重要的。当然你还要坐得下，要甘于坐冷板凳。我把我的博士研究生宿舍称作"自乐斋"，我家院子里建的亭子叫"乐亭"，既要志在书中，也要自得其乐，乐在书中。（笑）

张宜： 张老师，您的学术成果里面有没有受到过批评，您又是怎样看待学术批评的呢？

张涌泉： 正常的学术批评是学术进步的一个必备条件，实际上我们的老一辈学者像郭老师、项老师他们都是顶尖的学者，但是他们在上课的时候，经常鼓励学生挑他们论文里的毛病，所以我以前不管是项老师还是郭老师，我都写过文章对他们的一些观点提出反驳意见。项老师有一本书，叫作《王梵志诗校注》①，这是他很有影响的一部著作，得过教育部一等奖的。我专门写过一篇文章②，就是跟这本书商榷的。（张宜：项老师在跟我谈的时候，提过这事。）项老师鼓励我们提不同意见。郭老师也是这样的，他书中有些解释不太可靠，我们有些怀疑，他就鼓励我们写成文章，还推荐我们的商榷文章去发表。这是非常好的一种传统。亚里士多德讲："吾爱吾师，吾更爱真理。"这种正常的学术批评对促进学术进步是非常重要的。对我来说，有的时候我也鼓励我的学生，我也跟他们讲我从郭老师、项老师身

---

① 项楚著《王梵志诗校注》，上海古籍出版社 1991 年版。此书出版之前，全书先刊载于《敦煌吐鲁番文献研究论集》（第四辑），北京大学出版社 1987 年版。
② 指《王梵志诗校注献疑》，载《敦煌研究》1990 年第 2 期。

上学的优秀传统。所以我的学生来了以后，我经常把我的《汉语俗字研究》《敦煌写本文献学》当作他们入门前的第一次作业。指定他们看，看完以后要写读书笔记，并且你要指出来哪些是有问题的，有没有错误。（张宜：这个难度太大了！）当然他们不一定指得出来，但要是确实发现了问题，可以跟老师提出商榷。也许他们有些讲的是不对的，但你要继续去思考，不要迷信权威，不能人云亦云。老是迷信权威、人云亦云，老师讲的什么样就是什么，那你永远是超不过老师的，永远是没有出息的，要敢于超越老师。所以学术批评还是很重要的。

张宜：张老师，我访谈的 50 后学者并不是很多，我觉得随着国家的学术氛围的推进和时代的进步，越年轻的学者，对待学术批评，反而能持比较开明的态度。另外，我觉得中国学术传统里面讲究师承，因为师承，有的时候不由自主地就局限在某个圈子里，党同伐异。对此，您怎么看？

张涌泉：学术界有时分这个派那个派的，我认为没有必要，我哪一派都不是。我远离那些圈子，我不大去管的，比较超脱一点。现在一个重要的纷争就是对国外学者，或者说针对外来学术的方法、态度的问题。我做我自己的学问，我一般不去介入这些事情。（笑）（张宜：您是逍遥派。）郭在贻老师本身就是逍遥派，郭老师在"文革"的时候也不去介入这派那派。四川有一位老一辈学者叫徐仁甫，曾经给郭老师写了一首诗，后面两句是："坏事居然成好事，逍遥派里出人多。"郭老师就是逍遥派，他在"文革"的时候也都是关门做他自己的学问，"逍遥派里出人多"。我对前辈学者都很尊重，（他们）都是令人尊敬的老师，但学术纷争我尽量不去介入。

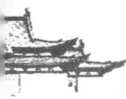

张宜： 在近代汉字研究，在敦煌学研究方面，您的主要特点是什么？您的主要贡献又有哪些？

张涌泉： 学术贵在创新，创新是非常重要的，不能炒冷饭，炒来炒去，没有自己创新的东西，这个是没意思的，所以我做的东西很多都是有创新的。我想我的主要贡献可以从三个方面来讲。

第一个方面是俗字研究，近代汉字研究。俗字研究，我们老一辈的学者朱德熙先生、蒋礼鸿先生、郭老师他们，也倡导俗字的研究，他们也写过一些零散的文章。但是我的几本书出来以后，可以说是开创了一个学科，就是汉语俗字研究，包括近代汉字的研究。我的《汉语俗字研究》《敦煌俗字研究》《汉语俗字丛考》①，有理论，有实践，理论和实践相结合，所以这三本书我想就是我汉语俗字研究和近代汉字研究的代表作，影响都比较大。我刚才讲了，《汉语俗字研究》得了思勉原创奖，《敦煌俗字研究》荣获教育部（普通高等学校人文社会科学研究成果）的一等奖，《汉语俗字丛考》荣获社科院的青年语言学家一等奖、教育部二等奖。这些都是原创性的、都是创新的，可以说开创了一个学科。

第二个方面是写本文献学。我们以前做的学问，都是根据刻本来的，我们的古书传下来的，都是刻本系统。我们的版本学、目录学都是根据刻本来讲的。那刻本以前是什么呢？刻本以前就是写本。我们的古书从先秦传到宋代，都要经过手写手抄、代代相传的过程。宋代以后，才是刻本流行。所以宋代以前，唐代前后是写本。刻本流行以后，写本就失传了，基本上看不到了。我们的前辈学者比如清代学者很少看到写本，他们看到一个

① 张涌泉：《汉语俗字丛考》，中华书局 2000 年版。

《说文解字》木部残卷，就觉得不得了，所以清代学者基本看不到（写本的）。20世纪初以来，大批的写本文献（被）发现，虽然最早的写本文献（当然是）简牍帛书，也是写本，但是现在一般把它们叫作简帛文献。而只把后来手写手抄的写在纸上的文献叫作写本文献。写本文献在20世纪初以来大发现，吐鲁番文书、敦煌文献、黑水城文献、宋元以来的契约文书、明清档案这些都是写本文献。写本文献很多方面跟刻本不一样，所以很有必要搞一门新的学问——写本文献学。我这本《敦煌写本文献学》就是写本文献学方面的开创性、奠基性的一部著作，学术界有较高的评价。这是我另一个开创性的研究。

第三个方面就是敦煌文献的整理。浙大（老杭大）学术研究有个特色，就是敦煌文献的整理，还有敦煌语言文字的研究方面，在全世界都是走在前面的。我们在老一辈的引领、影响下，浙大在敦煌文献整理方面的研究做得比较好。以我为主编的一套非常重要的书，《敦煌文献合集》，要把所有的敦煌文献全部分门别类整理出来。已经出版的代表作就是刚才提到的《敦煌经部文献合集》。这套书出版以后，学术界反映非常好，获得了中国出版政府奖图书奖等大奖①，影响还是比较大的。后面我们还要做《敦煌史部文献合集》《敦煌子部文献合集》《敦煌集部文献合集》等，工程浩大。现在手头上要做的事情实在太多太多，忙不过来。

张宜：张老师，您在古代语言文献方面的主要贡献，就是您刚才说的这三个方面吗？

---

① 2010年获中国出版政府奖图书奖，后来又获教育部第六届高等学校科学研究优秀成果二等奖。

张涌泉：对，我以前成果的主要的贡献是这三个方面。我目前正在主编《敦煌文献语言大词典》，此书将是敦煌文献字词考释方面的集大成之作，在编排体例、字词考释方面也都有大量创新和创见。该书约 300 万字，被列入国家"十三五"重点图书出版规划项目、国家出版基金资助项目，预计 2019 年 12 月由四川辞书出版社出版。另外，我主持的国家社科基金重点项目《敦煌残卷缀合研究》也正在抓紧推进之中，该书将把数以千计的原本骨肉分离的残卷缀合复原，堪称功德无量。此书也被列入国家"十三五"重点图书出版规划项目。

张宜：张老师，在您的这些成果当中，您自己对哪些是最看重的？

张涌泉：我的成果还是我刚才讲的这几本书，《汉语俗字研究》《敦煌俗字研究》《汉语俗字丛考》《敦煌写本文献学》，还有《敦煌经部文献合集》。

张宜：张老师，学界对它们的评价，与您自己的看法一致吗？

张涌泉：学术界对这几部书都给了比较高的评价。像《汉语俗字研究》获得思勉原创奖，是由裘老师推荐的。裘老师对学生要求的严格是出了名的，我在北大做博士后，听说裘老师能给一个学生打 70 分，就是高分了，就是了不得的了。裘老师能推荐我的书去评奖，并且是在我毫不知情的情况下推荐的，能得到裘老师这样的严师的推荐，是我作为学生的最大的荣耀。

2013 年底甘肃教育出版社出版的《敦煌写本文献学》，是这 30 多年来我自己在敦煌文献整理、研究和教学的过程中，对敦煌写本文献语言和书写特例考察探讨的结晶。全书共分绪论、字词、抄例、校例四编，凡二十章，试图对敦煌写本的语言特点和书写特例进行系统全面的归纳和总结，建构敦煌写本文献学的理论体系。该书出版后，各方好评甚多。首都师范大学特聘教授、中国文化遗产研究院研究员邓文宽称许该书"独树一帜，博大精深"；日本关西大学玄幸子教授称其为"反映百年来敦煌学研究成果的集大成著作"；敦煌研究院网站载文称"全书内容厚重、资料翔实、例证丰富，并能引人投入其中以见学术的魅力、敦煌学的魅力、文献学的魅力"。

张宜：我听说裘老师特别爱才，我曾经在报上读过，说他破格录取一个拉板车的（人）。

张涌泉：对对，是有这个事。（笑）

张宜：最后再问您一个问题，张老师，您对近代汉字研究、敦煌学的研究国内外目前的研究现状怎么看，今后会有怎样的发展趋势呢？

张涌泉：近代汉字的研究，包括俗字研究方面，应该说我的几本书出版以后，给予了有力的推动。现在有一批学人在从事这方面的研究。但是现在做得比较多的，可能主要是疑难字的考释，或者某一本书俗字的辑录，但我想光做这两方面的工作是不够的，我们还要对近代汉字进行比较系统的研究，所谓系统的研究，就是要对每个汉字的古今演变，进行系统的勾勒，一个汉字从古到今怎么演变的，它分化成了哪些异体字，哪些俗字，要把它的来龙去脉搞清楚，每一个汉字都要给它理出一个演变的谱系。比如说"国"字，历史上从甲骨文开始，到近代汉字，它怎么演变的，产生了哪些异体，每个异体字是从什么时候开始产生的，它的结构是怎么样的，这样把每个变体的来龙去脉讲清楚。光一个"国"字，把所有的异体字都

理清楚了，什么时候产生都搞清楚了，你就可以写一篇非常优秀的硕士论文甚至博士论文了。要把每个汉字从古到今的演变搞清楚，这个工作是非常重要的。我们现在过于执着某一个具体汉字的考释，而对汉字演变的系统性研究还不够。有关疑难字的考释可能对某一段写本的研究来说是有帮助的，但是对整个汉字的研究来说，这样的考释是远远不够的。（张宜：进一步的工作，该怎样落实呢？）关键是进一步的系统化，理清每个汉字古今演变的谱系。这是近代汉字方面的研究。

敦煌文献整理研究方面，我们要提高整理研究的质量。以前很多搞敦煌学的人，他们本身缺少语言文字方面的基础，他们整理的著作，比如像《敦煌变文集》这样的书，里面错误很多，错误多的重要原因就是缺少小学根底。所以我们要加强语文方面的训练，借以提高敦煌文献整理研究的质量。

张宜：张老师，搞敦煌学研究的学者，他应该是怎样的一个基础呢？比如说像我们现在浙大，本科阶段有没有这方面的考虑，比如说怎样加强培养一个普通本科生的古汉语的语言能力呢？

张涌泉：对，这个就是需要我们加强一些基本能力方面的建设，包括我们传统的文字、校勘、训诂方面的知识，还有版本学、目录学这些知识，都很重要的。像我们这一代，我们的许多老师都给我们上过这些课。像我自己，很多古籍，又都亲手去摸了一遍，这样就会打下一个好的基础。以后我们对学生的培养，也要强化基础知识，要多读古代优秀的诗文。（张宜：现在年轻人有自己自愿去学这样的专业吗？）还是有的吧。

张宜：太感谢您了，不管怎么着还是超过时间了，不好意思，张老师！

张涌泉: 有的讲得比较粗，也不成系统，也有（可能）讲错的。

张宜: 由于时间关系，也没请您谈得很充分，不好意思，张老师，今天让您受累了。

张涌泉: 你坐飞机没到宾馆就赶过来了，你也很敬业。

张宜: 应该的，张老师我最后问个题外话，要是不搞科研，您业余时间最喜欢做什么？

张涌泉: 不搞科研的话，我还是有些兴趣的。打打扑克牌之类的。我在北大的时候就曾经打过牌呢。（笑）周末或其他节假日，三五个朋友会一起聚聚，打打牌，放松一下心情。然后就是带着张小豆（我家的小狗），每天领她放放风，这对我自己也有好处，促使我每天要出去走走，否则一天到晚坐在那捧着书本（对身体）也不好。

张宜: 看您的身体还不错的，就是有点儿瘦。张老师，您现在每天还做做运动吗？

张涌泉: 运动的。

张宜: 您还做什么运动啊？

张涌泉: 种种菜，遛遛狗。（张老师一边说一边把手机里存的花园照片打开给我看。）

张宜： 太好了。张老师，您研究敦煌学枯燥不枯燥呢？

张涌泉： 不枯燥，因为乐在其中啊！

张宜：（去年在川大访谈时，）我问项老师，他也说不枯燥。

张涌泉： 我在川大读书的时候宿舍叫"自乐斋"。"自乐"就是自得其乐。我家院子里的亭子叫"乐亭"，乐有两层意思：一是灌园乐，另一层就是读书乐了。

张宜： 做学问也像耕耘一样。太有意境了！

张涌泉： 前几年，我跟一个收藏、搞古董的学者到旧货市场买了两个瓷盘，明代的瓷盘。（盘子）里面有四个字，你看一下是什么字。这四个字是"志在书中"。（说着，张老师点开他的微信头像，让我看那瓷盘上的字）这四个字，我请饶宗颐先生写了一幅字，现在就张挂在我书房的外墙上。（我）还要找人写另一幅字。原来许嘉璐先生答应写，但是一直没能如愿。写什么字呢？饶老先生写的是"志在书中"，我想再要写的就是"乐在书中"。

张宜： 正好就成一对了！

张涌泉： 对，现在我已请另外一个书法家写了这幅字，会挂在我的书房里。我（微信上）给你发几个材料啊。这个是我的老师，郭在贻老师。发张照片给你啊，这里（手机里）有的就顺便发给你好了。（说着，张老师用微信把照片传给我。）收到了吧？

张宜：嗯嗯，收到了。（看着照片）这是您在大学宿舍吗？

张涌泉：硕士生宿舍。我们四个是同寝室的，旁边这个是刘跃进。这个是嘉兴市作协主席，叫杨自强。还有一个叫卢敦基，是《浙江学刊》的主编。我们一个寝室的。

张宜：都是名人呢。

张涌泉：刘跃进现在是中国社科院文学所的所长，是文学界真正的领军人物。（张老师又用微信传给我一篇文章）你看，这个（介绍的）很详细，《走近敦煌》，看到了吗？是介绍我的一些信息。很多要访谈的东西，其实可以在这里面找到的。大概一万四五千字呢。

张宜：我没看过这篇文章，我只是看着了《中国社会科学报》上的那篇。

张涌泉：那篇写得不怎么样。

张宜：对，我觉得细节不是很多。

张涌泉：你看看这个我自己写的。差不多了这些材料，有些材料发给你了。郭老师的这篇文章发给你了，《回顾我的读书生活》①，有了吗？

①　参见郭在贻先生《我的读书生活》，载《文史知识》1988 年第 9 期。

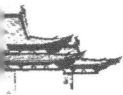

张宜：收到了。

张涌泉：（关于）项老师的文章也发给你了。

张宜：嗯嗯，《项楚先生谈治学》①。项老师说话声音很洪亮的。张老师，真的是太感谢您今晚牺牲了休息时间接受我的访谈，太谢谢您啦！

张涌泉：不客气！不客气！

（本访谈为 2013 年国家社科基金项目"中国当代语言学口述历史研究"的一部分，记录稿经张涌泉教授审阅认可，他做了局部的补充与修改。）

---

① 参见《项楚先生谈治学》，载《汉字学微刊》2016 年 7 月 24 日。

采铜于山，自铸宏篇

——张涌泉先生的学术原创之路

李义敏 ※

2013 年 10 月 26 日，经过知名专家推荐、五位权威专家审阅、百名同行专家问卷调查及最终的会议评审等诸多环节，第二届思勉原创奖颁奖仪式在华东师范大学举行，张涌泉先生的《汉语俗字研究》与李泽厚、罗宗强、阎步克三位名家的著作一同获奖。作为当时该奖最年轻的获奖者，张涌泉先生站在了我国人文学科领域评奖程序最为严苛的思勉原创奖的领奖台上。

原创——张涌泉先生学术研究的一条红线。

一、近代汉字研究的拓荒者

在文字学研究领域，人们把小篆及其以前的文字称作古文字，将隶书

※　李义敏，男，1982 年出生，河北沧州人。文学博士，浙江师范大学人文学院讲师。主要从事写本文献学、古文书学、文字学的研究。在《文献》《光明日报》等国家核心期刊发表学术论文近 20 篇，部分文章被人大复印资料、《新华文摘》等全文转载。

及其以后的文字叫作近代汉字。近代汉字主要着眼于俗文字研究，由于受重正轻俗传统观念的影响，俗字往往为文字学家所轻视，加之研究资料的缺乏，致使俗字的研究近乎空白。1959 年，蒋礼鸿先生发表了《中国俗文字学研究导言》，导其先路，但当时学人仍大都未意识到俗字研究的重要性。20 世纪 80 年代初，张涌泉先生受业于杭州大学蒋礼鸿、郭在贻等先生，在阅读敦煌卷子的过程中，他发现其中充斥着大量的俗字异体。而不明俗字，则难以准确校读敦煌文献。在这种情况下，他将关注的重点放在了俗体字上，撰写了《敦煌变文整理校勘中的几个问题》《俗字研究与古籍整理》《俗字研究与敦煌俗文学作品的校读》等一系列与俗字相关的学术论文，使得俗字研究的意义被越来越多的人所认识。此后有关的论著日渐增多，但研究仍是零砖碎瓦式的，缺乏宏观的把握和系统的研究。

有鉴于此，20 世纪 90 年代初，经过了较长时间的酝酿和资料的准备，张涌泉先生开始了汉语俗字学的理论建构，并先后推出了 30 万字的《汉语俗字研究》以及 70 万字的《敦煌俗字研究》两部俗字研究方面的拓荒性著作。《汉语俗字研究》是国内外第一部俗文字学的概论性著作，该书充分发掘和分析第一手俗字资料，对历史上出现的大量疑难俗字进行了缜密的考证，明辨正俗，探求源流。比如关于"弓"字的来历，历来众说纷纭，或云"吊"字、"篇"字、"纠"字，抑或云"卷"字，而无定论。作者从古代字书和敦煌写本文献入手，利用文字学知识，指出此字为"卷"字俗省，并上溯其源，下探其流，对其演变过程进行了细致的考辨，结论可信，掷地有声，从而解决了这千百年来纷如聚讼的一大难题。更可贵的是，作者并没有停留在单个俗字的考证上，而是从表面上看似杂乱无章的俗写文字中，总结出俗字产生、发展、演变的规律，对俗字的性质、范围、类型、特点等关键又棘手的问题做出了独创性的界定和阐释，第一次建立起了比较完整的俗字学理论体系。此书完稿后，入选国家古籍整理出版规划小组主编的《中国传统文化研究丛书》第一辑，1995 年由岳麓书社出版（增订本商务印书馆 2010 年出版），迅即在学术界引起了很大反响。《中国语文》《中国图书评论》《古汉语研究》《语文建设》《汉学研究》《大公报》等报刊纷纷发表评论，认为该书是"迄今为止第一部俗文字学的概论性著作，作者不仅全面地介绍了俗字学的各种知识，还通过对大量俗文字资料的深入探究，揭示了前人未曾注意到的很多文字现象，指出了语文著作中与俗文字有关的很多疏失，解决了不少疑难问题"（许嘉璐主编《中国语言学现状与展望》，外语教学与研究出版社 1996 年版，第 85—86 页），"填补了文字学领域的一大段空白"（《大公报》1997 年 6 月 24 日），"其成果达到了当今这方面研究的最高水平"（美国《芝加哥日报》1996 年 10 月 25 日）。1995 年，《汉语俗字研究》获得北京大学第六届王力语言学奖；后来又获得第二届思勉原创奖。

《敦煌俗字研究》是张涌泉先生俗字研究的第二部开创性著作。如果说《汉语俗字研究》是从宏观的角度对汉语俗字发生、演变的历史以及相关的理论问题做出的大手笔勾勒，那么《敦煌俗字研究》则是通过对唐五代这样一个俗字流行高峰期的微观分析，对汉语俗字在某一特定历史阶段孳乳、发展的面貌做出更具体的描述，同时更直接地为敦煌文献的校勘整理服务。1994 年 10 月，《敦煌俗字研究》作为作者的博士学位论文（指导老师四川大学项楚先生）提交答辩。由蒋绍愚（主席）、杨明照、张永言、赵振铎、江蓝生、项楚组成的答辩委员会以及论文评议人都对论文给予了很高的评价，如周一良先生认为该论文"是今后读敦煌写本的重要参考，功德无量，与蒋礼鸿先生的《敦煌变文字义通释》堪称双璧"；裘锡圭先生称其为"俗字方面的拓荒性著作"；季羡林先生认为这是作者把四川大学和杭州大学这两个敦煌学研究中心联系起来"所产生的优异的成果"。该书分上下编，上编为《敦煌俗字研究导论》，下编为《敦煌俗字汇考》，从

理论和实践两个方面系统地研究敦煌俗字。上编包括敦煌俗字概说、研究意义、敦煌俗字误校示例、敦煌俗字的类型、敦煌俗字辨识方法等理论问题；下编以敦煌辞书为中心，对敦煌文献中的大量俗字做了精细的考证，从字形分析到文献疏证，力图勾勒出每个俗字的来龙去脉，显现了作者出色的俗字考释功夫。正如饶宗颐先生在序中所言，凡所举证，"皆绰有根据，极富创见，矫正时贤之失，尤足多者"。

1996 年 12 月，洋洋 70 万言的《敦煌俗字研究》由上海教育出版社出版①。该书出版后，得到了海内外学术界的高度推崇。《人民日报》（海外版）1997 年 5 月 17 日载文称："《敦煌俗字研究》填补了这个研究领域的空白……全面、系统地论述了敦煌俗字研究的意义和方法，既有理论探索，又重实际考辨，体现了敦煌俗字研究的最新成就。该书不仅对敦煌学研究作出了新的贡献，而且对汉字学、汉语史、古籍整理、大型字典的编纂等，都具有重要的参考价值。"《中国社会科学》1998 年第 2 期也发表书评称该书"是一部规模宏大、新意迭出的学术专著"。北京大学蒋绍愚先生在《近十年间近代汉语研究的回顾与展望》（载《古汉语研究》1998 年第 4 期）一文中指出："张涌泉《汉语俗字研究》《敦煌俗字研究》是两部开创性著作，得到学术界很高的评价。"1998 年，此书获教育部第二届普通高校人文社会科学研究成果一等奖；2000 年，又获中国社科院胡绳青年学术奖。

站在俗字研究的学术之巅，张涌泉先生并未因获得的成就而自满，他进而用俗字学的理论去指导具体的疑难字的考释，撰写了另一部大书——《汉语俗字丛考》。这部 120 万字的著作，是他在北京大学做博士后时，在著名文字学家裘锡圭先生的指导下完成的。如上所说，俗字研究是我国文

---

① 《敦煌俗字研究》第二版于 2015 年 12 月由上海教育出版社出版发行。新版在第一版的基础上，增加或替换了部分例证，改正了一些疏误，吸收了一些近些年古文字方面的考释成果，探源溯流，更臻美善。

字研究中十分薄弱的环节，这种落后状况造成的最直接的恶果之一就是现有的一些大型字典，如《康熙字典》《汉语大字典》《中华字海》等在俗字的收录、辨析等方面还存在着严重的缺陷。有鉴于此，他试图把俗字学的理论和具体的疑难字的考索结合起来，对历史上的疑难俗字进行一次全面、系统的清理。为此，作者不避繁难，将《汉语大字典》等大型字书中的大量疑难俗字条目逐一与其所引的原书进行核对，而引用较多、版本复杂的书，还核对了几种版本。在此基础上，他凭借自己在文字学、敦煌学方面的深厚功底，通过精密的考辨，对《康熙字典》以来的大型字典在俗字的收录、举例、楷定、注音、释义各方面的缺漏和错误进行了一次总的清算，全书考定的疑难俗字达 3274 个之多。在 1996 年底举行的博士后出站报告会上，与会专家皆给予了高度的评价。郭锡良先生说："这一课题完成得相当出色。"何九盈先生说："（本书）规模之大，创获之多，可谓前所未有。"裘锡圭先生亦表扬作者"立论审慎，创获极多"，"其成绩大大超过了前人"。2000 年，此书荣获中国社科院青年语言学家奖一等奖；2003 年，又获教育部高校第三届人文社科成果二等奖。

《汉语俗字研究》《敦煌俗字研究》《汉语俗字丛考》这三部开创性的著作，将近代汉字研究推向了一个新的阶段，使俗字研究从根本上告别了识字和著录的时代，而以科学的姿态跻身汉字学的殿堂。在他的引领下，近年来不少学者和硕博士生纷纷加入俗字研究领域，俗字研究逐渐成为汉字学的一个重要分支学科，其学术影响，不可谓不深远。

二、集敦煌文献整理之大成

敦煌文献是中国近代学术史上的四大发现之一，其抄写时间前后跨越 600 余年，是研究中古时期历史、政治、军事、法律、语言、宗教等的重

要文献，也是我国重要的文化遗产。然而，敦煌文献的发现正当国家衰弱之际，发现不久，绝大多数敦煌写卷便被外国"探险者"席卷而去。资料采集的困难，加上长期的内乱和阶级斗争，使得我国在敦煌学的许多方面都落后于日本和欧洲，以致有所谓"敦煌在中国，敦煌学在外国"的说法，极大地刺痛了国人的心。

20世纪80年代以后，我国敦煌学界先后相继，在敦煌文献的整理方面取得了举世瞩目的巨大成绩，在很大程度上改变了敦煌学落后的局面。但由于主客观原因，我国的敦煌文献整理仍存在着明显的不足，整理多是挖宝式的，缺少整体的关照和把握，隔阂甚至疏误时有所见。加之敦煌文献主要是以写本的形式保存下来的，读者使用时存在不少困难：一是敦煌写本多俗字，辨认不易；二是敦煌文书多俗语词，理解不易；三是敦煌卷子多为佛教文献，领会不易；四是敦煌写本有许多殊异于后世刻本的书写特点，把握不易。这就要求整理者不仅要掌握相关学科的专门知识，还应当对当时的俗字、俗语词、书写特点以及佛教哲理等有比较深入的了解。但由于校录者多是历史、文学甚或艺术出身，缺乏语言文字方面的专门训练，因而面对讹俗满纸的敦煌写本，往往感到力不从心，于是便动辄采用"据文义改"的利器，擅改原文，使得不少校录著作失误较多。所以不少学者提出，在利用敦煌文书资料以前，必须先"由精于中国文字学，特别是敦煌汉文卷册所有的文字"的学者，"将其加以彻底与通盘的校录"；按比较合理的分类体系重新编排，做成像标点本二十四史那样的"定本"，使敦煌文献成为各个学科都可以使用的材料。

推出一批高质量的敦煌文献整理的集大成之作，昂首于世界敦煌学著作之林，是学术界几代人的心愿。时代呼唤"集大成"的总集，在这种情形下，张涌泉先生提出了编纂"敦煌文献合集"的设想。其实，早在20世纪80年代，他就曾与郭在贻先生、黄征先生开始整理敦煌变文，合作撰写《敦煌变文集校议》。该书注重核查敦煌原卷（缩微胶卷）与征引文献相结合，逐篇逐字地进行研究，匡正了《敦煌变文集》原校及他人补校在字形辨识、词义诠解、断句标点等方面的大量错误，在很大程度上恢复了敦煌变文的真貌。《敦煌变文集校议》1989 年定稿，次年 11 月即由岳麓书社出版。后来，该书评获北京大学王力语言学奖和国家新闻出版署首届古籍整理图书奖。1989 年下半年，就在《敦煌变文集校议》向出版社交稿后，张涌泉先生和黄征先生又开始将主要精力集中到《敦煌变文汇校》（后易名为《敦煌变文校注》）上。敦煌变文写本多俗字、俗语词，此类字词识解非易，而以往校录的失误往往与这类字词有关。该书对那些字面生涩而义晦或字面普通而义别的俗字、俗语词酌加笺释，以便读者。姜亮夫先生在序中称《敦煌变文校注》"重在俗字、俗语词之诠释，以俗治俗，胜义纷纶"，可谓中肯之语。该书的另一个特色在于"汇校"。作者把当时所能见到的与敦煌变文校勘有关的一百多篇（部）论文（著作）中的重要成果全部荟萃其中，并加以自己的按断，既免读者翻检之劳，又不难得出各家校说的优劣短长所在。姜序称该书"为敦煌变文校理之集成之作"，殆非虚言。1997 年 5 月，这部 160 多万字的著作由中华书局正式出版，得到学术界很高的评价，并先后评获新闻出版署优秀古籍整理图书奖一等奖、第四届国家图书奖提名奖和首届国家社科基金项目优秀成果三等奖，后来又连同他主编的另一部著作《敦煌经部文献合集》一起被国家新闻出版广电总局、全国古籍整理出版规划领导小组评为新中国成立以来首届向全国推荐的优秀古籍整理图书。

扎实的"小学"根柢，深厚的文献学养，加上长期浸淫敦煌写卷，有着多年敦煌文献整理的实践经验，应该说张涌泉先生具备了敦煌文献校理需要的各种素养。但世界各地馆藏敦煌文献大都以入藏先后的流水号编目排序，后来的影印出版物也大抵以此为序，没有分类，编排杂乱。如何统校编订，集其大成？工作之繁重，不言而喻。秉承极强的历史使命感和责任感，张先生知难而进，毅然按照传统的四部分类法整理敦煌文献，筹划

敦煌文献整理的系统工程——《敦煌文献合集》。

1997 年初，张涌泉先生北大博士后出站，他婉言辞谢了老师的挽留，重新回到了杭州大学任教。从此，规模浩大的《敦煌文献合集》编纂工程进入了正式实施阶段。该书将汉文翻译佛经以外的敦煌文献按经、史、子、集的分类法编排整理，在普查、分类、定名、缀合、解题、录文、汇校等工作的基础上，充分吸收海内外学术界近一百年来的研究成果，试图为学术界提供可以直接利用的敦煌写卷的校勘定本。尽管难度大大超出了预期，但编纂工作仍不断向前推进。以张涌泉先生为首的研究团队夜以继日，历经八年，付出了常人难以想象的艰辛和努力，终于将合集的第一部《敦煌经部文献合集》编纂完成。

《敦煌经部文献合集》（后文简称《合集》）的"集大成"，首现体现为敦煌文献的类聚。《合集》对当时海内外已经公布的 6 万多件敦煌文献进行全面的普查，以经部为纲，将同一文献汇聚在一起，对于其中缺题、误题或题名不确的写卷，重新进行正确的定名，首次拟名或重新拟名的写卷达 400 余号。另将原为同一写本的残卷则加以缀合，使分散的骨肉得以"团圆"，首次缀合的写卷达 230 号左右，为后续的研究者提供了极大的便利。如敦煌文献中有唐释玄应的《一切经音义》写本数十件，分藏于中、法、英、俄各国。其中斯 3469 号、敦研 357 号二件，前者为玄应《一切经音义》卷二《大般涅槃经》第一卷音义，后者为同一经第十一、十二卷音义，二卷之间略有残缺，但字体行款完全相同，实为同一写本的残片，一在伦敦，一在中国，远隔万里，影印本亦邈不相涉。《甘肃藏敦煌文献》编者不明敦研 357 号出处，故而泛称其为"字书残段"。又俄藏敦煌文献中有 11 件玄应《一切经音义》第六卷的写卷残片，乃同一写卷所撕裂，原藏家把这些残片分编在 8 个卷号之下，《合集》将其一一缀合。通过这样的细致整理，《合集》把 39 件玄应《一切经音义》

的写本全部集中在小学类佛经音义下，读者执此一编，无异于遍检中、法、英、俄各国藏卷。该书每一类文献皆如此法操作，作者不惮繁难，搜罗全面，指归分明，类聚相关写卷达1300多号，史无前例。《合集》的"集大成"之二体现在校勘上。写卷全面类聚是基础工作，而校勘则提出了更高的要求。《合集》每校录一篇，必选定底本，然后把各异本的信息融入题解和校记之中。不同的异本会在内容或字句方面有出入，从而形成异文。由于种种原因，敦煌写本的抄写质量是不一致的，即便是最好的本子，也会存在或多或少的问题，这就需要参考其他异本来加以纠正。如何在诸多异本中，通过校勘恢复文献的原貌？前人的校录整理，质量良莠不齐，既有真知灼见，也有一叶障目的胡言乱语。这些校录成果散在各处，读者利用不便，《合集》汇聚各家研究成果，吸收正确意见，纠正旧说的阙失和疏漏。每立一义，必列举大量本证、旁证，征引详赡，思致绵密，结论大抵确凿可信，从中显现出研究者缜密的思维、扎实的"小学"功底和广博的中国传统文化学养。著名文献学家王欣夫曾言校雠之学应当"心细于发，识高于顶"（《思适斋书跋》跋），《合集》可当此言，其"援引之博，涉猎之广，核订之精，皆前所未有"（刘跃进等《敦煌文献整理的系统工程》，《中华读书报》2009年3月18日第10版）。

2008年，《敦煌经部文献合集》共11册600万字由中华书局精装推出。该书出版后，海内外十多种报刊发表书评或评论，给予很高的评价。日本著名学者池田温先生称本书"是一部令人惊叹的巨著，是敦煌学繁荣昌盛的标志"（日本《东方》353号，2010年7月）；北京理工大学赵和平先生称"本世纪初，对敦煌本儒家典籍的全面而系统的整理研究出现了重大突破，以张涌泉先生为首的一批中青年敦煌学家，焚膏继晷，夜以继日，费十年之功，终于将11册的《敦煌经部文献合集》奉献给学术界，这部'集大成、高水平'的著作面世，对敦煌学研究，尤其是敦煌儒家经

典的研究功莫大焉"(《敦煌研究》2009 年第 2 期，第 55 页);《光明日报》更是先后五次发表书评或评论，认为该书"代表着当今古籍整理最高水平"（2011 年 3 月 30 日第 9 版），"是名副其实的敦煌文献整理研究的集大成之作"（2010 年 4 月 29 日第 12 版）。《中华读书报》称"我国的敦煌学研究随着这部集大成、高质量的敦煌文献总集的出版，真正昂首自立于世界敦煌学著作之林"（2008 年 11 月 12 日）。此书后来评获浙江省哲学社会科学优秀成果一等奖、中国出版政府奖图书奖、教育部第六届高等学校科学研究优秀成果二等奖等荣誉。

敦煌经部文献整理完成之后，其余三部文献合集即被提上日程。目前，在张涌泉先生的主持下，合集第二部《敦煌史部文献合集》的编纂正在抓紧进行。可以预言，这将又是一部敦煌文献整理的集大成之作。

三、写本文献学的奠基者

写本文献是指用软笔及硬笔书写在纸张上的古籍或文字资料。在宋代版刻流行以前，中华文明的传承曾长期依赖于写本文献;宋代以后，古书大多是以刻本的面貌呈现的，因而有关的学问也多以刻本为中心展开。清代末叶，敦煌藏经洞被打开，人们从中发现了大批唐代前后的纸写本文献，震动了整个世界。民国以后，又有吐鲁番文书、黑水城文献、宋元以来契约文书、明清档案等众多手写纸本文献陆续公之于世，耀人眼目，写本文献的数量一下充盈起来。于是，逐渐形成了敦煌学、吐鲁番学、徽学等一批与写本文献相关的学问，在很大程度上改写了中国学术文化的历史。但人们在兴奋忙乱之余，还来不及对写本文献的风格、特点进行系统全面的研究，仍习惯于用刻本的特点去看待写本，因而整理和研究不免有所隔阂和误解。所以了解和认清写本文献的写本特点，掌握写本文献的书写特例，便成了校理研究写本文献的最基础一环。写本文献在形制、内容、字词、校读符号等许多方面都有着与刻本文献不同的特点，很有必要从"版本学"分化出一门独立的"写本文献学"进行专门的研究。

敦煌写本上起魏晋之际，下迄于北宋初年，正好反映了写本文献从兴起、发展乃至逐渐被刻本取代的完整序列，是研究"写本文献学"最为丰富的第一手资料。其跨越时间之长，涉及范围之广，价值之大，影响之深，均为其他写本文献所不及。所以敦煌写本在全部写本文献中的地位举足轻重，撰写一部系统全面的敦煌写本文献学通论性著作就很有必要。张涌泉先生的《敦煌写本文献学》就是在这样的背景下推出的。

《敦煌写本文献学》是先生三十多年来在敦煌文献整理、研究和教学的过程中，对敦煌写本文献语言和书写特例稽考探研的结晶。全书共分绪论、字词、抄例、校例四编，凡二十章，作者以目前所见六万多号敦煌写本为主，杂以吐鲁番写本文献，钩稽其中大量的实例，不仅充分总结了前人的研究成果，而且多发前人所未发，纠正了前贤的诸多校读错误。在此基础上，阐明了敦煌文献在内容、形制、语言文字、抄写符号等方面表现出来的写本特征，并将其提炼成简明的条例。全书立意宏大，条分缕析，精细入微，宏观把握和微观分析相结合，构建了敦煌写本文献学严谨完整的理论体系，填补了这方面的空白。

2013年12月，60余万字的《敦煌写本文献学》由甘肃教育出版社出版。该书出版后，颇得各方好评。首都师范大学特聘教授、中国文化遗产研究院邓文宽研究员称许该书"独树一帜，博大精深"（《一部敦煌学者的必读之作》，《敦煌研究》2015年第2期）；日本关西大学玄幸子教授称其为"反映百年来敦煌学研究成果的集大成著作"（《敦煌写本研究的必读书》，《东方》第406号）；敦煌研究院网站载文称"全书内容厚重、资料翔实、例证丰富，并能引人投入其中以见学术的魅力、敦煌学的魅力、

文献学的魅力";复旦大学张小艳教授称该书"是百年来国内外第一部从'写本文献学'的角度对敦煌文献语言和书写特例进行的最为全面、系统、深入研究的通论性著作,是学界有关敦煌手写纸本文献研究的集大成、高水平之作"(《稽古寻例三十载,写本文献铸成"学"——读〈敦煌写本文献学〉》,《敦煌学辑刊》2014年第4期)。

《敦煌写本文献学》不仅是一部敦煌写本文献研究的集大成之作,而且为"吐鲁番文书、黑水城文献、宋元以来契约文书、明清档案等手写文献的整理研究提供了系统的理论指导和可供具体操作的校读范例","堪称古代写本学的奠基之作"(赵和平《敦煌文献整理:从各立规矩到有章可循——读〈敦煌写本文献学〉》,《光明日报》2014年12月15日)。在张涌泉先生的倡导下,写本文献学引起了学术界广泛的关注,已然成为21世纪的一门新学问。

明末清初的大学者顾炎武曾云:"尝谓今人纂辑之书,正如今人之铸钱。古人采铜于山,今人则买旧钱,名之曰废铜,以充铸而已。所铸之钱既已粗恶,而又将古人传世之宝舂剉碎散,不存于后,岂不两失之乎?"(《亭林文集·与人书》)亭林先生对当时治学风气的批判,至今仍有重要的现实意义。真正的学术研究不是"废铜充铸",人云亦云,而是不避艰辛,从第一手材料入手,采铜于山,注重原创,这正是张涌泉先生一直以来所推崇的治学理念。秉承这种理念,先生潜心古文献三十余载,不断耕耘,在近代汉字学、敦煌文献整理、写本文献学等众多领域披荆斩棘,拓荒创新,开山立派,取得了令人艳羡的骄人成就!更让人钦佩的,尽管已届耳顺之年,张涌泉先生并未停止探索的脚步,近年他又聚焦于敦煌残卷缀合、敦煌文献语词考释、宋元以来契约文书搜集整理等崭新的研究领域,一系列更为宏大的科研规划已在实施之中。学术原创之路,正在他的脚下不断向前延伸。

方向与眼光

——汪维辉教授访谈录

邵珠君

学者
名片 汪维辉，汉族，1958 年生，浙江宁波人。现为浙江大学求是特聘教授，博士生导师。兼任中国语言学会副会长。1997 年毕业于四川大学汉语史专业，获博士学位。主要著作有《东汉—隋常用词演变研究》《〈齐民要术〉词汇语法研究》《汉语核心词的历史与现状研究》《汉语词汇史》《著名中年语言学家自选集·汪维辉卷》等；主持国家社科基金重大项目"东汉至唐朝出土文献汉语用字研究"、国家社科基金一般项目"《齐民要术》词汇语法研究"和"汉语核心词的历史与现状研究"等；获得教育部高等学校优秀研究成果二等奖（2 次）、浙江省哲学社会科学优秀成果一等奖、王力语言学家奖二等奖等。

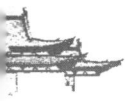

邵珠君（以下简称邵）：您的研究方向是"汉语词汇史"和"训诂学"，请问您是如何确立这样的研究方向的？

汪维辉（以下简称汪）：这跟我的师承有关。

我 1983—1986 年在华中师范大学（入学时还叫华中师范学院）师从杨潜斋先生攻读硕士学位，当时读的专业是"汉语史"，研究方向是"训诂学"。杨先生是黄季刚先生的弟子，学问根基深厚，他教给了我治训诂学（也是语言学）的三原则：让语言本身说话，全面不矛盾，经济（行文要简练）。毕业前夕我发表了《"伐轮"、"伐辐"及其他》，这是我正式发表的第一篇论文。之后训诂学始终是我的主要研究方向之一，陆续发表过 50 多篇文章，大多属于词语考释一类。最近发表的《训诂基本原则例说》，是我多年从事训诂学习和研究的心得总结。至今我对训诂学的兴趣仍然不减。

1995—1997 年，我在四川大学（当时叫四川联合大学）师从张永言先生攻读博士学位，专业还是"汉语史"，研究方向是"中古汉语词汇"。张先生把我带入了一个全新的领域，他和我合撰的《关于汉语词汇史研究的一点思考》开启了汉语常用词演变研究的新领域，发表后产生了较大的反响，最近二十多年常用词演变研究逐渐成为汉语史领域的一个热点。他指导我做的博士论文是《东汉魏晋南北朝常用词演变研究》，实际上就是中古汉语词汇史的一部分。这篇博士论文经过修改后改题为《东汉—隋常用词演变研究》正式出版。此后我把研究范围扩展到整个通史，就是从上古一直做到明清。1997—1999 年，我在南京大学做博士后，受到合作导师鲁国尧先生的影响，开始全面关注方言，这样就逐渐形成了"纵（历时演变）、横（共时分布）结合"研究汉语词汇的思路。前不久刚刚出版的《汉语核心词的历史与现状研究》，是我二十多年从事这一方向研究的一个小结。

邵：的确，最近二十多年来，您一直在汉语词汇史领域奋力开拓，取得了一系列重要成果，产生了较大的影响，可以说是这一方向的引领者；您还提出过从事汉语词汇史研究需要兼具"语文学的功底"和"语言学的眼光"，得到很多同行的认同。能否谈谈您在这方面的研究历程和治学心得？

汪：如上所说，我从事汉语词汇史研究是在川大读博时受到张永言先生的影响。研究历程大致是：以个案研究为基础，从断代研究入手，然后扩展到通史研究，再拓展到纵横结合。二十多年从事这项研究，当然有很多心得体会。我在几篇文章中谈到过这个问题，如《汉语常用词演变研究的若干问题》《语文学的功底　语言学的眼光——研治汉语词汇史的一点心得》等。最重要的体会有下面几点。一是必须十分重视文献。因为从事汉语史研究，一切材料都来自历史文献，不能自造例子，如果没有比较扎实的文献功底和传统语文学素养，是难以胜任的。现在不少年轻学者很重视理论，却忽视文献的正确运用，常常在材料上出问题，影响研究结论的科学性，也使他们的论著难以达到较高的学术水准，这是应该引以为戒的。这就是所谓的"语文学的功底"。二是要有必要的语言学修养。汉语是人类语言的一种，汉语研究（包括汉语史）理所当然应该用当代科学的语言学理论作指导。虽然我的理论修养并不算好，但是自认为理论意识还是强的。这就是所谓的"语言学的眼光"。三是要有严谨细致的学风。四是要有比较宽广的知识面。

邵：您虽然已经"功成名就"，年届耳顺，但仍然在学术研究的园地里耕耘不辍，新成果不断涌现，比如最近刚刚出版的《汉语核心词的历史与现状研究》入选了国家哲学社会科学成果文库，受到广泛关注，还有一部40多万字的《汉语词汇史新探续集》即将由浙江大学出版社出版，而且每

年都会有多篇高质量的论文发表。请问您的研究动力来自何处？

汪：我的动力主要来自兴趣。学术研究是我的最爱，把一个疑难问题搞清楚了，我觉得有无穷的乐趣。我喜欢学习新知识，一直保持着比较旺盛的求知欲和很强的好奇心。不管是不是跟我的研究直接有关，对新知我都有浓厚的兴趣。只要有时间，我都会找一些新的书来读，也经常浏览各种专业期刊上发表的新文章。我长期订阅《中国语文》，每次拿到新的杂志，总要挑一些自己感兴趣的文章看一看，以便及时了解学术动态，学习新知。古人说"开卷有益"，对此我深有体会。再聪明的人，不学习也会落后。随着阅历的增长，阅读中常常会发现各种问题，形成跟别人不同的看法，这些想法往往就会成为研究的题目。

另一个动力则来自外界。人都是有惰性的，虽然我自认为属于"不用扬鞭自奋蹄"的一类人，但是没有硬任务逼着，也会懈怠。我这二十多年来发表的文章，基本上都是会议逼出来的，出版的两本专著《〈齐民要术〉词汇语法研究》和《汉语核心词的历史与现状研究》则是项目逼出来的。记得蒋绍愚先生很多年前在一次会议上说过一句话："不带论文不参加学术会议。"这虽是蒋先生说他自己，但是我觉得也是对我们后辈说的。此后我一直恪守这句话，凡是参加学术会议必带论文，而且尽可能认真准备，每篇文章总要有些新意。这跟我凡事总想追求完美、不愿丢脸的个性也有关系。这些年随着学术会议越来越多，有些会议又不得不参加，比如2017年我参加了十几个会，每次会议都写一篇新文章实在有点力不从心，有时一篇文章参加两个甚至三个会议的情况也有，但是不多。即将由浙江大学出版社出版的《汉语词汇史新探续集》，就是我2009年入职浙大以来发表的30篇文章（其中有4篇系与朋友或学生合撰）的论文集，这些文章是第一次结集出版，没有收入过之前的两本论文集。

邵：您认为研究和教学是什么样的关系？您上课很受学生欢迎，这跟您的学术研究有必然的联系吗？

汪：我始终认为，作为一名大学教师，教书育人是我的天职，教书是我的本分，而科研则是个人的事。我尤其喜欢给本科生上课，因为不管是在南京大学还是在浙江大学，我们的本科生都是当代中国最优秀的大学生，给本科生上课，我总是享受着"得天下英才而教育之"的快乐。我觉得在大学教书，要把课上好，除了教学技巧外，更重要的是要靠内容取胜，这就需要有科研作支撑。我常常把我的研究心得融入教学之中，受到学生的欢迎。比如我给本科生上"古代汉语"，在讲读文选时就常常指出王力先生主编的《古代汉语》教材存在的问题，让学生知道这部教材虽然总体水平很高，但是也并非尽善尽美，读其他书也是一样，就是孟子说的"尽信书则不如无书"（孟子原话中的"书"是指《尚书》，因此应该加书名号。不过今天我们也不妨把"书"作广义的理解），要有自己的判断。教师除了传授知识，还应该培养学生独立思考的精神和能力，这一点其实更重要，所以我在南京大学给本科生上"训诂学"课的时候曾经说过，训诂学其实是一门思维训练课。给本科生开的"汉语史"课，我讲自己的研究心得就更多了，虽然内容很专业，有一定的难度，但是同学们听得津津有味，觉得有启发。针对如此优秀的本科生，不怕你把课讲深了，就怕你讲浅了，当然这是就授课内容而言，讲法上还是应该深入浅出。如果你只会照本宣科，照着教材讲，学生是不会满足的。所以给大学生上课，没有科研做后盾是不行的，更不用说硕士生、博士生了。教学和科研是相互促进的关系，而不是相互对立。反过来，教学也会促进科研，有些在教学中碰到的问题，就成了我的论文题目，比如《〈左传〉"死且不朽"解诂》《释先秦文献中的"先子"——附论"先君子"》《〈触詟说赵太后〉三本异文之比较》等文章，

题目都来自课堂教学。这就是古人所说的"教学相长"。

邵：您对今后的研究有何打算？对汉语词汇史和训诂学这两个研究方向如何进一步发展有何看法？

汪：在我的有生之年，还有很多事情想做。首先是要完成我承担的几个科研项目，包括"今训汇纂·宋元卷""汉语词汇通史·近代卷""汉语基本词汇历史演变研究"等。在做完这几个"规定动作"之后，我还想完成我一直想做的一些"自选动作"，比如《诗经》译注。我发现很多著名学者、作家，到了晚年，都会回归到我们的一些传统经典，致力于这些经典的研究，这也许可以称为一种"经典情结"吧。因为这些经典是永恒的，具有永久的魅力。我现在也是如此。我从读硕士开始，就对《诗经》产生了浓厚的兴趣，这可能跟杨潜斋先生的熏陶有关，他经常给我们讲他研究《诗经》的心得。在我们读硕士的年代，华中师大的校园很美丽，我常常一早起来就到校园里背《诗经》，"国风"和"小雅"的很多诗篇至今仍能背诵。我发现《诗经》的疑难问题多极了，虽然经过几千年的研究，积累了丰富的成果，但是仍有大量的问题无法解答，大到一首诗的诗意，小到一字一句的训释。我写过一些这方面的文章，比如《〈诗经〉札记》《〈诗经〉中的借代》《也说〈诗·新台〉之"鸿"》《也说"麀鹿攸伏"之"攸"》《〈诗经〉"谁适为容""谁适与谋"解》等。我希望能够完成一部自己比较满意的《〈诗经〉译注》，目标是尽可能地还原《诗经》原意，因为现在很多的《诗经》解读在我看来都是"曲解"。这只是我目前的一个初步打算，能否实现取决于很多因素。

对汉语词汇史和训诂学这两个研究方向如何进一步发展，我在这里也不妨谈一点个人看法，仅供参考。

对于汉语这样一门历史悠久、使用人口众多、文献极为丰富且从未中断、方言差异无比纷繁复杂、具有鲜明类型特征的重要语言，我们理应有一部规制宏大、叙述精详的《汉语词汇史》，才能跟我们伟大的母语相称。目前虽然已经出版了几种汉语词汇史方面的著作，但跟我心中的目标还相差甚远。我想要有十卷以上的篇幅才能把汉语词汇几千年的演变历史叙述清楚。我这辈子当然不可能完成这样的任务，但是我们从现在开始就应该确立这一目标，一点一点做起来，经过几代人的共同努力，最终达成这个目标。另一方面，再详尽的词汇史著作也不可能把所有的词一一论及，因此词汇史还应该有另一种表达方式，这就是大型的历史性词典。我们已经有了 12 卷本的《汉语大词典》，编成于"文革"后期，目前正在修订，据报道篇幅将增加至 25 卷。这是一个很好的基础。今后我们应该把它做得更好，我觉得可以在以下几个方面加以改进。一是扩大收词量，尽可能把历史文献中曾经出现过的词汇都收进去。随着大型文献数据库的建成和研究成果的不断积累，做到这一点已经不是难事。二是增加信息量，每一个词条除了现有的字形、注音、释义和引例外，还应该加注词性，有的条目可以增加说明，提供语源、字词关系、时代差异等需要向读者交代的信息。三是尽量反映汉语词汇历时演变的脉络，比如义项的排列、书证的选择等都应该贯彻"历史性"原则。四是提高精确性，目前的《汉语大词典》在收词立目、注音释义、引用例证等各个环节还存在不少问题，学者们也已经发表了大量的文章进行商榷补正，相信此次修订会最大限度地加以吸纳，但是这个工作不可能毕其功于一役，即使将来修订本出来以后也还需要不断地纠谬补缺。五是建立"在线修订"的长效机制，就是把词典的电子版放到网上，让公众免费共享，同时建立一个网上修订平台，人人可以参与修订，读者提出的意见定期由审订委员会约请专家审定，确可成立者即予采纳，随时加以修订。只有采用这种动态修订的方法，才能保证《汉语大

词典》不断得到完善，详细的论述可以参看拙文《时代呼唤在线〈汉语大词典〉》。一部全面、科学的《汉语词汇史》，加上一部详尽、准确的《汉语大词典》，我们汉语词汇三千多年的发展历史庶几可以比较清晰地展现在人们眼前。

训诂学的主要目的是准确地解读古书。准确解读古书牵涉许多方面，问题非常复杂。我国历代留下来的古书注释汗牛充栋，其中有正确的部分，但也存在大量的误解、误释。我认为，当今训诂学的主要任务，一是对这份遗产进行科学的清理，在此基础上推出历代重要典籍的新校新注本，为今天的读者提供优质的古书读本，这方面我们已经取得了巨大的成绩，但是问题仍然不少，水平也参差不齐。二是通过具体案例全面总结科学的训诂方法，用以指导训诂实践，使上面说的古籍遗产整理工作的水平有较大的提高。什么样的训诂是正确的，它为什么正确？什么样的训诂是错误的，它为什么错误？这里面大有研究的余地。有时候对一个词语的解释，训诂学家们会提出各种各样的看法，有的是非曲直比较容易判断，有的则令人犹疑，难下断语，因为看起来都有道理，各人看问题的角度不同，见仁见智，各有各的道理。但是古书的原意只能有一个，凡是数说并存的都是没有探明确诂的。究竟如何才能全面、准确、深刻地把握一个词的词义？在解释词义时，究竟有哪些因素必须考虑？这都是当代训诂学需要回答的理论问题。虽然学者们已经做了很多研究，提出了许多真知灼见，但是大多数的论著都只是举例性质，还没有全面详尽地回答这样的问题。我觉得我们需要一部《训诂实操手册》，把大大小小的训释规范（或者说"原则"）一条条写出来，辅以正反两方面的实例，使初学者可以通过具体案例比较容易地掌握一些最基本的训诂原则，同时也可以从中总结出切合实际的训诂理论和方法。当然，并不是说有了这样一部《训诂实操手册》就可以解决一切问题了，古书的训释是一件极其复杂的工作，情况千差万别，不可一概而论，最根本的原则还是"具体问题具体分析"。

邵： 您的研究除了学术价值之外，对现实的语文生活是否也有用处？作为汉语研究者，您对社会上关于语言文字的一些热点问题怎么看？比如方言保护问题、繁简字问题、网络新词问题等等。

汪： 这个问题提得很好。作为一名汉语研究者和语文工作者，我觉得除了学术研究之外，还应该承担起传播正确的语言文字科学知识的责任，不能只是关在象牙塔里做高深学问。前辈们在这方面树立了很好的榜样，比如吕叔湘先生的《语文常谈》，就是我常常向学生推荐的一本书。这本薄薄的小册子，大概只有五六万字，却用明白晓畅的语言、生动有趣的例子，把有关语言文字的一些基本道理说得清清楚楚，见解准确而深刻，真是一本百读不厌的好书。我企望追随前辈，也写出《语文常谈》那样的书，比如把我研究汉语核心词的成果写成通俗读物《汉语词汇史漫谈》（或者叫《汉语词汇的前世今生》，还没有想好），把汉语一批核心词的现状和历史用通俗有趣的语言介绍给普通读者。上海教育出版社主办的《语言文字周报》为我开辟了一个"汉语词汇史漫谈"专栏，已经陆续发表了几篇系列文章，如《古人如何"说话"》《古人如何"吃饭"》《古人如何"居住"》《古人如何"穿衣"》《古人如何"走路"》《"睡觉"古今谈》等。此外我也写过一些语言文字方面的普及性文章。

关于方言保护问题，我并没有什么独特的看法，只说两点：第一，方言的消亡不可避免，只是一个速度问题；第二，趁着方言还没有消亡或剧变，我们应该尽最大可能把它们记录下来，给后人留下一份不可再生的资料。我想这也是大部分语言学家的共识。

关于繁简字的争论，我写过一篇《从文言到白话 从繁体到简体——

近代转型期中国的书面语和文字》，阐述过我的看法："汉字自古以来就有简化和繁化两大趋势，但是简化是主流，早在甲骨文中就已经有简体字，后来历代都有简体字。简体字的好处是易学易写，它受到人们欢迎是必然的。明末清初的著名学者黄宗羲（梨洲），据说'喜用俗字抄书，云可省工夫一半'，是大学者使用简体字的先驱。中国自从 50 年代以后大力推行简体字，成效卓著。现在有些人又提出要恢复繁体字，这是违背历史潮流的，对近百年来的国语运动史也缺乏基本的了解，注定行不通。"

网络新词是人类社会进入网络时代以后的新生事物，是当代语文生活中出现的新现象。网络新词的创造者和使用者主要是年轻人。青少年思维活跃，富有创造力，追求新颖，喜欢创造新词语不足为怪，有些其实近于语言游戏。有人视网络新词为洪水猛兽，认为应该加以干预和规范，我以为大可不必，事实上也管不了。大部分网络新词只是昙花一现，时过境迁，很快就被人们淡忘了；真正能够进入全民通语的只是一小部分，这部分新词语适应了语用需求，为汉语词汇系统增添了新鲜血液，最终会被收入词典，这也符合汉语词汇发展的规律。因此我认为对待网络新词应该采取宽容的态度，把一切交给时间。

汪维辉教授学述

真大成

汪维辉教授主要从事汉语史研究，兼治现代汉语方言、辞书编纂、古籍校点等，尤精于汉语词汇史研究。涉学三十余年来，论著纷披，成绩卓荦，夙以治学严谨、著述精洽享誉学界。现任浙江大学求是特聘教授。本文谨从治学历程、治学成绩、治学理念三方面试述汪维辉教授之为学与为文。

一、治学历程

汪维辉教授，1958 年出生于浙江省宁波市。1978—1980 年就读于宁波师专中文科。1983—1986 年在华中师范学院（1985 年改为华中师范大学）师从杨潜斋教授研习训诂学。在读期间，撰写了《〈说文解字注〉勘误》（与张生汉、黄树先合写）、《宁波方言古词语例释》、《〈诗经〉札记》等文章。1986 年硕士毕业前夕，在《徐州师范学院学报》发表《"伐轮"、"伐辐"及其他》，这是他正式发表的第一篇学术论文。

硕士毕业后，汪维辉回到母校宁波师范学院（1984 年宁波师专升格为师院）任教。此后近十年内，陆续发表《"作（为）某地"式试解》《〈汉语大词典〉摘瑕》《〈中国语文〉1990 年第 1 期读后》《汉魏六朝词语杂释》《〈左传〉"死且不朽"解诂》《〈汉语大词典〉一、二、三卷读后》等论文近 30 篇①。这一时期，汪维辉的研究兴趣和重点在于考释、发明历史词汇的含义，先秦以迄明清文献中的语词，均在考探之列，或抉发疑难词语的含义，或揭举前人未及的新词新义，或辨正他人的误释。

1995 年，汪维辉考入四川大学师从张永言先生攻读博士学位，主要研习中古汉语词汇。入学伊始，汪维辉便遵照张先生的想法撰写关于常用词演变的文章。当年年底，师徒二人合写的《关于汉语词汇史研究的一点思考》在《中国语文》刊出，引起学界热烈的反响，由此也确定了汪维辉的博士论文题目《东汉魏晋南北朝常用词演变研究》，标志着汪维辉学术研究的内容、方法和祈向均发生了重大变化——从传统训诂学考词释义为中心转变为以常用词为核心的词汇历时演变研究。论文自答辩后又经过两年多的修改，更名为《东汉—隋常用词演变研究》于 2000 年由南京大学出版社出版。著名语言学家江蓝生教授为本书作序，给予高度评价；浙江大学王云路、方一新教授在《中国语文》2002 年第 2 期发表长篇书评《汉语史研究领域的新拓展——评汪维辉〈东汉—隋常用词演变研究〉》，对该书做了详细评介和高度肯定。

此后汪维辉又发表了一系列关于常用词演变研究的文章，主要有《汉魏六朝"进"字使用情况考察——对〈"进"对"入"的历时替换〉一文的几点补正》《〈老乞大〉诸版本所反映的基本词历时更替》《汉语常用词演

---

① 论文所发表的刊物请参看《汪维辉教授论著目录》，本文不赘述。

变研究的若干问题》《撰写〈汉语 100 基本词简史〉的若干问题》《"遐—迩"与"远—近"》等。这些论著"筚路蓝缕，以启山林"，开创了以常用词为中心的汉语词汇史研究的新局面。

博士毕业后，汪维辉进入南京大学从事博士后研究。在前辈学者鲁国尧、徐通锵教授的影响下，汪维辉进一步开拓汉语词汇史研究领域，将汉语史和现代汉语方言结合起来，从历时替换和共时分布两个角度探讨常用词的历史和现状。《纵横结合研究汉语词汇》《汉语"说类词"的历时演变与共时分布》《汉语"站立"义词的现状与历史》《汉语"闻／嗅"义词的现状与历史》《汉语第三人称代词的现状和历史》诸文均体现了这一思路。

在此阶段，汪维辉除了从事汉语常用词研究外，还有两项重要工作，一是《齐民要术》专书语言研究，二是朝鲜时代汉语教科书的整理与研究。

2000 年，汪维辉以"《齐民要术》词汇语法研究"为题成功申请国家社科基金项目。发表了《〈齐民要术〉"喜烂"考辨》《〈齐民要术〉校释商补》等系列论文。2005 年 7 月以"优秀"等级通过鉴定。2007 年，由上海教育出版社出版专著《〈齐民要术〉词汇语法研究》。全书约 30 万字，分为上、下两编。上编"概论"，共三章，分专题论述了《齐民要术》的语言性质、特点以及词汇语法的相关问题。下编为"《齐民要术》新词新义词典"，收释见于《齐民要术》的东汉魏晋南北朝新词和新义，共 896 个词条。

2002 年 9 月至 2003 年 8 月，汪维辉在韩国延世大学担任客座教授。教学之余，收集了一批朝鲜时代汉语教科书及相关资料。回国以后，经过整理于 2005 年在中华书局出版了《朝鲜时代汉语教科书丛刊》。本《丛刊》收录《原本老乞大》《老乞大谚解》《老乞大新释》《重刊老乞大谚解》《朴通事谚解》《朴通事新释谚解》《训世评话》《华音启蒙谚解》《你呢贵姓·学清》十种朝鲜时代汉语教科书，分点校和影印两部分，第一册为十种教科书的点校本，每种前均附解题，介绍各书的基本情况及其

语料价值；第二、三、四册为原文影印。书后附录"相关论著目录"，分资料、论著、其他三类，可为进一步研究提供线索。2011 年，汪维辉又与远藤光晓、朴在渊、竹越孝合作出版了《朝鲜时代汉语教科书丛刊续编》，收入《象院题语》《中华正音》《骑着一匹》《华音撮要》《关话略抄》《汉谈官话》六种汉语教科书。

这一时期，汪维辉还比较关注汉语史研究的语料，发表了一系列论文，或考辨语料的成书时代，或探讨语料的作者（译者），或分析语料的研究价值，或强调使用语料时应注意的问题，等等。

2007 年，汪维辉的第一部学术论文集《汉语词汇史新探》由上海人民出版社出版。《汉语词汇史新探》选录了 20 篇已发表的论文，大致分为汉语词汇史、词语考释、文献考订、语法史四类，基本上可以反映汪维辉的治学领域。

2011 年，汪维辉以汉语词汇史研究的突出成绩入选语言学界颇有影响的"著名中年语言学家自选集"。《著名中年语言学家自选集·汪维辉卷》于同年由上海教育出版社出版，收入论文 22 篇。列入这套"自选集"丛书的学者均为汉语语言学界一时之选，这也证明了学界对汪维辉相关研究的高度认可。

1997 年，中国社会科学院语言研究所白维国、江蓝生先生主持的《近代汉语词典》启动，汪维辉负责编写其中 W、X 两个字母的词条，总计 50 余万字。2016 年，由白维国任主编、江蓝生、汪维辉任副主编的四卷本《近代汉语词典》在上海教育出版社出版。《近代汉语词典》全书共计九百余万字，收词 51000 余条，历时 20 年编纂完成，是我国第一部以"具有汉语词汇史性质"为目标进行编纂的历时辞书。它不仅是近代汉语词汇研究的重大成果，也必将进一步推动汉语历史词汇的研究。

2011 年，汪维辉以"汉语核心词的历史与现状研究"为题成功申报国家社科基金项目。该项目参考斯瓦迪士"100 核心词表"并略作调整，选定 100 个汉语核心词，从读音、字形、语义、词性、组合关系、聚合关系等角度作深入考察，系统描述每个词的历时演变和方言差异。2017 年 5 月以"优秀"鉴定等级顺利结项。2018 年 3 月，商务印书馆出版同名专著。

这一时期还发表了《域外借词与汉语词汇史研究》《论词的"误解误用义"》《〈百喻经〉与〈世说新语〉词汇比较研究》《〈红楼梦〉前 80 回和后 40 回的词汇差异》《〈老乞大谚解〉〈朴通事谚解〉与〈训世评话〉的词汇差异》《现代汉语"语体词汇"刍论》《"把似 / 把如"的词义与理据》等精心结撰的论文，或探讨域外借词对于词汇史研究的作用，或探讨词义演变的特殊原因，或探讨不同体裁的文献的词汇差异，或探讨词汇的语体问题，内容多样，见解深刻，对汉语词汇史研究极富启发意义。

总体而言，汪维辉的研究领域主要在于汉语词汇史[①]，研究历程可以分为两个阶段，1994 年以前重点在于考释疑难词语的含义，1995 年以后则主要关注常用词（核心词）的历时演变，兼及词义考释、语料考订、方言及语法史等。

二、治学成绩

统观汪维辉三十余年来的治学历程，其成绩主要表现在以下四个方面。

（一）推进汉语常用词（核心词）研究，开创汉语词汇史研究的新局面

著名语言学家江蓝生教授曾指出："汉语史研究有两项基础性的工作必须做。一是有计划、有选择地开展各代的专书研究，全面考察、描写其中

---

① 发明疑难词语的含义和考察词语的历时演变这两项工作的方式、目的、旨趣等虽有不同，但均属汉语词汇史研究的范畴。

的语言现象。……另一项是系统开展词汇史尤其是常用词演变史的研究。"汪维辉在专书语言研究和常用词（核心词）演变研究两方面均有重要贡献，造诣深湛，成绩卓著。这里先谈常用词（核心词）演变研究方面的实绩，关于专书语言研究的情况详见下文。

汉语常用词是汉语词汇系统的核心部分，只有将常用词的来龙去脉、递嬗变迁描述清楚，才能将汉语词汇从古到今发展变化的主线提取出来，才能建立科学的汉语词汇史，因此常用词演变是汉语词汇史研究的中心任务。不过以往学界对此尚未引起足够重视，除了郑奠、王力、蒋绍愚、唐钰明等学者的一些论述外，还没有开展全面的研究。

汪维辉在张永言先生的指导下系统开展汉语常用词研究。专著《东汉—隋常用词演变研究》主体部分分为三章，详细考察、描述了东汉至隋（即汉语史分期中的中古）41 组汉语常用词（名词 10 组、动词 21 组、形容词 10 组）的演变、更替过程，每组均附小结，具有提纲挈领之效。结语部分讨论了常用词历时演变的基本类型、原因、更替次数、新词来源、判断新词替换旧词的标准、常用词演变中的方言问题等本体问题，以及由描述常用词历史变迁而观察到的东汉汉语的归属、中古汉语内部分段等相关问题。

本书虽然仅考察了 41 组词且未涉及虚词[①]，但材料详备、描述细密，清晰地勾勒了这些词语的演变更替过程，并在准确呈现语言事实的基础上合理地有针对性地进行规律总结和理论提炼。此书出版后，在学界引起了广泛的影响，好评如潮，响应者众。可以说，自此树立了汉语常用词演变研究的范式，拓展了汉语词汇史研究的领域，常用词研究也逐渐成为汉语史研究的新的生长点和热点。

---

① 书中已经说明虚词"暂不涉及，留待以后再做系统的研究"。

本书先后获得江苏省哲学社会科学优秀成果二等奖（1999—2000年度）、北京大学第九届王力语言学奖金二等奖（2001年）、教育部第三届中国高校人文社会科学研究优秀成果二等奖（2003年）。2017年商务印书馆出版了修订本。

在撰写《东汉—隋常用词演变研究》时，汪维辉已经意识到"结合现代方言来研究历史上的常用词变迁，是一个行之有效的办法，也是一片有待开辟的广阔天地"，不过，本书只是"偶尔涉及，作了一些尝试"。

《汉语"说类词"的历时演变与共时分布》是将常用词历时演变和共时分布结合起来进行综合研究的嚆矢之作。文章将语义为"用言语表达意思"的词统称为"说类词"，依据历史文献从上古、中古、近代三个时段分别考察"说类词"的演变过程，又根据现代汉语方言资料考察"说类词"的地域分布情况，并进行对比分析。文章以"说类词"为个案，从历时和共时相结合的角度进行研究，考察古、今、时、空四维要素，较《东汉—隋常用词演变研究》主要着眼于"古""时"二维前进了一大步，进一步开拓和深化了常用词研究的畛域和内涵。除本文第一部分"治学历程"中提到的文章外，《说"鸟"》《说"日""月"》《说"脖子"》《汉语"肚子"义词的历史与现状》《汉语核心词的历史与现状研究——以"头—首"为例》诸文也均使用这一方法，从而使相关常用词的历史和现状呈现得更为清晰和立体。

集中运用这一思路、使用这一方法的是2011年申请的国家社科基金项目"汉语核心词的历史与现状研究"。以结项成果为基础的1100余页的同名巨著详细考察了100个汉语核心词的历时演变与共时分布，溯源沿流，述古察今，将汉语常用词（核心词）研究推进了一大步，是当前汉语词汇史研究最为瞩目的成果。本书入选2017年度"国家哲学社会科学成果文库"。

（二）建构了中古专书语言研究的新范式

早在 20 世纪 20 年代，黎锦熙《中国近代语研究提议》针对当时对唐五代以来古白话文献中的俗语词研究薄弱的状况，提出应当"各就专书，分别归纳，随事旁证，得其确诂，以阐奇文，以惠学子"的观点。虽然这是从训诂学角度提出应当重视古白话专书中的俗语词研究，但是这种"各就专书"的思路无疑对后来的汉语史研究具有重要启发作用。1979 年，吕叔湘在给社科院语言所古汉语研究人员的一份建议中写道："要对古代汉语进行科学的研究，……现在还只能先拿一部一部的书做单位。一方面在同一作品中找规律，一方面在作品与作品之间就一个一个问题进行比较。"20 世纪 80 年代以来，专书语言成为研究热点，论文、著作蔚为大观，推动了汉语史研究；但是渐入窠臼，以一种固定"模式"套入不同材料，变得了无新意。

北魏贾思勰的《齐民要术》虽然是农业方面的专门之作，但由于用语通俗，对考察 6 世纪中叶的汉语实际面貌具有极高的价值。基于此，汪维辉的《〈齐民要术〉词汇语法研究》从语言特点及语料价值、常用词、疑难词语、新词新义、词语地域性以及新兴虚词、量词、动补结构、判断句等方面对《〈齐民要术〉词汇语法研究》的语言做了专题研究，能够有的放矢，不落俗套。

《〈齐民要术〉词汇语法研究》在专书语言性质的认定、语料的鉴别和考辨、新兴语言现象的揭示和考证诸方面，或创立新见，或在已有研究基础上进一步推进，不仅揭示了《齐民要术》的语言面貌和特点，同时示人以津梁，对开展其他专书语言研究也有导引和示范作用。

就笔者的阅读感受而言，《〈齐民要术〉词汇语法研究》最富特色与新意或者说读来最受启悟之处有二。

一是重视词语的地域性，通过比较《周氏冥通记》《齐民要术》两部文献，挖掘一批分别带有南方与北方地域色彩的词语，揭示了 6 世纪南北汉语在词汇方面的若干差异。

中古时期很长一段时间南北对峙，虽然往来不绝，但终属不同政权，久而久之，南北双方的汉语必然产生差异（至于是否分化为南朝通语和北朝通语则另当别论）；但差异的程度到底如何，有哪些具体表现，由于有明确记载的材料不足徵，始终若隐若现，因此南北汉语的差异是中古汉语研究的"高精尖"课题，难度很大。汪维辉《〈齐民要术〉词汇语法研究》设立专节《从〈齐民要术〉和〈周氏冥通记〉看六世纪汉语词汇的南北差异》，分别选取南北方的代表文献《周氏冥通记》和《齐民要术》，通过比较二书，挖掘出一批具有地域色彩的词语，为揭示南北朝时期南北汉语的词汇差异提供了一些材料，饶有新意。本项研究使用的语料准确可靠，典型性强，探讨的问题又是中古汉语词汇研究的"硬骨头"，体现出汪维辉敏锐的问题意识和材料意识以及"攻坚"精神。此文示人矩蠖，应者云集，一时出现了多篇类似题材和方法的论文，可以说又一次引领了风气。

二是穷尽性地搜讨《齐民要术》的新词新义，并以词典的形式加以编列。以往专书语言研究也很重视新词新义，但多流于举例，而例子的多寡又往往随意，因此并不能全面地反映专书所具有的新词和新义，读者对此也只能是印象式的，缺乏准确全面的认识。汪维辉将《齐民要术》所出现的全部新词新义编成词典，这种研究方法前所未见，全属新创。读者执一编而知所有，对《齐民要术》的新兴语言成分（这里指词和义）能够获得总体性的把握。专书语言研究的基本任务就是全面、清晰、准确地描写该书有代表性的语言现象，采用词典的形式将其呈现出来是一种行之有效的做法，值得倡导。

本书出版后，著名中古汉语研究专家、浙江大学汉语史研究中心主任方一新教授撰文给予高度评价，指出"（此书）是目前国内从语言（汉语史）

角度研究《齐民要术》的第一部专著和最新成果，为中古汉语研究增添了厚重的一笔，读后令人振奋"。本书 2009 年获得教育部高校人文社会科学研究优秀成果二等奖。

（三）考释发明了一批疑难词语的确切含义

汪维辉涉学之初即研习训诂学，三十余年来未曾中辍，发表了一系列相关论著。汪维辉从事训诂学研究，以发明文献词义为主要工作，特点有四。

1. 考释范围广

汪维辉考释词义，不局限于某类文献，而是广泛涉猎各种典籍，举凡儒家经典、佛经、小说、农书、变文、笔记及域外文献中的含义费解或聚讼不决的疑难词语，均能考其义蕴、明其理据。如古今学者对《左传》"死且不朽"之义主要有两种解释，学界多依违其间，汪维辉排比古代典籍"死且不朽""死不朽""死骨不朽""死而不朽"等相关表述，提出"死且不朽"应是死而无憾之义，这个解释验之于《左传》诸例，均能顺洽无碍，可称确诂。又如《"作（为）某地"式试解》指出中古文献习见的"作＋某地"或"为＋某地"实际上是一种省略句式，其确切含义是特指"担任某地的行政长官"，不仅指明"作"和"为"的含义，而且还正确地解释了整个构式之义。

考释佛经词语的有《先唐佛经词语札记六则》《佛经词语考释四则》《佛经"齐"字解诂》等；考释唐代白话诗、敦煌变文词语的有《王梵志诗"心下较些子"的解释问题》《敦煌变文集校读散记》《敦煌变文集拾校》《〈敦煌变文校注〉商补二则》等；考释农书词语的有《〈齐民要术〉"喜烂"考辨》《〈齐民要术〉校释商补》等；考释小说词语的有《〈世说新语〉"如馨地"再讨论》《〈世说新语〉词语考辨》等，他不赘举。

2. 时代跨度大

自先秦以迄明清的词语均在考释之列，如考释先秦文献词语的有《"伐辐"、"伐轮"及其他》《也说〈诗·新台〉之"鸿"》《释先秦文献中的"先子"》等，考释汉代文献词语的有《〈僮约〉疏证》等，考释汉魏六朝文献词语的有《汉魏六朝词语杂释》《释"严妆"》等，考释唐宋文献词语的有《再说"举似"》《"把似／把如"的词义与理据》《〈刘知远诸宫调〉所引古贤诗校释》（与邵珠君合写）等，考释明清文献词语的有《〈两拍〉释词》《说"狼犺"》等。由此可见，汪维辉考释词义不仅不拘束于某一类别的文献，而且不局限于某一时代的文献，表现出博而通的特点。

3. 考释对象类型多样

除了证发先秦典籍的古词古义以外，汪维辉还能够留意汉魏以降之常语俗词。《释"困"》揭明"困"在汉唐文献中有病重、病危义，是时人之习语。《"承"有"闻"义补说》指出"承"表"闻"义大约产生于东汉后期，习用于魏晋南北朝，唐宋时期沿用；并进一步辨析"承""闻"用法之别；至于"承"表"闻"义的理据，则认为"引申"说符合实际。凡此均能补充以往研究之未备。

4. 不为成说所围，善于提出新解

汪维辉考释词义能够不落成说之窠臼，时有新见。《"比数"的语源和词义》在以往众多说法的基础上探明"比数"之语源实在《庄子·达生》"汝得全而形躯，具而九窍，无中道夭于聋盲跛蹇而比于人数"，进而指出其义为"把……算作个人，把……当人看待"，其源明则其义明，聚讼至此可判。《"和盖"之"和"非介词》指出《异苑》"和盖从潮漂沉"之"和"为"柉"之通假字，实指"棺和"，乃棺材两头的木板，纠正了以往研究将"和"当作介词之误。《"聊赖"释义辨正》《也说"麏鹿攸伏"之"攸"》《〈左传〉"速"字释义商榷》诸文也均能勇立新解，廓清误说。

在以往训诂实践的基础上，汪维辉撰写了《训诂基本原则例说》一文，归纳了训诂研究的十条基本原则，乃是他多年从事训诂学习和研究的心得总结。

（四）发掘、考辨汉语史语料

汪维辉充分认识到语料对汉语史研究的重要性，发掘了一批极富价值而且前人向未留意的语料，考辨语料的时代和作者（译者），抉发语料的研究价值，强调使用语料时应注意鉴别和分析。

1. 发掘、刊布富于价值的语料

汉语史学界很早就注意到域外文献的语料价值并积极加以利用，最初主要使用《老乞大》《朴通事》等较为知名的朝鲜时代汉语教科书，后来有所拓展，如注意到《训世评话》，但仍局限于三数种，还有更多的朝鲜时代汉语教科书有待挖掘、整理和利用。汪维辉编《朝鲜时代汉语教科书丛刊》及合编《朝鲜时代汉语教科书丛刊续编》，发掘、整理十余种朝鲜时代汉语口语教科书，精录细校，并附影印原文，为学界提供了一份准确可信的资料。《丛刊》和《续编》中的大部分材料以往相关研究未曾用及，完全是"新鲜"的语料，具有很高的语言研究价值。《丛刊》出版后在学界引起热烈反响，出现了一批利用此项资料进行研究的论著及学位论文。蒋绍愚教授《近代汉语研究概要》（修订本）对此专门做了介绍。

《周氏冥通记》是南朝梁周子良自杀前所写的日记，记录了梦中与神仙真人往来、交谈的情况，故称"冥通"。周子良死后，陶弘景作了整理。《周氏冥通记》的语言很大程度上反映了六朝南方口语，是研究南北朝时期汉语的宝贵材料。汪维辉敏锐地发现此书的语料价值，据以撰写《〈周氏冥通记〉词汇研究》，抉发其中的词汇现象。此文发表后，学界方始注意到《周氏冥通记》的重要性，凡是选取若干中古文献调查词汇语法现象的论著，一般均会以此书为基本语料。

2. 考订语料的时代、作者

不少历史文献用语通俗，对于研究汉语史具有宝贵价值，但其成书时代及作者（包括译者）没有明确的记载，以此为语料易致误说，因此需要对这些文献进行考辨，以便利用。汪维辉对此有着充分认识，撰写了一系列论文，如《从词汇史看八卷本〈搜神记〉语言的时代》《〈齐民要术〉卷前〈杂说〉非贾氏所作补证》《〈朴通事〉的成书年代及相关问题》《从语言角度论一卷本〈般舟三昧经〉非支谶所译》诸文均讨论此类问题。

3. 抉发语料价值

汪维辉十分重视抉发语料的研究价值，发表了不少相关论文。《〈僮约〉疏证》和《〈说苑〉与西汉口语》分析、疏释了西汉《僮约》《说苑》的口语性成分，使学界进一步重视和了解这两部文献突出的语料价值。《试论〈齐民要术〉的语料价值》从常用词和新词新义两方面说明此书在中古汉语词汇研究中的独特作用。《朝鲜时代的汉语教科书及其研究》以四种版本《老乞大》为例揭示了这批教科书的语言研究价值。相关的文章还有《〈高丽史〉和〈李朝实录〉中的汉语研究资料》《研究早期现代汉语和汉语教育史的重要资料——介绍朴在渊、金雅瑛编〈汉语会话书〉》《会话书"〈骑着一匹〉系列"研究》《〈汉语·华语抄略〉札记》《〈语录解〉札记》等。

4. 注重语料的鉴别和分析

汪维辉在研究中不仅善于发现、利用新材料，还十分重视分析语料。《唐宋类书好改前代口语——以〈世说新语〉异文为例》发现唐宋类书在引用《世说新语》时往往将后者的口语性成分直接删去或者改成比较文雅的表述，由此可见唐宋类书在征引前代典籍时存在着明显的避俗趋雅倾向。这一结论提醒汉语史研究以类书引文作为语料时应注意分析，不能一味信从。《汉语史研究中的语料使用问题——兼论系词"是"发展成熟的时代》（与胡波合写）明确指出汉语史研究在使用语料时不仅应该重视语料选择，还应特别重视语料分析。文章从确认有效例证、剥离口语成分、分析统计数据、重视典型语料四方面结合实例讨论了这一问题，并提出"以典型赅非典型""以前期赅后期"两条原则，应该说都是非常中

肯的,对汉语史研究具有极强的针对性和指导意义。此外《关于〈训世评话〉文本的若干问题》《〈型世言〉语言成分分析》等也都是分析语料的力作。

除上述四个方面以外,汪维辉在汉语语法史、现代汉语方言、辞书编纂、古籍整理等领域均有专门研究,所撰写的几篇书评入郤蔱而中肯綮,时见精要。汉语语法史方面有《读〈中国中世语法史研究〉札记》《系词"是"发展成熟的时代》《从汉语史看"多""少"直接修饰名词问题》等。现代汉语方言方面主要关注吴语词汇,有《宁波方言古词语例释》、《宁波方言词语札记三则》、《宁波方言词典》(与朱彰年、薛恭穆、周志锋合编)、《〈亲属称谓词的变读〉再补》、《吴语中表示"左"的本字》(与秋谷裕幸合写)、《宁波话中的"谁"及其消失》、《宁波话"昨天、今天、明天"系列词探源》等。辞书编纂方面除了作为副主编编著《近代汉语词典》外,还撰写了《〈汉语大词典〉摘瑕》《〈汉语大词典〉一、二、三卷读后》《时代呼唤在线〈汉语大词典〉》等文章。古籍整理方面有《〈红楼梦〉标点琐议》《〈清平山堂话本〉校点献疑》《〈晋书〉点校商兑》《〈齐民要术〉校释商补》等。书评有《中古汉语语词例释读后》《〈元语言词典〉评介》《〈词汇化:汉语双音词的衍生和发展〉评介》《〈扬雄方言校释汇证〉读后》等。限于篇幅,不能缕举,详情可参看《汪维辉教授论著目录》。

三、治学理念

汪维辉在三十余年的学术研究历程中,特别是进行以常用词为核心的汉语词汇史研究以来,若干镕铸于研究实践的治学理念应该表而出之,对学界从事相关研究不无示范和指导意义。具体而言,有以下四方面。

(一)让语言事实说话

汪维辉在多种论著中强调,研究汉语词汇史,首要的工作便是准确、清楚、翔实地描述语言发展变化的事实。《东汉—隋常用词演变研究》谈到当前的研究方法："在目前起步阶段，……把一组一组词的新旧递嬗关系和演变更替过程扎扎实实地描写清楚。只有把这项基础工作做好了，才有可能撰写汉语常用词演变通史，也才谈得上探索变化背后的规律。"《汉语常用词演变研究的若干问题》也指出"在词汇史研究中，揭示语言事实的真相也是首要任务"。最近出版的《汉语核心词的历史与现状研究》同样秉持这一理念，"本书的研究目标"一节提到研究目标之一就是"描写事实"，"以历史文献和现代汉语方言资料为依据，描写和统计相结合，理清每组词的历史演变线索及方言分布情况，为读者提供有关每个词的比较详尽的基本资料"。在"汉语核心词研究的若干问题"一章，明确提出"重建史实"的重要性。

将常用词发展变化的事实描写清楚，初看十分容易，但真正实施起来大非易事。目前汉语常用词研究是学界的热点，但无可讳言的是，不少论著在基本事实的描述上尚欠准确、清晰，长此以往，必定阻碍此项研究的深入发展。汪维辉再三强调应让语言事实说话，是富于现实意义的。

（二）词汇史研究应树立"史"的观念

"语言史既属于语言学，也属于历史学。"（《汉语常用词演变研究的若干问题》）同理，汉语史研究不仅是汉语本体研究，也是历史研究的一个次类。因此，从事汉语史研究，应培养和树立通贯的"史"的观念。就汉语词汇史研究而言，汪维辉即提出"胸中要有一部词汇史"，"对各个历史时期的词汇特点都有一定的了解，这样才能统揽全局"（《汉语常用词演变研究的若干问题》）。实际上，无论从事通代还是断代词汇研究，若能融汇"史"的观念，则有助于以动态的思路、以"长时段"的方式观察汉语词汇发展变化的各种现象。

汪维辉的研究始终体现"史"的观念，且不论从历时角度探讨常用词更

替演变的那些论著，一些讨论特殊词义变化现象的文章也体现出这一观念，或者说没有这种观念的支撑，也许就发现不了此类现象。如《论词的"误解误用义"》（与顾军合写）指出词语由于"误解误用"产生新义，是词义演变的一种特殊方式。词语正是在逐渐沿用过程中发生误解，之后这种误解又进一步被误用，新义的产生和扩散既是历史的产物，又都伴随着一个历史过程。此类研究表面上乃是揭橥一种词义演变现象，但归根结底是"史"的观念在起指导作用，方能有此发现。

（三）词汇发展演变的时空二维特征

时代性和地域性可以说是词汇的两种重要属性。词汇在发展演化过程中，其时代性和地域性很多时候也会随之发生变化，因此阐明词的时代性和地域性是词汇史研究的重要任务。汪维辉对此具有自觉的认识，在研究中非常重视汉语词汇发展演变的时空二维特征，如上文所述，他在撰写《东汉—隋常用词演变研究》时即已意识到应"结合现代方言来研究历史上的常用词变迁"，之后多篇论文以历时演变和共时分布相结合的方法和思路考察常用词（核心词）的历史和现状。《纵横结合研究汉语词汇》提出研究汉语词汇应该"纵横"结合，"纵"指历时发展，"横"指现代方言的共时平面。他还专门就此问题撰写《论词的时代性和地域性》一文，进一步强调"揭示词的时代性和地域性是词汇史学科的基本任务之一，也是正确训释词义的一个重要因素"，并结合实例从三个方面阐述了词的时代性和地域性的主要表现。凡此均是这一理念的集中体现。

（四）根柢之学与理论意识相结合

汪维辉多次强调研治汉语史应具备"根柢之学"，也应自觉树立理论意识。汪维辉将其概括为"语文学的功底，语言学的眼光"（见《著名中年语言学家自选集·汪维辉卷》跋）。《汉语常用词演变研究的若干问题》在谈到治常用词演变所需具备的修养时，指出"要有较好的文献功底和小学功底""要有较好的理论修养和分析能力",正是根柢之学与理论意识相结合的体现。他的许多论著本身就是语文学和语言学有机交融的典范。汪维辉还就此专门写了《语文学的功底 语言学的眼光——研治汉语词汇史的一点心得》一文,以自身的研究经历和成果详细阐述了所谓"语文学的功底"和"语言学的眼光"的含义。这不仅是三十余年治学经验的提炼,也是融汇于自身研究实践的理念,当然更是度与后学之金针。

率性而为，豁然开朗

——王云路教授访谈录

童　彤※

学者名片

王云路，女，汉族，1959年生，辽宁大连人。浙江大学求是特聘教授，博士生导师，教育部“长江学者”特聘教授，第八届国务院学科评议组成员，享受国务院政府特殊津贴，浙江大学敦和讲席教授，浙江省特级专家。现任浙江大学古籍研究所所长，浙江大学中国语文研究中心主任，浙江大学人文学科学位委员会主任、人文学部学位委员会主任；兼任中国语言学会常务理事，中国训诂学会会长，《汉语史学报》主编。主要从事中古汉语词汇和训诂学研究。曾获北京大学王力语言学奖，浙江省政府哲学社会科学优秀成果一、二等奖，教育部高校人文社科优秀成果二、三等奖等奖励多次。

※　童彤，浙江大学中文系汉语言文字学专业2020级硕士生。

童彤（以下简称童）：据我所知，王老师您自 80 年代初赴杭求学便一直留在学校，在中文系求学，后来也与中文系关系密切，和中文系感情深厚，可以请您谈谈求学和治学经历吗？

王云路（以下简称王）：我 1982 年考取杭大中文系汉语史专业的硕士研究生，导师是郭在贻先生，毕业后分配至古籍研究所任教至今。1992 年，我获得博士学位，导师是姜亮夫先生。我主要研究古代语言，其实我刚读大学时比较喜欢文学，但是语言更像是一门理性的科学，不需要特别多的想象，和我的秉性更相契合。

提到求学、治学经历，我马上就想起了两位郭老师。在我的学术之路上，他们是我的启蒙者和引路人。

我的学术兴趣主要源于本科时辽宁师范大学（原辽宁师范学院）的郭栋教授。我属于老师表扬就爱学的类型。有一次古代汉语课郭栋老师要求写一篇文章，我写王念孙《读书杂志》中存在的一个小问题，挑清代训诂大家的毛病。郭栋老师在课堂上举着稿子问这是谁写的。当时生活比较节俭，我的作业写在我爸爸设计图纸的反面，那是课上独一份的，我说是我写的。郭栋老师大加赞赏，用整整一节课的时间讲评我的文章，最后说"真是后生可畏"。郭栋老师的鼓励给了我极大的信心，我大受鼓舞，心想看来我这方面还行啊，能写点东西！当然和性格也有关系，我既好动，又能坐得下来，所以就一直做古代语言方面的研究。

1982 年大学毕业，我考取了杭州大学中文系汉语史方向的硕士研究生，导师是郭在贻先生。因为从本科开始接触一点训诂学知识，清代乾嘉时期跟段玉裁齐名的王念孙是我膜拜的对象，我就按王氏的路子做，开始了字词训诂工作。我早期按照王念孙的方式，做的方向是训诂，我的硕士论文写的是王念孙的《读书杂志》，分析他的失误。我们几个是郭在贻老师带

的第一届硕士生，郭老师比较谨慎，曾给张永言、刘坚、裘锡圭等几位好友写信，征求他们对硕士论文选题的意见。郭老师对我交上去的论文初稿有些迟疑，他说："王念孙这样的大家敢批吗？这可不太好把握。你写一写王念孙对语言训诂的贡献，归纳他的优点更好吧？"我觉得写优长比挑毛病更容易一些，于是放下专心挑缺点的念头，把看《读书杂志》期间积累的一些王念孙在训诂方法、成就方面的特色汇到一起，大约十天就写好了。没想到，这期间郭老师把我论文初稿交给祝鸿熹老师看，祝老师看了之后说不错。祝老师又把论文送给蒋礼鸿先生看，蒋先生认为可以，只对一处标点提出意见（但那个标点其实是对的），这样郭老师就放心了，所以最后提交答辩的还是挑王念孙毛病的文章，题目就是《王念孙〈读书杂志〉失误举例与分析》。记得是许嘉璐先生担任论文答辩委员会主席，大家对我的论文评价很好。其中一部分就是1986年发表在《中国语文》上的《读〈读书杂志〉札记》一文。后来有专家开会见面时说，看文章还以为是位老先生呢，没想到是个小姑娘。这是我第一篇研究清代语言学家王念孙的论文，对王念孙《读书杂志》的研究，为我的训诂学打下了较为扎实的基础。四川大学张永言教授后来曾在推荐信上说："她（王云路）早年就王念孙《读书杂志》疏误部分进行商榷、补证的文章，读后令人顿生后生可畏之感。"

正因为本科时郭栋老师帮我打下的基础，让我敢于挑战权威，而我也是愿意挑毛病的人，看到他人的疏失后就想着去商榷、纠正，才有勇气写这篇硕士论文。而郭在贻老师上课时常常提及清代的乾嘉学派，他特别推崇以戴震、段（玉裁）王（念孙）为代表的皖派，教导我们：治学应当重发明、创见，而不仅仅是归纳整理。郭老师还引用胡适的话说：发现一条新义，就像发现一颗新星一样重要。郭老师的研究思路、方法对我的影响很大，虽不能至，心向往之，三十多年来，我基本也是沿着这个方向去努力的。

1989年秋天，我开始一边工作，一边读博士，那时郭在贻老师刚去世不久，我便跟着太老师姜亮夫先生学习（郭老师曾经担任过姜先生的助手）。姜先生见识阅历深广，学养深厚，文史兼治，在多个学术领域都有很深的造诣。姜先生对我的博士论文没有什么限制，曾跟我讨论过博士论文的选题，他提的第一个题目是"《荀子》引书考"，那是文献学的，我觉得把引书出处放在一起考出处，比较像归纳总结，就不太感兴趣。第二个题目是研究刘熙的《释名》。《释名》是汉代四大小学著作之一，侧重于从声音的角度揭示词语命名的由来，但到目前为止，对刘熙所阐释的词与词之间的音义联系，还没有人能研究透彻。我觉得难度太大，刘熙是从哪些角度解释词语得义缘由的，我没有能力解读，也就没有做这个题目。我原来就喜欢诗歌（大学时国庆征文还得了诗歌组一等奖，当然只是押韵的长短句而已），而诗歌的语言理解和训诂是可以结合的，于是我跟先生商量，就选了中华书局出版的逯钦立先生编的《先秦汉魏晋南北朝诗》上中下三册作为研究对象，这本书里汇集了唐以前的诗歌（当然《诗经》《楚辞》等不在内）。研究诗歌语言的人不多，更没有人从词汇史的角度进行系统研究，我希望我能够进行专门的研究。我的博士论文就是《汉魏六朝诗歌语言研究》。沿着博士论文的路子，我写了二十余篇论文，还先后出版了三部著作：1997年出版《汉魏六朝诗歌语言论稿》，这本书1998年获浙江省教委优秀科研成果二等奖，2003年获教育部第三届高校人文社科优秀成果奖三等奖；1999年出版《六朝诗歌语词研究》，这本书2001年获浙江省高校优秀科研成果一等奖，2002年获浙江省政府第十届哲学社会科学优秀成果二等奖；2014年出版《中古诗歌语言研究》，这是我在诗歌语言研究方面比较系统的著作，近年来一直作为本科生教材使用。因为研究诗歌语言，我2013年主讲的"析词解句话古诗"入选教育部在线精品课程，很受欢迎；我为本科生开设的"古汉语与古诗文赏读"，作为学校的核心通识课程，已经开设七年了，选课的同学一直都很踊跃。

童：王老师，听说您在中古汉语方面很有研究啊，能说说这个方面的情况吗？

王：从 1985 年硕士毕业留校那几年开始，我的研究重心已经逐渐明确到汉魏六朝这一阶段，因为我的博士论文《汉魏六朝诗歌语言研究》，就属于中古汉语这个阶段。"中古汉语"这个概念，在我和方一新老师合著的《中古汉语语词例释》前言里，有比较系统的阐释：汉语历史的断代，之前是两分法，分为古代和现代；后来又衍生为三分法，分为古代、近代和现代。我们则认为：古代汉语不能涵盖从先秦一直到晚唐五代（吕叔湘先生认为的近代汉语的开端）的汉语文献。大约从汉代开始，汉语的言（口语）文（书面语）开始分离，口头说的和书面写的拉开了差距，而且越拉越大。汉代尤其是东汉以后，魏晋至南北朝隋时期，汉语文献产生了接近口语的作品，非宗教文献如乐府民歌、志人志怪小说、书信和医书农书等；宗教文献如翻译佛经、道教的《太平经》等，都保留了较多的口语成分，我们称之为中古汉语。在汉语史分期中，中古汉语是与上古汉语、近代汉语三足鼎立的承上启下的重要阶段，值得做系统深入的研究。郭在贻老师曾反复强调的关于俗语词的研究，不少就属于汉魏六朝的语言。"不登大雅之堂"的俚俗语言，才可能是最贴近民间的。郭老师的这些主张对我们启发很大，所以我和方一新老师都比较注重中古时期比较接近口语的文献的语言。方老师的博士毕业论文研究的是《世说新语》（文中已经在前人研究基础上提出了"中古汉语"的主张），也是中古汉语时期的典范作品，我则比较集中地阐释了当时诗歌的语词。

在 20 世纪 80 年代中后期，中古汉语方面的相关研究还不多见，我和方老师合作，主要利用寒暑假和节假日，先后完成并出版了《中古汉语语词例释》《中古汉语读本》两种以"中古汉语"命名的著作，《中古汉语读本》

还数次修订再版。1993 年,《中古汉语语词例释》获第五届王力语言学奖三等奖, 这是很不容易的, 当时评审很严格, 头五届都没有一、二等奖（申报王力语言学奖, 是蒋礼鸿先生主动提议并推荐的, 我们俩当时还不敢参评, 蒋先生说我都写推荐了, 你们按要求交上去就行了。老先生关心后学晚辈是那么自然真切, 现在想来仍然感到很温暖）。现在, 中古汉语的相关研究日渐增多, 中古汉语研讨会也开到第十一届了。回想起来, 当年我们为中古汉语的振兴发展摇旗呐喊, 尽了自己的绵薄之力, 感觉还没有虚度啊。

童: 王老师, 您和方老师都为中古汉语研究做出了较大的贡献, 也使得我校在中古汉语研究领域一直处于学界的领先地位。您近些年的研究重点似乎有些转变, 是否已经转到关于核心义理论的研究上来了?

王: 是啊, 有这个转变。大约十多年前, 我时常想到, 训诂只是解释单个的词, 还应当进行更系统的研究, 要有学理的支撑。除了考释出某个词是什么意思, 还要明白它为什么有这个意思; 要弄清楚是一个词有这个意思, 还是一组词都有这个意思。于是我开始关注系统的词汇语义学理论研究。2006 年, 我应冯胜利老师之邀, 去美国哈佛大学作三个月的高级访问学者, 有机会与一些学者充分交流（曾应邀到美国宾夕法尼亚大学、威斯康星大学等五所高校演讲座谈）, 也有较充裕的时间静心思考。我发现一个词各个义项之间有联系, 义项之间都有一个共同的特性, 这个特性大多与它由本义抽象出来的特征相关, 我把这个特征命名为"核心义"。举一个例子, 像"管"字, 本义就是"一节竹管", 现在有"握管""管乐"的说法, 是本义的应用。"管"的特点是"长而中空", 它的名词义大都有这个特征, 如"晶体管""管道"等。古时候"钥匙"的形制也是中空的, 于是把钥匙也叫"管",《左传》即有"掌北门之管"的记载。重要的东西

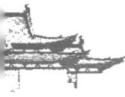

都要锁起来，掌握钥匙的人很重要，所以，根据这个意义，就变成现在的"管理""管家""掌管"这些词义。现代汉语中，除了"管乐"之外，基本用的都是从"钥匙"引申出来的词义。"竹管"是"管"的本义，"长而中空"是它的核心特征（也即核心义），所以核心义能系联各个义项，并解释各义项之间的关系。从本义抽离出来的特征能解释好多词义，但还有一些词义主要跟语音相关，这是假借义，不在核心义系联的范围之列。

有人说核心义是不是跟引申义一样呢，不一样。比如"管"的"管理"义从钥匙引申而来，这是引申义；但是钥匙称"管"，是根据竹管的形状特征而来，不是引申关系。核心的东西可以决定它的特征义，跟引申义不一样，我再举一个例子可以看出二者的区别。我们可以说一双手套，也可以说一副手套。"双"和"副"不一样，虽然都是表示成对的量词，但是一副对联不能说是一双对联。为什么呢？这是因为"双"与"副"的本义不同，核心义也不同。"双"的造字义是（一只）手握两只鸟（雙），对象是活的生物体，而且是可分的，所以有"双亲""双人舞""双打"。而"副"是以刀判物，表示非生命体的可以分成两半的，在用作量词时也是可二分的非生命体，所以有"正本""副本"，对联有上下两联，才称"副"。但是由于生活中使用较多，用法泛化，表示生命体的量词也可以用到非生命体上，反之则不能成立。我们可以说一双手套、一副手套，这是泛化；可以说"一双儿女"，却不能说"一副儿女"，因为手套是非生命体，儿女是生命体。你看，从造字义抽离出来的核心特征对词义是有解释力的，这算一个发明。当然这个发明也不是我凭空得来的，前人也有研究，比如段玉裁就关注到词义的特征并且常常将它抽离出来；时贤也讨论过相关的论题，这些都为核心义的提出和阐释做了很好的铺垫。

我认为采用核心义的理论来统摄词义系统挺有用的。能说清楚一个词词义产生的根源和流变，是有意义的事。我 2006 年写了《论汉语词汇的核心义》一文，发表在庆贺丁邦新先生七十华诞的论文集里。从那时候开始我就全力研究这个，也申请了以"汉语词汇核心义研究"为题的国家社科基金项目，讲课的时候也把我的这个观念跟学生一起讨论。后来和我的博士后王诚一起合作完成书稿《汉语词汇核心义研究》，这是国家社科基金项目的最终成果，结项时得到了 5 位匿名同行专家的很高评价，给予"优秀"等级；这本书 2013 年也入选《国家哲学社会科学成果文库》，2014 年出版，2015 年获浙江省政府第十八届哲学社会科学优秀成果奖一等奖，最近又获得第八届教育部高校人文社科优秀成果著作类二等奖。应当说这是一个理论性的贡献。

接下来，我的主攻方向是核心义对双音词产生的影响。比如为什么"习惯"组合成一个词，"习"的本义是小鸟飞。飞、翔、翱等字都是表示鸟飞，但为什么偏偏选了"习"呢？因为"习"就是小鸟反复飞（《说文》称"数飞也"），练习飞，其核心义是动作的反复，所以我们后来有"练习""实习"，都表示动作的反复。"惯"，一开始字形作"毌"，意思是把钱串起来，一千文为一贯，也是动作的重复，后来加上"忄"，表示了认知上的重复。"惯"也有反复、重复的意思，所以有"惯犯""惯性""籍贯"这些词，在时空上都有重复和延续的特点。这和小鸟的反复飞有一致性，所以"习""惯"它俩抽象出来的特征是一样的，它俩有资格搭到一起，就组合成"习惯"。以前也可以叫"惯习"，现在叫"习惯"，这是出于音韵考虑，需要符合声调排列先平后去的原则。这便是双音词组合的规律。通常并列双音复合词前后语素的核心义是相近的。不仅是并列式双音词，非并列式词的组合有些也可以用核心义解释。比如"点心"，唐代出现时表示清早吃一点点食物，现在表示非正餐时吃一点点（食物）。"点"本义是把小黑点轻轻地涂上，是一个人为的动词，结果是得到小小的一点。吃饭和腹有关系，而和腹相比，"心"就是小的。"点"与"心"都有"小"的特征，所以能放在一起。叫

147

"点心"而不是"点腹",因为心小而腹大;称"点心"而不是"滴心",因为"滴"是自动而"点"是人为的,是他动。可见,"点心"是动宾结构,它们的结合也有规律,受到核心义的制约。我觉得我们张口就说的一些词儿都是有规律的,要有共性才能组合成词,我现在重点就研究这些。

当然,中古汉语词汇多年来一直是我重点研究的领域,在侧重于做核心义研究的同时,我仍然会投入相当的精力继续在这一领域耕耘,完成诸如《汉语词汇通史·中古卷》等相关课题。

所以我的治学之路,总的来说很稳定,但是又在不变中追求变,从单个的词语归纳出更为系统的词语脉络,找出其中有规律性的东西,来探索汉语的真谛。

童: 听起来老师治学之路都很顺利,选择的也一直是自己热爱的内容,那老师有没有走过弯路、遇到过瓶颈?又是怎么解决的呢?

王: 就我自身角度而言,还算比较顺利,一直都在高校,从事一个方向的研究,可谓"从一而终"。汉语是我们的母语,这种语言的内涵深度、表现能力和经济性都是绝对优秀的,我们应当珍视。我喜欢汉语,汉语是几千年以来一直没有中断的语言,日常生活中我们每一个人都在使用,在国际上也越来越受到重视。十多年前有人采访我,我提出要像重视外语一样重视汉语,是因为人们对母语不那么重视。现在强调文化自信,发掘优秀的传统文化,而传统文化是用语言文字记录的。我们希望能够知道她原来的样子,现在为什么这样,以后将会怎么发展。好好研究汉语,厘清汉语发展的脉络,是一项具有普遍意义和重要价值的工作,我也就更热爱和投入了。

热爱是热爱,只要是学术研究,就都会碰到困难。钱锺书有《论快乐》

一文，他说所谓快乐就是经历了很多痛苦之后的豁然开朗。瓶颈期，其实就是一个进程，问题从来不是一下子就能解决的。对我来说，瓶颈常常出现在有问题还讲不清楚的时候。但是当我一旦发现了解决的方法，就会立马放下笔抛开书，去走一走，放松一下，因为太开心了。学术研究就是一个积累的过程，多看书，多阅读，增进知识，打好基础才是最重要的。早年我读书的时候就常常给自己定下一个阶段内的目标，比如某段时间内要把汉代的书都读一遍，《盐铁论》《论衡》《越绝书》等，凡是两汉时期的都搜罗来，不论是精读还是泛读，都得看一遍。还有一个阶段想读宋代的笔记，哗啦啦又都翻看了一遍，读一遍觉得不行就再读一遍，底子就有了。我本科时候写关于王念孙《读书杂志》的文章也是读出来的，那时候读《读书杂志》，书还不好找，我在大连一个寺庙的藏书阁里看的，读着读着就有感觉了。阅读中得有个"悟"的过程，能够有所触发便有所得。但是有时候还是有瓶颈期，怎么都过不去，某个现象怎么都说不通，这种时候就不能着急，先把问题放一边儿吧，可能我现在的功力还没达到，也可能现在的语言证据还不足以解释这个词儿，那么就先去解释别的，都不要紧。

童： 王老师，我们知道您不光事业成功，家庭也很美满幸福，家庭生活方面，您可以稍稍透露一些吗？

王： 我们一家六口人，算起来都跟浙大有联系。我俩连同儿子，共有三人在浙大工作，儿媳妇也在浙大读书。我现在已经有两个可爱、调皮的孙子了，大的在浙大附小读二年级，小的在浙大幼儿园。平时各自忙工作忙学习，如果周末没有什么事情，我们会跟儿子一家一起，全家团聚游玩，也是天伦之乐吧。

童：时值百年系庆，您对中文系以及我们学子有什么寄语吗？

王：从老杭大开始的中文系具有极其深厚的底蕴，诸多知名的学者在此任教，如姜亮夫、夏承焘、蒋礼鸿、郭在贻等先生，都是如雷贯耳的大家。他们在各自的领域处于领军地位，为我们现在的中文学科打下了坚实的基础，我们应该在前辈学者的基础上再深入开掘，有所发明，有所推进。现在的新科技给我们提供了诸多便利，如计算机技术越来越成熟，数据库也愈加完善，所以现在找语料不是问题，关键是研究者的见识和眼界，如何判断研究对象的相关性。比如桌上这个杯子，研究"杯子"的词义，只满足于把所有"杯子"的例子放到一起吗？不行，进一步扩展，有表示"杯子"义的词要联系起来，跟器皿相关的也可以放进联系链，"杯"字的造字之义、得义缘由都可以分析；又或者是考虑词尾"子"，进行相关构词语素的讨论。重点是要找相关性的东西，找到旁枝，再深入聚焦，这需要判断和见识，思路方法就显得尤为重要。现在学科多，视角广，领域更开阔一些，跨专业的结合也就更具可行性，这些都是可以开拓的领域。你们年轻，有闯劲，相信经过不懈的努力，一定会取得无愧于时代的佳绩，真正不负韶华。

王云路教授学术研究述略

王　诚

　　王云路，女，辽宁大连市人，现为浙江大学敦和讲席教授、求是特聘教授、浙江省特级专家、教育部长江学者特聘教授，兼任浙江大学古籍研究所所长、浙江大学中国语文研究中心主任、浙江大学人文学部学位委员会主任，《汉语史学报》主编，《中国训诂学报》主编，中国训诂学会会长，中国语言学会常务理事等。

　　王云路教授[①]曾获北京大学王力语言学奖、教育部高校人文社科优秀成果（二等奖两次、三等奖一次）和浙江省政府哲学社会科学优秀成果（一等奖两次）等，先后主持国家社科基金、教育部人文社科重大课题和高校古委会课题十余项，多次应邀到法国、美国、日本、韩国等国的多所高校，以及中国香港、台湾等地高校进行合作研究或讲学。下面先简要叙述她的

---

① 　为免行文冗赘，下文省略"教授"。

治学经历，然后择要述介她的研究成果及其学术贡献，并就笔者的管见浅析其治学特点。

一、治学历程

王云路 1982 年毕业于辽宁师范学院中文系，大学时代在郭栋教授的鼓励和引导下，对古汉语产生了浓厚的兴趣，又由于考察古书中"乘"字的释义，与王念孙及其著作结下不浅的缘分，由此走上古汉语研究之路，多年后她发表的《王念孙"乘"字说浅论》一文就是那个时候刻苦钻研的收获。1982—1985 年王云路就读于杭州大学中文系汉语史专业，是郭在贻先生招收的第一届硕士研究生，硕士期间在郭老师指导下写的第一篇文章《〈文心雕龙·熔裁篇〉"二意两出"新解》后来发表于《文学评论》，这是她正式发表的第一篇学术论文。由于本科期间阅读过王念孙的著作，她的硕士论文选题便以《读书杂志》为对象。在深入钻研的过程中，她发现了王念孙的一些失误，先后写了《读〈读书杂志〉札记》（后发表于《中国语文》）和《〈读书杂志〉志疑》（后发表于《古汉语研究》），最终提交答辩的论文题目为《清代学者王念孙〈读书杂志〉失误举例与分析》，与此同时，她也归纳总结了王念孙的治学方法和学术特色，撰写了《〈读书杂志〉方法论浅述》和《试论〈读书杂志〉校释特色》，后来发表于《杭州大学学报》等刊物。王念孙是清代乾嘉学派最为知名、最具代表性的学者之一，通过对其校勘和训诂代表作的客观研究，王云路对于乾嘉学术的精髓和要义有了较深的理解和把握，在这个过程中，她也深受乾嘉学者"实事求是"的治学态度和优良学风的影响，在学术的起步阶段打下了坚实的基础，形成了求真务实、不尚空谈的治学风格。

硕士毕业之后，王云路留在杭州大学古籍研究所任教。1989 年她又考取中国古典文献学专业博士研究生，师从姜亮夫先生。在这期间，由于受蒋礼鸿、郭在贻两位老师的影响，她的兴趣已由上古转到了中古，特别是对中古诗歌倾注了很大的热情，因此即以汉魏六朝诗歌语言作为博士论文的选题，得到导师姜亮夫先生的肯定和鼓励。由此她开辟了一个新的研究领域，对中古诗歌语言作了多角度的研究，后来陆续发表了一系列相关论文，涉及的内容包括：研究综述，如《历代汉魏六朝诗歌语词研究简述》；研究价值，如《从〈汉语大词典〉看六朝诗歌的汉语史研究价值》；语词源流，如《汉魏六朝诗歌语词探源》《中古诗歌语言源流演变述略》；复音词和构词法，如《中古诗歌附加式双音词举例》《简述汉魏六朝诗歌中的新词及其分类》；注释校勘，如《汉魏六朝诗歌校注释例》《中古诗歌误字略说——兼谈逯钦立〈先秦汉魏晋南北朝诗〉的校勘》；辞书编纂，如《汉魏六朝诗歌语言研究与辞书编纂》等。1997 年，王云路在博士论文的基础上出版了《汉魏六朝诗歌语言论稿》。1999 年，又出版了《六朝诗歌语词研究》。2014 年，综合上述两书的内容，设计全新的章节安排，并做大幅度的修订、补充，出版了《中古诗歌语言研究》，可以说是她在该领域研究的一个总结。

1992 年，王云路获博士学位，同年她与丈夫方一新合著的《中古汉语语词例释》出版，次年，两位又合作编撰出版了《中古汉语读本》，自此以后他们一直在中古汉语这片新开垦的园地中辛勤耕作，用心浇灌，同时也收获了丰硕的成果。2010 年，王云路的《中古汉语词汇史》（上、下册）由商务印书馆出版，这部著作被学界誉为"中古汉语里程碑式的著作"，荣获教育部第六届高等学校科学研究优秀成果二等奖和浙江省第十六届哲学社会科学优秀成果一等奖。

从 20 世纪 90 年代初以来，王云路发表了一系列中古汉语词语考释的文章，重点关注字面生涩而义晦和字面普通而义别这两类词语，如《"精采"探源》《说"商女"》《试说"冰矜"》《"云雨"漫笔》《〈太平经〉语词诠释》

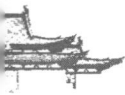

《〈太平经〉释词》《〈诸病源候论〉释词》《汉魏六朝语词札记》《说"凤笙"》《释"齫齫"》《说"接羅"》《"烦疼"辨析》（后三篇与学生合作）等。这些词语考释方法相对传统，以解释词义为目的，重视破假借和探求本字。而后来她的研究则不再限于传统考据，不是为了解释而解释，往往在具体考释单个词语的同时，关注到与之相关的一类词语，并力求揭示其中所蕴含的普遍规律，有代表性的如《试说"鞭耻"——兼谈一种特殊的并列式复音词》《谈"摒挡"及其相关词语的附加式构词特点》《释"踊跃"及其他——兼谈词义演变的相关问题》《释"零丁"与"伶俜"——兼谈联绵词的产生方式之一》《释"首告"》《说"打点"及其他》《从"声张正义"说起——论"即音求义"的多重作用》《试说复音词结构关系的复杂性——以"幽寻""掩映"等为例》《试论复音词的结构关系与成词理据》等。

90 年代，王云路曾发表过一组系列论文，包括《汉魏六朝语言研究与辞书编纂》《汉魏六朝语言研究与古代疾疫》《汉魏六朝语言研究与中古文献校理》《汉魏六朝语言研究与古籍校注》，从具体的语词出发，说明中古词汇研究的价值和作用。这些方面也正是她在研究中所着意关注的，通过平时的点滴积累，她还写了《望文生训举例与探源》《古书句读札记》《读〈管锥编〉〈宋诗选注〉献疑》《读〈诸病源候论校注〉札记》《辞书失误考略》《黄季刚先生〈〈文选·奏弹刘整〉评点〉补说》等札记类文章。进入 21 世纪以来，她注重总结过去的研究，站在学术史的高度，对中古词汇研究做了较为全面的综述，发表或合作发表了《百年中古汉语词汇研究概述》《中古常用词研究漫谈》《中古汉语词汇研究综论》《本世纪以来（2000—2011）中古汉语词汇研究综论》等文章。

此外，王云路还撰写了多篇学术书评（部分与方一新教授合作），如《〈世说新语辞典〉（张永言等）读后》《中华版〈世说新语译注〉读后》《评

〈佛经续释词〉》《寒山诗的"知音"和"明眼人"——读项楚〈寒山诗注〉》《百尺竿头更进一步的〈世说新语大辞典〉》等。这些书评往往并不局限于所评论的著作本身，而是在把握相关材料的整体研究状况、与以前的研究进行对比的基础上，对中古汉语研究相关问题作宏观或微观的探讨，其中涉及理论思考、研究方法和具体考据等内容。例如，《汉语史研究领域的新拓展——评汪维辉〈东汉—隋常用词演变研究〉》一文中对训诂学与词汇史的关系做了讨论；《读〈佛典与中古汉语词汇研究〉》一文中对语气助词"那"的含义作了考辨；《评董志翘〈入唐求法巡礼行记词汇研究〉》一文中对"可笑"的词性和意义、"能"的"如此"义产生的时代等作了商榷；《从〈唐五代语言词典〉看附加式构词法在中古近代汉语中的地位》一文对附加式复音词和单音词词缀做了详细的论述，而且关注了词汇的系统性，即词与词之间的联系，把同类型词语集中起来考察，归纳其中的构词规律。

2006 年，王云路赴美做学术交流和访问，在哈佛大学进行合作研究，常与冯胜利教授切磋。在访学期间，她形成了汉语词汇"核心义"的初步构想。2006 年她在《语言暨语言学》专刊上发表了《论汉语词汇的核心义——兼谈词典编纂的义项统系方法》一文，较为系统地提出了核心义研究的纲要，认为汉语单个词语具有多重词义，其间有一个可以制约和统摄大多数义项的抽象意义，即核心义。其后，她以这一课题申请国家社科基金项目并获准立项，成果《汉语词汇核心义研究》一书入选国家哲学社会科学成果文库，并于 2014 年出版，获浙江省第十八届哲学社会科学优秀成果一等奖、教育部高校人文社科成果二等奖。

除了上述专著和论文之外，王云路还主编或合编了《中古汉语研究》《汉语语义演变研究》等论文集。她在 2008 年之前所发表的单篇论文多数收录于《词汇训诂论稿》和《中古汉语论稿》这两部个人论文集。前者于 2002 年由北京语言文化大学出版社出版，共收录论文 32 篇，大致可以分

为王念孙《读书杂志》的研究，汉魏六朝诗歌语言研究，中古汉语与古籍整理、辞书编纂的关系，以及词语考释等四部分；后者于 2011 年由中华书局出版，收录了 35 篇文章，包括论文、书评、序言以及回忆文章等。

二、学术贡献

王云路在训诂学、汉语史特别是中古汉语研究方面卓有建树、成就斐然。汉语史是研究汉语的历史发展及其内部规律的科学。有文字记载的汉语有三千年以上的历史，汉语的发展过程具有阶段性，汉语史的分期是受中外学者关注的一个基本问题，高本汉、王力、吕叔湘、太田辰夫、周祖谟等著名学者都曾对此有过探讨，但由于相关研究还不充分，只能暂时提出初步的意见，有待做进一步的讨论。王云路和方一新在前辈的基础上较早提出"中古汉语"的时代划分，把它定为东汉魏晋南北朝隋，并指出"西汉可以看作是从上古汉语向中古汉语演变的过渡阶段，初唐、中唐则可以看作从中古汉语向近代汉语演变的过渡阶段"。这是一个颇具学术价值的主张，得到了学界的广泛认同。汪维辉先生在为《中古汉语语词例释》撰写的书评中指出，"以'中古汉语语词'作为研究对象，表现出作者在宏观把握上的卓识"，不少魏晋南北朝时期的新词新义可以在东汉的著作或翻译佛经中找到更早的书证，这表明"把魏晋南北朝词汇与东汉的词汇放在同一个历史层面来考察是合理的"，"把研究范围明确界定为'中古汉语'——即'东汉魏晋南北朝隋'这一历史时期的语词，比以往一般把研究重点主要局限在魏晋南北朝这一段应该说是一大进步"，"本书可以说是为'中古汉语'这一分期的确立在词汇方面铺下了一块坚实的基石"。

传统训诂学的主要目的是为经学服务的，言必称"九经三传"，它所解释和考辨的主要是先秦两汉的古字古词，这也正是清儒的主要成就所在，而清代训诂学家对于汉魏六朝以来的语词则并不重视。自从吕叔湘先生以晚唐五代为界，明确划分出"近代汉语"阶段，作为汉语史研究中的一个新的分支，近代汉语的研究队伍日益壮大，研究成果逐渐增多。较之于上古汉语和近代汉语，中古汉语的词汇研究明显落后，郭在贻先生曾指出，"关于汉语词汇史的研究，魏晋南北朝这一阶段向来是最薄弱的环节"。可喜的是，在一批学者的倡导和实践下，中古汉语研究在近几十年有了长足的发展，而王云路在这一领域可以说起到了开拓和引领的重要作用。《中古汉语语词例释》是她最早出版的一部著作，该书"共收录自汉至隋时期的词语五百余条，详加论释"，"全书征引浩博，考释详确，新见迭出，精彩纷呈"，抉发出中古时期的一批新词新义，并且立足中古，上溯上古汉语，下推近代或现代汉语，对语词作历时的考察，探明其源流及演变，"称得上是中古汉语词汇研究的一部力作"，此书于 1993 年获北京大学第五届王力语言学奖。王云路与方一新共同编著的《中古汉语读本》则为中古汉语学习者提供了甚佳的选读材料，该书上承《古代汉语读本》，下启《近代汉语读本》，填补了中古汉语读本编撰的空白，自 1993 年首次出版以来，一再重版，并被列为中国高等学校文科 21 世纪新教材，在海内外接引了不少后学，至今依然是入门者的必读书。该读本分为"佛经""小说""史书""诗歌""杂著""其他"六个部分，涵括了中古主要的语料类型，不仅收录了汉魏六朝时期口语词汇较多的篇章，而且对这些词语做了较为准确、详备的解释，并辅以丰富的例证，以求言而有征、举一反三。由于反映中古汉语真实面貌，特别是接近口语的语料大多不见于高文典册，而是零碎地见于各类文献，作者做了旁搜博采、披沙拣金的艰苦工作，同时对原文词语的注释又不厌其详、颇见功力。因此，该书虽然名为"读本"，但同样是中古汉语研究领域具有开创性、基石性的重要成果。

在中古文献中，王云路对于诗歌关注颇早，用力尤多。长期以来，汉魏六朝诗歌一直是文学研究的对象，很少进入语言研究者的视野，就算偶有涉及，也只是作为旁证材料，《汉魏六朝诗歌语言论稿》可以说是国内第一部从语言研究特别是中古词汇的角度对汉魏六朝诗歌语言进行全面研究的专著。王云路在词语考释的基础上，对诗歌语词的源流、构成及发展做了深入的考察，在对新词的构成类型和新义的产生方式的探讨中，既把握了汉魏六朝诗歌语词作为中古汉语词汇所具有的共性，同时也揭示了诗歌语言所特有的个性，不仅有助于对诗歌语言的理解，而且也反映了中古汉语词汇的一般规律。《六朝诗歌语词研究》注重宏观与微观的结合，一方面对六朝诗歌语词的构词方式、特色及其研究价值和研究方法作了概说，另一方面集中考索和解释了三百三十余条语词，包括新词、新义以及习语、俗语等。王锳先生赞许其开拓性，称之为"填补汉语史研究大段空缺的一块块基石"。王云路的研究一方面发掘和揭示了中古诗歌的语料价值，将前人极少关注的诗歌文献纳入了汉语史研究的范畴，另一方面主张和强调中古诗歌语词的准确理解，指出并纠正了以往注本和辞书中不少似是而非的解释。她在文学研究之外开辟了新的研究角度和思路，同时将语言研究与诗歌赏析、文献校勘、古籍校注等相结合，既拓宽了中古词汇研究的材料范围，又加强了诗歌语言和文学之间的联系，还树立了学术研究与普及应用结合的典范。

在中古词汇中，王云路对于复音词的研究成果最为丰富，也最为深入。她对复音词形成的韵律因素和类推机制、并列式复音词的语素关系和语素排列、附加式复音词的词缀、中古联绵词的产生方式等问题均有新颖、独到的论述，这方面的论文包括《试谈韵律与某些双音词的形成》《关于"三字连言"的重新思考》《论类推在词语产生方式中的作用》《论具体语素与抽象语素的结合——并列复音词中特殊的一类》《简论反义并列式复音词的分类及其词义的抽象化》《论四声调序与复音词的语素排列》《谈谈词缀在古汉语构词法中的地位》《试论音变在词语发展中的作用》等。她重视解剖和分析具有典型性的具体词语，例如，通过对"鞭耻""摒挡""踊跃"及相关词语的探讨，抉发了中古复音词的一些特殊构词方式。又如，通过对"幽寻""掩映""草拟""隐痛""败绩"等词的解析，揭示了中古复音词复杂的结构关系。此外，对于中外交流和语言接触给中古汉语带来的影响，她也做过一些考察和探索，发表了《试论外族文化对中古汉语词汇的影响》《试说翻译佛经新词新义的产生理据》《再论汉译佛经新词新义的产生途径》《论佛教典籍翻译用语的选择与创造》等论文。

王云路在中古汉语词汇方面所取得的一系列丰硕成果充分表明，她不但是"开风气者"，对于中古汉语研究起了开拓和引领的作用，而且一直在该领域深耕细作，不断有所突破和创新。《中古汉语词汇史》一书就是基于长期、深厚的学术积累而完成的，它弥补了断代词汇史研究的空缺，《光明日报》刊登蒋宗许教授的文章，评价此书"是植根于中国传统语言学的中古词汇研究的一座丰碑"，体现了"高屋建瓴的大局观""缜密完整的系统性"和"出类拔萃的考辨功力"，"从全书厚重的内容，精湛的见解看，谓之为在研究方向和研究方法上梯航后学的经典教程未尝不可"。在中古词汇研究的众多成果中，专书词语、专类体裁语词和专题语词的研究已有不少，但系统的研究还很不够，断代语词研究则基本采用词语考释、汇释的形式，理论性、规律性的研究较少，随着研究成果的积累和研究方法的提高，中古词汇的整体面貌及其演变轨迹已经有条件来加以揭示和呈现，在这一学术背景下，《中古汉语词汇史》一书出色地完成了对中古汉语词汇史进行全面、系统的整体研究的历史任务。该书构建了一个较为新颖的汉语词汇史研究框架，在全面占有、融会贯通中古文献语料的基础上，对中古汉语词汇系统进行共时的描写，同时对词汇和词义的演变作历时的考察，并

从中归纳出发展演变的规律。它不仅是中古词汇研究的一部集成之作，而且也是汉语断代词汇史的代表之作。

对于汉语词汇语义演变的方式、途径及其规律，王云路也做了积极、努力的探索，在继承传统训诂学的遗产、借鉴前代训诂学家的成果的基础上，提出了颇具原创性的思路和观点，并做了系统、深入的论证和阐发，在理论和实践上都有较大的贡献。词的多义性和词义的发展演变是词义研究的重要内容，传统训诂学和词汇语义学对此有不同角度的探讨，引申规律的研究是其中的主流。但是，推动和制约词义引申运动的主导因素是什么？王云路尝试回答这一基础性的理论问题，《汉语词汇核心义研究》一书即旨在探讨汉语词义发展演变的制约机制和词语内部意义之间的深层联系，它初步建构了核心义研究的框架和模式，具有较强的理论性质及方法论意义。通过将传统训诂学对词义的深刻认识理论化、系统化，使中国古代语言文字研究的优秀传统以现代词义研究的形式得到承续和发扬。长期以来，词汇语义的研究集中于个别词义，特别是疑难词语的考释，缺乏对词义系统性的理论探讨和词义系统的建构。核心义研究为词义的系统研究提供了一条可能的途径，以这一角度为切入点，将核心义与语义学的诸多方面相结合，可以有效地提升和深化相关领域的研究。同时，该成果在语文辞书编纂、古汉语教学和古籍整理等方面具有广泛的应用价值。

三、治学特点

王云路从事学术研究已有三十余年，她的学术成果和贡献为学界所公认，在其治学实践中形成的学术理念也为同仁所接受，本文试就其论著中所体现的若干治学特点略述浅见，以供学界同仁参考。

其一，在扎实的文献基础之上进行语言学研究。王云路的早期成果已经充分显示了这一治学路向，《中古汉语语词例释》大量引用汉魏六朝译经语料来研究、考释中古词汇，"除根据佛经用例将一些新词新义的产生时间提前到东汉以外，直接从佛经中挖掘出来的条目和义项也不在少数"。《中古汉语读本》的编著也是基于对汉魏六朝文献的广泛调查和阅读，"那时没有电脑，没有电子文本，不知道要翻阅多少古书才能找到一个合适的例子，才可以作出恰当的解释"。王云路认为，中古文献的整理是中古汉语词汇研究的一个基础性工作。《中古汉语词汇史》在中古文献资料占有的广度上尚无有出其右者，为了写作这部断代词汇史，作者对文献语料下了极大的功夫，"通观全书，……除人所常见的经史子集高文典册外，他如章奏表启、农书医案、小说琐语、笔记杂著、书柬墨帖、歌谣民谚、道籍符箓、出土文书等等，……无不进入作者的视野而爬罗剔抉，酌加剪裁"，值得注意的是，作者还充分利用了这一时期的佛典语料，并且与中土文献做了比较和辨析。

其二，以传统训诂学为基础研究词汇和词汇史。通过对王念孙《读书杂志》较为深入的研究，王云路熟稔清代训诂考据之学，能深得要义，又不为所限，进而又继承了师辈姜亮夫、蒋礼鸿、郭在贻等先生的治学精神和方法，在中古汉语领域开拓出新的研究天地。因此，王云路的中古词汇研究是建立在深湛、扎实的训诂学根基之上的。在一系列语词考释文章中，她熟练地运用诸如即音求义、排比归纳等传统训诂方法来考求和辨析词义。她善于运用训诂学分析语义的方法探讨复音词的结构关系和成词理据，注重考察词义产生发展的源流，将结构形式与语义分析相结合，拓宽了研究的视野，深化了研究的内涵，在以构词法分析为主流的复音词研究中独树一帜。《中古汉语词汇史》很多资源取材于训诂，"堪称是运用训诂学的方法和资源进行汉语词汇史研究的标志性成果"。与此同时，她借鉴以段玉裁为代表的前代训诂学家的研究思路和成果，并进行理论概括和方法论建

构，提出和系统阐述了核心义理论。在《段玉裁与汉语词汇核心义研究》一文中她指出，"段玉裁已经隐约看出了汉语词义系统中，在一个词的诸多义项间、一个词与其同源词的意义间，以及同义词之间有一个联系相关意义的纽带，或者说，某类词语含义有其本质上的内在一致性，而这些正是汉语词汇具有核心义的证据。"从训诂研究中归纳提炼出来的核心义理论方法反过来又应用于词汇语义研究的具体实践，"核心义分析揭示词义的深层内涵，是研究词义的有效方法"，"与其他方法相比较，它具有提纲挈领、以简驭繁的特点"，如《说"赘婿"——兼谈"赘"与"质"的核心义》一文从核心义角度分析"质"与"赘"的区别，二者的侧重点不同，意义发展走向也不同，又如《论核心义在复音词研究中的价值》一文通过具体实例，从揭示复音词的本义、辨别复音词的古今差异和分析复音词的构词理据三个方面论述了核心义在复音词研究中的价值。

其三，在对词汇的研究中注重系统和源流。词汇的系统性体现在词的组合关系和聚合关系等方面，王云路对中古词汇的研究很早就突破了单个词语的局限，在《中古汉语语词例释》中就常常"把一个词放到一组词中去比较，从比较中明其义"，"这种考释方法由于是把词义放在动态的语言背景中去考察，因此比孤立的单个考释更科学，也更具说服力"。《中古汉语词汇史》"研究方法"一章专节讨论"注意词汇系统，将同类词语作比较研究"，王云路指出，"要认识甲词，就要跟与之构形或含义相同的乙词甚至丙词比较"，"一类词语有相同的演变过程和步骤"。她基于词汇的系统性提出同类词语的整体考察，包括对同义、近义词作整体考察，对同类构型词语作整体考察和对同步发展词语作对照考察等。词义的系统性体现在意义之间互有联系，王云路认为，"词语之间联系的纽带、义项之间联系的纽带，就是基于先民对事物本质的认识，对事物之间本质联系的认识，以及先人丰富的联想和类推"。她借助认知心理，分别从形、音、义三者出发探讨了词语之间的相因生义和一个词诸多义项之间的内在制约性与外在一致性。

另一方面，从历时角度看，一个词有它的源流和演变轨迹，王云路以中古词汇为研究对象，但并非完全孤立地进行研究，而是把它放在整个汉语史之中，即立足于中古汉语，同时考察它与上古汉语和近代汉语乃至现代汉语的联系，既关注古今的异同，又注重古今的沟通。如《中古汉语语词例释》对许多条目作了史的考察。又如，在《汉魏六朝诗歌语言论稿》中，既上溯先秦诗歌语言，又与唐宋诗词语言相关联，还进行了现代汉语的溯源，指出汉魏六朝诗歌语言是某些现代口语和语法现象的源头；《六朝诗歌语词研究》有"六朝诗歌与口语词溯源"和"汉语常用词演变考索"两个专节讨论相关问题。再如，《"南北""东西"新论》一文探讨了"南北""东西"这两个词古今的不同含义和词义的发展演变；《从"庸何伤"说起——谈古今汉语的沟通》一文举了现代汉语中保留的古语词，"说明现代汉语与古代汉语是一脉相承的"，指出"要正确地理解、使用现代汉语，就应当学一点古代汉语，也就是说古今汉语需要沟通"。

其四，重视和强调理论方法，将研究的金针度与人。王云路在《中古汉语词汇史》中指出，"加强语言学理论修养，一是要继承前辈学者的传统考据方法，用训诂的手段来研究词汇问题；二是要充分注意对国外语言学的学习借鉴，多与外界进行沟通和交流，提高普通语言学及外语的水平，特别在观念上更新"。在后记中更通俗地表述为，"理论的来源有两个方面：一是向古人学习，一是向洋人学习"。她自谦地说自己没有引用外国语言学理论的能力，但完全赞同恰当地吸收和借鉴国外的语言学理论，钦佩那些利用西方学者理论而又真正解决汉语实际问题的学者。同时她认为，向古人学习也是一条提高理论素养的很好的途径。她的研究就深受前代训诂学家的影响，充分继承了传统训诂学的方法，例如，她认为即音求义是语

词研究最根本的方法，这就是清代学者最重要的一个主张，王力先生曾说过，"从语音的联系去看词义的联系，这是研究汉语词汇的一条非常宽广的道路"。蒋礼鸿先生也说过，"分析同源词，当然应该以声韵为经，以词义为纬"。因此，她说"我们研究汉魏六朝语言，更应该脱离字形的束缚，从语音上去追究词与词之间的意义联系"。又如，她指出解释词义、分析结构要利用同义连言和同义对文的规律，这种方法为王念孙、王引之等清代训诂学家所习用。当然，她不仅灵活、广泛地运用传统训诂方法，而且更注重对前人方法的归纳总结和进一步理论化，她对汉语词汇核心义的论述就是典型的例子。在她的几乎每一部专著中，都会专设一章详细介绍研究方法，如《汉魏六朝诗歌语言论稿》第九章"汉魏六朝诗歌语汇的研究方法"、《中古汉语词汇史》第十四章"中古汉语的研究方法"、《汉语词汇核心义研究》第九章"核心义研究的思路和方法"等，这充分体现了作者欲把"金针度与人"的愿望。

四、结语

　　作为浙江大学人文学科唯一国家重点学科中国古典文献学的学科带头人、"求是特聘学者"、"长江学者"，王云路教授一直以来与同事们携手努力，带领着研究团队保持学科在国内外的先进水平，为此付出了大量精力。目前她正主持着"今训汇纂（魏晋南北朝卷）""汉语复音词核心义研究""汉语词汇通史（中古卷）""中华礼藏"等重大项目，带着极大的热情和韧劲，勤勤恳恳地工作在科研和教学的第一线，希望为她所热爱的事业做出更大的贡献。

多方位吸纳，有深度开采

——周启超教授访谈录

周　静[※]

<table>
<tr><td>

学者
名片

</td><td>

　　周启超，汉族，1959 年生，安徽人。现为浙江大学文科领军学者，教授，博士生导师。兼任中国中外文艺理论学会副会长，中国外国文学学会文学理论与比较诗学研究会会长，中国比较文学学会理论专业委员会主任。1991 年毕业于中国社会科学院研究生院外文系俄罗斯语言文学专业，获文学博士学位。主要著作有《俄国象征派文学研究》《"白银时代"俄罗斯文学研究》《跨文化视界中的文学文本 / 文学作品理论》等；主持国家社科基金重点项目"现代斯拉夫文论轴心话语及其世界影响"、重大项目"现代斯拉夫文论经典汉译与大家名说研究"。《中国外国文学研究的学术历程》（文论卷，2016 年）获第八届高等学校科学研究优秀成果奖（人文社会科学）一等奖（2020 年）。

</td></tr>
</table>

　　※　周静，文学博士，浙江省社会科学院副研究员。

一、与中文系青年学子教学相长

周静：2016 年底，您从中国社会科学院来到浙江大学。记得您第一次为本科生课程备课时，不时提醒自己语速要放慢一些。转眼四年过去了，请先谈谈您对浙江大学中文系的本科生、研究生的印象吧。

周启超：浙大中文系的青年学子才思敏捷，眼界开阔，常有新知新见。备课授课、交流答疑的过程，真是教学相长。我常感叹"后生可畏啊"。我主要为本科生开的"20 世纪世界文学研究·短篇小说精品文本分析"，引导学生以解译、解析、解说三条路径切入文学文本，颇受欢迎，选修生由最初 40 人增至 130 人。为研究生开的"比较文学学术前沿"，聚焦理论文本与作品文本的联动，引导学生集中梳理当代欧陆与斯拉夫文论名家埃科、巴赫金、洛特曼、克里斯特瓦、巴尔特、伊瑟尔的文学文本／作品理论，重点分析外国文论大家对文学文本的分析个案，对研究生理论视野的开拓、问题意识的加强、思维能力的培养，颇有助益。当然跟有几十年教龄的同事相比，我还有很多东西要学习和实践。

二、从中国社科院外文所起步

周静：您的科研工作是从中国社会科学院外国文学研究所开始的，还在《外国文学评论》编辑部工作过，请您讲讲早年的科研经历吧。

周启超：1981 年中国社会科学院外国文学研究所理论室建立时，我还在上大四。这年年底，我被录取为中国社会科学院研究生院外文系俄罗斯语言文学专业研究生，1982 早春二月进京，来到外文所——建国门内大街

5 号社科院总部的 5 号楼。1984 年研究生毕业后，我被分到苏联文学室。1987 年，《外国文学评论》创刊，我被调进编辑部负责理论组。1993 年，郭宏安先生要我去新组建的比较文学研究室，这个比较文学研究室当时寄居于理论室。可是外文所比较文学研究室只存在了一年就被理论室整体收编了，我就这样进了理论室。外文所理论室自有传统：一般要以一个具体的作家、批评家、理论家或一个流派的文论为据点。我便在研究俄罗斯象征派文学的基础上开始考察俄国象征派的文学理论建树。现在看来，这是一个扎扎实实的起点。

三、在中文世界整体呈现现代斯拉夫文论

周静： 到中文系不久，您承担了国家社科基金重大项目"现代斯拉夫文论经典汉译与大家名说研究"，现代斯拉夫文论研究正在怎样的学术版图中开展？

周启超： 我和团队希望通过这个项目呈现现代斯拉夫文论这一世界文论版图上独特板块的整体面貌，研究核心是从俄语、波兰语、捷克语、德语、法语、英语等六个语种系统翻译俄罗斯形式论学派、布拉格结构论学派、塔尔图符号论学派、彼得堡类型学学派的文论原著，精选直译雅各布森、英加登、穆卡若夫斯基、蒂尼亚诺夫、日尔蒙斯基五位大家的文论原著原篇，汇编国际现代斯拉夫文论研究文献目录，完成现代斯拉夫文论及研究资料文献的汉语数据库建设，并开展雅各布森的语言学文论、英加登的现象学文论、穆卡若夫斯基的结构论文论、蒂尼亚诺夫的形式论文论、日尔蒙斯基的类型学比较理论五个专题研究。在经典文本的系统梳理与精选直译基础上，该课题将完整开采现代斯拉夫文论的名家名说和理论范式，通过探讨不同理论家的不同

范式，对现代斯拉夫文论在"文学形式""文学结构""文学功能"这些轴心学说上的发展线索进行深度梳理与多维考察，历史地审视、客观地评价斯拉夫文论在现代世界文化圈中的学术旅行轨迹及理论辐射力。

基于这样的目标，团队里青年骨干的外语翻译和相关文论研究都会有较高水平的积累，这一点可能也是中文系各位有志于科研的同学，需要在目前的学习和科研规划中重点关注的。

四、文学理论研究的眼界决定生态

周静：您一直倡导"多方位地吸纳，有深度地开采"的学术理念，推崇"有所开放也有所恪守，有所解构也有所建构"的学术立场，践行"文学理论之基础研究与前沿研究兼备"的学术路径。这些学术理念、学术立场、学术路径基于什么样的文化语境，对正在起步的中文学科研究生有哪些建议？

周启超：我主张应基于我们自己的现实问题，基于当代中国文学研究现实的生态问题，基于当代中国文论建设而进入对外国文论引介战略的反思。我常常谈及我们的文学研究生态问题：在对国外理论资源吸纳上的"简化"与"偏执"，在文学研究范式上的失衡与偏爱，从"言必称希腊"一下就转向"言必称罗马"。我有一篇文章，题目是《文学理论："跨文化"抑或"跨文学"——关于文学理论的境况态势与发育路向的反思》，谈的就是我们的文学理论研究生态问题。当代中国的"外国文论"引介路径可以分为俄苏文论（俄罗斯与苏联）、欧陆文论（法国及瑞士、德国及奥地利、意大利及古希腊古罗马）、英美文论（英国、美国及加拿大），等等。当代中国对国外文论的接受经历了这样的曲折："三十年河东"，言必称希腊；"三十年河西"，言必称罗马。前 30 年（1949—1979）主要是以俄苏学界为基本视界来"接受"：主要通过俄语看世界，跟定苏联的眼光来移植国外文论理论资源与核心话语。后 30 年（1979—2009）主要是以美英学界为基本视界而"拿来"：主要通过英语看世界，跟定美国的眼光来移植国外文论的理论资源与核心话语。国外文论译介与研究中的这种战略选择，自有其历史的必然性与合理性。然而，偏执必定要带来偏食，偏食则必然会以健康受损为代价。

反思当代中国对外国文论译介与研究这一历史进程中的战略定位，检阅时下某些国内学者动不动就宣布中国人已经把外国的理论资源都引进完了之类的论调，我们不禁要追问：面对丰富多样的国外文论资源，如今果真是到了该中止"拿来主义"之时？若继续"拿来"，那么，在继续拿来的引介实践中，作为接受主体的战略选择还是继续跟定一个方位吗？在对国外文论资源的接受移植实践中，还是一心图谋与国际接轨，国外有什么转向，尤其是美国学界有什么转向我们就得赶紧跟进移植，以期"走向世界"，否则便是落伍了？还是要反思我们自身的问题，根据我们自身的健康状况，基于历史的经验与教训，针对理论生态的要求，来确立以我为主多方位吸纳有深度开采而深化当代中国文论建设这一战略？当然这里有一个前提：我们要充分自省：当下中国究竟置身于何种境况：是现代还是后现代？抑或是现代、后现代还有前现代杂糅并存的时代？抑或，诚如一位当代哲学家所言：现代性工程远没有完结？！

五、为科研积攒能力的两个路径

周静：做科研的一项重要能力是对本领域核心问题的不断反思，这不仅关系个人科研方向的确立和调整，更直接体现为科研生产力的提升。您能否举两个例子，跟我们谈谈这种反思一般是怎么展开的？

周启超：为科研积攒能力，就文论这个方向来说，要先把家底盘一盘，就是把文论的各类话语晾晒晾晒。比如我主持过"当代外国文论核心话语反思"项目，主要聚焦于当代中国文学研究话语实践中已经留下很深印迹的若干位外国文论大家的核心话语（譬如，巴赫金的"复调""对话""狂欢""多声部""外位性""未完成性"，等等；巴尔特的"文本"与"作品"，"书写"和"写作"，"零度"和"中性"，等等；伊格尔顿的"审美意识形态""文学生产""文本科学""政治批评"，等等），针对我们对这些国外文论大家名说的解读与接受过程中的实绩与问题，展开有深度的反思。具体的探索路径是，聚焦于以挑战性与批判激情著称、以原创性与问题意识名世、思想理论含量大的个案之开掘，而勘探潜隐在深层的但又是文学理论建设中基础性与前沿性的问题。从核心话语的清理入手，深入基本视界的考察，立足于所要重点研究的外国文论大家之理论文本原著的精读，力求达到主要范式的探析。

在盘家底的同时，我们确立了目标：再现文学理论的跨文化旅行。我们将这个任务分解为双重把握与双重发声。所谓双重把握，指的是既要对所研究对象、所探讨的论题本身的精髓内涵有比较充分的把握，又要对其核心话语在域外尤其是在当代中国的旅行轨迹正负效应有比较全面的把握。所谓双重发声，指的是既要进入对象世界而在对象问题本身的清理上去发现问题，又要走出对象世界而在对象的域外旅程中去勘探问题。要有正本清源的追求，而致力于某一核心话语之原点的学理性辨析与探究，又要有审时度势的追求，而致力于某一核心话语之嬗变的批判性调查与反思。

还有一种路径是直接抓住基本命题进行反思。比如展开文学理论研究之"元理论"探讨。针对学界对文学理论"身份"与"功能"之认识上的粗放模糊，展开文学理论的学科定位、文化功能、存在状态之反思与讨论，集中探讨三大命题：作为一门人文科学的文学理论，作为一种话语实践的文学理论，作为一种跨文化旅行的文学理论。反思作为一门人文科学的文学理论，就是对文学理论的学科定位加以反思：文学理论属于"哲学社会科学"，还是属于"人文社会科学"？文学理论属于"人文学科"，还是属于"人文科学"？反思一种作为话语实践的文学理论，就是要对文学理论的文化功能加以反思：文学理论言说是否可以"介入"现实，是否具有"建构"现实的生产力与文化能量？反思作为跨文化旅行的文学理论，就是要对外国文学理论在当代中国的存在状态加以反思，对外国文论的学说思想在当代中国的旅行轨迹与影响印迹加以检阅，对当代中国几代学人从各自不同的外国语言文化语境中积极"拿来"不懈引介外国文论的接受实践加以梳理，对当代中国主要学刊上的外国文论译介与评论历程加以清理，或者说，对于汉语语境中的外国文论的"形象建构"问题加以审视。作为人文科学的文学理论，作为话语实践的文学理论，作为跨文化旅行的文学理论，此三项堪称文学理论研究面临的三个核心命题。

六、反思是难的，却乐在其中

周静：作为一门人文科学的文学理论，作为一种话语实践的文学理论，作为一种跨文化旅行的文学理论——关于这三个核心命题的反思，蕴含着文艺理论研究中思辨方法的难度和乐趣。您常说无论是深化还是拓展人文研究，要不断展开这样的反思，其学术旨趣何在呢？

周启超：这种反思，可以解放思想——把文学理论研究从一般社会科学的捆绑中给解放出来，而尊重人文科学独有的规律，而养成人文科学独有的品格。在这个意义上，可以说，展开这种反思，可以提升我们对文学理论研究这一专业的理论自觉，可以增强我们对文学理论研究这一志业的

理论自信。应该理直气壮地确认与确信：属于人文科学的文学理论研究，也是一种科学活动。文学理论工作者也是具有生产力的科学生产者。文学理论研究这一话语实践可以也应该发挥出积极的建设性的文化能量，可以也应该通过言说文学世界而建构人的精神现实而形塑人的性灵世界。文学理论之跨文化旅行，是可以也应该穿越国界，而促进地球村里不同文化之间的互识互证互动互补这一事业的。

这样说来，人文学科的学生，不能只做管好一亩三分地的老农民，要做一个严肃活泼的行吟诗人。

七、阅读文本是中文系的基本功

周静：中文系的基本功是读文本。您能不能回答一个让人纠结的问题：怎样才算把一个文本读"懂"了？

周启超：懂，这是一个不断拉锯和回环往复的过程，得失自知。我想这个问题要分两方面，一是文学文本，二是文论文本，要有耐心和能力让两者融通。先谈谈面对一部文学文本，可以有不同的入思路径。

第一种路径：姑且名之为"解译"。它关心一个文学文本述说了什么，表现了什么，反映了什么，再现了什么。采取这种"解译"路径，重点在关注一个文学文本的思想内涵，把文学文本看作载道的工具，突出文学文本的布道、教化和认识功能，所谓"镜子"，所谓"兴、观、群、怨"。社会学文论、心理学文论和精神分析文论大体就是持这一路径，大体上都是在追问：一个文学文本写了什么？

第二种路径：姑且名之为"解析"。它关心一部文学文本是怎么写成的，怎么"缝制"的，怎么"编织"的，怎么"生产"出来的。采取这种"解析"

路径，重点在关注一个文学文本的审美方式，关注一个文本如何表现、反映或再现，关注文本的生成机制、结构方式、文学性是何以产生的。它把文学文本看成是一个自主的、自足的、自律的、自成系统的机体，它要探求的是文学作为一门语言艺术（话语艺术），其审美功能是怎么形成的？也就是古人所说的化"胸中之竹"为"纸上之竹"的过程是怎样的，工艺是怎样的。语义学文论、符号学文论和叙事学文论大体是持这一路径：大体上都是在勘探：一个文学文本是如何生成的？

第三种路径：姑且名之为"解说"。它关心一个文学文本的作者是什么样的人。他／她为什么要这样来写一个文本，这一文本是在怎样的背景和场合中写出的？它的"前文本"与"潜文本""互文本"还有哪些？同一个故事由不同的人来讲，或者在不同的场合下来讲，自有不同的意味。采取这种"解说"路径，重点在关注文本作者的真实意图是什么，文本的"弦外之音"何在，作者在其叙事、抒情的背后的动机是什么。"解说"路径还关注读者对文本接受的情况，即读者对一个文学文本可能有的种种解读。作者的意图和读者的解读都是多种多样的。采取这种"解说"路径，就要看到一部文学作品是读者在对一个文学文本解读的过程中的建构。文学文本是开放的，是充满多方位对话的、多链环的语义场。从语言学上来看，同样的词语在不同语境下的语用效果是不同的。采取这一路径，就要面对"互文性"的问题、"文学场"的问题、话语权力的问题；采取这种"解说"路径看文学文本，常常是以一个形象、一个情节，甚至一个场景为由头谈开去。透过文学甚至跨过文学而延伸开去的种种"文化批评"，新历史主义文论、后殖民主义文论、女性主义文论，大体上都属于这种"解说"路径。采取这种路径者，大多已经不再追问或不再聚焦于文学文本本身，其兴趣点主要在于挖掘：作者这样写，其"意图"究竟何在，故事这样讲，其"意味"究竟是什么。

这三条路径各有所长，也各有局限。再来说说文论文本，文学理论建构与文学作品文本解读之间，其实是互动而共生的。文学领域的大家不少都是从文学文本的细读中成长起来的。或者说，一些为我们所关注的文学理论的著名学说，是建立在文学文本的解读之上的。巴赫金之"复调说""对话说"和"狂欢说"基于陀思妥耶夫斯基和拉伯雷的小说艺术。热奈特在"叙事时间"上提出的"顺序、时长、频率"之区分、在"叙事类型"上提出的"同叙述叙事"与"异叙述叙事"的区分，还有对"聚焦"概念的建构，建立在他对普鲁斯特的小说艺术以及英美小说艺术的解析上。伊瑟尔的"文本的召唤结构""文学作品的艺术极与审美极""隐在的读者"理论，也是建立在他对英美文学文本的具体解读上，其名作《隐在的读者》有一个副标题"The Implied Reader：Patterns of Communication in Prose Fiction from Bunyan to Beckett"，是对自约翰·班扬（1628—1688）的《天路历程》直至贝克特的文本为止的英语文学的具体分析。罗兰·巴尔特以巴尔扎克的一篇小说《萨拉辛》来示范"文本的解构"。拉康以爱伦坡的小说《一封失窃的信》来例证"能指的漂浮"。德勒兹与加塔利以卡夫卡的小说来论述"块茎般的文本"。托多罗夫以《十日谈》来展示结构主义的"叙事语法"。雅各布森以波德莱尔的十四行诗《猫》来图解结构主义的"二项对立"。什克洛夫斯基以《商第传》来论证"陌生化"的艺术手法……若要在外国文学研究领域有所建树，就必须静下心来，沉潜于两种文本：沉潜于经典文学作品的文本，也沉潜于重要的文学理论文本。

仅仅熟悉文学批评史、文学理论发展史，即别人对文本的解读，是远远不够的。要直接阅读那些重要的理论文本。要从听人家解说时常有的"若明若暗"的状态进入自己对文本直接阅读之中。听别人解说不能代替自己阅读。听批评家评论作品同自己去阅读文本不是一回事。同理，听别人对文学理论思潮流派名家名说的介绍述评，同自己去攻读文论原著也不是一回事。任何一本文学理论导论也不能代替对理论文本的直接阅读。

沉潜于文学作品世界，沉潜于文学理论世界，这是文学研究专业的基本功。一个文学专业研究者面对文学文本，就要自觉地追问：何谓文学文本？当代欧陆文论大家诸如埃科、巴尔特、伊瑟尔，当代斯拉夫文论大家诸如巴赫金、洛特曼、英加登，当代英美文论大家诸如伊格尔顿，已经提出一系列相当精彩的文学文本理论。

要知道，传统中文系的老师在课堂上讲诗文时只说"这里写得妙"，只作点拨，接下来就是学生们开始破题、解题。灯塔一直在，请勇敢驾船出海。

八、欢迎切磋交流

周静：您创办学术辑刊《外国文论与比较诗学》快十年了，这本刊物是学术同行切磋问题、交流观点的互动平台，也是许多青年学者参与外国文论译介工作的起步平台，您是不是要发一发英雄帖呢？

周启超：《外国文论与比较诗学》学刊连续出版以来，在国内外文学理论界与比较文学界已广受关注。这本学刊跟着我来到浙大，逐渐成为推进"双一流"学科建设、提升文科学术国际化水平的一个新平台，更是国内中国语言文学界和外国语言文学界检阅国外同行文学理论与比较文学研究前沿成果的一个新窗口。学刊致力于促进"三重会通"：外国文学界不同语种文论者之间的会通、外国语言文学界与中国语言文学界文论研究者之间的会通、国内文论界与国外文论界之间的会通，希望能为实现外国语言文学与中国语言文学这两个一级学科的联动，汇聚一点力量。

175

学刊的选题方向主要集中于展示外国文论与比较诗学领域多声部的话语实践，多方位有深度地开采、借鉴多流脉多声部的世界文论；倡导学者的主体立场与文化自信，胸怀多元化的世界，直面世界文论发育的原生态；倡导由粗放式的追踪转入深耕式的吸纳；着力突破"中西对立"的思维定势，将外国文论细化为五大流脉："国外马克思主义文论""欧陆文论""英美文论""现代斯拉夫文论""东方文论"；倡导坚守文学本位，注重文学文本／作品理论系统梳理，注重文学理论轴心话语跨文化旅行印迹的清理，坚持跨文化而不是跨文学的文学理论研究；倡导直译，对经英语转译的法语、德语、意大利语、波兰语、捷克语的文论经典名篇予以重译。

我在此只是大致介绍一下学刊最近主要关注的主题和方向。掬水月在手，弄花香满衣。非常欢迎有更多中文系的优秀学子关注这本刊物，希望能在这个平台上跟大家多切磋交流。

敦品励学，经师人师

——胡可先教授的学术历程与教学理念

杨　琼※

学者
名片
　　胡可先，1960 年生，江苏灌南人。文学博士，浙江大学求是特聘教授，博士生导师。中国唐代文学学会副会长，中国唐诗之路研究会副会长，中国杜甫研究会副会长，浙江省文史馆馆员，《中文学术前沿》主编，国家社科基金重大项目首席专家。主要从事中国古代文学教学与研究工作。著作入选"国家哲学社会科学成果文库"。曾获教育部第七届、第八届人文社会科学优秀成果二、三等奖，浙江省政府哲学社会科学优秀成果一等奖，浙江大学永平杰出教学贡献奖，全国宝钢优秀教师，浙江省优秀教师，浙江大学竺可桢学院十佳专业导师称号。

※　杨琼，文学博士，浙江大学中文系特聘副研究员。

杨琼（以下简称杨）： 我们研究古代文学讲究"知人论世"，文人学者的早年经历一直备受重视，很想听听您的"早期史"。

胡可先（以下简称胡）： 我出生于 1960 年，高中毕业就在当地一所民办小学从事教育工作。1978 年，国家恢复高考第二年，我参加了高考，被江苏师范大学（原徐州师范学院）中文系录取。读大学时，我对中国古典文学尤其是晚唐著名诗人杜牧产生了浓厚的兴趣，便尝试进行研究，也陆续写出了两三篇文章，投寄《江海学刊》等杂志发表。1982 年 7 月大学毕业后，被分配到苏北农村的一所县级中学任教。与大学的环境不同，县里的高中条件艰苦，课务繁重，时间紧迫，图书资料更是匮乏。在这种情况下，要继续从事学术研究，就必须付出数倍的精力和劳动。我在中学任教期间，想尽办法阅读古代经典文籍，写出了《杜牧研究丛稿》的初稿，后来这部书由人民文学出版社出版，同时发表了《杜牧诗文人名新考》和《杜牧诗辨伪》《杜牧诗文编年补正》等多篇论文，并获得江苏省首届哲学社会科学优秀成果奖。

1985 年，我调入徐州师范大学中文系任教，学术环境得到了较大的改善，研究范围也由杜牧研究扩展到整个唐代文史，并在吴汝煜先生指导下合作完成了《全唐诗人名考》《唐五代人交往诗索引》，还参与傅璇琮先生主编的《唐才子传校笺》。期间不断自我审视，发现稍有擅长的地方仅仅在于文学文献的考辨释证，对于综合研究，常常捉襟见肘，觉得需要进一步深造。1996 年，考取了浙江大学中文系博士研究生，开始师从吴熊和先生学习。1999 年又去了南京师范大学，跟随郁贤皓先生从事博士后研究工作。这两个机缘和学习经历使我对唐宋文学研究有了更深的领悟和体会，也对我日后的学术历程乃至教学生涯产生了重要的影响。

杨：您先后师从吴熊和、郁贤皓先生两位名家的求学经历，颇让我们年轻学者羡慕。请问您当初为什么会选择这两位先生求学？他们对您的影响具体表现在哪些方面？

胡：我当时热衷于唐代文史考证，但对于理论研究甚为隔膜，加上没有读过硕士，知识结构需要进一步完善，并扩大在宋代文学方面的研究范围。吴熊和先生恰好是我心目中能兼文献考订与理论研究二者之长的著名学者，所以最终报考了他的博士研究生。入学以后，吴先生给我们上的第一节课，讲了一个半小时，几乎每句话对我都有振聋发聩之效，至今记忆犹新。如他谈到学术与思想的关系，要求有思想的学术与有学术的思想。从事学术研究而缺乏思想，终究境界不高；仅有思想缺乏学术根底，易于游谈无根，危害更大。关于博士论文，吴先生更是从选题到答辩，都给予精心的指导与把关。我攻读博士学位的最初目标是要在有限的三年时间，提升自己唐代文学研究的境界，扩充一下宋代文学研究领域。

最初的一年多时间从事宋词的考订与词人年谱的编纂，后来扩充到宋代科举与文学的关系研究，并拟把"宋代科举与文学研究"作为博士论文的选题，且在资料搜集方面形成一定的规模，初步形成了论文框架和思路，然后请教吴先生。吴先生认为傅璇琮先生出版过《唐代科举与文学》一书，而选取"宋代科举与文学研究"是步傅先生的后尘，学术开创性不够。经过吴先生的提醒，我就放弃了这一选题的研究，后来选取了唐代非常重大且十分复杂的政治事件永贞革新作为切入点，以从事中晚唐文学与政治关系的研究。

自跟随吴先生读博，我感受到先生一直为扭转我的知识结构、提升我的创新境界而努力，在向吴先生汇报研究情况与学位论文进展的过程中，吴先生曾多次谈到乾嘉学派琐屑饾饤的弊端，提醒我不要为考据而考据，

而要以考据为支撑，构建自己的理论架构。因为吴先生的精心指导，我的博士论文得以顺利完成，并于 2003 年获得全国百篇优秀博士学位论文提名。毕业前夕，与吴先生的一次深刻谈话，则确定了我"唐宋兼治，以唐为主"的治学格局。

关于郁先生，我在大学求学阶段就已学习过其《李白丛考》等著作，虽心所向往，然读其书终未见其人，博士后这一特殊机缘使我得以亲炙先生教诲，对他的治学方法和学术精神也有了更多的了解。郁先生"微观综合研究"的治学方法与"正""实""新"学术精神，我都努力加以实践。

郁先生的治学方法最突出的特点就是"微观综合研究"，当时学术界提倡较为宽泛的宏观研究，并将宏观研究与微观研究对立起来。郁先生看出了两者各自的偏颇，从自身的体验当中觉得仅注重宏观研究，其流弊是大而无当，仅注重微观研究，其缺陷是琐屑饾饤，而在微观研究达到一定积累的基础上，再经过综合的提炼和升华，才是文史研究切实可行的路径。这一治学方法融合了王国维"二重证据法"和陈寅恪"诗文证史"的优长，是对文史结合的传统治学方法的弘扬和超越。

郁先生的学术精神，可以用"正""实""新"三字来概括。"正"不仅是从事学术研究过程中技术操作之规范，更在于执着严谨，走出属于自己的学术道路。"实"不仅是务实，更在于治学中蕴涵的实证精神，他的每一项成果的取得都是亲自爬梳原典材料的结果，结论都能经得起时间检验。"新"是在"正"和"实"基础上的锐意创新，郁先生的学术成果，无论是李白研究，还是《唐刺史考全编》，多是在汲取传统研究方法精华的基础上，将该领域的学术研究推进到一个新的学术境界，他并不汲于细枝末节的创新，而是在众多个案和专题研究的基础上构建新的体系。这样的治学方法和学术精神也成为我后来对自己、对学生的要求。

杨：除了吴先生和郁先生，您与缪钺先生也颇有渊源。我注意到缪先生的《冰茧庵论学书札》收录了 14 封与您的往来书信，您与缪先生的交往契机是什么？他对您产生了哪些影响？

胡：我在缪钺先生一百周年诞辰时写过一篇纪念文章《缪钺先生的大师风范》。当时找出了先生赐予的数十封信件，回忆了许多往事。我没有亲入先生之门受训，但一直视自己为先生的私淑弟子。

1981 年，我还是中文系三年级学生，对晚唐诗人杜牧颇感兴趣，就在清人冯集梧《樊川诗集注》及缪钺先生《杜牧年谱》的基础上考证出了一些人名，试着撰写了《杜牧诗文人名新考》一文。当时求知欲较强，也没有考虑很多，就将文章寄请缪钺先生指教。刚寄出去没两天，读了先生 1979 年撰写的《杜牧年谱后记》："余久患目疾，读写艰难，愧不能复加修订，仅口述撰著始末，倩人写录，作为后记。"后悔自己的做法实在很唐突，也就不指望先生复信了。可过了十天，突然收到先生的复信，长达四页一千二百余字，开头即是对我的鼓励："你青年好学，想致力于文史之业，翻检群书，考索问题，颇堪嘉许。您所考订者，大体还是细致的。"然后对文中"崔大夫"是否为崔龟从问题提出可商之处。最后还说："你的文稿中对于杜牧行年都是根据拙著《杜牧年谱》，有一些材料也是从拙著中转引的，所以应当在文章中交代一下。这是撰写学术上文章的惯例。希望你继续努力。"读了此信，对缪钺先生景仰有加，赞叹无比。从此以后，研究杜牧的信心更坚定，并将研究定位于文献考订范围，对学术研究的规范尤其重视。

后来到中学任教，几乎没有资料、时间以及与师友切磋学术的机会，写学术文章还会受到"不务正业"的非议与误解，我刚刚培养起来的学术研究兴趣一下子降落下来。工作数月后，收到先生的一封信，信中仍然是

鼓励与希望:"你读书切实,思力锐敏,前途极有希望。毕业后,分配在何处工作,望惠示以便联系。青年学人对于将来文教事业关系重要,希望你努力为之,做出更多更好的成绩。"着实是缪钺先生的关心与鼓励,才使我继续从事杜牧研究而没有半途而废。

后来我完成了《杜牧研究丛稿》的初稿,并请先生指教。先生来函说:"你将近年来研究杜牧之文章编成一集,很好,对于研究杜牧者很有助益。其中有些文章我早已看过,有的未见过者,容当细读。此书将在何处出版,不知你已有所接洽否。如果还未接洽,我可以为你探询一个愿出此书的出版社。我可以写一个书面题签。"作为一个无名之辈,我哪里有能力接洽出版社?正是缪钺先生的推荐,又在林东海与管士光先生的帮助下,经过多年修改补充,终于在人民文学出版社出版。凡此种种都让我感受到缪先生虚怀若谷的学术胸怀和奖掖后进的大师风范,对我影响至大。

杨: 从您的早期经历来看,您涉猎的研究领域非常广泛,尤其是在唐代文学文献研究上取得了丰硕的成果。而在最近这十几年里,您的研究重点在新出文献尤其是出土文献与唐代文学研究,请问您是从什么时候开始关注并从事这项研究的?

胡: 我从大学二年级(1980年)开始,就对唐代文学尤其是文献产生极大的兴趣,迄今正好40年,总体研究领域并没有太大的变化。有不少年青学者与我交流学术研究的问题,我都会说"以不变应万变"。

我对出土文献的涉及,是在1985年以后。当时傅璇琮先生组织全国20余位学者编写《唐才子传校笺》,业师吴汝煜先生也忝列其中。吴先生要求我撰写一部分笺证初稿,最后由他把关定稿,并得到傅先生应允,撰写完成后,竟有10余万字。在这些笺证稿中,就运用了《金石萃编》《八琼室金石补正》《千唐志斋藏志》等石刻文献。因而我与出土文献的接触，与傅璇琮、吴汝煜两位前辈的提携分不开。

进入浙江大学跟随吴熊和先生攻博期间，研究的重点放在唐代文学与重大政治事件关系方面，同时也注意利用出土文献证实历史事实。1999 年，进入南京师范大学从事博士后研究，重点从两方面展开：一是继续延伸唐代文学与政治关系的研究，二是进行唐代职官事迹的考证。我与郁贤皓先生合作撰写《唐九卿考》一书，便涉及了大量的出土文献。这为我后来从事出土文献与唐代文学研究奠定了良好的基础。

2002 年到浙江大学工作以后，一直不断地从事这一项研究。2005 年在《文学遗产》上发表了《出土文献与唐代文学史新视野》，成为较重要的阶段性成果，同年以"出土文献与唐代诗学研究"为题申报国家社会科学基金并获批。自此以后，对出土文献中有关唐诗的材料进行全面的清理和整合，逐渐形成规模，到了 2008 年结项通过，并承蒙各位评审专家的奖掖，获得了优秀等级，以此为基础形成的著作《出土文献与唐代诗学研究》由中华书局出版，并获得了浙江省第十七届哲学社会科学优秀成果一等奖和第七届高等学校科学研究优秀成果三等奖。

杨：新材料的发掘和运用是推动学术发展的重要因素，在出土文献与唐代文学研究的基础上，您又开拓了新的课题"考古发现与中古文学研究"并获得了国家社科基金重大项目立项，作为阶段性成果的《新出石刻与唐代文学家族研究》入选了国家哲学社会科学成果文库，且获得第八届高等学校科学研究优秀成果奖，进展十分顺利。请问这一领域的研究现状、研究空间如何？您做了哪些推进工作？

胡：中古时期的新出文献主要是考古发现材料，考古发现是考古学、

183

历史学和文学研究的重要载体。目前看来，新材料主要有三个方面：一是出土文献，进入 20 世纪以来，新发现的石刻和写本文献，不计其数，利用这些文献，既有助于文学原生面貌的探索，更能够促进文学研究和历史学、考古学的关联；二是域外文献，随着技术发展和出国交流的便捷，域外汉籍大量回传，成批影印也促进了文学史的多元化研究；三是实物材料，新出资料不仅是文献资料，还有实物材料，如新出土的各种文物、图画以及遗址等，很多与文学的发生环境和原生状态有所关联，利用实物材料以印证文学文本，阐述文学现象，能够使得文学史研究在文字文献以外得到很好的补充。

进入 21 世纪以来，中古时期的石刻文献和写本文献研究都在不断地拓展和深入。就文学研究而言，由于长期以来敦煌写本研究的积累和近年西方写本理论的影响，国内在写本研究方面也形成了前所未有的热潮，但这样的他山之石与我们原典意义上的写本研究也还存在着一定的错位。而石刻文献因为载体的特殊性，国外学者的研究受到了较大限制，国内的文学研究领域较历史学研究领域的利用，还是有着不小的差距，其研究由边缘走向中心的过程较中古史研究界似乎略显滞后。至于新出实物和考古遗址的研究，迄今仍然集中在考古学和历史学领域，利用这方面的实物和遗址而从事中古文学研究的成果还极为罕见。新出文献与中古文学研究，如果在石刻文献、写本文献、出土实物和考古遗址综合利用的基础上进一步推进，应该是大有可为的学术路径。

我主持的国家社科基金重大项目"考古发现与中古文学研究"，旨在利用新出土的各类文献，对于魏晋南北朝隋唐五代文学进行较为综合的研究。除了在《文学遗产》《文史哲》《北京大学学报》《复旦大学学报》《浙江大学学报》《文献》等刊物发表的综合性、专题性论文之外，我与孟国栋、武晓红合作撰写《考古发现与唐代文学研究》就是借助新出石刻、写本、图像、出土文物和丝路遗存展开中古文学、文本原生状态研究所进行的尝试。至于《新出石刻与唐代文学家族研究》的撰写则是有感于历史学层面研究唐代望族已取得了较大进展，而从文学的角度研究家族或从家族的角度研究文学则略显薄弱。从新出石刻材料出发，展开唐代文学家族和家族文学研究不仅具有广阔的空间，也有助于梳理唐代文学的家族谱系，建构以文学世家为基础的中国文学史体系，推进唐代文学整体研究深度。

杨： 硕士博士们常常苦于找不到研究议题，或是研究成果缺乏创新点，而您能够不断开辟新领域，在旧议题中有新阐发，从您的治学经验出发，能给年轻学者提供哪些建议？

胡： 先谈第一个有关研究议题的问题，这要确定个人的研究范围和研究格局。我举几位前辈学人的论学经验说明一下。袁行霈先生在其自选集的自序中曾说："我常向学生讲做学问的体会：一个人不要只有一个阵地。如果只想守住一个阵地，也应在这个阵地之外另开辟一些回旋的余地，供'游击'之用。我的研究范围偏重于六朝诗、唐诗、宋词、文言小说，同时也在文学批评史特别是诗学史上下过一番功夫。把面铺开来，容易发现新的研究课题，找到新的学术生长点。……就诗词这个研究领域而言，我既尝试着开拓一个面，也努力深入一个点。"（《袁行霈自选集》，安徽教育出版社 1999 年版，第 1—2 页）这是做学问的精到之言。现在有些学生经常为难以发现问题而苦恼，主要是因为面铺得不广，点也研究得不深。故而有关学术研究的体会，建议多读一些书与文章，如安徽教育出版社的《王运熙自选集》《傅璇琮自选集》，广西师范大学出版社的《赵昌平自选集》《陈尚君自选集》，序言都写得相当好。陕西人民出版社出版的王水照先生的《鳞爪文集》也是谈学术研究体会的很好的书。新世界出版社

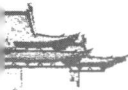

出版的袁行霈先生的《学问的气象》，谈了不少搞学问的经历、感想与培养研究生的体会和要求，是一本很值得读的书，尤其是该书前面的论学部分。

再谈第二个关于创新的问题。从事学术研究，要循序渐进，在创新之前我们要先说积累。创新的目的是突破现状，学术的创新也是在现有的学术基础上向前推进一步。我们常说的"厚积薄发"实则就是说的积累和创新的关系。对于二者的关系，学术界也有不同的看法。其实二者相互依存，并无轻重之别，目前过分强调创新而忽视积累是非常值得担忧之事。对于古代文史研究而言，首先要重视积累。积累包括知识材料的积累和思想方法的积累，仅注重知识材料的积累容易流于庞杂无绪，仅注重思想方法的积累容易流于空疏浮泛。在积累方面需要注重两点：一是多读书，并不是泛览无归，而是选择一定的范围进行阅读，逐渐寻找读书门径；二是研究著名学者的治学经历，这是积累过程中的重要财富，先较为广泛地摄取，逐渐选取重点对象数人作为自己效法的对象。再说创新，真正意义上的创新，是要守正而创新，既不是圈地淘金，也不是偏锋出击。片面追求创新可能会导致一些不良现象，比如有些创新是搬用国外的新学说硬套古代文学；有些创新是靠过度思辨得出新的结论，而这些结论实则是以偏概全的；而有些创新就是所谓跨学科的创新，在对其他学科的了解还处于模糊的状态时，就提出新的学说，造成整个的研究都处于边缘化而进入不了核心领域，如用文化史、思想史研究文学，结果是文学研究不深刻，文化研究也不到位，思想研究更不上境界。严耕望先生在他的《治史经验谈》一书中说过："真正高明的研究者，是要能从人人能看得到、人人已阅读过的旧的普通史料中研究出新的成果，这就不是人人所能做得到了。不过我所谓'说人人所未说过的话'，绝不是标新立异，务以新奇取胜，更非必欲推翻前人旧说，别立新说。最主要的是把前人未明白述说记载的重要历史事实用平实的方法表明出来，意在钩沉，非必标新立异！至于旧说不当，必须另提新的看法，尤当谨慎从事，因为破旧立新，极易流于偏激，可能愈新异，离开事实愈遥远。这是一个严谨的史学家要特别警戒的！"这虽然是就治史而言的，但对于研究古代文学者，也有一定的借鉴作用。特别是博士学位论文，要选择关键的问题，甚至难题，因为难题最能锻炼自己的学术训练过程，最能开拓学术视野，也最有学术生长点。在研究方法上，最好做到考据与义理融合无间。我常常鼓励博士生在研究范围和知识结构等方面表现出各自的特点，因为这样才能培养出学术研究的个性，但既然读了博士，基本的综合素质是要锻炼出来的，也就是在文献、理论、思想、学理方面都要达到一定的水准，在这个平台上形成自己的研究格局，养成学术个性，完成学位论文，而不能片面强调个性的发展。这样就不至于缺乏功底而在理论上有意标新立异，也不至于因过度思辨或过度阐释而使得观点与结论以偏概全，更不至于仅偏重于文献而难以达到较高的学术境界。

杨：您前面说到要多读书和文章，摒弃泛览无归的读书方式，能否就古代文学研究具体谈谈读书门径？

胡：读书治学，当入乎其内，亦当出乎其外。入乎其内，应该精选重要典籍，沉潜其中，对作者生平事迹、思想发展、艺术表现都要有所研讨。读一部书，首先要辨明体例。起初以钻研作品为主，相关的评论，涉及不多没关系，反而不易被时论左右。出乎其外，就是要开阔视野。一是要出乎所选典籍或所选课题之外，在文学层面通览全局。如读杜甫诗，就需要对各个朝代相关诗体，如古体、近体、乐府、杂体等都有所了解，这样才能衡定杜甫地位。另外还需要研讨同时代相关人物，相互比较，相互参照，从而凸显艺术个性。追溯渊源与探讨影响，也十分重要。二是要出乎文学之外，就是要对所读之书相关的政治背景、思想潮流、文化环境等各方面

都有观照，多读相关的史学、哲学典籍，这样才能不局促于一隅。三是配合理论批评来阅读作品。作品没有参透就读理论批评，容易动摇主见；但若仅沉潜于作品，排斥相关理论著作，也容易作茧自缚。入乎其内，方有见解；出乎其外，才有境界。

杨：您长期深耕于学术研究的最前沿，教书育人工作也未曾偏废，今年9月，经学院、学部推荐，全校师生投票，学校最终评审，您获得了浙江大学教育教学的最高奖项"永平杰出教学贡献奖"，可见您的教学工作得到了同学们的普遍认可。在此想听听您在本科生教学方面的设计理念。

胡：在本科教学上，我开设的课程主要有"中国古代文学史"基础课、"唐宋诗歌研究"选修课，通识课程主要是"唐诗经典研读""中国文学基础"，形成一个以中国古代文学为核心并具有丰富的层次和类别的课程体系。

我在上通识课程时，制定课程教学大纲伊始便将"守正"放在第一位，课程内容将主流文学中的诗歌、词作和散文放在重要地位，从而引导学生以主流为核心，不断拓展自己的知识结构和思维模式，不至于剑走偏锋。在教学过程中特别强调经典阅读。对于经典的态度决定了读书的品位与境界，我会鼓励学生扩大知识面，但不鼓励学生读杂书、读僻书以及一些为大众喜爱但实质或平庸或猎奇的书。再者，思维训练也是非常重要的一点，一方面采取主题发言和分组辩论的方式锻炼学生的理性思维，利用古体诗歌创作锻炼学生的感性思维；另一方面注重培养学生独立思考能力，改变中学课堂上重标准答案和求同思维的特点，提倡批判精神进而不断加深他们思维的深度。

我在上专业课程时比较注重专题和文学史的贯通，这种方式适合中文系学生提升境界、把握课程主流和加深学习。在教学过程中会引入一些自己的研究成果，与课程体系贯穿讲授。用新文献、新方法，让学生更多接触前沿的学术。文、史、哲是贯通的，各有特长。文，注重感悟；史，注重实证；哲，注重思辨。文容易走向肤浅，史容易走向片面，哲容易走向空洞。在教学和研究方面，这三个方面都需要相互结合。无论是通识课还是专业课，我都给予学生独立的探索机会和宽松自由的空间，通过在课程内容等各方面下功夫以激发学生的兴趣。我所开设的选修课，要求学生以兴趣作为选课的第一要素。我从 1985 年开始登上大学讲坛，迄今为止没有在课堂上点过一次名。除了讲授知识，对于中文系学生，我也注重引导他们建立起对专业高度的认识，找准自己的定位和目标，形成清晰的人生规划。无论毕业之后是否选择继续进行专业研究，现阶段学好专业知识对以后都将大有裨益。另一方面还会强调专业规范，进行严格的专业训练，既是为了提升境界，也为了毕业后能学有所用。现在社会上有一些中文系毕业的学生并不擅长写文章，这是学与用错位的表现，就比较麻烦了。在做好定位和规范的基础上，可以再打开视野，比如进行跨学科研究或其他的创新。

杨：除了线下的本科生课程，您还开设了中国大学 MOOC 课程，像"唐诗经典"MOOC 课程被教育部认定为"首批国家精品在线开放课程"，注册选课总人数有 49 万余人。主讲的"李白杜甫研究"MOOC 课程被浙江省教育厅认定为"首批省级优秀研究生课程"。您所参与的陶然老师主持的《宋词经典》获评首批国家级一流本科课程。您开设这些课程的初衷是什么？在内容选择上做过哪些考虑？

胡：考虑到课程的影响和学校的社会责任，我们的课堂要向社会延伸，于是我在讲授的课程里选取了几门开设 MOOC 课程。MOOC 课程以我们

大学的资源为中心向社会开放，既有助于弘扬传统文化、提升国民素质，也可以得到社会的反馈，使大学教育与社会需求更好地对接。唐诗宋词是中国古代文学对大众的影响最广泛的一部分，选取唐诗宋词经典名篇以及李白、杜甫这样的名家作为 MOOC 课程的全民性教育内容，更容易提升不同背景的学习者的兴趣。虽然课程定位是以大学生中心的，但我们开设的 MOOC 课程，向下是有不少小学生根据兴趣选课的；向上也能够促进学术研究，我们注意到选课者中还有国内外的大学教师，甚至有些专业研究者以我们课程为案例进行教学研究。

杨： 除了本科生教学，您在研究生教学工作上也取得了亮眼的成果。近年来您指导的研究生获得国家奖学金者众多，2018 年还获得浙江大学"五好导学团队"提名奖。您指导的博士论文分别获得了国家社科基金后期资助首届"优秀博士论文出版项目"、浙江省优秀博士论文奖、浙江省优秀博士学位论文提名奖。已经毕业的 12 名博士生中，以博士学位论文为基础获得的国家社科基金青年项目和后期资助多达 9 项。能否谈谈您在研究生培养过程中注重哪些因素？

胡： 一是思维方式问题。尽管每位研究生的思维方式有所不同，但从事古代文学的研究思维方式上的大致要求还是有的，这就是要在精研原典文献的基础上，寻找自己对于问题的切入点，然后在坚实的材料基础上进行扎实的论证。发现的问题大小也不是等同的，这就要在材料的整合与问题的提炼方面下功夫，集中多个小问题，而论证自己最需致力论证的重要论题，这样就避免了琐屑，提升了思维的层次。就指导老师而言，一切指导实际上都是边缘化的，最实质、最关键的方面，还是需要学生自己体悟，然后一步步攻关解决。当学生发现问题或找到关键而拿不准的时候，导师再力所能及地加以帮助，或将有价值的问题提升一步，或者为研究的内容把一下关。这样才能养成博士生独立精神，使得博士毕业的时候，具备独立从事科学研究的能力，这是我培养博士生的底线。

二是逻辑思辨问题。理论研究需要思辨，文献考证也是需要思辨的，文章思辨性强才不会显得松散。论文的材料需要通过思辨加以整合，论文的层次需要经过思辨加以提高。不仅是写文章，只要是从事学术研究哪怕是课题论证，也是需要思辨的，思辨深刻才能体现思想的穿透力。建立在思辨基础上的考论结合，应该是博士论文基本的训练要求。优秀的博士学位论文，思想、结构、文辞都很重要，而这些方面又需要通过缜密的思辨将其融合在一起，而又清晰地表现出来。

三是教学相长问题。从事学术研究时，处理好功力、悟性与定力三者关系问题很重要。攻读博士学位者功力、悟性与定力三个方面都不应该缺乏，但完全具备这三个方面并平衡发展者是非常少见的。因此我在培养学生时，尽量在把握他们的才性方面致力。对于博士生，必须让他们在读博期间有一个清醒的认识，以便有意识地发挥自己的长处，弥补自己的不足。对于天分或悟性弱一些而非常刻苦的学生，我都努力加以指导，对于浮躁的学生，则要等他们沉下心来搞学问以后，才会真正进入研究生论文撰写的实质阶段。浮躁和虚荣的心态，永远进入不了博士研究的深层领域。在浮躁的心态下即使写出了博士论文，也大多是创新程度不足，甚至是较为肤浅的。除了这些因素，我也一直重视"读万卷书，行万里路"和"教学相长"。自从开始着手从事"考古发现和中古文学研究"这一课题，每年寒暑假，我都会带领学生进行丝绸之路沿线的重要遗址考察，以实物与书本知识相互印证，让学生开拓视野，拓展思路。不管在学校还是在旅途中，我与学生之间的切磋交流、相互训练启迪一直没有停止，而与学生合作撰文、著书是我培养博士生的途径之一，也是教学相长的成果体现。

从职业选择到理论建构

——李咏吟教授的学术探索之路

毕延英 ※

> **学者名片**　李咏吟，男，1963 年 4 月生，湖北省黄冈市浠水县人。文学硕士（文艺学专业，1992 年，杭州大学）；哲学博士（西方哲学专业，1998 年，杭州大学）。1997—1998 年，杭州大学中文系副教授；1998—2001 年，浙江大学中文系副教授；2001—2018 年，浙江大学中文系教授，其中，2009—2012 年，又任上海交通大学哲学系教授。

※　毕延英，浙江大学文艺学专业博士研究生。

【题记】

我与李咏吟老师约定，想请他谈谈自己的治学之路。李老师自 1989 年正式进入文艺理论与美学界，从事职业学术活动 30 余年。关于治学或学术研究本身，他有着自己的特殊心得或理论反思。这次采访，我主要听李老师讲，不预先设定问题。我在听他讲的过程中，把他的回忆和治学心得记录下来，再进行整理。在一定程度上说，这个访谈也许能够代表他对自己治学道路的历史反思与总结。从李老师的回忆中，我们可以发现，他的治学或学术道路，大致可以从四个方面进行归纳，我们就用"职业选择""经典研读""学术意志""理论建构"四个主题概括。

由于篇幅的限制，在这里，我们删除了第一个主题和第二个主题的内容，主要围绕"学术意志"与"理论建构"两个主题展开。从中，我们也许可以得到一些关于学术选择与学术探索的启发。李老师讲，就学术研究而言，他在"希腊诗歌与哲学思想研究""康德与黑格尔美学研究""尼采与海德格尔意志论思想研究""周易老庄与刘勰思想研究""张承志创作的文本研究"五个方面取得了一些学术成果。就理论建构本身而言，他在"本文解释学""美善和谐论""形象论诗学""意志论美学"四个方面具有一定的理论创见。学术与思想本身可以构成内在的互动，学术史批判与理论建构本身有着内在的联系，两者相辅相成，李老师的学术与思想选择就体现了这种互动。

人的一生很难有所成就，特别是与真正的思想家与学问家相比，李老师认为，自己一直在摸索与总结之中。由于自身先天的学术认知能力与后天的语言解释能力存在不足，这深刻地限制他的学术与思想成就。不过，他特别强调，个人学术道路的反思极其重要，否则，我们可能糊涂地度过一生。也许，他的经历可能对年轻的学子有所启发，于是，我就把他的想法记录了下来。

一、学术意志

1. 学术的选择，似乎总是被某种内在生命力量所主导，我们仿佛"偶然地"选择了自己的职业道路。在职业选择与职业发展中，我们必须要有自己的学术与思想选择，必须要有自己的理论建构选择。

世界是由无限的存在组成的，每一类存在都有自己的独特性。应该说，当我们选择攻读博士学位时，就意味着选择了特殊的学术或思想道路。这种选择，最好完全源于自己的自由意志。如何选定自己暂时的或一生的学术思想方向？对于学者或思想者来说极为关键，它直接影响我们的职业快乐与职业成就。无数的知识，无数的科学，无数的职业，当我们看似偶然地选定某一专业知识领域时，实际上仿佛具有某种命定性，它似乎受到某种神秘力量的牵引，让我们心向往之并为之持久奋斗。如果自己的才能完全与选择的专业不相符合，那么，我们可能会度过痛苦的一生而且会不断懊悔。如果自我的才能恰恰能够与自己选择的专业深刻地契合，那么，我们不仅能从中得到无限的快乐而且会甘愿为此付出全部的生命力量。应该说，当一个人找到毕生最喜欢的职业或专业领域时，那是最幸福的人生。我庆幸自己能够找到在大学教书的工作，我庆幸自己能够从事诗歌与哲学、美学与伦理学的研究，虽然我并没有取得真正值得自己骄傲的学术与思想成就，但是，我在这一专业工作中获得了至上的快乐。

现在的"专家"，往往是专业意识极强的人。越是专业强，越显得有所成就，因为人只有在最坚定的专业领域花上几十年的时间才会超越一般人，才能获得比较专深的知识，由此显示比较重要的专业成就。40岁前，我一直没有极清醒的专门知识构造与清理意识，那时，我希望自己懂得多或涉猎广泛。我更多地被多读书所驱动，被各种新的知识所诱惑，被中外文学经典与哲学经典所吸引，我总希望了解自己不懂的领域以促进知识的综合与知识的自由。我虽然阅读面极广,而且在许多问题上花了功夫,但是,并没有在任何专题或专门知识领域中做到"穷尽一切疑难"的地步。我倾向于从总体上把握思想的实质而缺乏深入细致的辩难工夫,这样,涉猎的领域相对较广,发表的论著跨越了多个领域,但是,没有在任何细小的领域具有最精粹系统的知识,我在学问上就没有"绝活"。我满足于学习德语、英语和希腊语,我满足于徘徊中外哲学经典之中,但从来没有下苦功去推进最精细而深入的学术研究与哲学思想研究。现在想来,这是非常遗憾的事情。事实上,语言认知的缺憾与专深意志力的薄弱,让我无法进入经典文本的最深处。

从专业领域意义上说,我真正倾心的事情,还是"诗歌与哲学的探索",后来发展为"美学与伦理学的探索",最终回到二者的综合之中。显然,在专业化的职业选择中,这也是极宽泛的专业领域,并且不是极其明确而深入的专业领域。在这个宽泛的专业领域,有无数的经典与无数的难题,没有人可能在有限的生命时光里真正理解得清楚。为此,我虽然不断地收缩学术与思想战线,把力量集中在"希腊诗歌与哲学经典""德国诗歌与哲学经典""先秦诗歌与哲学与经典"三个领域,但是,我无法做到真正深入细致的体察。后来,我在此基础上主要集中在"荷马与柏拉图文本""康德与黑格尔美学文本""尼采与海德格尔美学文本""周易与老庄文本以及刘勰文本""张承志文本"四个相对具体的文本世界中。

应该说,这种选择极大地满足了个体学术生命意志的要求,但是,它依然对我的学术能力提出了极大的挑战。古希腊语、德语乃至古汉语,我只能做到"粗通"的程度,无法达到"精通"的程度,因此,我的学术认知能力与语言建构能力本身无法真正实现我的学术自由意志。这是我深感无奈的事情,我只能做到"自知之明",却无法做到"德能相配"。因此,即使是现在,我也只是在通向真理的途中。心有所属而不可得,这是极其

无奈的事情，这可能是我这代人最大的学术悲剧，因为物质生活条件与家学条件，都无法让我真正具有从事这种神圣的事业的卓越天赋能力与思想能力。多亏自我的学术意志与学术方向明确，于是，我可能会做出二流或三流的学术或思想工作。

记得 2004 年我在去德国基尔大学访学的途中，与浙大农学院的一位副教授交谈。他问我主要研究什么问题，我说自己从事美学与伦理学研究。他非常不满意，我们还为此发生了"争吵"。现在想来，他比我更早进入了专门职业领域的问题中，我则乐于在宽泛的专业领域之间流连忘返。人文社会科学有着自己的特殊性：一方面，我们需要系统的专业知识和宽广的专业视界，另一方面，我们需要精深的专业知识能力，必须能够解决经典哲学与美学的复杂问题，能够解释经典文本最细部的语言奥义和文献歧义。这就是说，我们必须成为"知识怪兽"才能获得独立自由的生存特权。如果只有浮泛之学，那么，肯定无法在专业领域建功立业。我们必须最大限度地接近事物本身，必须穷尽一切智慧道明经典文本的语义实质。只有这样，我们才能成为美学或哲学领域的专家学者，才能真正具有深刻而原创的美学或哲学思想。

2. 最初，解释学成为我自觉的理论选择与自觉的学术实践方向。"解释学原则"与"本文解释学"，就成了我的学术实践意志与建构对象。

在这种学术自由意志的支配下，我们的学术思想道路具有自己的命定性。一般说来，追随时尚问题是一条路，顺从心意则是另一条路。真正的学术自由意志，不可能遵从时尚的道路选择，必然会顺从内心的坚定指引，哪怕极其孤独寂寞！人类的知识无穷无尽，文艺学与美学的知识也无穷无尽，理论分支特别多，我发现，自己对许多时尚问题毫无兴趣，因此，必须找到自己特别有兴趣的对象。这就是说，在知与行之间，我必须先在"知"的基础上找到"信"的东西。尽管先天能力不足，但是，我年轻时"并不相信天命"，所以，一直抱着壮志未酬的心态从事自己最心仪的工作。野心勃勃且志大才疏，但这并不妨碍我的自由选择。

我突然发现自己对"解释学问题"特别感兴趣，而且觉得人类的全部智慧工作，无不是通过语言符号解释世界。既然解释学工作具有如此普遍性的意义，那么，如何理解文学创作者的解释工作或对象世界建构？如何理解哲学家的创造性解释工作或对象世界建构？如何理解文学批评与哲学的再解释工作？为此，我试图在中西解释学传统的基础上重构解释学的一般理论，并运用解释学的方法建构特殊的对象世界，由此形成独立而具体的解释学科学体系，并且将解释学建构对象世界的工作演绎成"语言符号化的科学建构"。

1985 年前后，我看到了学者殷鼎的一部解释学入门书，它非常符合我的思想意向。在书中，他比较系统地介绍了现代西方的解释学理论。后来，我看到了国内学者关于文学解释学的著作，于是，立志探索解释学的一般问题与文学解释学的具体问题。在面对解释学问题时，先要直面普遍解释学问题，设立解释的对象世界，确立解释学的语言意义建构逻辑，形成解释主体与解释对象的互动原则。当然，解释学绝对不只是解释文学艺术问题，我已经认识到，所有的人类语言活动都可以称为"解释学"。我将它界定为"解释学即通过语言建构对象世界"，并以此形成广义解释学的概念。为此，我试图重点解决几个问题：第一，解释的普遍意义是什么？如何规定解释学的普遍价值？如何对解释与解释学形成普遍的界定？第二，如何理解与界定文学创作者的解释学工作？如何确定文本建构与文本解构在解释学活动中的中心地位？第三，如何寻求解释学的普遍原则？如何理解解释学对世界的无限性知识建构？如何理解解释学与生存论和意志论的真正自由联系？为此，我在自己力所能及的范围内，试图建构"本文解释学""诗学解释学""创作解释学""批评解释学"与"美学解释学"。在建构知识系统时，

我希望自己能涉及生存自由的根本问题。这就是说，在确立了普遍解释学原则之后，我主要致力于文学活动世界的解释学建构。面对不同的文学解释对象，我初步形成了这五个解释学的对象世界。通过这些对象的语言建构，可以完成文艺活动的系统理论总结，由此实现自己的学术自由意志。

即使将解释学普遍化，但是，由于知识的限制与能力的限制，我们仍不能将什么对象进行解释或建构。我重点的解释对象是"文学艺术活动"，是美学与伦理学必须关注的人生意义或价值问题。因此，我把"普遍解释学"的探索视作解释学的一般理论，把文艺学与美学解释视作解释学的具体科学建构问题。在普遍解释学问题上，我的基本探索方向是：解释学作为语言的活动有什么特征？解释学到底是方法论还是本体论？解释学中的理解与解释活动的关系如何？解释学的主体性、主观性与客观性如何保证？解释学如何面对文本世界？解释学如何面对思想活动或心理活动？解释学的科学严格性与主观随意性的矛盾如何解决？一方面，我把当时能够涉及的全部解释学问题罗列出来，把人们热衷讨论的全部解释学问题形成理论列表，另一方面，把西方的解释学理论和中国的解释学理论打通，从中寻找理论综合与创新的可能。在这个过程中，我最重要的发现，是在"本文解释"方面形成的心得体会或理论建构。

由于确立了这一方向，在相当长的时间内，我的学术思想活动基本上都是围绕"解释学问题"来展开。在研究的基础上，初步形成了对解释学问题的一些看法。例如，解释学既不是单纯的本体论，也不是单纯的方法论，而是二者的理论综合。这样，我就把解释学理解成"面对对象世界的语言活动与思想活动"。此外，我还形成了一个基本的看法，"解释学即通过语言建构对象世界"，我想以此把握一切解释学活动的基本特质。

在确立了解释学的一般定性之后，我主要致力于解释学最基本问题的研究，即面对本文或文本的解释如何可能？这并不是直接面对对象世界的解释学建构，而是面对经典解释学对象的文本思想再建构。如何建构对象世界，如何还原原初解释者的思想创造与精神创造，这是面对经典解释的中心问题。对于科学解释学来说，面对对象世界，通过科学技术手段给对象世界或对象事物进行定性与定量分析，形成对世界或事物本身正确的解释。因此，不同的解释学活动与解释学对象，虽然都是面对对象世界的语言活动，但是，在具体的对象和解释方法以及解释目标上依然有着很大的不同。

在这一过程中，我主要确立了"原初解释学"与"本文解释学"的基本区分。前者是创造性的解释工作，它呈现为创造性的文本世界建构；后者则是再创造的解释工作，它面对原创性文本并通过对象世界进行理论还原。这一区分，在任何科学领域都具有普遍意义，毕竟原创性解释高于文本性再解释，这是创造与还原的本质区别。因此，我的解释学工作不同于德国解释学大师伽达默尔，我更倾向于法国哲学家利科。当然，我并不是从学术意义上接近利科而是从思想本身接近利科，因为从学术意义上接近利科，毕竟要受到法语与法语文本的强大思想限制，这是我无能为力的事情，虽然我粗通一些法文。

我试着建构本文解释学理论，即不管什么文本，特别是人文社会科学的经典文本，我们必须找到一个方法能够还原作者的意图，还原作者的"原初世界"。我当时根据自己对文学批评的强烈兴趣，以张承志的创作作为解释对象，并试图建构本文解释学的一般理论法则。面对作家大量的创作性语言文本，我们到底应该如何重建作家的文本世界？这并不是简单的思想还原或形象建构问题。如果我们的解释只是还原作家的文本，那么，它肯定不如直接阅读作家的原始文本，因为作家的文本永远比我们的还原更加生动。那么，作家的创作是否属于解释？如果作家的创作活动也属于解释学活动，那么，这种基于感性想象的解释学活动应

该怎样命名？为此，我提出了"原初解释"与"本文解释"的关系概念。

"原初解释"属于创作者的解释活动，这是直接面对对象、面对生命世界与生命活动的创造性解释，它们并没有固定的文本依据，而是直面自己的生命体验与语言体验以及生命历史记忆。由原初解释与原初解释学概念的提出，我们解决了作家的原创性解释的解释学地位，也把握了作家的解释学活动的语言独特性。对于我们这些面对作家文本的解释者来说，我们需要做的事情就是"直观作家的文本"，而解释作家的文本并非阅读文本即可，我们还必须调动自己的生命经验与生命记忆，必须运用自己的理性知识与感性知识，因此，面对文本，其实是要求解释者通过文本的中介，重建作家的世界与自我的世界的生命创造活动。正是在这个信念下，我初步推进了解释学的普遍理论研究与解释学的具体学科理论研究，逐步确立了本文解释学理论建构的自信。为此，我写作了《解释学原则》，试图把解释学的基本理论系统化，但是，这一工作还没有最终修订完成。

3. 为了思想的自觉，为了理想生活世界的建构，我最终转向了美学与伦理学的关联领域，以此反思生命的自由实践问题。

在解释学的理论建构工作告一段落之后，我选择了美学与伦理学相关的"生命自由问题"进行探索。在系统地运用解释学理论处理了文学创作、文学文本、文学批评和文学价值的问题之后，我感觉自己的文艺解释学理论建构工作基本完成了。当然，从普遍意义上思考解释学方法并通过解释学理解世界这一工作还没有最终完成。与此同时，我发现，解释学毕竟是通过语言符号实现对象世界的建构，还没有真正涉及生存论或意志论本身。为此，要想自由地思想，就必须面对自由的问题本身进行理论研究。因此，美学问题与伦理学问题，很快占据了我的学术思想中心，满足了个体自由意志的新意愿。

美学与伦理学的核心问题，其实是自由问题。它必须解决我们如何获得自由以及我们为何要获得自由的问题？在自由的追求中，"美与善"成为我关心的最核心问题，或者说，我把它看作是自由问题的理论基础。我1999年申请了一个课题，即"文学的审美道德主义解释"。那时，也不知道有什么"文学伦理学"的国际学科组织。我完全按照自己的"知识意志"建构这一理论问题，试图建证审美与道德的自由联系。我那时主要受到周易思想与尼采—居友的理论影响，试图将中西生命哲学的美善理论结合起来。按照周易的理论，"生生之德"，即美善和谐的最大契机。同时，尼采的生命德性理论，居友的《无制裁无义务的道德概论》，强调生命伦理的自由创造性特质，这些理论之间具有内在的可沟通性。那时，我觉得这一理论正符合我对文学艺术与生命存在的自由理解。

在美学与伦理学研究中，我的经验是，学术活动不再是纯粹知识的问题，而是思想自由问题。当我们直面生命存在时，思想的智慧比知识的清理更加重要。从事美学与伦理学活动，不再只是纯粹概念的理解问题，它还涉及人的生存与自由问题，因此，这比文学解释和思想解释更加重要。总之，当我真正开始把美学与伦理学结合在一起时，就感觉到了这种思想的自由快感与目的论建构的根本价值。

美学到底要解决什么问题？我曾经花时间充分考察了各种美学流派的理论，探索了各种美学思潮的内在实质，我曾经试图寻求各种美学理论的自由综合，但是，我发现多元思想综合这一思想意图很难真正实现。因此，我逐步退回强调基于生命哲学的美学建构，即将意志视作美学最根本的创造力量与本体论建构目标。只有寻求自由意志与创造自由的最内在联系，才能为美学的自由立法奠定思想基础。此外，我们必须寻求伦理学与美学的可沟通性，这就是自由的普遍原则，就是美善和谐的原则。伦理学的最根本目的，是为了生命的至善。这种生命伦理，应该是无规范无制裁的理论建构。因此，在美学与伦理学的自由重逢之处，我们可以实践生命存在

的最根本自由。因此，美学与伦理学的关联，可以建构生命存在的最自由目的，这一问题最大限度地满足了我的学术思想意志的内在要求。

4. 在职业生涯的后期，我重新回到青少年时代心仪的"诗歌与哲学"领域，仿佛是一种轮回。

30 多年的学术与思想探索，我似乎从来没有坚定地围绕一个问题持久地展开论证，我喜欢在一个问题理解之后转向另一个问题，不过，在学术思想探索的过程中，我又经常返回曾经探索的问题之中，因此，不自觉地形成了"思想的内在循环"，始终没有跳出"造化的掌心"。在系统建构了解释学的一般理论、系统地建构了美学与伦理学的一般理论之后，我开始回到自己学术思想的出发点，即重新检讨诗歌与哲学的关系问题，重新反思文学艺术形象建构与哲学思想的观念建构等根本价值问题，重新回到生命创造自身的价值反思问题。

那么，我们到底应该如何面对诗歌与哲学的具体问题与普遍理论问题呢？显然，它涉及两个问题的探讨。一是诗歌与哲学思想之间的关系。实际上，诗歌并不能真正建构哲学思想，相反，诗歌只能创造巨大的思想隐喻或存在隐喻。"隐喻本身"，是设置问题而不是解释问题，因此，诗歌的隐喻结构，常常让解释者陷入了更大的思想困惑之中，甚至陷入思想的神秘体验之中。

自 2004 年起，我利用出国访问的机会，开始收藏英语诗歌经典、德语诗歌经典、希腊语诗歌经典，包括一些法语和意大利语诗歌经典，我基本上把自己喜欢的外国诗歌经典作品都买齐了。荷马、品达、但丁、莱辛、歌德、席勒、荷尔德林、海涅、尼采、华兹华斯、雪莱、济慈、惠特曼、马拉美、波德莱尔等等。我本想研究具体的诗歌经典作品，后来发现自己精力不济，如果把每部经典进行深入的细读，那么，我肯定有心无力。于是，我只好逐渐削减研究项目，只关注荷马史诗、品达颂歌与柏拉图对话，另涉及亚里士多德的作品。为此，我主要思索"诗人为何创作"和"诗歌创作的真正意义是什么"等基本问题。诗歌的文本与哲学的文本，如何通过整体与细部获得思想直观？这是我思索的中心问题。

二是探究诗歌与哲学的本质思想差异。诗歌的目的，从根本上说是要建构形象的世界，通过形象的世界隐喻生命的世界，最终确立自由的意义世界。哲学的目的，则从根本上说是要建构观念的世界，通过观念形成了概念范畴与命题判断，形成观念的逻辑与思想的逻辑，在此基础上建构自然世界与生活世界和文化世界。人天生需要博大的知识体系，需要思想的自由引领，于是，哲学最大限度地满足了这一需要。因此，在寻求诗歌与哲学共同目的的基础上，我们发现："形象与观念之间"，如何沟通，如何对抗，如何挑战，就成了诗歌与哲学的思想的关键差异。在研究过程中，我发现，形象与观念有着内在的联系，但是，又有着根本的差异。诗歌通过形象表达自由的思想，哲学通过观念建构逻辑的思想。感性的想象与理性的思辨，在诗歌与哲学的自由交流中得到了充分的自由表达。

我们必须承认，形象的世界与观念的世界，充满了思想的巨大秘密。形象与观念，是诗歌与哲学最根本的区别与最内在的联系。这就是说，文学艺术的最根本目的就是形象的建构，即通过形象建构生命存在的复杂世界。因此，"形象建构"，既是创作者的根本任务，又是接受者理解艺术与生存世界最直接的思想中介。只要抓住形象学问题，才能抓住文学艺术的灵魂。事实上，我们在形象学的无限想象中，可以领略艺术的最伟大秘密。同样，"观念建构"是哲学解释世界最重要的目标，没有观念的建构就没有哲学存在的价值，观念体系越具有经典性，越具有创造性与批判性，影响就会越大。

当我们探索哲学的意义时，可能会发现，哲学最根本的问题，还是存在、语言、实体、生存，从这个意义上说，哲学世界的观念革命是极其缓慢的。

从另一个意义上说，哲学观念的根本性特质，使哲学创造自身永远无法逃离哲学最根本性的形而上学问题与知识论问题。于是，我特别有兴趣探讨形象与观念的联系，并以此建构诗歌与哲学的联系，这正是我当前从事的最重要的思想工作。

"形象与观念"，并不是诗歌与哲学的根本目的。从创造意义上说，诗歌与哲学的共同目标，还在于探索人生与存在的秘密，探索生命存在的真正价值。但是，诗歌的存在，必须通过语言形象的中介，必须通过语言形象才能真正实现思想的自由目的。同样，哲学并不是为了观念而存在，但是，哲学离不开观念，没有观念世界的清晰建构就没有思想的澄明存在。观念是哲学思想的工具，甚至是哲学思想的灵魂，通过观念可以照亮整个存在的幽暗世界。因此，通过形象与观念的比较分析，我们可以把握诗歌与哲学的内在思想律动。

5. 为了思想的至上价值，作为自由的思想者，我的内心呼唤：必须探索"意志论美学问题"，因为这是个体生命存在与生命创造的最终精神依托。

当形象与观念建构的任务完成之后，我的思想目标或学术意志，试图自觉美学的自由创造问题。在考察了许多美学体系与美学流派之后，我曾经设想应该将"多元化的美学"进行理论综合。我发现，这一理论构想在思想实践中行不通，因此，我只好重新回到具体的美学理论建构自身，承认各种不同理论流派的解释学合法性。

我越来越强烈地感到，生命存在意志与生命创造意志是一切问题的最初动力。因此，如何探究意志问题，如何理解意志在美学创造中的决定性作用，必须成为美学建构的最重要工作。这就是说，我们可以从生存本体论出发建构"意志论美学"。我原来试图寻求美学的综合，在美学的综合中探索思想的可能，现在，我发现，美学的综合是不可能的，我们必须寻找独立的思想道路。必须承认，意志论问题的自我关注，最初可能与叔本华与尼采的意志论的影响有关，也与周易老庄思想有关，后来，则是自我生命存在意志与学术思想意志的自觉理论追求。在生命实践中，我充分认识到，意志问题比理性问题、情感问题更加重要。理性表面上指导一切，实际上，它往往只提供具体的知识，根本不作价值判断与实践选择。因此，主导生命存在的最根本力量还是意志。理性在很大程度上服务于意志，或者成为意志的服务者，或者成为意志的制衡者。理性的作用与理性的价值，取决于意志自身，即意志需要什么样的支持，理性就为意志提供怎样的服务。理性从来不能直接决定事物的历史进程，唯有意志才能决定生命的自由创造，造成生命存在的巨大冲突。如果一切都是理性建构的世界秩序，那么，世界不会有这么多矛盾和冲突。正因为是意志主导的世界，世界才充满如此多的纷争与冲突乃至战争。因此，无论是从生命现象学的描述入手，还是从生命存在的自由反思入手，"意志问题"都是我们绕不开的问题，它对美学的建构具有决定性影响。

我对意志问题的系统关注，也与我女儿有直接关系。她在海德堡大学攻读哲学博士学位，主要研究康德与黑格尔的意志论思想。正是在与她的交谈中，我才真正理解康德与黑格尔意志论思想的"本义"。我原来只接受了叔本华与尼采的意志论思想，并没有真正理清意志论的全部知识谱系。后来，我发现柏拉图、亚里士多德、奥古斯丁、康德、黑格尔都是意志论思想的大师。正是对这个问题的关注，我发现，美学的建构必须从生存意志出发，通过生存意志与创造意志去理解审美活动的本质，这样，美学的自由实践可能得到更好的更深入的解释。

应该说，我的学术活动，在很大程度上都源于我的自由意志与学术选择，这里并没有好坏之分。事实上，千万个学者，每个人研究的对象不同，无疑都是根源于个体的知识兴趣与思想意志。因此，人与人之间的理解沟通，人与人之间的知识学建构，很难达成"普遍的共识"。更重要的是，

知识的无限性，决定了我们只能在自身的意志选择中建构自我的生命存在世界与知识世界。事实上，每一个体都在建构自我的生存世界与知识世界或技能世界，每一个体都依赖自身的意志力量与创造力量而生存。没有任何个体可以取代他者或另一个体。当然，个体生命意志的自我建构，其思想的力量或实践的力量并不相同。大多数人的自由意志只是为了个体生存，并不是为了改造世界。对于改造世界，我们大多数人心有余而力不足。意志的自由实践或意志的自由行动，在很大程度上取决于我们每个人的自由天赋能力。没有知识学的自由，没有创造能力的自由，生命创造意志就根本无法获得自由。

因此，学术意志固然重要，天赋才能更加重要。没有天赋才能，无论我们的意志多么强烈，都无法真正改变世界，无法真正产生思想的力量或行动的力量。我们无法提着自己的脑袋离开地球，这个比喻最形象生动地显示了"意志与实践的根本冲突"。正是在自由意志与学术意志的作用下，我一直遵循自身内在的思想选择与道路选择。尽管这种选择无法使我获得权力与财富，但是，我始终坚定地走自己最寂寞最信赖的孤独学术道路。这里，没有鲜花，没有掌声，只有我自己深沉而自觉的理论求索，只不过，因为天才的缺陷，我不能做出真正的思想原创。

二、理论建构

6. 我虽然自觉地写了很多书，也写了不少文章，但是，不少书和文章只是出自对思想的综合判断，或者出自时尚思想的个人回应，并没有真正体现个人的自由意志，既无法令自己也无法令他人满意，更不用说成为时代性的学科典范性作品。

为了坚持自己选择的学术思想道路，我一直在努力写作，通过写作确证自己的思想，改进自己的思想，深化学术的理解。我想把毕生所写所研究的东西，从个人真正的学术信仰的角度进行一些理论归纳。我发现，自己平生最有个人心得或最具个人特色的学术成果，大致可以归纳为四个方面的内容。这就是：本文解释学、美善和谐论、形象学诗学、诗歌与哲学综论。"理论建构"完全是思想的自觉自由实践活动，它是极其辛苦的精神劳作方式。"孔子述而不作"，也许就是畏惧这种辛苦的书写劳作。口头创作与书面创作完全不一样：口头创造的快感完全超越于书面写作之上，不过，能够在书面写作中享受快感的人并不多见。在口头表达中，许多人可能经常收获掌声。但是，书面写作的确定性，决定了思想的艰难与学问的艰难。

我经常想，如果人从老活到小，也许就不必做无用的事情或糊涂的事情，但是，人生只能从小活到老，所以，探索性地走弯路，甚至一生都没有走上正道，都是可能的事情。一辈子无所创见，一生无法在思想和学术上有所作为，实际上是很多学者的人生写照。人要自觉自由地思想与创造实在太难了！它需要许多条件，难怪康德一生最关心的问题就是"自由问题"。

我的写作主要体现在两个图书系列上，一是"艺术与文明书系"，其中有六本书的计划，已经出版了四本，还有《诗歌与文明：从古典学出发》《西方诗学通论：以希腊传统为中心》没有修改完成。二是"解释学书系"，也是六本书的计划，我已经出版了五本，还有一本《解释学原则》没有最终出版。在这两个系列之外，我还有几本书，也许可以称为"诗与哲学书系"。这样说来，我一共写作了十几本著作，与之相关的论文近两百篇。虽然从数量上还可以说自己相当敬业，但是，从思想与学术创建意义上说，还没有一本被公认为我们时代的优秀著作。所以，在内心深处，我对自己的学术与思想活动并没有真正的成功感与职业快感。

当我们付出毕生的经历从事一项高贵的事业，可能并没有真正的收获，而且可能是"西西弗斯式的劳作"，仔细想来，不免悲从心来，但是，我

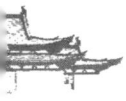

们依然必须从事这样的"辛苦劳作"。生命的选择，最终并不是为了鲜花和掌声，而是为了真正探索真理。"朝闻道，夕死可矣。"这可能是我们从事学术与思想的最高生命境界。

作为自由的思想者，最大的光荣应该是：自己的著作成为人们持久阅读的对象，因为这是经典作家与经典文本的最基本存在状态。真正自由的思想者，永远可以通过自己的经典著作享受无尽的思想荣誉，当然，这种经典的存在，有可能是被不断地批判被不断地解释而证明。我的学术思想意志，不断地通过写作实践得到了确证。在我们这个出版方便的时代，我们的学术与思想写作，很容易通过书面文本得到理论确证，这应该算作我们这一代学术劳动者极其幸运的事情。

7.《本文解释学》是作者有所创见的一本书，其中创立了不少解释学有效性概念，还确立了本文解释的一般法则。通过这些原则，所有文本在专业范围内都是可以理解与建构的。

前面我已经说过，我一直在探索本文解释学问题，为此，我将这项工作的成果最后命名为《本文解释学》。此前，我以《生命的智慧：张承志的话语世界》《走向本文解释学：以张承志的创作为中心》出版过相似的内容，我后来觉得研究一个作家并没有太多的理论意义。通过作家本文的解释去理解作家，这是文学批评的基本工作，但是，要想真正解读一个作家，或者说，真正还原一个作家的生命创作意义，如果没有系统的理论思考，没有本文解释学的建构，那么，我们对作家的批判与解释就永远无法代替作家作品本身。

作为文学理论工作者，我们必须能够找到普遍的理论方法，建构普遍的解释学理论，因此，我只能不断稀释文学批评的成分，增加解释学的理论思考内容，力图形成本文解释学的普遍思考，即通过作家作品的实证建构本文解释学的理论与实践结构。这样，作家的创作文本解释就不是我的主要任务，而是我的本文解释学试验的建构对象。如果我们的实践解释是有效的，那么，这些解释方法与原则就可以运用到相关的解释中去。或者说，通过解释方法与解释学的试验，我们可以自由地从事所有的文学艺术解释工作。

在《本文解释学》中，我创制了一些解释学观念，力图将本文解释所涉及的全部问题系统化。为了弥补正文解释的不足，我甚至通过注释的方法将本文解释学的理论系统化。在本文解释学中，"文学本文"作为作家的原初解释，体现了原初解释学的基本意图，即通过形象还原生命存在的意义，确证生命存在的历史价值，并对生命存在形成普遍反思。这样，形象建构、生存历史与生存价值，就成为"原初解释学"的中心问题。作为本文解释学的理论建构，它必然是面对作家本文的解释学重构。如何保证原初解释的主体性与本文解释的主体性之间的沟通？批评的解释如何最大限度地还原本文建构的意义？本文解释学如何最大限度地重构作家的本文世界？在这本书中，我通过解释对象、文体定性、艺术关系、精神联系、生命反思等视角，为作家本文世界的系统建构确立了一般理论示范，为文学本文解释提供了切实有效的解释策略，具有真实的"解释有效性"。因此，我自认为，这是我在理论上有创见的一本书，相对我的另外几本解释学著作，《本文解释学》更具理论建构与实践建构的意义。它严格地区分了原初本文与再解释文本、实践文本与理论文本的关系，为面向作家的文本世界提供了重要的解释学理论支持。

8.《美善和谐论》是我的学术思想代表作，其中，"美善问题"涉及了思想史最具存在论价值的根本理论问题。

在解释学之外，我主要关注美学与伦理学中的美善关系问题。在审美与道德的本源性探索中，我提出了"美善和谐论"的理论。《美善和谐论》这本书，最初是我承担的国家社会科学基金的课题成果，我先以《审美与

道德的本源》为名在上海人民出版社出版，后来，又以《美善和谐论》为题在浙江大学出版社修订出版。作为学术思想的自由意志选择，这本书涉及我对美与善关系问题的最具体的理论解释，也涉及我对文艺理论与生命存在最根本问题的思考。由于我对"美善关系问题"充满思想的激情，这本书最初写作的时候，几乎是一气呵成。1999年，我以"文学的审美道德主义解释"为题获得了国家社会科学基金的支持，但是，一年多的时间过去了，我一直没有动笔。后来，在外力的推动下，我不得不专心写作此书。那时，我每天准时坐在高教新村自家阳台的书桌上"奋笔直书"，我直接写在方格稿纸上，然后，请人全部录入电脑，我再在电脑上做了几次修改。

据说，邻居的大妈从她家的阳台上看到我连续十几天不停地写作，感动得不得了。她说，这个小伙子真厉害，成天在书桌上写东西。说实话，我这一生，大概只有在写博士论文与《美善和谐论》时如此敬业过。这本书的初稿写作，只花了一个多月时间，前后分成两个时段，中间休息了几天，每次工作时间15天左右。这是我毕生最精力弥满的时候写成的书，许多论述显示了自由创造的力量。写作的流程是这样的，在论题确立后，我先列出较详细的写作提纲，然后，利用晚上时间独立行走并思考写作中的具体问题，匆忙留下写作笔记，每天太阳升起到日落时分进行书面写作，最终一气呵成完成文稿。这本书的最大价值，可能就在于它所具有的"思想激情"。虽然对于美善问题自身的细节建构有一些发现，但是，在美善的根本关系问题上依然没有太大的突破。

全书分为六章，第一章探讨美善和谐论的根据；第二章探讨审美本源性与美善和谐论联系，我提出的"审美优先与道德殿后原则"对于文学创作来说是有效性原则；第三章探讨道德本源性与美善和谐论的关系，我就"道德创建问题"进行了很好的解释，并对"道德归类"与"良知论"提出了新的解释；第四章就审美意向性与道德意向性做了很好的解释，并且对"真善美三者之间的新型关系"进行了独特建构；第五章建构了文学艺术的审美道德解释模式，我对《浮士德》进行了独特分析；第六章则探讨了美善和谐论与自由秩序建构之间的联系。全书围绕美善关系问题，运用严格的逻辑分析原则，对美善关系的核心理论进行了独特的探索。其思想主张，主要基于周易的生生理论与西方的生命哲学理论，充分捍卫了审美与道德创建的自由，确立了心态自由秩序与社会自由秩序的内在联系。我自认为有不少创新，也得到了一些专家的好评。

在本书初稿完成后，我转向了专门的"西方哲学史"与"希腊哲学史"的课程教学，发现"美善问题"远比我当初想象的内在内容更复杂，仅仅就柏拉图的"美善论"与普罗丁的"美善论"，就很难说清楚。因为这是人类思想史最精彩的论题之一，哲学家为此付出了巨大心力，呈现了无穷自由的智慧，远非一般人能够超越的思想定势。我越读西方哲学家和先秦思想家关于美善问题的论述，越对拙作的思想深度与理论建构的创造性表示怀疑。但是，就美善关系问题或美善的本源性问题，我只能发挥到这个程度，无法做出更大突破，这是思想能力制约的结果。

9. "形象本体论"或"形象学综论"是作者正在写作的书，作者为了证明形象乃文学艺术的最根本性特征，试图在新的形象认知立场上就这一古老的诗学问题进行新的理论建构。

在即将退休的时候，我一直在反思和总结："我自己从事文艺理论研究，毕生到底应该坚守怎样的理论？"我在系统而深入的理论反思之后，发现自己只"信仰"形象学理论，其余的理论在我心中完全失去了神圣合法性。基于这样的理论总结与反思性批判认知，所以，我在上文学理论课时，天天讲"形象学创造"与"形象学建构"。说实话，这一理论受制于已有的认知观念，很难进行新的观念创造，我的一些想法可能让学生听烦了，因为我发现许多学生没有明白我的真正心意，总以为"形象学问题"只是最

简单的诗学问题，特别是在"典型形象理论"红了几十年之后，再谈形象学理论，大家似乎都提不起兴趣。然后，我依然坚信，文学理论最核心的思想，"除了形象学理论还是形象学理论！"只不过，我们不能停留在原有知识体系内，我们需要许多新的创造，甚至需要联系当今的计算机图像学理论与图像学思维去理解这一人类最深沉的本质性思维活动。

"形象本体的认知"是形象学诗学的基本问题。人类最本质的认知方式，最初就与形象相关，这是人类思想最原初的特质。"形象本体"，一方面是存在的事实，是世界的基本呈现方式；另一方面则是感性的真实，它主宰着我们的思维与情感，通过形象承载了生命存在的历史与现实。因此，我们不能轻视"形象本体"，当然，我们不能陷入简单的形象思维理论之中，也不能简单地通过形象建构评价文学的价值。我们需要新理论的创造，更需要将形象学理论不断推进。我发现，形象主义运动、形象的跨艺术的创造、形象的直观与形象的记忆，都深刻地影响着我们对文艺的本质理解以及对文学本质的系统认知。

就我的理论建构而言，我希望建立"形象本体论"与"形象创造论"的中心性理论地位，将形象建构与形象本体视作一切艺术的普遍共同价值准则。事实上，无论是现代科学技术的形象呈现，还是传统艺术的形象呈现，都在不断实践形象本体与形象建构的根本原则，它是人类思想与情感活动的最根本的依托。我们只有以形象为中心才能真正把握艺术的根本特质，自觉实践艺术的根本创造任务。因此，我的形象学建构理论以及形象学的价值理论得到了实践的强有力支持。当艺术的经典形象创造完成之后，它就具有自由的文化传承与文化撒播的能力，它可以持久地作用于民族的文化心灵，成为民族精神与价值的精神自由象征。事实上，我们正是通过"形象谱系"建构了文明的历史生活世界，我们正是通过"形象象征"建构了民族国家的自由精神价值。形象自身或形象本体，完全可以成为民族精神自由或精神承重的象征形式。

10. 诗歌与哲学的关系探讨，不仅可以深化形象学的讨论，而且可以辅助意志论美学的建构。作为自由的思想者，作为生存者的自觉理论信仰，我希望将来能完成关于生命存在本质自由探索的新书，暂且命名为《意志论美学》。

诗歌与哲学的关系探讨，既是纯粹的学术问题，它可以通过中外经典进行解释学证明，又是实践性的思想自由问题，它可以通过自由想象展开生命的理想建构。诗歌的自然想象与形象亲证，不仅可以进行诗性的阐释，而且可以进行存在的反思。哲学的生命体验与逻辑证明，不仅可以深化诗性的认识，而且可以建立神秘而浪漫的思想境域。诗思与哲思，这是最重要的思想活动。围绕诗歌与哲学问题，我们可以将这些问题扩展到人类生命意志的自由探索中。事实上，诗歌与哲学的自由创造就是对人类生命自由意志的最独特证明。

人生最根本的问题，是生存意志与主观意志问题，由于美学最为核心的问题就是意志驱动的审美自由创造，因此，无论是强调实践论美学还是人生论美学，无论是强调身体美学还是生态美学，无论是强调文艺美学还是政治美学，生存自由的最根本特质，还是自由意志与主体意志问题。我发现，意志问题必然与自由问题相关，因此，探讨审美创造的核心问题必须确证生命的自由意志。前面已经说过，我曾经设想建构"综合性的美学"，把诸多美学观念按照严格的逻辑分类原则自由地综合在一起。后来，我发现"美学的综合"不可能包容一切，美学的创造必然要求多元发展。每个人的知识与信仰不同，生命的实践指向就不同。我以为，"生命存在意志"是诗歌与哲学的中心问题，它与形象和观念问题的创造一脉相承，也与对象的解释学建构有关，因此，这种思想的转向其实有着最内在的生命统一追求。

11. 在学术思想史的建构方面，我在希腊思想与艺术方面的理论建构

具有自己的系统性认知。最初的博士学位论文，以《希腊思想的道路》出版。在此基础上，我又写作了《古典学与诗学：希腊的传统》《诗歌与哲学：从荷马与柏拉图出发》《希腊戏剧文化遗产》以及《希腊诗学传统的建构》，因此，关于希腊的学问，也许可以算作我个人学术探索的身份特色标志。

最初，我对希腊传统的兴趣与刘小枫对浪漫派诗学的理论展望有关，这可能也根源于我对诗歌与哲学关系问题的原初兴趣。后来，我跟随陈村富教授攻读博士学位，陈老师有意引导我关注诗歌与哲学的关系问题。此后，由于我主要从事文艺理论与美学的教学，不自觉地耽搁了希腊问题的系统研究。2006 年后，我有意重新回到希腊诗歌与哲学问题的研究。对于我来说，研究希腊经典诗歌与哲学文本，就是对希腊世界的主观主义与客观主义的重建。不过，我越是系统研究希腊文本，越是觉得古希腊语言的重要性。中国的西方古典学研究，越来越多的青年学者可以直接研读希腊文本，因此，他们的研究可能更加具有真正的学术性。

我的希腊语学习时断时续，始终没有达到精熟的程度，因此，在解读希腊经典文本时，还缺乏真正的学术自信。我通过英语和德语的研究文本，通过希英对照本和希德对照本逐渐认识到了希腊经典的丰富意义。这一工作的真正推进极其缓慢，自我的生命创造能量还无法发挥巨大的力量，但我试图献身于希腊经典文本的研究与希腊主义世界的理论建构。认识到了事情的重要性与艰难性，却缺乏巨大的生命意志力从事这一高贵的事业，正是当前我的生命存在困境。

应该看到，希腊的自由美好世界，主要是通过经典诗歌与哲学文本想象出来的。真实的客观的希腊世界如何，我们许多人并不能直接还原，至少不能直接想象。古典学家一直在通过文本与文物努力建构"美好的希腊世界"，真实的希腊历史世界似乎越来越远离我们的想象，因为"希腊经典"毕竟是希腊精英想象的产物。经典文本建构的世界与客观现实的生活世界，毕竟有着根本的区别。通过经典建构希腊理想，其实从根本上说是为了实现解释者的理想，是解释者在建构精神的乌托邦，并不是还原真实的历史生活世界。我们也许在柏拉图的对话中，能够还原城邦生活世界的部分真实，但是，在荷马的世界里，我们完全无法想象城邦的真实生活场景。城邦的日常生活景象，完全不能通过荷马史诗进行建构。因此，荷马史诗的英雄世界建构与神话世界建构，可能更多的是为了生命的自由想象与自由精神立法。事实上，荷马史诗文本与柏拉图对话文本，在语言形式上是有限的，但是，它们在学术与思想容量上却是无限的。要想真正接受希腊想思想文本与文学文本，不仅需要我们具有深刻的希腊语言理解能力，而且需要我们像尼采、布克哈特、格思里、耶格尔等等古典学家那样具有自由的文明想象力。

12. 人生能做的事情很多，但人生已经做出的有价值的事情则很少，天命难为，我们只有付出无穷的努力才能不负上苍的恩典与关怀。

当我觉得自己的心态还没有完全成熟时，时光已经飞快地流逝。我已经提前三四年开始做退休的准备，按照浙大的规定，50 年代出生的教授可以 63 岁退休，我们 60 年代出生的教授 60 岁必须退休。有意思的是，其他各行各业热衷于早退休，但是，大学教授并没有多少人愿意早退休，特别是文史哲学方面的教授，60 岁刚好成熟，其实还可以多干几年，说不定有可能做出自己的独立思想与学术创造。不过，既然要退休，也就没有什么好留恋的。最遗憾的事情，可能是我不再能为学生教课，不能做到教学相长，但是，大量的闲暇时间，我们还是可以为自己信赖的工作继续进行创造。每思及此，我们心理的自由空间与自由意志依然可以自由生长。

回顾一生的辛劳和努力，最大的困惑是：智慧不足，天才不够，领悟人生与学问秘密的时间太迟，走了许多思想与学术弯路，没有真正尽全力致力于研讨"文明经典"。我还没有来得及把一部经典真正搞通搞透，就

要退休了，更不用说，我还有许多学术思想写作计划。我这一生虽然写了不少著作与论文，做的事情相对说来非常专一，并且没有跨行当工作，但是，我能够做出来的并且富有理论或学术创造价值的事情，还是太少，尤其是在专业领域里面，我根本不能独当一面开辟真正的学术思想创造领域，不能真正引领学术思想的自由发展。我的工作，离真正自由的思想境地实在太远！不过，仔细一想，真正能做到这一点，都是天才的人物。我不是天才，能做到"地才"可以做到的工作已经不错了，于是，我转而自我安慰且自我满足了。

作为学者，我们都是"以有知对抗无知"。任何学者的知识都是有限的，不过，天才的学者更多地借助生命直观，并非事事都要学习，但是，对于我来说，非经学习就无法获得关于事物自身真切的知识。所以，我希望通过更多的知识学习，弥补生命自身认知的缺陷。学者们通常采取的策略是：掌握有限的专门知识，通过专门的知识确证世界，通过专门的知识把握世界。然而，相对"专门而有限的知识"，我们更要面对"广大的无知之域"。"无知之域"使我们的"有限知识"经常变得无能为力。我们通过分工合作，通过每个人的有限知识参与到整个人类的巨大创造活动中去，这样，每个人的有限知识就变成了对整个世界的独特贡献。我们不能炫耀自己有限的知识，但又必须为自我的有限知识而骄傲。这看起来是矛盾的，但它就是人类占有知识的真实境遇。我们唯有通过知识与世界共存，才能发现学术与思想的真正价值。我们的生命与知识是有限的，但是，人类的世代繁衍可以不断接近知识的无限性。

历史往往是由一代代人的特殊记忆所构成，尽管大历史相同，但是，由于每代人的成长记忆或发展记忆不同，历史认知就有很大不同。同时，由于个体的差异，个体的记忆与时代的记忆存在着根本性的分裂，因此，"个体经验性因素"，让历史的理解与思想的建构存在着不可避免的隔膜。

时代就是这样，不断地淘汰，不断地延展，也许只有最伟大的东西才能引发普遍共鸣。其实，许多人的劳作，只是自身生命存在的话语证明形式，并没有特别重大的思想意义与学术意义，或者说，我们大多数人可能只是思想史与学术史的"搬运工"。人生的悲怆与存在的悲剧，就这样必然决定了我们的人生。如果太认真地寻求生命的意义，那么，很可能会让我们失望，但是，我们又不能不认真地生存下去，这可能就是我们这些"地才"生活的意义吧！

集腋不辍，奋志求全

——专访浙江大学周明初教授

林宏达　郭妍伶 ※

学者
名片

周明初，汉族，1964 年生，浙江海宁人。现为浙江大学教授，博士生导师。兼任明代文学学会副会长等。1994 年毕业于杭州大学古代文学专业，获博士学位。主要著作有《晚明士人心态与文学个案》《全明词补编》等；主持国家社科基金重大项目"全明词重编及文献研究"等；获得浙江省哲学社会科学优秀成果二、三等奖。

※　林宏达，台湾实践大学中文系兼任讲师；郭妍伶，台湾实践大学高雄校区博雅学部兼任讲师。

浙江大学中国古代文学与文化研究所的周明初教授，近年来致力于《全明词》补辑工作，并出版《全明词补编》一书，受到学界肯定。2009 年 9 月，周教授应中正大学礼聘来台讲学，并特意南下府城，拜访著名词学专家、成功大学通识教育中心主任王伟勇教授。趁此机会，我们很荣幸邀请周教授接受访问，畅谈他的求学历程与研究心得。访谈过程中，我们感受到教授谦冲笃实的态度，无怪乎体现在整理明季文献的成绩上成果斐然。

一、小学奠基，文献打底

周教授研究领域广涉文学、文献、考证等，让人十分好奇，教授认为大学时期习得的知识，对自己帮助很大，影响深远。1984 年，教授进入杭州大学（后并入今浙江大学）中文系古典文献专业就读，当时考虑到"文革"对传统文化带来巨大的冲击，使得古籍文献整理这个部分略显薄弱，故于杭州大学、南京师范大学、上海师范大学设立古典文献专业，再加上原本即设有该专业的北京大学，共有四所学校投入培育人才。至于学习的内容，配合师资及系上发展方向，主要在小学，如文字、音韵、训诂，辅以目录、版本、校勘等课程。

另一方面，专业上着重先秦原典的研习，所以学生修习范围比较偏向先秦两汉典籍，再加上开课教授们专长集中于小学领域，例如蒋礼鸿教授、郭在贻教授都是当时非常具有影响力的训诂学专家。蒋教授开设的是"目录学与工具书"，郭教授则开设"楚辞研究"及"近代汉语学"。周教授回忆从前上课的日子，特别那时蒋先生已七十多岁高龄，对教学与研究仍不懈怠，还为本科生开设课程，上课时用自己所写的目录学与工具书教材，坐在椅子上读给学生听。蒋先生是浙江嘉兴人，口音很重，所幸教授是同乡，对大部

分内容尚能理解，这也成了求学时较深刻的回忆。而在古代文学部分，有吴熊和教授、蔡义江教授等，师资阵容庞大。此外，在小学界颇具影响力的学者如张涌泉、方一新、傅杰这几位教授，当年都还是年轻教师，张教授开设"校勘学"，方教授开设"古代汉语"，傅教授开设"训诂学"，如今他们早已成为知名学者。整体来说，本科阶段涉猎小学的机会比较多，因此获得的训练也较扎实。

回首当初选择中文系古典文献专业这条路，教授自言因从小便对语文、历史、地理这些科目较感兴趣，中学时偶然获见姜亮夫先生《楚辞》方面的专著，感到很钦佩，后来报考大学时，发现姜先生是古典文献的博士生导师，不假思索地决定进入中文这个领域，并将汉语言文学和古典文献这两个类别都填上去。姜亮夫先生、蒋礼鸿先生是郭在贻教授这一辈老师的业师，亦是周教授的太老师。郭教授在当时荣获国家评鉴，是文科类里最年轻的博士生导师，对青年学子具有很大的号召力。这些老师都对教授影响甚深，这也是他在本科时期侧重小学的原因之一。

进入古籍研究所攻读硕士时，所里有多位名家学者，除姜先生、郭先生外，还有研究"三礼"的沈文倬教授，研究宋史的徐规教授，及博学广识、文理兼通的刘操南教授等。当时教授的硕士指导老师是崔富章教授。崔教授专精于《楚辞》与"四库学"，且因曾任职于浙江图书馆古籍部，时常接触许多版本、目录，成就了他在"四库学"方面的专业性。所以当教授决定以禁毁书的目的及心态问题作为硕士论文时，崔教授提供了许多帮助。

攻读博士时，教授选择投考中文系，转入古代文学范畴，指导老师是徐朔方教授。徐先生是小说、戏曲权威，代表作包括《晚明曲家年谱》三大册，影响深远。因此，教授的专业便从偏向先秦、经学、目录版本方面，逐渐转移到文学领域。原本徐先生希望教授研究有关戏曲考证的议题，但教授感到实际执行起来并不容易，便主动向老师反映，希望尝试探讨明末清初的遗民文学。起初，徐先生对此并不十分认同，故教授又提出明末清初的士人心态发展，作为另一切入方向。几经琢磨修改，最后订在晚明阶段，研究成果后来出版为《晚明士人心态及文学个案》（东方出版社1997年版）一书。

回忆徐教授最令人印象深刻之处，是总给学生许多思考、探索问题的空间。当时徐先生指导了两位博士、一位硕士，上课时三人一起到先生家里，徐先生会先问大家这段时间读了什么书，遇到哪些问题，各自提出来讨论。有时徐先生会用自己发表的著作，或从其他学者的文章中，引导出相关的知识与想法，并反诘学生的见解，要求从中发现问题，质疑、检讨作者论点的可能性。教授提到这个讨论过程其实令人紧张，不过也充满了挑战性。例如有一次，师生四人分别考证汤显祖小妾傅夫人的生卒问题，但最后核对时发现四人提出的结论都不一样，大家都觉得自己的论证才是正确的，形成有趣的现象。又有一次，大家共同讨论《伍伦全备记》，根据记载作者是明代人丘濬，但徐先生考证后发现此书不是丘濬写的，但他所参考的文献还存有疑虑，师生间持续讨论这个问题好一阵子，但教授对这个答案始终抱持怀疑。后来，教授重新深入研读《伍伦全备记》一书，反复思索，最终确信徐先生的观点正确。因为《伍伦全备记》中存在着许多常识性错误，而丘濬是明代知名的博学大儒，以他丰厚的学问不太可能犯下这些错误，教授认同了徐先生的看法，并把这个论题进一步撰成《〈伍伦全备记〉非丘濬所作考——兼考成书地域及年代》，终于解决了这个疑问。

从本科到博士，一路走来，教授很庆幸自己在各个求学阶段能亲炙名师，厚植基础涵养，拓宽学术识见，受到良师启迪，于小学、文献、诗词、戏曲各方面获益匪浅，从而为日后研究储备了丰沛的能量。

二、详核群籍，校注补葺

因所学跨越文献及文学，周教授自博士毕业迄今，已着手整理了许多典籍资料，如《楚辞集校集释》，便是与崔富章教授合作的成果。当时湖北教育出版社委托崔先生主编"楚辞学文库"，崔先生亲自参与"楚辞集校集释"项目，其中《离骚集校集释》由先生主笔，但由于时间紧迫，需要更多人协助校辑，所以邀请教授加入编纂行列。这个工作基本上是汇集前人对《离骚》的注释，主要是整理，并未再开展出相关论题与研究，再加上崔先生已尽可能将国内看不到的资料从国外复印回来，所以编写过程尚称顺利。

教授近年来关注的焦点，是对《全明词》的补辑工作。自取得博士学位后，教授将大部分的精力投注在明代文学上，至于展开校补全编之事，却是出于一个很偶然的机缘。2004 年由饶宗颐初纂、张璋总纂的《全明词》（中华书局 2004 年版）出版，甫问世即引起学界注意，当时教授指导的硕士生叶晔正准备撰写学位论文，需阅读大量文献，检阅《四库》相关系列丛书（即《四库全书》《续修四库全书》《四库存目丛书》《四库全书禁毁丛书》《四库未收书辑刊》等）时，发现有几首别集已收录而《全明词》漏收的作品，教授认为这点颇值得留意，孰料又陆续发现一些文人词作未被收录的情况，不禁怀疑是否有更多这类失收的例子，便请学生继续调查，待累积一定数量后，就与学生商议，开始统计究竟这套书漏收了多少资料。后来师生两人努力地翻检大量相关古籍，竟然发现在《四库》相关系列的丛书与《丛书集成》诸编里有未收词多达一千五百首。此时，复旦大学古代文学研究中心也正在进行编纂《全明诗》的工作，搜罗了大量明人别集资料，有些是胶卷，有些是到日本、美国等地搜集回来的海外版本，所以教授便让学生到复旦大学，花了两个月的时间查阅、抄写这些未曾被丛书收录的资料，计得明词一千多阕。师生两人从 2004 到 2007 年，将心力都投注在明词补辑、校对的工作中，期间阅读相关古籍逾三千种，最后成果汇为《全明词补编》（浙江大学出版社 2007 版），所收词人达 629 位，其中包括了《全明词》失收的 471 人，辑得词作 5021 首，补辑数量更达《全明词》的四分之一。

这项工作现仍持续进行中，并未因《全明词补编》出版而停顿。因为明代资料浩繁，还有很多文献仍待汇集。教授目前手边又已累积有五六百阕明词，是《全明词补编》出版时未及收入的，可见资料数量之丰富。另外，教授计划如《全唐诗》般，将所辑明代词作重新整理，未来编纂出一套资料完备的《全明词》。这一方面是因为张璋所编的《全明词》已被学界发现存在许多问题，例如小传部分有许多地方存有疑义，尚需进一步考订修正；又如林玫仪曾撰写《全明词订补举隅》（《郑因百先生百岁冥诞国际学术研讨会论文集》，台湾大学中国文学系，2005 年），指出《全明词》的九项缺失；王兆鹏、吴丽娜合撰的《〈全明词〉的缺失订补》一文，也揭示出《全明词》的六项讹误。另一方面，《全明词》选用的版本不佳，其基础版本依据赵尊岳刊刻的《明词汇刊》及《文渊阁四库全书》。《明词汇刊》刊刻时代较晚，可能已和原来版本不同，而《文渊阁四库全书》仍有漏收现象，《四库》系列丛书中有更好的版本可供选择，而且《四库》系列丛书除了《续修四库全书》于 2004 年尚未完全出版外，其余包括禁毁、存目等都应再作检索。至于散见于小说、戏曲、方志等文献中的词作，也应该广搜博采，务求达到"全"的目标。

教授在心中立下宏愿，希望能将明词作全面的整理，以利学界参考。虽然明知这个理想必须花费很久的时间才能达成，但他仍期勉自己在往后的十年能持续关注明词问题，而《全明词》若重新问世，在质量上都必须突破且超越前人，并修改前人所留下的错误，才不致造成学术资源的浪费。

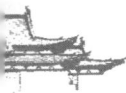

也因此教授"上穷碧落下黄泉",搜罗所需文献资料不遗余力,此番来台交流,特地到"中研院"傅斯年图书馆等单位,仔细查阅相关的明词资料,并尽可能地复印保存,无法复印的资料则予以抄写誊录,计搜集词作一百多阕。对于陆续获得的文献,在新书完成前,教授先以小论文方式发表,将数据公布出来,期与学界切磋,目前已发表了《〈全明词〉新补 12 家 45 首》《〈全明词〉作者小传订补》《〈全明词〉续补(一)——台湾所藏珍稀本明人别集所辑明词之一》《〈全明词〉续补(二)——台湾所藏珍稀本明人别集所辑明词之二》《〈全明词〉辑补中的几个问题》《〈全明词〉新补 15 家 59 首》等篇。

三、因材施教,展望未来

教授致力研究之余,对学生的培养亦不曾松懈。在大陆硕、博士生虽然也必须修课,有机会接触到其他老师,学习与自己专业相关的知识,但和指导教授之间的关系比较像师徒。我们好奇教授如何带领徒弟入门,是否有独传心法?教授表示,他往往要求学生先去阅读原典,试着从过程中发现问题所在。当然,这是比较理想的情况,学生能自己发掘题目,并和老师讨论,付诸执行;但如果学生一直无法突破,老师还是会给他一个题目或方向,然后指点进行的步骤。教授现阶段指导的学生论文都以明代文学为主,而且研究诗文者比例较高,其次是小说、戏曲方面。如果学生已定立明确方向,教授会开列一份书目,要求学生先行阅读;至于没有题目或方向者,便要他从《四库》相关书目着手,试着去浏览翻检,说不定会因此产生一些想法,获得写作的灵感。教授认为,硕、博士阶段的训练过程应是全方位的,如果仅作主题式研究,通常比较无法延伸,所以在选定题目时,建议还是需要预先设想未来是否可以从原来研究当中有所拓展,以此作为拟题的考量。

除了透过阅读原典寻找题材外，教授以为近人研究成果值得参考，不应贵古贱今，"他山之石，可以攻玉"，善于借鉴他人经验便可学到许多治学方法。例如王国维、陈寅恪等当代学者的著作，就非常值得仔细研读。像是王国维所撰的《殷卜辞中所见先公先王考》，利用二重证据法，将当时出土的甲骨卜辞与传世的典籍相结合，对商代先公先王的世系进行考订，便可以拿来作为教材，分析王氏用什么方法考辨问题，掌握他的治学路径。教授更进一步要求学生试着学作考据文章，这样一个学期训练下来，对于考证方法就能具有相当认识。

教授的研究范围从文献到文学，在跨领域结合的过程中，勤勉阅读和整理原典，树立坚实的治学根基。而学生们耳濡目染，在教授悉心指导之下，亦多能掌握要诀，勤于搜罗与钻研，更能师生通力合作，完成《全明词补编》这样的巨编。对于指导学生，教授总有一种使命感，认为每个人才性不同，唯有量才适性，方能协助学生走出属于他们自己的道路。而如同对学生深切爱护之情，教授对于编纂全集也怀抱着责无旁贷的体认。除与学生叶晔重新纂编《全明词》外，教授也和徐朔方先生的其他弟子一起合作，计划整理海外珍稀本明代戏曲，建立当前还没有人着手编辑的"全明戏曲"，期能保存文化资产，也裨益学界从事明代研究。因此，教授未来数年的精力都将投注在这两个较大的工作上，也借此给予学生参与实作的机会，透过训练编纂这类长编巨帙，让他们增加识见。教授言谈中屡屡表露出对于整理文献和培育学生的关切之意，这样致力传承文化的高远胸襟，令人感佩。

（原载台湾《国文天地》第 26 卷第 12 期，总第 312 期，2011 年 5 月）

附识：这是中国台湾地区学者所做的采访整理稿，其写作方式及用语与大陆有所不同。除将繁体字转换成简体字，订正个别明显错讹的字句及根据出版相关规定的要求对个别词语做必要的处理外，基本仍其旧。周明初识。2020 年 12 月 3 日。

深度阅读与教学育人

——许志强教授访谈录

滕 甜 沈 谣[※]

学者
名片

　　许志强，浙江大学世界文学和比较文学研究所副所长、教授、博导，主要从事西方现代派文学、后现代主义文学、魔幻现实主义文学、现代小说叙事学等研究。代表著作有《马孔多神话与魔幻现实主义》《布尔加科夫魔幻叙事探析》《无边界阅读》等；代表译著有《文化和价值》《瘟疫年纪事》《马尔克斯访谈录》《在西方的注视下》等。

※　滕甜、沈谣，浙江大学比较文学与世界文学研究生。

一、研究历程

滕甜、沈谣（以下简称滕、沈）： 许老师您走上外国文学译介这条道路有什么契机吗?

许志强（以下简称许）： 好像没有特别明显的契机。讲个插曲吧。我记得 1987 年秋天，在杭州松木场新华书店买了一本薄薄的小书，维特根斯坦的《文化和价值》，清华大学出版社出版的，这是该书国内的第一个译本。买这本书很偶然。当时没想到以后我自己会去翻译它。我在这上面花了不少工夫。2002 年浙江文艺出版社出版了我的译本。将近 20 年了，我的译本出版过两次，第二版是复旦大学出版社出的，只做了有限的修订。今年出了一个装帧考究的重译本，浙大出版社启真馆出品，是第三版了。可以说，这本书的译介对我的学术生活来说是有意义的。

滕、沈： 从起点到当下，或许再延伸至未来，是否存在一些您始终崇拜或欣赏的作家作品，它们带给您什么样的体验?

许： 如果没有读马尔克斯，我大概就不会确立现在的这个研究方向。现在除非备课，我基本上不读他了。还有福克纳、米兰·昆德拉、君特·格拉斯等，我读了很多，受到的影响很大，现在也不太读了。你所说的那种东西可能是阶段性的。我喜欢的作家太多了，还没有说萨特、加缪呢。通常是一个阶段会有一批作家作品。始终欣赏和崇拜的作家有的，但丁、莎士比亚、陀思妥耶夫斯基、尼采、卡夫卡、乔伊斯、鲁迅等。这张名单可以再开下去。

滕、沈：您在研究中有没有保持着什么引以为豪的或者值得推荐的习惯？

许：说真的，没有什么引以为豪的东西。我是一个普通的外国文学工作者。无论是教学还是科研，所做的都是应该做的。我的习惯是反思，而你们知道，反思总是抵制快感，戳破肥皂泡，它是歌德所言的灰色习惯。

滕、沈：您曾经在访谈中提到"喜欢反差大的环境"。在外国文学译介和传播这个领域，您觉得我们所处时代的反差是否正趋减小？

许：就文化传播而言，文化反差在前现代是鲜明的，在后现代或许是混浊的，但问题在于我不知道自己究竟处在什么时代。一个启蒙都远未完成的社会会是那种学理意义上的后现代吗？至于中文的外国文学的译介和传播，可以做的事情还有很多。

二、深度阅读

滕、沈：您在课上提到有许多书必须要"带着少年心气去读"。您认为何谓"年轻地"阅读与学习？如何才能保持这种状态？

许：年轻就是感受力强，这是富饶的资源，不好好利用的话很可惜。荷尔蒙并不只有一个用途，它会以不同形式转化。《喧哗和骚动》这种书不可能到了 40 岁去读，这是我的看法，倒不是说这本书只适合年轻人。有些人年纪轻轻就封闭自己，我很不赞成。外国文学和中国古典文学一样，有些作品很难啃，而年轻人不能老想着在一块薄板上打孔。阅读事实上就

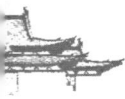

是冒险，这在接触异质文化时尤其如此。

滕、沈：记得您在课上说即便是个人的误读史也是珍贵的阅读体验，可以展开谈谈这个问题吗？

许：这个我说过吗？［发呆］只能说误读和正读相辅相成了。误读偏向于主我，正读主他。我是翻译训练出来的，翻译不可以自说三话，你必须去 follow 作者的意思。这和罗兰·巴特的做法刚好相反。也存在着这样的现象，我们用自己懒惰的思维习惯去曲解一个作者，把对方的思想拉低到适合自己的层面。此外，从狭窄的范围讲，我讲的阅读不外乎是文学阅读、外国文学阅读、现代派文学阅读。接触陌生的诗学，你可能要像跨越深渊那样行进在字与字之间，这绝非误读就能应付的。

滕、沈：知识与感受力都得有才行，是不？

许：是的。恐怕还不是一般意义上的知识，而是人格学、精神现象学之类的东西。请原谅又要杜撰什么学学学了。

滕、沈：老师您能否进一步谈谈阅读异质文化文学与抵抗平庸与钝化的关系？

许：异质文化本来就应该有这个功能。鲁迅主张硬译也是与此相关，他不主张庸俗意义上的归化翻译。当然，归化并不都是庸俗的。张荣昌的《没有个性的人》的译本，郑克鲁的《第二性》的译本，也有读者批评说太过直译，不符合中文读者的阅读习惯。我欣赏这两个译本。钝化的感受和认知习惯应该要打破。至于你们说的阅读和理解中存在的庸俗化倾向，我认为归根结底是直觉低弱导致的，缺乏深远的透视。另外，也是道德堕落的标志，是只追求自我满足的浅薄的陋习。

滕、沈：那这种敏锐的直觉、深远的透视习惯有没有什么培养（或者矫正）的办法咧？

许：像小学生一样在黑暗中摸索，一点点积累。可能翻译是一种很好的训练。佛教史上有不少问题和争论都是和翻译有关。玄奘去取经，一个主要的动机也是怀疑译文不可靠。思维的困惑未必发生在每一个读者身上，但有些人能感觉到语言背后的东西。所谓求真求实也是源于这种怀疑。

滕、沈：感觉阅读就是一种不停歇的翻译，概念和范畴转换，形成新的密码链，进入思想流通市场。

许：是的，说得很好，翻译是阅读的隐喻。我刚才说翻译《文化和价值》对我的学术生活很重要，就是这个意思。翻译是一种深度的阅读，也可以说是思维和感知的磨炼。

三、教学育人

滕、沈：许老师，您认为大学学习中知识的增进与感受力的扩张存在冲突吗？如何平衡两者？

许：这个问题好。文学不完全是落在知识论的范畴中，这是一个不时

需要提醒的问题。但我们好像经常忘记这一点。另外，现在全世界的高校都在搞 critical thinking，欧美是这样，中国也是这样。没错，年轻人是需要培养批判性思维。但文学学习有它自身的一些本质特点。学文学我觉得记诵应该是最重要的，幻想和偶像崇拜是很重要的。否则就不是文学学习了。应该着重培养博尔赫斯所说的"诗意的信仰"那种能力。

滕、沈：您在自己的教学经历中最注重培养学生什么习惯或素养？

许：培养学生的阅读习惯和素养。应该有阅读学这样一门东西。事实上阅读不很容易。也许非常不容易。也许年轻时不学会，上了年纪就学不会了。

滕、沈：记得您曾提到在译者、作者、教师等所有这些身份中您最重视的是自己的"readership"（读者身份）。但阅读是一件特别私人的事。有些感触和体验永远无法被传达，教学与论文在这里常常也无力，那如果有机会，您会怎么开设阅读学的课程呢？

许：阅读确实是私人性质的，冷暖自知。不过，懂和不懂，还是指向某个共同攀爬的阶梯，对吧？对价值和意义的追寻是一种超越私人的自由化理解的过程，所谓学术研究就是指这个过程的确立，我在教学中所做的就是试图把大家都统合进这个过程。这方面我和其他老师做的应该没什么不同。如果有机会开设一门阅读学之类的课程，我所说的应该和苏珊·桑塔格的《作为阅读的写作》（收录在《重点所在》这个集子里）一文的观点差不多。

滕、沈：同学们都很喜欢您的授课风格，获益于您情思澎湃的课堂，请问对于文学作品的阅读和思考，您对学生们是否会提出一些建议或期待？

许： 谢谢！我的建议和鲁迅的一样。此外，我期待学生表现出比教师更大的求知欲和激情。我和学生接触，有时感到年轻人在书讯、出版信息方面还不够先进，这好像有点说不过去。

滕、沈： 您曾在世界文学的课上谈到维特根斯坦与罗素、梭罗与爱默生这两段著名的师生情谊，那么作为一位同样备受学生喜爱和尊敬的老师，您最希望自己与学生形成怎样的交流模式呢？

许： 我现在交往的朋友多半是我的学生。说实话，有和谐也有冲突。这很正常。我希望的师生关系就是相互促进。年轻人代表着一种能量，不可小看。老师理当从学生那边获得启发，这是教书这个职业的一个优点。不过，时代变化太快，文化的位置也处在不停的变动之中。现在的学生是看动漫长大的，我们的文化趣味是否真的合得来我也不那么确定。我教的东西在何种意义上对学生适用，以前我从不怀疑这个，现在经常会有困惑。我女儿在英国留学，学艺术教育专业，她读的都是法国和美国的后现代批评文献。我觉得全部时间都用来学这个是不对的。在英国留学读文科，却不读亚伯拉罕·考利、亚历山大·史密斯，去日本学文科而不读岩野泡鸣、户川秋骨，我会觉得不可思议。有一点可以肯定，我和现在的年轻人大概是并不处在同一个文化风气里。

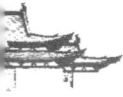

四、文化漫谈

滕、沈：您多次提到梭罗是您非常敬仰的作家。这个充满喧哗与躁动的社会，您认为如何才能保持一颗静穆、专注、不被消费主义驯服的心灵呢？

许：往昔的小说家会以讽刺的笔法描写假冒斯文的社交圈，如今的现实是就连假冒斯文也做不到，做学问变成了赤裸裸的金钱攀比和量化评价，甚至变成了一种买空卖空的投机生意。李庆西的长篇小说《大风歌》就是在描写这个现象。现在我们生活在一个高度物化的世界里。生活的成本太高了。房价那么贵，年轻人有几个能买得起房子呢？在这个高消费的社会里，留给个性和精神的空间好像是越来越小了，对吧？读书人通常是需要摆脱物质方面的牵制，但是谈何容易。我自己是按照过去的方式生活的，现在连朋友圈都不上了。如果说我能保持专注，纯粹是因为我的成长背景太单调寂寞了，多半是自己看看书，钻进书本的世界找消遣。当然也是因为我的职业条件，我能够看书。而且必须看书，否则恐怕就不好混饭吃。

滕、沈：在生活和治学过程中，许老师感觉疲惫时会用什么方法调节精神状态，或者说，是否有一些特别的获取灵感的途径呢？

许：我没有什么业余爱好。专业方面的书看累了就读点古文消遣一下。至于灵感，我好像不相信灵感，我相信宿命。我觉得一篇文章的写作时间和完成的方式都是注定的。

滕、沈：那我们阅读初期碰到的那些作品，是不是都有点"宿命开端"的意味？就是说，我们的思考的基调，其实很早就在不自觉当中形成了？

许： 我认为是的。人在学会思考之前就是历史的产物了。

滕、沈： 但历史又是思考的产物，哪些书对心灵发生启蒙不是后定的吗？

许： 是一系列洗脑的产物。你说的对，不宜将宿命的概念扩大化。

滕、沈： 有太多偶然，又有一些似是而非又变动不居的必然。

许： 说得好。还有一种甜丝丝的被动感，只能称之为宿命了。

（统稿：滕　甜）

探寻现象学与中国当代文艺学、美学研究的融合之路

——苏宏斌教授访谈录

廖雨声

学者名片

苏宏斌，汉族，1966年生，山西运城人。现为浙江大学教授，博士生导师，教育部新世纪优秀人才。兼任中国中外文论学会常务理事、中国文艺理论学会常务理事、中华全国美学学会常务理事。1990年7月毕业于山西大学中文系汉语言文学专业，获得学士学位；1993年毕业于杭州大学中文系文艺学专业，获得硕士学位；1999年毕业于复旦大学中文系文艺学专业，获得博士学位。主要著作有《现象学美学导论》《文学本体论引论》《现象学及其美学效应》等；主持完成多项国家社科基金项目；曾获得浙江省哲学社会科学优秀成果二等奖。

廖雨声（以下简称廖）：苏老师您好！很高兴有机会就您的治学道路对您进行访谈。请问您是怎样走上文艺学和美学研究道路的呢？

苏宏斌（以下简称苏）：我之所以研究文艺学和美学，是出于对文学的热爱。我从小生活在农村，家里几乎没有任何书，一直到初二去了父亲工作的城市读书，才开始接触到课本之外的文学作品，在同学家里看到的几部小说让我怦然心动，但由于学业的压力很重，父母对我的要求也很严，所以对这些"闲书"只能是"心向往之，却不能至"。直到高考结束，我考上了心仪的大学，父母才彻底给我放了假。那个假期我一头扎进了小说的海洋。我在街头发现了一家出租书的小店，那些排满书架的小说让我眼花缭乱，我像一个饕餮之徒一样对这些作品狼吞虎咽。由于没有老师和长辈的引导，我对小说并没有多少分析鉴别的能力，所挑选的大多是一些情节精彩动人的作品，其中给我留下深刻印象的是大仲马的《基督山伯爵》《三个火枪手》，显克微支的《十字军骑士》等作品。那个假期我读起书来称得上是废寝忘食，所以我的阅读量十分惊人，基本上每天都能读完一本四五百页的小说。

廖：既然您喜欢的文学作品主要是小说，尤其是外国小说，为什么您没有选择外国文学专业，而是走向了文艺学的研究呢？

苏：其实在准备考研的过程中，我的首选专业一直是外国文学，但由于信息闭塞，直到填报志愿的时候，我才发现我想报考的大学外国文学专业要考第二外语，因此我只能退而选择了文艺学。不过这个专业本来也是我所喜欢的，记得当时学习外国文论时，我写了一篇与柏拉图进行商榷的文章，采用的还是柏拉图的对话体，任课老师程继田先生虽然对我这种初

生牛犊的狂妄不置可否，但还是很欣赏我的思辨能力，给了我一个不错的成绩，这在一定程度上鼓励了我对文艺学的爱好。回头来看，我觉得这个选择并没有错，因为当我走上文艺学研究的道路之后，才发现我的理性思辨能力在此有了真正的用武之地。至于我对外国文学的喜好，则一直保持到了现在。这些年来我不仅购买和阅读了大量的外国文学作品，而且还给本科生开设了一门名为"现代小说赏析"的全校公选课，专门研读外国现代小说。我出版的第一部专著《现代小说艺术》就是以这门课为基础的。除此之外，丰富的阅读经验对于我的理论探索也是十分有益的，让我在一定程度上避免了理论与实践相脱节的弊端。

廖：您的硕士生导师是国内著名的文艺理论家王元骧先生，但他的专业方向主要是文艺学基础理论，主要致力的是坚持和发展马克思主义文艺观，为何您并没有继承导师的衣钵，而是转向了现象学美学和文学理论呢？

苏：王元骧先生在治学方面一向强调问题意识的重要性，他指导学生时总是鼓励学生研究某个理论问题，而不是某个理论家的思想，因此我在他门下读书时，所关注的也主要是基础理论问题，对于学界当时讨论的文学的本质、文学价值论、艺术生产论、形象思维、内容与形式的关系等问题十分感兴趣，自己也写了几篇论文，尝试参与这些讨论。我的学术处女作《论象征思维与象征艺术》，其中对形象思维和象征思维、典型形象和象征形象进行了比较，经王元骧老师推荐，发表在《杭州大学学报》上。第二篇论文是讨论内容与形式关系问题的，文章分别对现实主义文论和形式主义文论进行了分析和批评，在此基础上提出了自己的看法。

1993年留校工作之后，由《学术月刊》发起的美学讨论引起了我的强烈兴趣。这场讨论的缘起是陈炎教授对李泽厚的"积淀说"提出了批评，由此引起了一场关于实践美学的争论，美学界的许多知名学者都参与进来了。在此基础上，有些学者还提出了自己的美学主张，诸如杨春时的"超越美学"、王一川的"修辞论美学"、张弘的"存在论美学"等。在阅读了他们的文章之后，我对美学研究产生了浓厚的兴趣，自己也开始思考美的本质等问题，由此我向前追溯到了 20 世纪 80 年代围绕李泽厚美学的争论，进而回溯到50、60 年代的"美学大讨论"。在阅读这些争论文章的时候，我陷入了一种方法论上的困惑：数十年来中国学界围绕美学和文艺学问题所展开的种种争论，总是会陷入一种难以摆脱的怪圈，即双方总是在唯心与唯物、主观与客观等问题上相互诘难，最终在基本问题上难以达成共识，也难以取得理论的进展。这种争论总是遵循着某种固定的套路：当一方站在唯物主义的立场上，批评对方陷入了唯心主义之时，对方便会反诘批评者所坚持的是机械唯物主义；当第三方试图采用辩证思维的方法，把两者的立场综合起来的时候，又会有学者批评他采用的是唯心辩证法；对于声称采用唯物辩证法的学者来说，仍然会面临如何给予主观因素以合理地位的难题。举例来说，在当年的"美学大讨论"中，产生了以蔡仪为代表的"客观派"、以高尔泰和吕荧为代表的"主观派"、以朱光潜为代表的"主客观关系派"、以李泽厚为代表的"社会派"，其中蔡仪受到的批评是陷入了机械唯物主义，高尔泰和吕荧受到的批评是陷入了唯心主义，朱光潜受到的批评是采用了唯心辩证法，李泽厚虽然声称采用了唯物辩证法，但他所说的美的社会性究竟是主观的还是客观的，仍然是一个难以解决的问题。即便李泽厚在 70 年代末的《批判哲学的批判》中从"社会派"转向了"实践派"，但也仍然面临着如何处理实践的主观性和客观性关系的难题，因此尽管这派美学在80 年代之后占据了主导地位，却仍不断受到人们的批评。这种困惑驱使我去寻找一种能够避免二元论困境的新观念和新方法，正是这种探寻把我引向了现象学。

廖： 反对二元论可以说是西方现代哲学的共同追求，因为现代哲学的根本目标是反对和超越形而上学，而形而上学所采用的就是二元论的思维方式，为何在众多的西方现代思潮中，您对现象学情有独钟呢？

苏： 的确，现代哲学的主要流派都把反对和超越形而上学作为目标，因此我在寻找超越二元论的思想资源时是经过仔细的比较和鉴别的。在集中了解了当时国内翻译和引进的各种西方现代思潮之后，我形成了这样的看法：分析哲学把哲学研究变成了一种语言分析，并且认为这种分析是一种哲学治疗，因为它相信大多数传统哲学的概念和命题经过分析都会被证明是无意义的，这让我觉得分析哲学无法建构起自己的美学体系；德里达是第一个把形而上学归结为一种二元论思维方式的哲学家，他所倡导的解构主义在批判和消解各种哲学体系时可以说鞭辟入里、所向披靡，但他始终没有提出一种新的观念和方法来取代形而上学；唯有胡塞尔的现象学在把各种传统哲学立场悬搁起来之后，找到了介于主体与客体之间的一个领域——意向对象和意向作用的领域，对于这个领域的分析在一定程度上可以避免陷入唯物与唯心之争，同时产生积极性、建设性的思想成果。这些看法现在看来难免有些肤浅和片面，因为事实上分析哲学也在逐渐以自己的方式来回答和解决各种形而上学问题，而同为解构主义者的德勒兹也提出了许多后形而上学的概念和命题，因而我选择现象学也无非是为自己确定了一条可能的思想路径而已。但在当时的视野之内，这些认识已经让我有一种豁然开朗之感。20 世纪 90 年代中期正值王元骧先生探讨艺术的实践本性问题，我受现象学对于本源性的追求的启发，主张把实践看作一个本体论范畴，认为实践既不是物质活动也不是精神活动，相反，物质和精神、主体和客体的分离和对立都建立在实践的基础上，也只有在实践的基础上才能得到统一。这个观点体现在我当时的两篇文章《走向艺术实践论——兼谈文艺学方法论变革》《实践：艺术活动的本体之维——兼论马克思主义文艺学的当代性》之中。不过我自己很清楚，要想真正了解现象学的真谛，就必须对其进行系统、深入的研究，因此我在 1996 年报考了复旦大学文艺学专业，师从朱立元先生攻读博士学位。

廖： 王元骧先生和朱立元先生都是国内著名学者，您能够先后师从这两位名师，真可说是非常幸运啊！那么您是怎样在朱先生的指导下走上现象学研究之路的呢？

苏： 朱老师本人的专长是黑格尔美学和马克思《1844 年经济学—哲学手稿》中的美学思想，复旦大学文艺学专业又是国内德国古典美学研究的高地，因此朱老师的弟子也大多以康德、黑格尔等人的美学思想为选题，但他是一个胸襟十分开阔的老师，对我选择现象学美学一开始就十分支持。加上当时我的师兄李均研究的是海德格尔，可以时时相互切磋，称得上是其乐融融。不过因为我主要关心的是现象学在方法论上的特征，因此我并没有选择某一个现象学家来进行专题研究，而是把现象学作为一个整体来把握。我首先从胡塞尔的著作读起，了解现象学哲学的基本观念和方法，而后再依次阅读海德格尔、萨特、梅洛－庞蒂、茵加登、杜夫海纳等人的著作。当时国内对于现象学哲学和美学的研究都还处于起步阶段，资料十分匮乏，我的野心又过于庞大，因此难免会出现贪多嚼不烂的现象。好在我在攻读博士之前已经经过了大约两年的准备，加上我是带着明确的目的和问题来研究现象学的，因此博士论文的进展还算顺利。尽管直到答辩的时候，我的论文还有部分章节只是"存目"，并没有彻底完成，但我觉得自己的研究目标还是初步实现了，因为我大体上弄清了现象学哲学的发展脉络及其方法论特征，勾勒出了现象学美学

的基本框架,这为我今后的研究打下了一个良好的基础。不过回过头来看,我还是觉得自己当年的选题实在是太大了,我后来在指导博士生时就尽力避免这一点。

廖: 您现在也是一位有经验的研究生导师了,指导了不少硕士生和博士生,能否结合您自己的求学经历和执教经验,谈谈博士生应该怎么确定自己的研究方向和选题,来为当下还在苦苦求索的学子提供一点指引?

苏: 我是从 2010 年开始指导博士生的,十几年来既有成功的经验也有失败的教训。以我的经验来看,我觉得攻读博士之前最好已经有了一定的研究基础,这样在读书和研究时就会有明确的目标,不至于为了寻找选题而埋头摸索。现在普遍存在的问题是,学生在报考的时候,只是笼统地出于对某个专业的兴趣,至于将来究竟要研究哪个方向或哪个问题,则常常缺乏清楚的意识,这就造成他们入学以后要花很多时间来确定选题,当下博士生延迟毕业的现象很普遍,我以为这是一个重要的原因。除此之外,大多数博士论文都是围绕某个思想家进行专题研究的,这种做法的益处是容易把这个专题做深、做透,缺点是这样培养出来的学生往往只是一个专家,而不是真正具有原创性的学者。我认为培养博士生时应该坚持从"博"到"专"、"博""专"结合的方式。具体地说,就是要求学生先对所研究的领域有较全面的了解,弄清该领域的研究现状和问题,找到自己的切入点和突破口,然后再由此出发展开深入研究,在研究的过程中也要始终牢记自己所要解决的问题。按照这种方式,即便他的论文选题是围绕某个思想家的,他也很清楚自己的目标究竟是什么,这样才能入乎其中、出乎其外,逐渐形成自己的学术立场和见解。否则就容易盲目地跟着研究对象走,觉得自己所研究的大家说得总是很有道理,最后丧失了自己的学术判断力，把博士论文写成了这个大家的辩护文。如果我们观察一下许多思想家的研究轨迹，就会发现他们早年也曾致力于研究前人的思想，但到了一定阶段之后就能够自己著书立说了，个中原因就在于他们从来不甘于成为他人思想的奴隶，而是时时刻刻想着要超越前人。博士论文是一个人学术道路的起点，如果这个起点定得不够高，未来所能达到的成就难免会受到很大的限制。

廖：感谢您为广大的博士生提出的建议！就您自己来说，在完成博士论文之后，是怎样继续自己的学术道路的呢？

苏：正如前面所说，我之所以攻读博士学位，是为了解决我在以往的研究中所面临的方法论问题，因此我在完成了博士论文之后，一方面继续深入研究现象学美学，撰写了一些关于胡塞尔等现象学家的专题论文，论题涵盖了哲学、美学和文艺理论等各个方面；另一方面则是尝试用现象学方法来解决自己以往所关注的文艺理论问题。在 20 世纪 90 年代中期对马克思实践概念的重新阐释把我引向了对本体论问题的思考，对于现象学哲学和美学的研究又为我探讨本体论问题提供了方法论的指引，因此，我在2001 年申报了一个国家社科基金青年项目，题目就是"文学本体论问题研究"。2005 年，我的博士论文在经过大幅度的修改和扩充之后，由商务印书馆出版，题目改为《现象学美学导论》，这本书被列入了"浙江大学学术精品书系"，算是我研究现象学美学的一个阶段性成果。2006 年，我关于文学本体论问题的研究成果《文学本体论引论》在上海三联书店出版。不过后一本书的写作和出版十分仓促，主要是受到职称评审这种现实因素的干扰，在书稿写到最后一章的时候，我突然有一种强烈的冲动，想把全书的框架彻底推翻，因为我觉得该书大部分内容都是对于学术史的梳理，

真正属于自己的研究只有第二章和第五章，因此，我很想把其他章节的内容做大幅度的压缩，再把第五章展开为全书的主体部分。无奈受限于出版时间的约束，只能带着强烈的遗憾交稿了。这件事给我带来了严重的后遗症，我从此决心不再出版不成熟的著作，没想到这个决心反而让我患上了写作恐惧症，以后在写论文和书稿时过于追求完美，以致下笔迟疑不决，很多论文由此胎死腹中，其中不少甚至已经完成了大半，与出版社签订的合同也往往一再延期。这个问题至今仍在困扰着我，所以我对学界那些勤奋高产的同仁总是既羡慕又敬佩。

廖：没想到您在学术研究中还有这样的困扰！不过从您刚才的介绍中可以看出，您研究现象学始终有着明确的目的，就是服务于解决自己所关注的理论问题。在这方面，您这些年取得了哪些进展呢？

苏：我在这方面所做的第一个尝试，就是运用现象学的观念和方法来探讨文学本体论问题。中国当代学界对文艺本体论问题的研究开始于 20 世纪 80 年代，当时英美新批评代表人物之一兰色姆的论文《诗歌：本体论札记》和著作片段《征求本体论批评家》被译成了中文，这促使部分学者提出了文学本体论的主张。我在阅读了相关的文献之后，发现这一领域的研究尽管不乏创见，但在本体、本体论、存在、存在论等基本概念的界定和运用上却十分混乱。因此，我花了很大力气去梳理这些问题在西方思想史上的发展过程，试图澄清学界的种种误解和误区。在此基础上，结合现象学尤其是海德格尔的存在哲学，形成了自己的基本看法，主张"本体论"一词实际上是对"ontology"的误译，正确的译法应该是"存在论""有论"或"是论"，因此，文学本体论研究的不是文学和本体的关系，而是文学和存在的关系。文学本体论的出发点是把文学活动视为存在意义显现的重要方式，所要解决的是三个主要问题：存在的意义在文学活动中如何显现？文学作品如何言说和表达存在的意义？读者如何通过阅读文学作品来把握存在的意义？可惜的是，由于时间的关系，这三个问题都没有来得及充分展开，因此给我留下了深深的遗憾。

廖：除了文学本体论之外，您对现象学美学和文学理论的研究也一直没有中断。我注意到，您近些年来所写的不少论文都有一个共同的特点，即都有一个"××美学的现象学阐释"之类的副标题，这是否说明您对现象学的研究已经进入了一个新的阶段？

苏：确实如此。我对现象学的研究大概以2008年为分界线，如果说在此以前我是在研究现象学，那么在此以后则是在进行现象学研究。这种研究的第一步是从现象学出发对历史上美学大家的思想进行重新阐释。这个工作已经从古希腊进展到了19世纪，涉及的美学家有柏拉图、康德、黑格尔、马克思、叔本华等，目前正在研究的是克罗齐。关于柏拉图，我写了两篇文章，一篇讨论他的诗学，另一篇讨论他的美学。前一篇文章指出艺术家的模仿是以对于对象的本质即相（或理念）的直观为基础的，因此艺术家拥有对于模仿对象的真正知识，由此推翻了柏拉图对于诗人的指控，并且把迷狂说和模仿说统一起来了。后一篇文章则指出，柏拉图美学中的种种困难和矛盾都源于他把美的相与其他的相并列起来，事实上美并不是一种独立的相，而是其他各种相在直观活动中的显现物，因此文章的正标题是"美是被直观的相"。关于康德，我写了三篇文章，第一篇是比较他和胡塞尔直观学说的异同，第二篇则主张康德所说的审美判断实际上就是他在认识论上所否定的智性直观，两者都通向胡塞尔所说的范畴直观和本质直观，第三篇是对康德图式概念进行了重新阐发，

认为这不仅是一个认识论概念，同时也是一个重要的美学范畴。关于黑格尔，我通过对他的艺术类型学和精神现象学的重新解释，把他的著名命题"美是理念的感性显现"改造成了"美是理念的直观显现"。关于叔本华，则是把他的美学思想重构为"美是意志的直观显现"。关于马克思，主要是对他的名言"感觉通过实践直接变成了理论家"进行了深入的探讨，认为他所说的"理论家"指的是一种融合了理性的新感性能力，这种能力实际上就是胡塞尔所说的本质直观，它构成了审美能力的根本基础。这项工作尚未完成，目前正在做的是重新阐释克罗齐的美学思想，今后还打算对康德美学进行系统性的重构。除此之外，我还尝试运用现象学的方法来阐释现代艺术，第一篇试笔之作是《时间意识的觉醒与现代艺术的开端——印象派绘画的现象学阐释》，这篇论文似乎颇受好评，不仅被多家刊物转载，还被评为首届中国文艺理论学会会刊双年奖。我打算把这种文章也做成一个系列，对后期印象派、立体主义、抽象主义等现代艺术流派依次进行现象学阐释。

廖：可以看出您的美学史研究文章都有一个共同特点，即把各家各派的观点与胡塞尔的本质直观理论联系起来，您这样做的理由和目的是什么？

苏：这就涉及我进行现象学研究的第二步工作了。我之所以采取这种做法，是因为在我看来，这种理论是现象学美学的一个理论生长点。迄今为止的现象学美学主要还是以胡塞尔的意向性理论为基础，把对审美经验的意向性分析作为自己的主要任务，这一点在杜夫海纳那本集大成式的著作《审美经验现象学》中体现得十分明显。至于胡塞尔所说的本质直观或本质还原，则一向被看作现象学研究的一种基本方法，与美学之间并无特殊关联。但我认为，这种通过直观来把握本质或一般的方法，恰好与审美以及艺术活动所具有的理性与感性、个别与一般相统一的特点相契合。近代美学的巅峰是德国古典美学，而德国古典美学的主要贡献就在于抓住了审美活动的这个特点。康德指出审美判断尽管不涉及概念，却能够提出普遍性的要求，认为诗人能够借助创造性的想象力把抽象的理念转化为感性表象；谢林认为艺术创作的根本目的就是通过有限来表达无限，艺术家之所以能做到这一点，就是因为他所拥有的美感直观乃是一种"业已变得客观的理智直观"；这条道路的终点就是黑格尔的命题"美是理念的感性显现"。不难看出，德国古典美学所谈论的创造性想象力、理智直观等概念与胡塞尔的本质直观理论之间实际上只有一步之遥，但这一步最终却成了无法逾越的天堑，原因就在于理智直观这个源自近代理性主义哲学的概念始终笼罩着一层神秘的色彩，哲学家们只是断言这是一种自明的认识能力，但对其内在机制却从未做出清晰的说明。由于这个原因，理性和感性最终被当成了两种相互对立的认识能力，因此德国古典美学尽管以辩证法为思想武器，却也未能真正说明审美和艺术何以能够将这两种认识能力统一起来。胡塞尔则不同，他并没有把本质直观神秘化，而是将其视为一种基本而常见的认识能力，认为任何主体都能够以感性直观为基础，通过想象力的自由变更来使本质作为同一之物呈现出来。由此出发，我认为可以建构出一种新的直观论美学。

廖：您对德国古典美学的评析让我有一种耳目一新的感觉，不过我还是感到困惑，如果说本质直观只是一种基本的认识能力的话，那么它与审美经验显然不是一回事，何以就能够成为建构美学理论的基础呢？

苏：我主张把胡塞尔的本质直观理论当作美学研究的基础，并不是说要将其照搬过来，把本质直观与审美经验混为一谈。事实上我对胡塞

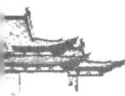

尔的这种理论并不完全认同，因为在我看来胡塞尔夸大了直观的功能，使直观僭越到了理性的范围。他在描述本质直观内在机制的时候，认为当自由变更进行到足够充分的程度的时候，就可以把本质直接析取出来，但我认为这种析取只有通过理性活动才能完成，直观活动是做不到这一点的，因为自由变更无论多么充分，在意识活动中显现出来的都不可能是一种纯粹的本质，原因在于本质乃是一般之物，而通过想象产生的永远是与个别表象结合在一起的一般性，只不过由于变更的不断进行而使表象之间的个别差异变得模糊了而已。正是在这里我找到了胡塞尔的本质直观理论与美学研究之间的契合点，因为这种既具有一般性又具有个别性的想象物和艺术形象不正是同一类存在物吗？因此我认为，胡塞尔的本质直观理论经过改造可以成为美学研究的基础。根据我的看法，通过直观所把握到的并不是纯粹的一般本质，而是介于感性表象和抽象本质之间的某种中介物，这种中介物就是康德所说的图式。康德认为图式只与认识活动相关，审美鉴赏所涉及的则是象征，但我认为图式是认识活动和审美活动的共有范畴，或者准确地说，图式乃是审美经验的产物，它反过来构成了认识活动的基础。艺术活动之所以能够实现感性和理性、个别和一般的统一，就是因为艺术家的思维是一种直观活动，通过直观所产生的图式构成了艺术形象的基础，因此艺术形象尽管看起来是感性和个别性的，却蕴含着理性和一般性。艺术家的天赋并不是像康德所说的那样可以给抽象的理念配备一个感性表象，而是通过直观找到了感性表象和理性理念的共同基础和中介。

廖：看来您是从对胡塞尔和康德思想的改造和综合中找到了一个新的美学生长点。您认为从这个生长点出发足以建构一种新的美学理论吗？

苏：这一点正是我所努力的目标。从哲学上来说，这意味着我们把直观当成了一种本源性的认识能力。康德主张感性和知性是两种基本的认识能力，但他在《纯粹理性批判》导言中也曾含蓄地提到，这两种认识能力也许拥有某种共同的根基，我认为这种根基恰恰就是直观。正是从直观能力中分化出了感性和知性，因此从直观活动中获得的图式才能成为沟通感性表象和知性范畴的中介。而审美活动恰恰是一种最典型、最纯粹的直观活动，当我们通过直观来把握事物的时候，事物就转化成了我们的审美对象，在此意义上，我主张美是物的直观显现。这个定义是我运用现象学方法重新审视西方美学史所获得的结论。黑格尔主张美是理念的感性显现，我则认为美是任何物的直观显现。在我看来，无论是具体事物还是抽象理念、经验之物还是超验之物，只要其以直观的方式显现出来，就都变成了审美对象，因为直观所获得的图式既具有感性表象的直观性，也具有理性理念的抽象性。在此基础上，我认为艺术是物在符号中的直观显现，而文学则是物在语言中的直观显现。以这几个基本命题为基础，我们就有望建立一个崭新的美学体系。

廖：从思想史的角度来看，我认为您的这个理论构想是很有新意和价值的，但从中国当代美学研究的需要来看，这个构想是否也具有相应的现实意义呢？

苏：我认为是有的。正如我一开始所说的，我之所以走上现象学的研究道路，就是为了运用现象学的方法来解决中国当代的美学和文学理论问题。如果说我在探讨文学本体论问题时较多地受到了海德格尔的影响，那么我在建构美学理论的时候则更多地求助于胡塞尔。从 20 世纪 50 年代至今，美的本质问题在我国当代的美学研究中一直占据着重要位置，但又

始终陷于唯物与唯心、主观与客观之争而难于推进。我认为胡塞尔的本质直观学说和意向性分析方法对于我们摆脱这一困境是十分有益的。即以我给美所下的这个定义来说，我没有把美归结于物本身，而是主张美是一种直观活动的显现物，这看起来是采纳了一种唯心论或主观论的立场，但实际上我是借鉴了胡塞尔关于实在对象和意向对象的区分，把美视为一种意向对象而非实在之物。意向对象是介于主观和客观、精神和物质之间的一种存在物，因此美既不是纯然客观的，也不是纯然主观的。我把审美经验界定为一种直观行为，这对李泽厚的"积淀说"也是一种重构。李泽厚只是笼统地指出，通过实践活动，理性可以积淀于感性、社会性可以积淀于个体性、必然性可以积淀于偶然性，但这种积淀究竟是如何实现的，他并没有做出清楚的说明。按照我的看法，理性之所以能积淀到感性之中，原因在于两者之间是以直观为中介的，主体通过直观所把握到的图式本来就兼有一般性和个别性，因此每一次的审美鉴赏都是一种对于理性能力的训练和操演。除此之外，20 世纪 80 年代曾经引起热烈讨论的形象思维问题，也可以从直观论的角度来加以重新阐释。总之，通过创造性地运用现象学的观念和方法，就能够为解决我国当代美学中的一些理论难题带来新的理论视角。

廖：我对您这种建构自己的美学理论体系的理论勇气十分钦佩，也很期待这一体系早日问世。令人感到欣慰的是，近些年来我国学界逐渐走出了曾经困扰我们的"失语症"，许多学者纷纷提出了自己的理论主张，曾繁仁先生的"生态存在论美学"、朱立元先生的"实践存在论美学"、王晓华的"身体美学"、刘悦笛的"生活美学"等，都是其中的代表。衷心希望您所倡导的"直观论美学"也能成为其中的一员！

苏： 多谢！让我们共同期待我国的文艺学和美学研究能够越来越繁荣昌盛！

扎根典籍，以书为乐

——陈东辉老师访谈录

闫方舟 ※

学者
名片

陈东辉，汉族，1966 年生，浙江绍兴人。现为浙江大学文学院、汉语史研究中心副教授。兼任扬州阮元文化研究中心研究员、浙江省中日关系史学会常务理事、甘肃省《四库全书》研究会常务理事等。1998 年毕业于原杭州大学汉语史专业，获博士学位。已出版《阮元与小学》《汉语史史料学》《清代学术与文化新论》《东亚文献与语言交流丛考》等专著 7 种，整理校点《卢文弨全集》等古籍 4 种，编著或主编《阮元研究文献目录》《历代文献学要籍研究论著目录》等工具书 10 种以及《文澜阁四库全书提要汇编》《两浙艺文志辑刊》《卢校丛编》等大型古文献资料汇编 11 种，在国内外发表论文 280 多篇。曾在多篇研究综述类文章中被列为阮元研究、四库学研究、古籍保护研究、古代藏书研究、古籍索引研究等领域的核心作者之一。

※　闫方舟，浙江大学中文系汉语言文字学专业 2020 级硕士研究生。

闫方舟（以下简称闫）： 陈老师您好！您的研究领域比较广泛，有古文献学、清代学术史、中国语言学史、中日文化交流史四个方向，您能为我们简单介绍一下吗？

陈东辉（以下简称陈）： 好的。古文献学可以说是我的"本行"，是最主要的研究方向，也是本科教学工作的重点。从大学本科起，我就一直与文献打交道；如今担任浙江大学中文系古典文献学专业（系全国高等院校古籍整理研究工作委员会直接联系的五个古典文献学本科专业之一）副主任，为该专业的同学讲授"古典文献学""目录学"等课程。

对于这一方向，我近年来致力于"古文献学学科理论建构研究""二十世纪古文献学史""古文献学研究的史料及方法"等方面的研究。中国文史出版社 2002 年出版的拙著《古典文献学论考》和中华书局 2010 年出版的拙著《古汉语与古文献论丛》中，有不少内容涉及这一方向的研究成果。曾有多篇研究综述类文章将我列为四库学研究、古籍保护研究、古代藏书研究、古籍索引研究等领域的核心作者之一。

关于清代学术史方向，我一直认为清朝堪称中国传统学术的集大成时期，清代学术史的研究与古文献学的研究有很多契合点。对于清代学术史，不仅要从宏观视野研究某一类文献，如对四库学的研究、古籍保护研究、清代档案的研究以及地方志的研究等等，更要见微知著，在微观的层面上进行多角度的研究，如对阮元学术成就的深入和细致探讨。

我的博士论文题目是《论阮元与小学》，后来正式出版时更名为《阮元与小学》。之所以将阮元作为题目，既有深远的历史原因，也有着深刻的个人取舍。早在上大学二年级时，我就阅读了张舜徽先生的力作《清代扬州学记》，对书中论述的清代大学者阮元产生了敬仰之情，并在洪湛侯老师的指导下撰写过《阮元的学术地位与成就》等论文；阮元曾历任浙江学政、浙

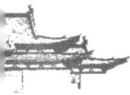

江巡抚，与我的家乡杭州颇有渊源；通过博士阶段对汉语史领域相关课程的进一步研习，我更认为清代乃中国传统学术的集大成时期，而阮元无疑是这一时期学识博洽、著述宏富、成就卓越的佼佼者。对阮元的研究，从此成了我的重点方向之一。

广陵书社 2014 年出版了阮元第六代孙阮锡安先生主编的《阮元研究论文选》，该书收录历年来已经公开发表的较有代表性的论文 120 篇，其中我有 6 篇论文被收入该书，从而成为被收入论文数量最多的作者。这是对我多年来从事阮元研究的莫大鼓励。同时，阮先生还在该书的序中，将我列为 5 位"既热心又有代表性的学者"之一，并用 900 余字的篇幅对我在阮元研究方面的情况作了评介。"有代表性的学者"是阮先生过奖和偏爱了，不过"热心"则确实不虚。我住宅的雅称之所以名为"芸雅居"，就是由于我的主攻方向之一是阮元（号芸台）研究，其中深深地融入了对阮元的崇敬和对阮元研究的挚爱情结！

2016 年 11 月、2017 年 8 月，阮元故乡的扬州电视台为拍摄关于阮元的专题片，在阮先生的陪同下，先后两次专程来杭州，对我做了专题采访。我还与摄制组一同前往孤山附近拍摄与阮元相关的遗迹，并面对摄像机谈了我对诂经精舍的若干研究心得。

对于清代学术史的进一步研究，尤其是对阮元的研究，我希望能够纵横古今。阮元曾担任浙江学政，后来又两度出任浙江巡抚，与杭州有着千丝万缕的联系。我希望自己在下一步的研究中，一方面能够对阮元进行更全面、深入、客观的学术评价，最终形成一部《阮元学术评传》。同时，我还想撰写一部《阮元研究学术史》，准备从学术史的角度，对晚清以来尤其是 20 世纪 90 年代至今的阮元研究进行全面而系统的总结，并实事求是地分析阮元研究中的不足之处，提出未来若干年阮元研究应该关注的重点和突破的难点，解决阮元研究中的瓶颈问题，从而进一步促进阮元研究的深入进行。该书并非简单罗列和介绍阮元研究成果，而是阮元研究史之研究，将在相关评述中融入自己多年来的学术积累和研究心得。另一方面，我还希望能够以"阮元与杭州"为主题，通过对阮元与杭州在文化层面上的关系，扩展对阮元的研究面，并为杭州的现代文化建设做出应有的贡献。

此外，我还有一个设想，就是撰写一部《清学通论》。我觉得传统的研究大多将清朝的学术成就归为朴学或考据学，但这显然无法涵盖整个清朝的学术思想。因为在朴学之外，清代在理学领域也取得了显著的成就。我希望能够通过自己进一步的积累与研究，逐渐完善"清学"这一崭新的学术概念，给清代学术史一个合理的、全面的、深刻的定位。2014 年出版的著作《清代学术与文化新论》，就是这方面的部分成果。

作为教育部人文社会科学重点研究基地之一的浙江大学汉语史研究中心的研究人员，中国语言学史也是我的研究方向之一。我所指导的硕士研究生都是汉语言文字学专业的，并且为该专业的研究生开设"汉语史史料学"课程。在进行汉语史的研究时，我更注重其与古文献学进行有机结合，拙著《古汉语与古文献论丛》中列有"关于类书与汉语词汇史研究"一章，就是一个例证。此外，我关于史料学的著作《汉语史史料学》也由中华书局于 2013 年出版。该书不仅是一部学术专著，而且还可作为研究生课程的教材，涉及汉语史史料的来源、分布和价值等，以及如何利用汉语史史料，并介绍现当代学者有关汉语史研究的大量论著，注意反映包括学位论文在内的最新研究成果，其中的第十章较为全面而又系统地论述了日本的汉语史研究及其相关问题，共有 7 万多字，这样的内容以前几乎没有人作过论述。

我在本科阶段就对中国典籍在海外（尤其是日本）的流布这一课题很感兴趣，并已搜集、阅读了一些相关资料。当时关于这方面的论著并不多，有的也难以找到，我就将手头有的吴枫先生所著的《中国古典文献学》后面所附的《中国古典文献在日本的流传》一文反复阅读了数遍。

1991 年之后，中日文化交流史成为我的主要研究方向之一，并与其他三个主要研究方向相辅相成、彼此契合。我发表了许多与中日文化交流有关的文章，并多次参加这一领域的学术会议。《中日典籍与文化交流史研究》和《东亚文献与语言交流丛考》两部著作就是这方面的成果。近 30 年来，中日文化交流史的研究日益受到学术界的关注和重视，成果丰硕，展示出良好的发展前景。

闫：请问您这样的研究方向是如何确立的？

陈：这要从我大学时期的求学说起了。1985 年，我被保送到杭州大学中文系古典文献专业学习。20 世纪 80 年代，校园外与学业无关的诱惑较之今日少之又少，因此我能够热情高涨地、全身心地投入专业课的学习当中。"中国文献学""目录学""版本学""校勘学""训诂学""文字学""音韵学"等基础课程的学习，奠定了我的专业基础；"《诗经》研究""《楚辞》研究""诸子研究""《文选》研究""唐诗研究""唐宋词研究"等古代文学方面课程的选修，则大大扩展了我的学术视野。在这宝贵的四年中，我阅读了大量的书。我记得当时开设"训诂学"课程的傅杰老师喜欢在课堂上推荐可供阅读的书，并且所列的书单并不局限于古汉语和古文献，同时还涉及历史、哲学、文艺学等诸多领域；傅杰老师每推荐一次，我就必去书店购买相关图书，由于太贵而无法购买的就去图书馆或古典文献专业资料室借阅。

我在大学阶段的收获，不仅仅是扎实的专业知识，更重要的是当时老师们的言传身教对我做人、作文的积极影响。"中国文献学"和"诗经研究"的老师洪湛侯、"文字学"和"中国历代语言学名著选读"的老师祝鸿熹、"《说文》研究"和"《楚辞》研究"的老师郭在贻、"古代汉语"

和"古代文化知识"的老师黄金贵、"工具书使用"和"辞典学"的老师曾华强、"音韵学"的老师张金泉、"唐宋词研究"的老师吴熊和、"古代汉语"和"俗语词研究"的老师兼我们1985级古典文献班的班主任方一新、"校勘学"的老师张涌泉、"古代汉语"和"版本学"的老师颜洽茂、"目录学"的老师任平、"现代语言学"的老师王维贤、"修辞学"的老师倪宝元、"方言学"的老师傅国通等等，他们严谨的治学态度、高尚的人格魅力，都是我前进道路上的标杆与灯塔，使我终身受益。

在本科阶段，就能聆听这么多优秀教师所上的专业性很强的课程，在今天已经很难有这样的机会了。在我的印象中，当时的大学老师虽然生活条件较为艰苦，但大多不像现在这么忙，很少出差，科研压力不大，研究生也带得不多，本科教学是他们的主要工作任务，所以往往有充裕的时间备课，有旺盛的精力讲课。如郭在贻老师在1988年上半年给我们上"《说文》研究"课程时，已经是享誉海内外的著名学者，并且是当时全国人文学科教授中最年轻的博士生导师，但他每次都提前到教室，从未调过一次课，并且常常带着很重的段玉裁的《说文解字注》。我是这门课程的课代表，由我负责将作业收齐后交给郭老师，并把郭老师批改后的作业再分发给学生。我至今还清楚地记得郭老师对每一份作业都进行了认真批改，有的作业的天头、地脚上还有郭老师用红笔写满的意见，真不容易！就学生来说，外语、就业等方面的压力不像现在这么大，公共课相对较少，外界吸引眼球的东西也不多，因此可以在专业学习上投入较多的精力，基础打得比较扎实。想到这些，我觉得自己还是很幸运的！

当时"工具书使用"课程采用的教材是蒋礼鸿先生的《目录学与工具书》。蒋先生是我们专业的著名学者，他的研究重点虽然在训诂学领域，但在古文献学方面也有很深的功底。《目录学与工具书》虽然只有大约4万字，无论是篇幅还是书名都不起眼，但言简意赅，善于结合著者本人的

治学经验和甘苦，融入了诸多个人研究心得，通过生动的实例，传授有关知识，介绍了各种常用工具书。该书实用性和可读性很强，特色鲜明，极具价值，尤其是对于汉语史、古代文学、古典文献学等专业的学生和老师十分有用。这本书我一直放在书架上的显著位置，已经被翻得很破旧。我对书十分爱惜，这样因反复翻阅而导致破旧的情况很少。也许是命运的造化，我在本校中文系任教后，给本科生所开的"目录学"和"文献检索"两门课程，正是对蒋先生"目录学与工具书"课程的继承与延续。我每年都将《目录学与工具书》列为学生的指定阅读书之一。我之所以这么考虑，一是因为该书本身的重要价值，二是因为古汉语与古文献研究及人才培养相结合，以及在古汉语研究中注重文献考证，也是浙大中文系、汉语言研究所暨汉语史研究中心、古籍研究所的重要学术传统及特色之一，我很想为较好地继承并弘扬这一传统尽绵薄之力。出于对蒋先生的敬仰，我还专门写了一篇《蒋礼鸿先生〈目录学与工具书〉之特色和价值》，并跟当时还是我们古典文献学专业本科生的李泽栋同学（毕业后保送北大读研）一起编纂了一份十分详细的《蒋礼鸿先生研究文献目录》，都发表在我校汉语史研究中心主办的《汉语史学报》第 18 辑，也就是纪念蒋先生百年诞辰的专辑上，此外还曾指导我的研究生李燕撰写了硕士学位论文《蒋礼鸿先生在语言学领域的成就》。不过我多次跟同学提及，一想到蒋先生，有些不敢站在讲台上滔滔不绝地讲课，因为深感自己在这方面的基本功与蒋先生相差过大，作为类似课程任课教师的后来者，总觉得十分不好意思。

由于种种原因，1989 年大学毕业后，我留在了杭州大学图书馆，担任助理馆员。在此后四年多的时间里，由于图书馆的工作繁忙而琐碎，我很少有专门的大块时间进行学术研究。在此期间，我的主要工作有二：一是古籍部的工作，二是为中文系、新闻系的本科生开设"文献检索"课程。

我利用这个机会接触了大量珍贵的线装古籍，深化了自己所学过的古文献学知识；通过对"文献检索"课程的讲授，我从中找出了与文献学的契合点，并借此加深了对相关图书的熟悉程度。不谦虚地说，与古文献学有关的书，1000本中我能说出其中的999本；与古汉语有关的书，1000本中我大体知道其中的950本。

我对这段四年多时间的图书馆工作经历还是很有感情的，至今仍然与图书馆古籍界保持着密切联系，几乎每年都有机会参加图书馆主办的学术会议，有的论文发表在图书馆主办的刊物上。当然，这也跟我的研究领域以及所上的"古典文献学""目录学"等课程与图书馆关联较多有关。例如，我每年都将浙江大学图书馆古籍特藏部作为"古典文献学"课程的实践教学基地。

闫： 您对古文献学理论研究有不少独到的见解，能否谈一下具体的情况？

陈： 古文献学真正作为一门学科，应该说是从20世纪80年代初开始逐步建立起来的。近40年来，古文献学的学科理论建设取得了不少成绩。然而到目前为止，古文献学尚未具备一个较为完整的，同时又得到大家普遍认同的学科体系。就总体而言，无论是广度还是深度，对于古文献学理论的研究还是远远不够的。古文献学经过多年的发展，硕、博士学位点不断增加，无论从科研成果还是人才培养而言，均已具备相当规模。再则，由于新材料的发现和新方法的运用，近年来的古文献学研究又呈现出不少新特点，但也出现了一些新问题，很有从理论上加以总结的必要。

纵观古今中外的学科发展史，每当一个学科发展到一定规模，必然对其学科理论研究提出要求，否则将在很大程度上制约学科的深入发展。与

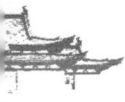

同属人文学科的文学、语言学、历史学等学科相比，古文献学的理论研究可以说非常滞后，甚至连学科内涵及其研究内容这样重要的问题还缺乏明确的认识，使得古文献学在不少人心目中界限模糊，给古文献学的进一步发展带来了很大影响。

因此，我很想早日完成《古文献学学科理论建构研究》一书。这部著作不但涉及古文献学的概念、内涵及研究内容，古文献学的理论总结与学科建设等重要问题，而且还包括古文献学与相关学科之关系，国外的中国古文献学研究等内容。我十分希望通过大家的不懈努力，使古文献学理论研究得以系统化和规范化，从而为古文献学在新时期的进一步发展做出积极贡献。

闫： 我注意到您近年来出版了好几部古籍整理方面的大书，是出于什么考虑？

陈： 当初国家建立古典文献学专业的一个重要目的，就是培养古籍整理人才。作为专业教师，在这方面也应该身体力行。我在古籍整理领域花费精力最多的就是主持校点了《卢文弨全集》。卢文弨著述面广量大，校点难度很大，并且佚文辑录极其不易。我带领项目组成员，克服重重困难，前后历时 11 年，对现存卢文弨著述进行了全面而系统的整理，应该说已经尽了最大努力。《卢文弨全集》是作为"浙江文化研究工程"重要组成部分的《浙江文献集成》之一种，列入"2011—2020 年国家古籍整理出版规划"，并成功入选"2015 年度国家古籍整理出版专项经费资助项目"，共有 16 册，400 多万字，其中大部分是首次整理校点。尤其是《广雅（释天以下）注》目前所知仅有国家图书馆藏清抄本，以前很少有人论及，此次将该清抄本（包括其天头的钱大昕、钱大昭、丁杰等与卢文弨交游甚密的同时代学者之按语）加以整理校点，这对于进一步促进训诂学、中国语言学史、清代学术史等方面的研究还是很有意义的。另有通过多方努力，搜集整理而成的近十万字的《抱经堂集外佚诗文》。

我主编并且已经出版的大书还有《文澜阁四库全书提要汇编》《陆心源全集》《抱经堂丛书（外七种）》《晚清会稽徐氏辑刻丛书三种》《杭州诂经精舍课艺合集》《杭州学海堂课艺合集》《两浙艺文志辑刊》《两浙藏书志辑刊》《卢校丛编》等，即将出版的有《两浙家谱文献集成·初编》《两浙方志经籍艺文资料汇编》等。这几种的大部分内容是影印，影印要做好也很不容易。在不少人看来，影印似乎比较简单，我自己以前也这么认为，但通过编纂这几部大书，越来越体会到其实不是那么简单的，编纂过程中所遇到的大量问题可以写成一篇专文了。

闫： 您如今从事的中日文化交流史研究方向，与您在日本国立福井大学工作的三年是否有一些关系？

陈： 其实早在 1991 年 1 月，我就成了当时的杭州大学日本文化研究中心（目前的浙江大学日本文化研究所和浙江工商大学东亚研究院之前身）的兼职研究人员，结识了该中心的负责人王勇和王宝平两位老师，他们现在都是这一领域的著名学者。同年 3 月，我在《杭州大学学报》上发表了首篇关于中日文化交流史的论文；同年 9 月，参加了颇具规模的"汉籍与中外文化交流"国际学术研讨会，见到了大庭修、户川芳郎、中西进等德高望重的日本著名学者，并有机会当面向严绍璗、王晓秋等从事中日文化交流史研究多年的前辈学者请教。此后，我陆续撰写了一系列中日（兼及中韩）文化交流史领域的论文，大多发表在档次较高、影响较大的刊物上。同时，我还多次积极参加这一领域的学术会议及其他各种学术活动，曾担任

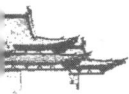

中华日本学会的特约通讯员，从而与全国相关学术机构建立了较为广泛的联系，并结识了许多中日学者。我的学术简历曾被中华日本学会和北京日本学研究中心组织编写，由社会科学文献出版社于 1997 年出版的大型工具资料书《中国的日本研究》作为辞条收录，是该书的"学者简介"部分列专条介绍的最年轻的学者。

1999 年，我应聘为日本国立福井大学外国人教师，于樱花烂漫的四月赴日任教，开启了自己为期三年的旅日生涯，这对我来说也是非常重要的三年。

在日本的生活是紧张繁忙的，新环境的适应、新语言的学习，都占据了我不少时间；每周紧张的教学工作，又耗费了我大量精力。我只能在晚上和节假日挤出时间，为中日文化交流史的研究积累点滴材料。在日期间，我细读了《长泽规矩也著作集》（11 卷）等书，为了查找资料而几次到访东京大学图书馆和东洋文化研究所、京都大学图书馆和人文科学研究所、早稻田大学图书馆、日本国会图书馆等机构。在异国的生活别有一番风味，但我最喜欢的还是日本那些令人流连忘返的学术书店，及其内容丰富的书目。我曾经为此专门写过一篇名为《日本的汉学研究及学术书店》的文章。我非常珍惜在日本的每一寸时光，当时为了在图书馆多抄几条书目、篇名和资料，常常以面包充作午餐。由台湾文听阁于 2010 年出版的《中日典籍与文化交流史研究》所收录的约半数论文的前期资料，都是在日本期间收集完成的。

闫：您在所从事的各个研究领域都出版了大量很有价值的专著并发表了许多论文，请问在研究治学领域，您有哪些经验和见解可以分享给广大同学？

陈： 一是要"读书"。对于古文献专业而言，跟我朝夕相处最久的恐怕要属书了。我在大学时就是个名副其实的"书虫"。我这 30 多年来都是在跟书打交道：在办公室研究时要看书，在教室授课时要看书，回到家中面对的又是自己万余册的藏书。并且，我所开设的各门课程，几乎都与书有着十分密切的关系。几个月之前，有一位老杭大中文系的毕业生在"城市秘密"微信公众号发表了一篇题目是"杭大 1990，离歌 1990"的回忆文章，里面提到几位中文系的老师，其中有一段是关于我的，这一段的标题就叫"陈东辉老师的开关是书"。

读书，尤其是那些质朴的原典，对于研究者而言，是必不可少的，因为它们提供了最直接、最准确的研究资料，也提供了最翔实、最生动的问题来源。但是研读这些佶屈聱牙的古文，需要花费大量的时间和精力。为保证自己有充沛的学术精力，我有着严格的作息规律：不熬夜，早睡早起，不过于疲劳。

我的专业是文献学，较好的文献学功底是我进行学术研究的坚实基础。不管是清代学术史的研究，还是中国语言学史的探索，或者是中日文化交流史的溯源，我都以文献学作为基准点与契合点，使各个领域的研究都以文献学为主线，并最终形成一个有机的整体。在整理校点《卢文弨全集》时，我以前学过的各种课程差不多全派上了用场，并且文字学、音韵学等知识还显得十分重要。我觉得对于古籍整理研究者而言，在大学阶段打好基础，接受比较全面和严格的学术训练是非常重要的。同时，大学的课程设置不能过于"实用"和"功利"，对于古典文献学专业这样的基础性学科尤其如此，老师和学生的眼光都要长远一些。

此外，我还喜欢"于无声处听惊雷"，善于从别人不太关注的问题中找到值得研究的学术问题。比如，在阅读前人和当下的有关古典文献学论著时，我发现关于《四库全书》绢面颜色有多种说法，莫衷一是。这确实

是一个细枝末节的问题，但我觉得对于《四库全书》这样一部被誉为"文化长城"的中国历史上规模空前的巨型图书而言仍有考证的必要，于是就写了《〈四库全书〉绢面颜色考辨》一文。同样，我的另一篇文章《〈四库全书〉及其存目书收录外国人著作种数考辨》也有这种特征。再则，我觉得在研究时要注意扬长避短，努力发挥自己的专长。就我个人而言，在确定清代学术史、中国语言学史、中日文化交流史研究的具体选题时，都特别注重与自己的专长文献学相结合。

最后，从事古文献的研究要坐得住，有韧性，善于钻研。比如辑佚要做到竭泽而渔十分困难（甚至可以说几乎做不到），同时还需要鉴别佚文之真伪。编纂应该努力做到收录全面、体例统一、格式规范，这也是需要付出艰辛劳动的。校点则更考验人的学问、毅力和耐心，并且与专业论著撰写相比，有时需要更广的知识面、更强的语言文字能力。我在整理校点、汇总修改和校对书稿时，往往为了确定一个细小标点的位置而遍查各种典籍、工具书、数据库，有时花了大半天时间，仍然一无所获、令人失望。校点过程中所遇到的诸多问题，如有的异体字、俗体字找不到对应的标准印刷体；《广雅（释天以下）注》的底本由于是清抄本而导致有不少字形前后不一致；极个别字在底本和参校本中均模糊不清，而又难以找到其他可靠的辨识依据。这样的例子太多了，不一一细说了。克服这些困难相当费时费力，没有韧性的话，几乎难以为继。

闫： 在各个研究领域取得丰硕成果的同时，身为浙江大学中文系古典文献学专业副主任，您长期奋战在本科教学的第一线，请问您是怎样看待科研与教学的关系的？

陈： 教学和学术是密不可分、息息相关的。比如每次评阅本科生、研究生论文时，我都会发现文献综述部分对前人的重要研究成果往往有不少遗漏（能做到"竭泽而渔"的极少），并且参考文献的著录也经常存在各种各样的问题。许多同学也十分认真，并非不想做好，而是不清楚如何将自己所需要的相关论著搜集齐全，同时对于参考文献著录的规范化要求亦不甚了解。同时，我长期在浙大中文系古典文献学专业任教，深感本专业作为一个基础专业，理论教学固然重要，但实践教学同样是必不可少的。并且，就古典文献学专业的培养目标而言（主要是培养古籍整理人才），实践教学也应该占有适当的比例。有的用人单位（如古籍出版社、图书馆古籍部等）反映，本专业的部分毕业生基础知识扎实，思维敏捷，但实际从事古籍整理以及古籍编目、版本鉴定的能力相对不足。因此"古典文献学"等课程的实践教学还是需要进一步加强的。而编纂与古典文献学研究相关的论著目录，是锻炼学生的实际能力之理想途径。我主编的《历代文献学要籍研究论著目录》《清代学者研究论著目录初编》《清代学者研究论著目录续编》《民国学者研究论著目录初编》《民国学者研究论著目录续编》等工具书，都是在学生的课程作业的基础上修订增补而成，均已正式出版，这正是"教学相长"的良好成果。此外，近年来我还与学生一起或指导学生编纂了夏承焘、姜亮夫、王焕镳（驾吾）、胡士莹、任铭善、蒋礼鸿、沈文倬、刘操南、徐朔方（步奎）、吴熊和、郭在贻等我校中文学科著名前辈学者的详细的研究文献（论著）目录，其中半数以上已经正式发表，也算是为百年系庆做了一点力所能及的事。

通过调查、交谈等方式，我获悉参与研究论著目录编纂的绝大多数同学以前基本上只知道利用中国知网查找所需文献。其实，虽然中国知网相对而言收录论文较多，但也是很不全的，尤其是大量发表在各类论文集（包括许多以书代刊的刊物）上的论文没有收录，并且其中所显示的篇名、作者、文献来源（即所发表的刊物）、发表时间及期号等也有不少疏误。并且，希望

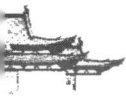

通过各类数据库将所需文献搜集齐全（即使不需要全文而只需要篇名、作者、文献来源、发表时间及期号），也几乎是不可能的。我在长期的检索过程中体会到，就算只需要篇名、作者、文献来源、发表时间及期号，通过各类数据库一般能够检索到所需论著的 2/3 左右，其余论著需要通过相关纸质文献查找。例如台湾花木兰文化出版社从 2005 年 12 月起陆续分编出版的《古典文献研究辑刊》，收录我国台湾地区历年来以古典文献为研究主题的著作（主要是硕博士学位论文）。该辑刊中的许多著作与我们所编纂的研究论著目录相关，而这些著作中的参考书目一般都比较详细，并且准确性较高，因此我专门告知学生，在研究论著目录的编纂过程中，可以将其视为重要的检索途径。通过编纂论著目录，学生知道了如何充分利用各种数据库以及各大图书馆的网上资源，并知道了如何从各种相关纸质文献中查找有用的信息，收获很大。并且，通过亲身实践，同学们都意识到，编纂研究论著目录之类的工具书十分辛苦，很不容易，从而觉得不应该随便轻视、贬低他人的学术成果。我认为学生有这样的意识，对于他们的健康成长和未来发展是很有裨益的。

闫：如今古文献以及汉语言文字学科在社会中普遍不受重视，被称作"冷板凳"也不为过，作为一名相关领域的研究者，对此您有什么看法？

陈：我上大学的时候，也就是 20 世纪 80 年代，古典文献专业虽然算不上热门，但还是有许多高分考生以第一志愿报考，而学术之风也没有现在浮躁，因此当时的我满怀热情，全身心地投入专业课的学习当中。在 90 年代以后，这个专业受到了冲击。虽然当时有不少昔日同窗好友改行从政、下海从商，或者转而从事收入较高的新闻出版工作，但我还是坚持了下来。因为这是我喜欢而又于社会有益的事业。

我觉得当下的古典文献学虽然是一个小众专业，但绝不能成为一个被忽视的专业。就学术而言，古典文献学是文史哲的基础，虽然看起来很枯燥，但是如果这方面功底不扎实，从事其他方面的研究也会力不从心。因为任何文化都是以文献为基础的，离开文献无从谈起；没有对文献的研究，弘扬传统文化就成了一句空话。文献的门类很多，广义而言，唐宋诗词也是文献，文学欣赏，需要知人论世。如果这方面荒废不前，从长远来看，连唐诗的推广普及也会步履维艰。打个比方，工科直接为社会经济服务，如果数理化整体不强，若干年之后，社会的整体发展就会滞后。目前不少古装电视剧存在不少问题，如经常在反映唐宋乃至秦汉历史的电视剧中出现一叠线装书，其实线装这一沿用至今的书籍装帧形式，是从明代中期才开始出现的。这也说明了传统文化知识的普及还很不够，长此以往，这些小差错就会弄假成真。

随着社会经济的发展，国家对这方面已经越来越重视，近年来的投入不断加大。我始终认为古典文献学是一个研究中国传统文化的基础性学科，社会需要这么一部分人去传承和研究这个学科，而我很乐意做一个文化的守望者和传承者。

闫： 我知道您藏书很多，能不能就买书、读书等给同学们一些建议？

陈： 我从小就喜欢买书，上小学时，只要手头有一点点零花钱，就会去买喜欢的书。近年来藏书越来越多，目前大约有 1.2 万册，有些放不下了。我家里的客厅很大而书房相对较小，十多年前装修时，在客厅中做了总长度超过十米的三排"顶天立地"的大书柜，当时觉得很宽裕，后来慢慢就不够用了，于是前年又加做了一个将近三米的大书柜，现在还是不够用。书多了也麻烦，除了没有地方放之外，有时从里面两排（我的书柜大

多可以里外放三排）找书需要花费不少时间。我曾经多次暗暗下决心，尽量少买书，甚至一段时间不买书，不过遇到确实需要的书，还是忍不住会买。最近"双十一"期间各大网站搞活动，我又花了1000多元买了20多本书。我也曾经想处理掉一些不太用的书，不过等到真正动起手来，又常常会犹豫不决，难以割舍。除了想到有些书今后或许还会用到，更重要的原因是这些书都来之不易，几乎每一本都是自己精挑细选来的。我在《文澜阁四库全书提要汇编》的前言中，详细回忆了30多年前购买《文澜学报》的过程和情景。这些藏书每天伴随着我，是我生活的一部分，已经有了很深的感情，实在舍不得处理。有的书自己有确实比较方便，有时可以利用几分钟的空余时间翻一下书柜中的某一本书。我对文献资料的熟悉，应该说与藏书多是分不开的。不过我的藏书主要是为自己的研究和备课而准备的，并没有什么古籍珍本，并且太贵的书也买不起。

自己也是从学生时代过来的，知道广大同学经济条件有限，放书的空间也十分有限，因此我并不提倡同学们像我一样大量购书，不过一些常用的工具书以及需要精读的著作还是建议大家购买。对古典文献学专业的同学来说，《浙江大学中文系古典文献学专业本科生指定阅读书目》中的30种著作都值得自己购买。同学们可以在当当、京东、博库、中国图书网等网站搞活动时买，会便宜不少。

我还写过一篇名为《古文献学入门读物管见》的文章，有将近1万字。这篇文章结合自己长期从事"古典文献学""目录学"等课程的教学经验，以及自身使用中的体会，就古文献学通论和目录学、版本学、校勘学、辨伪学、辑佚学、编纂学的入门读物谈了一些看法，有兴趣的同学也可以参考一下。

现在同学们普遍习惯大量使用电子本。电子本给我们提供了极大的便利，我也经常用，不过我觉得电子本主要应该用来检索、核对资料，还有就是有时需要查阅一下的书（尤其是大部头书）用电子本比较方便。经常用的书我还是喜欢纸质本，并且电子本看得时间长了，眼睛也受不了。

还有一点需要强调，就是利用网络上的古籍时应特别注意其版本问题。网络上的古籍固然方便易得，但往往存在版本欠佳、无版权页乃至缺页等诸多问题，可以在检索相关古籍时使用，但绝对不能作为引用之依据。我的体会是，就同一版本之古籍的可靠性而言，首推纸质文献之原件，其次是纸质文献之复印件，再次是纸质文献之电子扫描件，最不可靠的是据电子扫描件识别的 WORD 文档，因此引用时最好依据纸质文献。

另外，我觉得要求每一位本科生乃至研究生具备鉴别古籍版本的能力，是不现实的，关键是应该充分利用相关工具书搞清楚研究对象的版本情况，从而选择最合适的版本。

一个普通学者的自我反思

——邹广胜教授访谈录

穆宝清 ※

学者
名片

邹广胜，男，汉族，1967 年生，江苏丰县人，浙江大学中文系教授，博士生导师。2000 年获得南京大学文学博士学位，同年起在浙江大学中文系从事博士后研究，2002 年出站留校工作至今。2006—2007 年在美国加州大学伯克利分校访学，2007—2008 年在美国哈佛大学访学，2011 年任剑桥大学高级访问学者，2012 年任海德堡大学高级访问学者。2016 年获首都师范大学书法博士学位。浙江大学首批新星计划资助者，浙江大学首批基础人才计划资助者，浙江省 151 人才。曾主持国家社科基金 1 项、教育部基金 2 项、浙江重点基金及浙江省社科基金等 3 项、浙江大学科研项目项目 2 项。出版专著四部：《中西论文对话——理论与研究》(商务印书馆)、《中国传统文论的现代意义》

※　穆宝清，文学博士，山东大学外国语学院教授。

（商务印书馆）、《自我与他者》（中国社会科学出版社）、《〈哈姆莱特〉导读》（中华书局）、《人的乌托邦》（生活·读书·新知三联书店）、《中国文学图像关系史·魏晋南北朝卷》（江苏凤凰教育出版社）。曾在《文学评论》《学术月刊》《文理理论研究》《外国文学研究》《外国文学》等核心刊物发表论文 30 余篇，主要从事比较诗学、文图关系、文学书法关系研究。

穆宝清（以简称穆）： 邹老师，您好！很高兴您能接受我的采访。

邹广胜（以下简称邹）： 谢谢您的采访。但是我们首先还是应该感谢《社会科学家》对我们这些普通学者的关照与提携，给我们这个发言的机会。我自然不会像那些卓有成效的老前辈那样回忆过去，展示自己等身的著作与圆熟的思考。我们只是坦诚地谈谈自己多年来思索的困惑与探索的彷徨。

穆： 邹老师，在众多的青年学者中，您好像是较为沉静的一个。

邹： 谢谢您的鼓励。这恐怕是个性的原因，这也是我在《西游记》中较为喜欢唐僧和沙僧，而不是很喜欢孙悟空与猪八戒的原因吧。

穆： 但是作为一般人，却是更喜欢孙悟空，他代表了智慧，也有很多人喜欢猪八戒，虽然他外表不好看，但很实惠，很能代表今日普遍流行的实用主义的基本价值观。而您独喜欢唐僧与沙僧，确实令人感到新奇，他们是否给您较为与众不同的人生启迪呢？

邹： 是的。每当看到唐僧那种宁静高远的神态就使我心驰神往。至于

271

沙僧那种任劳任怨、沉默寡言的人生更使我感佩不已。我们今日确实是孙悟空、猪八戒太多，唐僧与沙僧太少了，大家都喜欢上蹿下跳，喜欢实惠，而缺乏深思与实干。

穆：您的想法确实与众不同。您能否简要地给我们谈谈您的学术经历呢？

邹：我的学术经历应该从考研开始。高考的时候，当时主要的想法就是不要重新回到农村，特别是不要当老师，当时考师范的人很少，我也是在高考时一个师范类的志愿都没报，宁愿选一个好的专业，将来分配到大城市，也不上很好的师范类的学校，将来教书。现在回想起来，很为当时坚定的想法感到惊奇。但这为我将来的考研带来了困难。为此我在徐州的一个大工厂里待了五年。但我并不后悔，在那里，我交了很多朋友，有好几位现在仍然保持着联系，同时也磨炼了自己，那五年的人生经历与考研的各种艰难困苦确实使我从另一个角度加深了对人生与社会的理解。

我的学术的真正开始应该算是在四川大学跟随易丹老师读硕士研究生的时候。易丹老师当时刚从美国留学回来，第一次招收研究生，他是系里几个最受学生欢迎的青年教师之一。我也常常为此感到自豪，以至于我有一次在火车上碰到一个川大中文系毕业的学生，我就很自豪地讲出自己是易丹教授的学生，当时那种由衷的自豪感现在还能清晰地感受到。易老师风度翩翩，很有才气，风格潇洒偶傥，在我的眼中，很有些雅皮士的风度，现在我对学生的那种比较民主的态度，还是模仿易丹老师对我们的态度。1997 年我很荣幸地考上了南京大学中文系第一届文艺学博士研究生，后来赵老师准备到香港去一年，我便跟随杨正润老师学习，杨老师也是国内著名的外国文学专家，特别是在传记文学研究方面的成就是学界有目共睹的。南京大学确实是一个有着深厚学术传统的学校，大家都很努力敬业，特别是赵老师更是兢兢业业，以身作则，使我们这些学生不敢有丝毫怠慢。南大朴实深厚的学术风格及学术传统更是坚定了我自己努力的方向。我时至今日一直坚持的原则——以经典著作、经典理论家、经典问题为学术目标就是赵老师在课堂上一直强调的。从南大毕业后，我有幸跟随文艺学界著名的老学者王元骧先生从事博士后研究，当时王元骧老师才刚刚开始招收博士生。王老师严谨踏实的学风是学界有目共睹的，特别是他几十年如一日对学术的忠诚，都是我们这些后学所高山仰止的。有一次大年初一我去看他，当时他正在看一个学生的博士论文，其兢兢业业如此。我常常很庆幸自己能跟随这些国内最著名的学者学习，也常常在内心里以他们为榜样，但一直很遗憾于自己的笨拙愚痴，学虎不成反类猫，像苏东坡所说的，非驴非马竟何物。

我跟随易丹老师研究的主要方向是二战之后的西方文论与文学，当时的选题是刚刚在国内开始讨论的后现代主义。这个选题也可能与我的兴趣有关，当时的我对各种稀奇古怪的现代与后现代艺术很着迷，自己也常常无意中去模仿，虽然我现在的兴趣在经典领域，但经典里各种奇妙的有着现代与后现代风格的成分仍然能不由自主地引起我的共鸣。跟随赵宪章老师主要是研究文艺学的基础理论，当时他上课让我们读的是三本书：《1844 年经济学哲学手稿》《文心雕龙》《纯粹理性批判》。我当时花了很大的工夫去阅读康德的著作。现在康德仍然是我思考问题、解决问题的主要理论资源之一。记得有一次听王元骧老师给博士生上课，他让我讲一下我当时读博士时赵老师讲了些什么内容，我便把阅读康德《纯粹理性批判》的事讲给在场的学生听，他们都很惊讶。我们当时看到赵老师阅读《纯粹理性批判》的书里注满了各种注解，几个不同版本的对照写得密密麻麻，所以现在我对任何东西如果没有自己仔细研读过，都不会轻易发言，所有经典图书都是一字一字地仔细阅读，做笔记，从不马虎，这都是我当时看到赵老师、王老师他们敬业的态度，向他们学习的结果。我也常常告诫学生，希望他们能精读经典

原作，这是他们超过我的唯——一条路。

我喜欢到不同的地方去游历学习，读万卷书、走万里路乃是我终生的信念。我在喀什师范学院教书的时候就和朋友们走遍了南疆，包括塔什库尔干唐僧经过的石头城、中巴边境的风雪高山、和田的玉龙喀什、轮台的大胡杨树林等。那四人一起如唐僧师徒流浪天涯的感觉现在还一直回荡在我的记忆之中。后来又和我的朋友家人一起去西藏旅行，也是这个理念的体现。因此，我也鼓励自己的学生要身体力行，小到杭州的山山水水，大到祖国的大江南北，最后再到世界各地，尽力而为。而且要尽可能地坐火车，包括骑自行车，甚至是步行，要和自然，和他人亲密接触，特别是一个人孤独旅行时候的沉思对人生同样重要。启功先生曾书写的一副对联"天地大观尽游览，今古无多独行人"，王维的"行到水穷处，坐看云起时"都是我时刻坚守的信条。在伯克利时有一次到斯坦福，看到地图上标注着一个湖，便按照地图，打听湖在什么地方，好几个美国人告诉我，没有必要去，因为水早就干了，已经算不得湖。但我还是坚持要亲自看一下，最后走到湖边时确实看到了一个早已干涸了的大水坑。有次去剑桥也是一样。我很喜欢哈代，看了聂珍钊先生参观哈代故居的文章后更是加强了我要拜访哈代故居的想法，我很羡慕他有英国朋友开车去参观的方便，而我却只能一个人去哈代的故乡参观他的旧居，其中也是历尽周折：当时我住在威尔士卡迪夫大学的一个朋友那儿，原准备和他一起从那儿去，因为从地图上看，从那儿出发较近，但最终发现从那儿去也很不方便，我便一个人一大早从卡迪夫坐火车到伦敦，再从伦敦转火车到 Dorchester，到达市中心后，转了一圈，原准备步行去哈代小木屋的，但苦于无人知道路线，原先自己准备的手绘路线图，最终也没有派上用场，只好打出租车拜访了令无数人倾慕不已的哈代简陋的小 cottage。我一个人去勃朗特的故居也是如此，而且沿着勃朗特姐妹平时游玩的小路一个人在山里走了四五个小时，最后终于到了她们姐妹常常游玩的小瀑布脚下，中间还经历了狂风、大雨、冰雹、泥泞的山路、让人无法撑开雨伞的狂风、不得已在石头墙下的躲雨、围观我的好奇的羊群、雨后灿烂的阳光、始终陪伴我与我在山间小路一同游荡的孤独身影，都是我这次冒险的收获。想想唐僧的朝圣，就明白为何他能名垂千古，而我等只能默默无闻的根本原因了。我的旅行与努力与他们的付出相比，真是微不足道。但是我仍要鼓励同学们向这些伟大的先人学习，不仅要行万里路，还要读万卷书，不要做井底之蛙故步自封，那样偏见与狭隘就会使人盲目自大，自以为是。

穆：您的这些经历确实使我羡慕，我在英国的伦敦大学学习时也是如此，走遍了伦敦的各个角落，也走遍了欧洲的各个国家，这些经历确实对我们理解文学、理解文化、理解人与自然甚至自我有着不可或缺的价值。您能否谈谈您最近研究与探讨的一些理论问题？

邹：我最近经常思考的一个问题就是中西文化的差异：中西文化的差异到底在哪里呢？中国优越于西方的到底是什么？西方优越于东方的到底是什么？我的基本结论就是：西方优越于中国的就是西方有一个公正的、平等的理念，虽然这个理念并不是一开始就深入人心，而我们的文化对权力与等级则过分痴迷。目前为何"被"流行：被城市化、被就业、被拆迁、被自杀、被涨工资、被提高、被自愿、被幸福、被满意、被高兴、被感动、被赞成……被字也被流行。为何如此呢？归根结底，这是权力在发挥着作用：对权力的追逐与对权力的无限制发挥，弱势群体自然也就是被失声了。公正的理念来自希腊，荷马史诗中阿喀琉斯为何发怒就是因为不公正，阿伽门农躲在后面却分到最好的战利品。平等的理念则来自基督教，托尔斯泰为何也要亲自劳动，就是因为正如他在《天国在你们心中》所说的，一

切人都是平等的。我们即使在今日这方面的理念都很匮乏。我们的文化是一个有着悠久等级传统的文化，我们文化的内部差异很大，虽然都叫中国人，都叫中国文化。这个问题鲁迅论述得最为充分，但今日我们仍然没有很好地解决。举一个最为显著的例子。我们研究文学理论的往往把《文心雕龙》奉为圭臬，但作为中国人又有多少人读过呢？大学确实一个研究高深学问的地方，但这些高深的学问，无论它的出发点，还是最终的归宿都应该是大多数人的幸福。我常常想，我们到底比西方人优越在什么地方呢？我们比西方人聪明，掌握了更多的真理吗？我们恐怕不能这样说，特别是近现代更是如此。我们比西方人更善良，更尊老爱幼吗？孝道一直是中国人所引以为自豪的东西，且不说现实，即使理论上苏格拉底与摩西十诫都主张要孝敬父母。至于一直令中国人头疼的婆媳关系，旧约的《路得记》中就彰显了很好的解决办法。中国儒家奉为神灵的中庸之道，在亚里士多德的《尼格马科伦理学》中讲得更清晰，更生动。至于"扒灰"的历史在中国也是有着悠久的传统：从《诗经·邶风·新台》中所说的卫宣公霸占自己的儿媳妇，到《长恨歌》中李隆基与杨玉环的"在天愿作比翼鸟，在地愿为连理枝"，再到《红楼梦》里焦大提到的扒灰，只有像贾宝玉这样的纯洁青年才不懂其中的情理呢。可见我们也并不比西方在道德上好到哪里去，看看季承对他父亲的攻击，再反思一下鲁迅先生与他弟弟的家庭矛盾，儒家所谓修身、齐家、治国、平天下不过是一种书面上的理想而已。如果说真有什么领域中国人具有自己的特色，那就是中国的艺术：中国的书法，中国的绘画，中国的建筑等，自然也包括中国的文学。问题的关键是，如果在理论上认为中国人有着不同于西方的真理，不同于西方的善，那中国人就会迷恋于此，而不思反思，从而得出很多莫名其妙的结论来。就像康德所说的，善于提出合理的问题，乃是聪慧的标志，如果问题本身没有意义，那么它除了会使提出问题的人感到羞愧外，还有这样一个缺陷，就是引出荒谬的回答和造成可笑的场面：一个人要给羊挤奶，而另一个人却给它垫上筛子。我常常想，政府应该鼓励资助所有，至少是大多数优秀的学生，到欧洲、日本去参观旅游，甚至是生活一段时间，就像欧美的背包客一样。这样大家就不会依照着书本的内容，为某些子虚乌有的问题争论不休了。

穆：是的。邹老师，我也常常思考这个问题，到底中国传统文化的特色在什么地方，中国今日的文化应该朝着哪个方向走？不过我确实也为此问题困惑不已，目前学术界也在争论不休，没有定论。您能否简要地谈谈您在美国学习的收获？

邹：2006 年我很荣幸地获得了浙江大学首批新星计划的资助，到美国学习两年。第一年去到加州大学的伯克利，当时主要是考虑，伯克利是美国现代文明的一个重要标志，西方自由主义思想的发源地，反对对越南战争的游行就是从伯克利开始的。第二年是去哈佛大学，这是美国传统文化的象征。这两年最大收获，第一是对基督教文化有了较为广泛而深入的了解与思考，包括对《圣经》文本的学习研读，我跟随好几个人学习《圣经》，有美国人，也有加拿大人，甚至是意大利人，也有中国的移民，其中有牧师，有神父，也有自由派的基督徒。不过我对基督教的观点，仍然以康德的《纯粹理性限度内的宗教》为原则。另一个最重要的收获就是尽自己的能力走遍了美国的山山水水，除了阿拉斯加基本上都走到了，包括在美国优胜美地国家公园森林里野营一周，游览了黄石公园，参观了中国人不愿去的天使岛，尼亚加拉大瀑布是很多人都去过的，夏威夷也是一样。至于人文景观，给我影响深刻的就是旧金山的 3 个多小时的同性恋大游行，盐湖城的摩门教堂，还有在美国人家里的生活。我的想法很简单，就是尽可能地了解西方的文化与生活。在剑桥也是一样，在学习之余，我走遍了剑桥的大

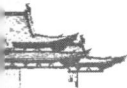

街小巷，包括一个人沿着围绕剑桥城外的公路绕行剑桥一周。整个英国也是如此，从西部威尔斯的卡迪夫大学，到东部的约克大教堂，从北部的尼斯湖，到南部哈代的故乡，我都尽力走到。我常常深夜十一二点坐从伦敦到剑桥的火车回剑桥，车上的人满满的，大都拿着报纸看，还有一群群刚刚下班回家的工人站在车厢的接口处畅聊，中间的我想必一定醒目。就是在这个火车上一个英国人告诉我日本发生了大海啸，因为他当时误认为我是日本人。在 Dorchester 车站和一个退休的爱尔兰建筑工人的长谈也令我怀念不已，是他向我又重复了别人曾提到的中国在崛起、英国在衰落的说法。在英国人家里一个月的生活则使我亲身经历了对中国友好的英国人的态度，与仅仅通过媒体了解中国并对中国抱有偏见的英国人的精神世界。虽然在英国的交通费很贵，我的经济状况也很紧张，有些朋友甚至嫌我太节省而不愿意和我一起出去旅游。我的目的只有一个：要尽可能地了解真正的英国。我鼓励学生要尽可能地节衣缩食到处走走，以开阔视野。即使成就不了学问家，也不要成为一个自以为是、心胸狭隘的书虫。歌德在 1827 年 1 月 31 日关于中国传奇的《谈话录》中说："中国传奇并不像人们所猜想的那样奇怪。中国人在思想、行为和情感方面几乎和我们一样，使我们很快就感受到他们是我们的同类人。"我也知道苏格拉底与康德从不旅行，也同样达到了人类思想的高峰，但他们是在人的精神的深度里旅行。我的旅行使我坚信了一个基本的信念——人类必将按照一个共同的基本的原则，那就是互相尊重、互相关爱的原则来建立起和平的家园。过去是以部落为中心，现在是以民族或者国家为中心，将来必将以一个共同的原则为中心。我们的文学研究应该促进这个伟大的进程，至少应该以完善自我为归宿。

穆：谢谢您这么伟大的理想，这个理想既古老又让人有些迷茫。我们确实有些被现实的生存压力压得有些喘不过气来，而忽视了对这些问题的思考，对于在学术领域里摸爬滚打的年轻人更是如此。您能否直率地谈谈您对目前学术界的看法？虽然直率有些令人不愉快，只要能实事求是，总能获得多数人的理解与支持。

邹： 目前学术界大家都在出于各种原因拼命工作，但我认为目前学术界仍有两大痼疾需要大家共同努力克服：一是门户林立，二是言行脱离。门户林立乃是学术走向凝固的一种表征，大家都是自立山头，近亲繁殖，门户之争不绝于耳，而门户之内也是"兄弟阋于墙而外御其侮"，哪里能谈得上真、善、美？至于言行脱离，则更是令人担忧。孙中山先生20世纪初谈到"知难行易"，而今日突出的问题是"知易行难"，大家在理论上都知道要追求真、善、美，但又有多少人在行为上去追求真、善、美呢？虚假的学术自然没有真，充满弱肉强食与权力的争夺的学术之争也谈不上善，而从事此项工作的人又大都愁眉苦脸，头秃发白，美又何来？在某些人的心中，真、善、美的位置早已被钱、权、女人所代替。这种状况发展下去，真是堪忧。我并不是针对某些个人，作为一个年轻的学人，只是发出自己的担忧而已，其实这个状况大家都知道，这种担忧大家都有，很多人也提出了自己更为激烈的批评，只是现状似乎没有什么改观，反而有愈演愈烈之势，这种状况对中国学术的发展至关重要，所以今日不避重复之嫌再次向您提出，希望中国的学术能打破自身的壁垒，"双百"的喜人景象能再次呈现。其实，一切社会科学的思考都归结为对人，特别是对人的本性的思考。我非常喜欢甘地所说的一句话：你看看历史上那些暴君恶行，也许他们在短期内会存在，但从长远来看，只有真理与爱才能够永存。

穆： 您的批评确实是正中时弊，但我们也不应该否认大多数学者仍然是在真诚地追求着自己的事业。

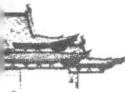

邹：是的，您说得很对，对于那些默默无闻的劳作者，我一向身怀无限的敬意，其中包括我的那些至今职称等现实利益仍无着落的同仁朋友，他们的学问很好，也始终兢兢业业，只是不愿意违心迎合今日的评价体制，然而他们才真正是中国的脊梁。我为自己庆幸，更为他们祝福。鲁迅先生在《最先与最后》中说："我每看运动会时，常常这样想：优胜者固然可敬，但那虽然落后而仍非跑至终点不止的竞技者，和见了这样竞技者而肃然不笑的看客，乃正是中国将来的脊梁。"正如在《西游记》中，如果没有唐僧则不会有取经，没有沙僧，那么多行李，聪明的孙悟空与追求实惠的猪八戒是不会代劳的，但孙悟空的上天入地与猪八戒的家庭意识虽然能得到各种评价体制与现实大众的认可，但仍然无法取代唐僧与沙僧的作用。

穆：邹老师，您最近在研究什么，能否给我们讲一下？

邹：我最近在研究莎士比亚。有些人问我，好像我的研究领域游移不定，不像一般的人那样容易贴上标签，称为某某专家。老实讲，我并不想成为某某专家，虽然我并不否认他们卓有成效的工作，因为每一个真诚劳动的人都是在往学术的大厦上添砖加瓦，任何人的劳动最终都通向真善美的高峰。只不过我有自己的困惑，我想解决自己的问题，寻找内心的宁静。我非常崇尚第欧根尼关于读书的说法，人读书正如狗啃骨头，不停地啃了很多骨头，但其真正的目的也就仅仅是那非常少量的骨髓而已。我在如高山一样耸立在我眼前的巨人面前感受到了自己的渺小，看到很多人唯我独尊、趾高气扬地在众人的羡慕的目光中如入无人之境地走过，我就常常提醒自己，难道他们心中没有孔子、庄子、苏格拉底、耶稣、释迦牟尼、甘地这些人吗？难道所有这些人共同的特征不就是既伟大又谦虚吗？但我也在自己每日艰苦的劳作中感受到内心的充实，我的目标不过是不停止爬山而已，爬过了 200 米的高山（200 米对我来说已是高山），接着再爬 400 米的高山，同时准备着爬 800 米的高山，直到不能爬山，坐在路边看着后来者继续前行为止。虽然我的那些朋友同仁们早已爬到了 5000 米的高处，在俯视着我，但我并不气馁，依旧照着固有的节拍，跟随在他们后面，寻找着自己要寻找的东西——内心的平静。

穆： 非常感谢您坦诚的交谈。我们也希望学术界能多一些真诚的交流，少一些大而无当的空谈，这样既有利于后学，也有利于当下的思考。

邹： 再次感谢您与《社会科学家》给我这次机会。我只是坦诚地讲出自己的思考与困惑，也真诚地希望我的思考能给大家或多或少的启发。讲得不对的地方，也欢迎大家批评指正。谢谢。

从传统文献研究到智慧大数据建设

——徐永明教授访谈录

唐云芝

学者
名片

　　徐永明，男，汉族，1967 年生，浙江遂昌人。浙江大学中文系教授，博士生导师。浙江文献集成编纂中心办公室主任，浙江大学"大数据＋学术地图创新团队"和"学术地图发布平台"负责人。1996 年获北京师范大学中国古典文献学硕士学位。2002 年获浙江大学中国古代文学博士学位。2004 年 3 月复旦大学博士后流动站出站后进浙江大学中文系任教至今。先后在哈佛大学东亚语言文明系、哈佛大学燕京学社做访问学者。国家社科基金重大项目首席专家。

一、传统文献学的学习与研究经验

唐云芝（以下简称唐）：徐老师，您好！我们了解到您在北京师范大学读研时的专业是中国古典文献学，毕业后进入浙江省图书馆古籍部工作，两年后您考入浙江大学读博，选择了中国古代文学专业进行深造，研究方向主要为元明清文学。请问您当时从文献学转到文学是基于怎样的想法或考量？或是有什么外在的机缘吗？

徐永明（以下简称徐）：我大学学的是汉语言文学，当时的兴趣主要在外国哲学和外国文学。毕业后留校在图书馆工作，广泛阅读大量的外国文学名著，并决定报考外国文学专业的研究生。但由于学校规定教辅人员不能报考外国文学专业，只能作罢。考虑到自己对文献学有所涉猎，并在图书馆工作中积累了文献学的实践经验，所以我最终改选古典文献学进行学业深造。

第一次报考杭州大学古籍所的研究生。由于英语没过线，只能铩羽而归。第二次便报考了北京师范大学古籍所中国古典文献学专业的研究生。这次成功考上，师从龙德寿教授。那时候北京师范大学的古籍所，一方面开设有版本学、目录学、音韵学等古典文献学课程，系统教授我们古典文献学的理论知识与方法；另一方面承担着一个大型文献整理的国家项目，即《全元文》的编纂。负责编纂《全元文》的李修生先生，给我们开设了元代的诗文和戏曲课程。在导师的引导下，我参与了《全元文》的校点工作；在所里元代文化和文学氛围的熏陶下，我的硕士论文专门选取了一位元代诗文作家进行文献研究。在北京师范大学古籍所读研时，我收获了文献整理与研究的一点经验。

硕士毕业以后，我来到浙江图书馆古籍部工作。工作期间，我时常见

到浙江大学古代文学专业的徐朔方教授来古籍部查阅文献。早在研究生时期，李修生先生就专门介绍过徐先生的一些治学情况，我也时常阅读到徐先生的文章，所以就萌生了报考徐先生博士生的愿望，最后成功进入徐先生的门下。我的博士论题《元代至明初婺州作家群研究》实乃硕士论文的延展和深化。

总的来说，从大学专科到研究生再到博士，我的专业领域没有发生太大的转变。只是在北京师范大学求学期间，我接受的文献学教育与实践经历为后来的文学研究奠定了良好的文献基础。

唐：这种影响对您的治学应该是极为深远的吧。因为可以看到，尽管专业转向古代文学研究，但文献研究一直是您主攻的研究方向与领域，也可以说是您治学版图的重心。这些年您出版了不少非常有价值的元明清文学文献研究的论著，还有相当数量的古籍整理著作，您在研究生院也长期开设有元明清文学文献课程。所以，可否请您系统谈谈传统文献学对您治学的影响？

徐：这里先和大家分享一件有趣的事。我的岳母信佛。一天，她带我们到寺庙里烧香，给我抽了一根签。解签的和尚预言我今后将主要从事与文献有关的工作。其实那时我还没考上研究生，加之我对抽签算卦之类的东西从来不信，故也不以为意。现在想想，这个和尚的预言，其实还比较准确。

当时大学里有崇尚西学的氛围，我也看了不少外国哲学和文学的书。对于一个世界观和人生观尚未定型而又向往独立自由的青年人来说，很容易对这类书着迷。但看多了又会觉得肤廓而不切实际，反而会产生自己与周围的对立感，难以融入社会。对我来说，学习古典文献学，首先是一条将自己从西方现代浪潮中拉回到中国古典世界的导引之路。

王国维论读书有三种境界，第一境界是"昨夜西风凋碧树，独上高楼，望尽天涯路"。文献学，正具有帮助实现这一境界的功能。因此，我在研究生毕业之后，能够进入浙图古籍部工作并负责善本书的管理，可以说实现了我近距离接触典籍文献的愿望。在与浩繁的古墨书册相伴的日子里，我真正体味到"衣带渐宽终不悔，为伊消得人憔悴"的甘苦与乐趣。

至于主攻文献的整理和研究，这固然是受到了所学专业的影响，更多的还是缘于现实的种种需要。譬如，参与《全元文》的点校，便是硕士导师给我锻炼的机会。参与整理《全明诗》是博士后阶段的主要工作。《明前期诗文别集叙录》是整理《全明诗》的副产品，用来作为出站成果的报告。参与整理《稀见明代戏曲丛刊》，是我到浙江大学工作后，参与并协助学长廖可斌老师的高校古委会项目。编纂哈佛大学燕京图书馆藏明清善本别集、总集等系列丛书，是因为我在哈佛大学访学，时任燕京图书馆的馆长郑炯文先生联系我，希望我选出值得出版的善本古籍予以出版。还有些成果是地方上的项目，如浙江省文献集成招标项目《郑元祐集》，台州路桥宣传部委托的《陶宗仪集》《陶宗仪研究论文集》，浦江县文联委托的《浦阳历朝诗录》等。

2006 年，浙江大学成立了浙江文献集成编纂中心，我被任命为办公室主任。已出版的《浙江古代著述要目》《清代浙江集部总目》都是阶段性的成果。由方建新教授和我主编的《浙江古代文献总目》将会在今年下半年出版，字数有 400 多万字。

我对搜集数字化古籍也颇为热衷。我在复旦大学做博士后的阶段，古籍的数字化进程已经显现出一日千里的势态。我自那时起，开始收藏电子书，两年间刻了数千张光盘，光盘的容量从开始的 600 多兆上升到 4 个 G 起步。有了台式硬盘以后，硬盘的数据更是从几百个 G 升级到 10 个 T 以上。海量的电子书收藏，显然也是受了专业的影响吧。

唐：文献学对于古代文学专业的学习与研究非常重要，但是很多古代文学专业硕博生并没有接受过系统的文献学学习，对于这些学生，您建议可以从哪些方面自主培养扎实的文献学功底呢？

徐：文献学是古代文学学习者与研究者应具备的基本素养，版本学与目录学又是文献学的基础版块。关于版本学的重要性，清代学人张之洞有名言曰："读书不知要领，劳而无功；知某书宜读，而不得精校注本，事倍功半。"关于目录学，近代学人汪辟疆亦有警句云："目录学者，提要钩玄，治学涉径之学也。"总之，研治古典文献，当从版本与目录入门。

具体到我们古代文学的研究，无论诗文或是戏曲，不同的文类一般均存在版本的问题，所以我们研究某种文学典籍，首要之事是了解其版本的流传与分布情况，然后据此寻找相关材料，而通过书目文献"考镜源流，辨章学术"，则又实为必由之径。诚然，掌握版本目录是我们研究的起点，更是深入研究的基础。可以看到，有大成就的前辈学者，无不具有深厚的版本学和目录学功底，换言之，他们的成就与文献学功底密切相关。所以，我们的古代文学研究，须从文献学入门，亦需借文献学而深入。

是否接受过文献学训练，对学生的文学研究影响甚大。对于尚未系统学习文献学的古代文学专业硕博生来说，他们首先要认识到文献学基础的重要性。如果基础不足，则须积极自主地去弥补与掌握。阅读、学习相关的文献学书籍当然是必要的，但除此之外，还应多去接触原典。如今，我们查阅原典的便利性，已大大优胜于前。以前老先生们看书要跑各地的图书馆，现在，由于大量图书馆收藏的古籍已被影印出来，我们对古籍原典资源的查阅已经非常方便。而正因为电子资源的大量出现，了解和学习相关技术以迅速提高文献查询能力，亦是相当重要的方面。

二、访学哈佛与学术地图的特色实践

唐: 今天的世界已经进入一个"大数据时代",中西学界的人文研究也出现了对"大数据时代"的积极响应,这便是"数字人文"的兴起,而徐老师您应该算是中国最早接轨西方数字人文的学者之一。据了解,在2007—2016 年,您曾四次访学哈佛,在第四次访学之后,您带领您的学生发表了一系列有关元明清文学文献的数字人文研究文章,并成立了大数据团队,也就是"大数据+学术地图创新团队",应该说这四次访学是促成您从关注传统纸本文献到数据与文献并重的重要经历,可以分享一下您的这一段心路历程吗?

徐: 研究生毕业之后,我到浙图工作的一个主要目的,即是希望近距离接触古籍文献,为自己的阅读提供方便。但工作之后发现,虽然自己阅读方便了,但是读者到我们图书馆来查阅文献仍然是一件颇为麻烦的事情。原因主要有二:第一,读者经常需要复印古籍,而复印费用比较昂贵;第二,读者来回图书馆的行程,需耗费不少时间与精力。尽管认识到读者之难,但当时的自己尚未有能力想到并施行有效的办法去解决这些问题,直到我接触到大数据。

事实上,在我的硕士阶段,计算机已经出现。但当时自己尚不会使用,我的硕士论文也没有用到电脑来写作和打印。工作以后,通过浙图的专门培训,我才开始接触电脑和使用电脑打字。记得当时的存储条件非常有限,文件储存主要依靠磁盘,数码相机也没有普及。及至读博,出现了能够全文检索的电子版《四库全书》,但由于自己没有机会接触到,我的博士论文撰写也没能利用到这些数字化产品。博士毕业以后,我到复旦大学做博后,彼时网上的电子书资源开始勃兴,尤其是超星网发布了大量在线的影

印古籍。这些资源被一些网民下载，成为能够自主查阅的电子书文献。我当时即通过和一些网民交流，从他们那儿获得了大量的电子书资源。我把这些电子书刻成光盘，总数有数千张。当然，需要说明的是，我当时关注这些电子书资源，主要是想利用这些电子书，为自己个人的治学提供方便，而怎样利用这些电子资源，实现对相关文献的快速查找，我尚未掌握相关的工具和方法。我对数据库化文献及数据库建设的关注，更是到了浙江大学工作以后的事情。

2007 年，我去哈佛大学东亚系访学，这是我的第一次哈佛访学之旅。在这次访学中，我了解到查阅电子书的 EmEditor 软件，特别适合 TXT 格式的电子书。但是，EmEditor 软件只是针对文本的一个全文检索工具，并不是一种结构化的数据库。我与数据库的结缘，得益于我当时的联系导师包弼德教授。到哈佛访学之初，包教授在他的办公室用老式电脑和显示器向我演示了他创建的 CBDB 数据库（中国历代人物传记资料数据库）。这个数据库刚创建不久，里面收录的数据仅限于中国台湾编的《宋人传记资料索引》《明人传记资料索引》等几种。而看到 CBDB 里收录的不过是几种二手材料的传记，并且这些数据自己都有，通过 EmEditor 还可以进行全文检索，我一开始并没有把 CBDB 当一回事，并觉得它不会有多大用处。此外，包教授另建有 CHGIS 与 WorldMap 两个与中国历史地理信息相关的数据库。CHGIS 即中国历史地理信息系统，WorldMap 则是一个全球地理信息研究成果发布和共享平台。我知道地理信息在文史研究上非常重要，但自己对这方面实在是毫无了解，所以当时对这两个数据库也没能给予充分关注。从哈佛回来以后，因惯例需要，我向学校领导报告了这个事情，当然也没能引起学校的重视。

后来我承担了一个国家重点项目，即"浙江著述总目"。在做这个项目的过程当中，我发现结构化的数据相当重要。因为总目的编排涉及大量作者、书名跟其他目录的匹配问题，而这些都需要用到数据库的知识。所以，自那时起，我开始主动学习 Access 数据库。2008—2009 年，我第二次访学哈佛。在这次访学中，我参加了包教授主持的几次工作坊以及 CBDB 和 CHGIS 的培训，对包教授的数据库理念有了更深入的了解。但是，由于是刚接触 GIS 之类的软件，我对很多东西的认知，仍然还是处于一知半解的状态。直到 2014 年第三次访学哈佛，我对包教授的 CBDB 等数据库与数据库理念才有了彻底的了解。因为在这个时候，CBDB、WorldMap 等数据库建设已经发生了很大的变化：首先是它的数据量大大增加；其次，群体计量统计、定位查询、空间分析、社会网络分析、可视化等功能已展示出强大的应用前景。所以在这次访学中，我决定开始学习 GIS 技术。当时 CBDB 实验室的中国籍工作人员和访问学者会无偿地教授我们这些技术，我也积极、主动地向他们请教。

2015 年我第四次访学哈佛，主要目的是继续学习 GIS 技术，并且希望自己能够在国内建立一个类似的平台用于发布数据。所以这次访学回来之后，我便开始着手准备一些事项，以期一步步实现这个愿景。首先是撰写相关论文，奠定平台建设的研究基础。譬如，发表在《浙江大学学报》2016 年第 3 期的《中国古典文学研究的几种可视化途径——以汤显祖研究为例》一文，是我的第一个尝试。在此之后，我带领我的学生又对多种文献或文学对象进行了可视化的探究，也相继出来了一些成果，如《〈全元文〉的作者地理分布及其原因分析》《〈全元诗〉作者地理分布的可视化分析》等。其次，建立相关科研团队，发挥团队效力，推进平台建设。2016 年 4 月由我负责成立了浙江大学"大数据+学术地图创新团队"，这个团队隶属浙江大学社科院，以建设学术地图发布平台为目标。而之所以要建设这个平台，主要是发现在哈佛 WorldMap 上发布地图数据有很大的不便，因为 WorldMap 是以国外的地图作为底图，没有九段线，不符合中国的

国情，所以我们有必要在中国建立一个自己的平台。当然，平台的建设过程历经了一些坎坷。一开始我主要是找企业，希望他们合作投资创建平台，但均没有成功。后来在一次南京大学的数字人文会议上，我又遇上包弼德教授。我跟包教授建议由浙江大学和哈佛大学共同来建这个学术地图发布平台，包教授当即表示了赞同。2017 年 10 月，由包教授牵线，浙江大学与哈佛大学的地理分析中心签订了共建学术地图发布平台的协议。

唐：对于长期接受传统古典文献与文学学习的研究者来说，转型数字人文研究应该并不是一件很容易的事，因为它不仅需要打破思维与视界，更需要切实的跨界知识与技术更新。据了解，您在 2017 年 4 月成立的浙江大学"大数据＋学术地图创新团队"，便是一个跨学科的科研团队，并且，您本人还专门地去学习了 Python 语言。所以，可以具体介绍一下您的这个团队是如何跨学科运作的吗？在如何实现跨界知识与技术的更新问题上，可否分享一下您的经验？

徐：浙江大学"大数据＋学术地图创新团队"，是一个主要依托哈佛大学跟浙江大学共建的学术地图发布平台来运作的团队，团队的主要任务是围绕海量中国文史数据与地理信息的结合，展开数据库建设和空间分布的可视化分析。由于这个平台的建设与维护要大量涉及 GIS、数据库建设领域的知识与技术，我们的团队成员，不仅有人文学院的老师与学生，也有来自地球科学学院、计算机科学与技术学院的老师与学生。其中，地球科学学院、计算机科学与技术学院的老师与学生，主要负责平台的技术建设与维护工作；人文学院的老师与学生，则主要负责建设数据，亦即学术地图的制作与发布。

关于我个人对数字人文技术的学习，这里主要向大家分享三个方面的学习经验。首先，是对处理地理信息的软件的学习。这方面，除了刚才讲到的 GIS 外，目前主要是学习 ArcGIS 和 QGIS。因为我们人文专业经常会涉及地理信息的分析，而对这些地理信息进行可视化分析，ArcGIS 和 QGIS 是时常需要用到的软件和工具。

其次，是对数据库知识的学习，这里主要是 Excel 和 Access 数据库。因强大的数据处理功能与技术，数据库对结构化数据的建设，如人名、地名等具有重要意义。比如 Vlookup 函数，可以快速实现数据的批量匹配；数据透视表（pivot table），能够自动进行计算。显然，这些数据库功能与技术的使用，不仅能使我们的工作变得高效，它的运行结果，较之人工操作，亦能更为精确。

再次，对可视化软件和编程语言的学习。可视化软件如 Gephi 与 Pajek，这两个软件是实现人物社会网络关系可视化的重要工具。编程语言则主要是 Python。Python 是目前世界上最流行的一种计算机语言，它的语法不是很难，人文社科的学者一般都能够理解。但它的功能又着实强大，无论是爬数据，文本的挖掘，图像的处理与可视化，以及结合其他文本、Excel 等进行大数据的处理，它都能够进行，并且非常高效。比如我曾经用 Python 来制作过索引，它不像传统制作索引的方法，需先生成页码，再提取页码信息，方能编写索引，而只需给条目加上 ID 号，在排版之前就可以生成索引，所以制作过程格外快捷。另外像将传统干支纪年跟现代公元纪年对应的工作，借助 Python，可实现一次性精准标引，而若假以人工，则不仅费时长，且肯定难避讹误。

总之，对于比较重要的数字人文软件与工具，我都会积极地去关注与学习。

唐：2018 年 3 月，由您和您的团队促成的浙江大学与哈佛大学共建的

"学术地图发布平台"正式上线，截至目前，这个平台已历经了三年的发展，数据越来越丰富，影响也越来越大。可否请您对这个平台的性质、功能、内容、使用与运营情况分别作具体说明？作为一个以文史地图发布为重心的数据库，您认为它在中国文史数据库建设史上有怎样的意义？对平台的进一步建设又有哪些期待和规划呢？

徐：我们的学术地图发布平台，是中国第一个综合性的地理信息数据发布平台。它的功能，简单来说，就是为海内外学者提供一个地理信息数据的发布空间。因为根据学者的研究，人类的信息有 80% 是跟地理有关的。中国有着悠久的历史和浩如烟海的典籍文献，大量历史事件的发生、历史人物的活动与籍贯分布等，都涉及丰富的地理信息，我们要做的就是把这些海量的地理信息制成可视化的地图与数据集合，发布到平台，形成一个聚类的检索系统。

具体到内容来看，平台自 2018 年 3 月 19 日上线以来，不到三年时间，总共已发布 1200 余幅学术地图，400 多万条条目，几千万字的数据，有近 50 个国家和地区的读者访问平台。从数据对象的形态角度来看，文史人物的行迹与地理分布，和文史文献的地理定位与查询，是平台目前所发布的数据资源中的大宗。其中，主要依托年谱制作的文史人物行迹图已逾 400 幅，像司马迁、李白、杜甫、汤显祖、竺可桢等文学与文化名人的行迹图或游历图，在平台上有着非常高的浏览量。文史人物的地理分布图，则一般依托相关文献载录的群体地理信息而制作。如前面提到的《全元文》《全元诗》的作者地理分布图，以及目前平台上发布的《全宋文》《全宋诗》《全宋词》《全金元词》《明诗综》等文献的作者定位图，是对文学总集作者地理信息的可视化呈现。其他依据书目文献整理的作者地理信息，依托地方志与科举文献对特定人物群体，如职官与进士的地理信息进行的可视化成果，平台上也非常的多。此外，平台也涉及部分文史人物的社会关系网络图。文史文献的地理定位与查询，则既有以图书文献为中心的地域考察，也有对特定作品的地域考察。前者如各省古代地方志查询系列、清代各省别集查询系列等；后者则如《全唐诗》《全宋诗》涉浙诗歌的定位查询、汤显祖诗文定位查询等。而除文史人物与文献的地理数据外，平台也涉及不少有关非物质文化遗产、旅游景点、交通、经济、农业、生命科学等方面的地理信息数据。如全国皮影戏分布地图、中国名胜古迹分布图、清代新疆驿站图、我国茶油消费市场分布图、食品谣言分布图、杭州传染病时空分布图等。总的来说，我们平台所发布的地理信息与资源以古代文史类为重心，也广泛涉及现当代的多个学科领域与众多层面。

就使用与运营情况来看，平台主要是面向社会各界研究者开放注册。用户可围绕上传发布与查看下载两个向度的功能操作，达到多元化数据信息资源的汇聚、传递与整合。一方面，用户可将自己通过图形、空间地理、时间轴与关系图等形式生成的数据集成果，自主发布于平台，达成数据共享；另一方面，基于平台多维关系性及交互性的建设与数据开发与管理模式，发布者既能自主编辑、查看数据的各种属性与变量，亦可通过不同的检索项来分析各层数据，并且能够与其他发布者交流沟通，促进数据资源的深度共享。据统计，目前已有来自将近 70 个国家和地区的访问者浏览过我们的平台；在浙江大学的 1000 多个网站里面，我们这个平台的阅读量排名已经进入了 Top20，可见它的影响力确实是越来越大。

平台的建设意义，则主要有以下几个方面。第一，作为中国第一个综合性的地理信息数据发布平台，平台能够为各行各业的地理信息的数据发布提供可能。第二，提高中国在大数据建设中的话语权，避免"数据在中国，数据库在国外"的现象发生。比如哈佛大学的 WorldMap，非常注重对中国数据信息的采集，如每年的铁路变化、地铁变化、人口变化、空气

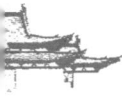

质量变化、机场变化等，都有实时的收集。所以，他们要了解中国的话，只要调出相关地图里面的数据，就能一清二楚。但中国自身却尚未出现这样的综合性数据库，而学术地图发布平台的出现，正可弥补这一空缺。第三，在长三角一体化上升为国家战略的背景下，平台能为浙江争取建立长三角大数据中心所需国家资源抢占先机。第四，为政府决策、社会服务以及科学研究提供参考。第五，平台对涉浙地理信息的集中发布，也能够为浙江省诗路文化带文化工程的实施提供科学依据和学术保障。其他如助力智慧旅游，帮助中小学生在时空交互印证下更有代入感地去了解国情、省情、地情，乃至学习相关文史知识，也是平台能够发挥的现实意义。另外，这个平台的建设，也可以使我们浙江成为文化大数据的汇集中心。

数据是一种无形的资产，所以对于平台今后的期待和规划主要还是在数据建设上。第一，基于我个人的专业，平台今后的数据建设方向将主要着力于与文学相关的层面。比如文学作家方面，拟建设一个从先秦一直到现代的一流、二流作家行迹数据库；对于他们的文学作品，也拟作更全面、细致的地理信息统计。第二，基于浙江诗路文化带工程的施行，涉浙诗歌文献数据，也将是平台数据建设的一个重点。第三，是地方志数据的建设。我前面已介绍到平台上有不少从地方志中提取的地理数据，但相较中国古代地方志的体量而言，现在建成的实际仅为其中很少的一部分。并且，地方志是一个可以当作准结构化的地理数据集或数据库来看待的文献，像其中的职官志、人物志等，都是可以快速实现可视化的准结构化数据。目前国外已经在做这方面的建设了，如果我们中国自己不去建设的话，以后将会失去这个方面的话语权。所以，我们一方面要自己去积极建设，另一方面也要呼吁国家来重视这个问题。另外，中国的家谱文献也有很大的体量，并且也涉及大量的地理信息，所以家谱文献的数据整理，也将是今后平台数据建设的一个拓展点。

三、新迈步：明代文学智慧大数据建设

唐：您今年申报成功的国家社科基金重大项目"明代文学智慧大数据及平台建设"，应该是您继"学术地图发布平台"之后，在中国文史数据库建设实践上的又一个重要迈步吧。可以介绍一下您申报这个项目的缘起吗？

徐："明代文学智慧大数据及平台建设"这个项目的申报，首先是基于对目前数据库发展的一个前沿性把握。我认为，当前人们阅读的文献，已呈现从纸质文献、数字化文献，向结构化数据文献、智慧化数据文献方向迈进的趋势。前面两种文献形态，我们已非常熟悉。结构化数据文献，实际也比较容易理解，它主要是将文献结构化，导入数据库，变成一种结构化的数据。如人们日常使用的 Excel、Access 等表格，就是一种结构化了的数据。另像我们前面提到的 CBDB、CHGIS，以及我本人在做的"学术地图发布平台"，也都属于这种类型。智慧化数据文献，则是利用结构化的数据作后台数据，对前台的数据进行机器标引，辅以人工标引，然后利用大数据技术使前台的文本变成智能化的数据，它具有知识谱系化、可视化、集成化的特点。比如，一个文本，一旦变成智慧化数据，它传达的信息，就不仅仅是文本本身的信息了，而是文本的每一个字符、词语、段落，都蕴藏了丰富的文本之外的信息，展示出庞大的知识谱系。目前，已出现了一些与人文有关的智慧化数据库，如 MARKUS（文本标引平台）、"唐诗别苑"平台、搜韵诗词平台、《宋元学案》知识图谱可视化系统等。但需要指出的是，这些智慧化的数据，由于没有综合利用大数据的技术，加之结构化的数据准备不足，只能说是初步具有智慧化的特点，智慧化数据与数据库的建设实际尚处于初级阶段，还有极大的、必要的发展与成熟空间。所以，从数据库的发展来看，建设智慧型数据

库是未来的趋势，"明代文学智慧大数据及平台建设"便是要做这样一种尝试。

另外，我们知道，明代文学的文献体量非常大。在明代文学领域里面曾经有两个很大的文献整理工程，一个是《全明文》，一个是《全明诗》，但最后这两个工程都停滞了，或者说夭折了，没有持续下去。其中的一个主要原因即是，这两个工程需要耗费大量的人力、物力与财力，并且，这种耗费是长期性的，参与工程的年轻人因为长期见不到成果，就失去了积极性。另外，年轻人将精力都放在古籍整理上，也不适应现在的考评体制。但是，在大数据时代，传统的文献整理，完全可以利用大数据技术来快速实现。像 OCR 文字识别技术，在识别版刻文字上，准确率已高达到 85%—90%；用机器进行古籍校点也能有 85%—90% 的准确率。所以，在传统文献整理上，现在机器已能够代替人工做绝大部分的事情。并且，我们还可以利用机器标引，再通过众包技术让专家对机器标点或标引后的古籍进行全程校对。这样，前台标引后的数据，既可与后台的数据进行关联，又可与前台自身的相同数据进行关联，从而形成一个庞大的知识谱系。所以，我认为在大数据时代，机器能够做的事就不要再耗费不必要的人工了，而应该让专业的人去做专业的事。所以，从文献整理的角度来看，"明代文学智慧大数据及平台建设"是在大数据时代下，使用大数据技术在线整理明代文学文献的一种全新尝试。

唐：这个项目具体是要做什么工作呢？相较"学术地图发布平台"的建设，"明代文学智慧大数据及平台"的建设，将会有哪些方面的不同？

徐：目前我对"明代文学智慧大数据及平台建设"这个项目所要做的工作，提出的一个总的设想是：围绕明代文学作家和作品，借鉴知识图谱理念，综合运用大数据技术，如计量统计、定位查询、聚类查询、空间分析、词频分析、数据关联、网络分析、机器标引、文本挖掘等，将明代的文学文献和研究成果图谱化、智能化，建成一个集文本阅读、查询、研究、欣赏于一体，融审美阅读、知识学习、场景体验于一炉的智能化和专业化大数据平台。平台建设当中的具体工作又主要包括三个方面的内容：一是后台标引数据库的建设，这方面主要包括辞典库、人名库、地名库、诗词曲韵库、职官库、典故库、图库、影音库、著述库、篇名库等；二是前台作家作品的在线整理与标引；三是明代文学智慧数据平台建设。

事实上，建设明代文学智慧数据平台的一个直接目的，即是让读者对明代文学文献的阅读与研究达成一种智慧化的体验。比如读者阅读一个文本，里面遇到的人名、地名、职官名、典故或陌生的词语，我们都将会提供现成的标引数据，而读者只需点击相关的词语，就可查看这些数据。并且，这些数据还可关联其他相类与相关数据，呈现这个词语，包括学术史在内的知识图谱。又比如阅读《三国演义》。《三国演义》有很多国家的、不同语言的版本，所以我们将增设相关的语言切换功能，满足不同语言的读者的需要，并且也考虑把《三国演义》的视频资源，通过剪辑与分割跟文本形成对应，尽可能为读者的阅读提供集成式的数据资源。总之，我们的设想是让读者通过平台研习明代文学文献，可以直接省去传统文本阅读中翻查工具书的时间，同时也想通过智慧数据的提供，帮助他们快速发现问题。另外，平台的建立，实际是将文献整理平台化、网络化，而这不仅是改变文献整理的范式，我认为它也将让我们传统校勘学与版本学要做的工作，可以在平台与网络上快速实现。当然，这些现在都还是设想，这个设想最后能做到怎样的程度，还有赖于目前能够达到的技术水平和经费支持。

至于"明代文学智慧大数据平台"与"学术地图发布平台"的不同，我觉得通过我先前对两个平台的介绍，已可对这两个平台，在面向的数据

对象、功能和用途以及架构类型方面的不同有比较清楚的了解，这里我对两个平台在架构类型上的不同再做一个强调吧。简单来说，"学术地图发布平台"是一种结构化的数据库，"明代文学智慧大数据平台"是智慧化的数据库。结构化的数据带有碎片性，因为它并不能把一个文本完整地展现在读者的面前。而智慧化的数据，不仅能够展现完整文本，同时又有结构化的数据作为后台支撑，这使得它能够通过数据关联，及时解决读者文本阅读中的遇到的各种障碍和问题。应该来说，智慧化的数据库是更高级别的数据库架构类型，也是未来数据库建设的发展方向。但是，也要说明的是，结构化数据库是智慧化数据库建设的基础，与智慧化数据库建设有紧密联系。例如，我们的"学术地图发布平台"将会成为"明代文学智慧大数据平台"的卫星平台；"明代文学智慧大数据平台"里的地理信息，也可以链接到"学术地图发布平台"来呈现。

四、数字人文的技术传授与未来展望

唐： 在大数据时代，紧跟"数字人文"潮流，更新相关研究理念与研究方法，熟练掌握多种类型数据库使用方法，乃至尝试建立自己的学术数据库，当是年轻一代古典文献学与文学研究者，特别是专业学习者自觉努力的方向，您在平时的教学中是如何传授这方面的理念与方法呢？

徐： 自从进入数字化时代，我们的学生们在硕士论文、博士论文的撰写当中，都已经利用到数字化的文本、文献、研究成果，等等。但是，包括现在的一些著名学者，学者中的大部分，在使用这些数字化文献数据库的时候，主要还是根据数据库本身提供的一种查询功能来进行检索，而不会使用正则表达式进行查询。而正则表达式查询，是一种能够超越关键词查询的检索，它不仅能够搜索更多的结果，也可以自定义一些条件来查询。另外，我发现我们的学生们，在使用 Access 数据库上，效率也很低。比如让一个学生查找某几百个人的数据跟另外几百个人的数据，哪些是重复的，哪些是相同的，他一般只会用人工来查，而不知道这个工作用数据库技术实际可以快速完成。所以我后来就开设了有关数字人文的课程。这个课程是在 2016 年我第四次从哈佛访学回来以后开设的，主要教授同学们一些比较基础的数字人文技术。比如说使用正则表达式查询，运用 EmEditor 检索，QGIS、Gephi 等一些可视化软件的学习，以及怎样将文本导入数据库等一些数据库知识与技术，等等。

这些数字人文技术的学习，对我们的学生们也确实起到了很好的作用。比如，现在学生们申请去哈佛大学留学，需要填写一个专门的数字人文技能表格。这个表格主要是针对申请者数字人文方面的技能经验进行考察，在这个表格上，你需要回答有没有学习过 Python，会不会正则表达式，有没有学习过 Access 数据库等问题。可见哈佛大学已经把这些技能作为衡量申请者是不是了解数字人文的一个重要指标了。所以，掌握一些数字人文技术，对于人文学科的师生来说，越来越具有现实意义。

当然，运用数字人文技术，不应仅止于查询和检索，更需要切实致用于我们的学术研究。由于人的能力和记忆是有限的，如果要对几百、上千或上万的数据进行处理，我们必须要借助一些工具和技术来实现。比如我当前正在做的"浙江著述总目"工程。这个工程涉及几十万条数据，如果单靠人工处理，效率可想而见是极低的，但通过 Access 数据库技术，我对这些数据的处理却能达到一个高效的状态。另外，在大数据时代，我们的文献载体也异于传统，此即其不再纯然是一种文字读本，而更趋向表现为一种经过编码的数字。所以，我们必须要学习相关的数字人文技术，掌握当代文献载体的特性，来为我们的学术研究提供帮助。

个人学术数据库的建设方面，我主要是利用 EmEditor 软件，将自己的电脑建成个人数据库。这个数据库建成，能让我对自己电脑上的文本文献进行地毯式的搜索，从而实现对个人数据文献的高效利用。当然，除了这种文本的地毯式搜索数据库，我们还要学习结构化的数据库建设，此即 Excel 与 Access 之类的数据库。总之，这些数据库的建设，会为我们以后的学习和工作带来诸多方便。

唐：您在 2018—2020 年连续举办了六次"学术地图发布平台"工作坊和暑期实践，据统计，有来自全国 100 多家高校和科研单位的学员参加其中，总人数达到 500 多人。可以谈谈您举办这一系列工作坊的理念吗？

徐：工作坊的举办，首先缘于平台建设的需要。具言之，我们的学术地图发布平台建立以后，本身即需掌握相关 GIS 技术的青年学生与学者，来建设平台的数据。但是，现在国内文史专业的学生，很少有机会能够学习到 GIS，而在哈佛大学，文史专业的师生，几乎人手都可以装 ArcGIS 软件，尽管这个软件非常昂贵。现在，我们有可以免费使用的 QGIS 软件，这个软件比较适合大家学习，但要掌握它，尚需必要的培训。比如怎么把文本的数据变成结构化的数据，然后又变成地理信息数据等，都需通过专门的学习。所以，我就依托学术地图平台，利用暑期，或是其他非工作日时间，开始开展一系列的工作坊。工作坊的主要目的是普及 QGIS 的知识，以及培训一些实用性的技能。学员们在掌握一定技能以后，能够完成我们分配的任务，制作学术地图，并上传到我们的平台。当然，掌握了技术之后，他们在以后的学习或工作当中，也可随时将自己的一些研究成果做成可视化的数据，发布到我们的平台。

另一方面，是受到哈佛大学在学术资源上的开放共享理念的影响。其实，我之所以能够学习 GIS 技术，本身也是得益于哈佛的开放共享理念。在哈佛大学，有一种很浓厚的学术开放与共享氛围，我认为"学术为天下公器"的理念，在那里被诠释得特别好。比如你有什么问题向那里的工作人员或师生请教，他们一般皆会热心回答，甚至可以说有求必应；他们的图书馆藏书，无论珍贵与否，均会被"原汁原味"地扫描出来，放到相关平台上供大家使用，甚至，他们会举办专门的培训，教你怎么利用这些汉籍文献；他们的数据库也一般都是开放共享的，像我们前面提到的 CBDB，很长一段时间都是这种运营状态；WorldMap 从建立到现在，更是一直保持开放的状态。并且，他们也会经常举办工作坊，进行相关技术的培训，让大家更高效地来使用他们的数据库。我是深受这种氛围与理念感染的。所以，在建立学术地图发布平台以后，我也积极地举办工作坊或培训活动，向大众推广我们的技术和理念。尽管这可能需要牺牲自己的一些时间，但如能让更多的人掌握技术与理念，这一切便值得。

唐：数字人文作为一种方法，已经深层介入我们的文史研究当中，对于这样一种研究局面，您有哪些展望和期待？

徐：数字人文之所以叫数字人文，是因为它是运用数字技术进行人文研究的一种研究范式。开展这种研究范式，掌握一定数字技术是关键，但充足的数字化文献是一个更基础的研究前提，是数字人文能够广泛而深层地进入我们文史研究当中的基础。所以，对于数字人文的发展展望，我觉得首先要关注的是古籍的数字化问题。

我们的古籍文献浩如烟海。据统计，我们的古籍文献真正被数字化的仅是极少数。目前已转成影像格式的初步估计有 10 万多种，可以全文检索的大概有 4 万多种，而我们的古籍文献数目是在 20 万种以上，总量多达

50 到 60 万部。所以，古籍数字化的任务，还任重道远。事实上，从保存古籍的角度来看，古籍数字化亦具必要性。昨天早上，有新华社记者来采访我，即提到关于古籍保护的问题。针对这个问题，我的看法是，抓紧时间将我们的古籍文献数字化，是一条切实有效的途径。因为灾难不可预测，当大的灾难发生时，像一线单传的古籍，即很可能面临毁灭，但如若这些古籍被数字化，则其可化身千万，而不至深惧于某次灾害之失。只有数字化后的文献，方可进一步变成可全文检索的文本，从而进入数字人文的研究视阈。当然，需要数字化的文献，并不限于古籍，像过去编的工具书，国内外学者的研究成果，都是很有必要纳入的。

在文献数字化的基础上，进一步加强结构化数据库与智慧化数据库的建设，也应是今后数字人文发展的一个重要基础。假如说我们建成了智慧化的数据平台，能够达到人机互动，能够通过它解决传统研究所关注的一些基本问题，那么，我们个人就可以有更多的精力来发现问题、提出问题与解决问题，特别是理论的问题。在这样的条件下，我想数字人文作为一种方法，未来将会进一步参与我们的研究当中，呈现进一步勃兴的发展局面，甚至，成为文史研究者的一项基本技能，亦极为可能。

今年，中宣部已经出台了文化大数据体系的建设方针，文化大数据建设已成为我们国家的一个战略。所以，我相信，在未来，数字人文会形成更大的潮流，对我们研究范式的影响也会越来越大，而我们年轻一代学人，一定要积极地去拥抱这个潮流，积极去学习数字人文的理念与技术。

方言学如何面向田野和文献

——庄初升教授访谈录

马沛萱　邵晋涵 ※

学者
名片

庄初升，汉族，1968 年生，福建平和人。现为浙江大学教授，博士生导师。兼任浙江省语言学会副会长、浙江省语言文字工作者协会副会长等。2000 年毕业于暨南大学汉语言文字学专业，获博士学位。主要著作有《粤北土话音韵研究》《19 世纪香港新界的客家方言》《广州方言民俗图典》《广东连南石蛤塘土话》《东莞方言调查报告》等；主持国家社科基金重大项目"海内外客家方言的语料库建设和综合比较研究"等；获得教育部、国家语委"中国语言资源保护奖"先进个人称号和广东省第六届哲学社会科学优秀成果奖论文类一等奖、浙江省第二十一届哲学社会科学优秀成果奖二等奖。

※　马沛萱，浙江大学人文学院汉语言文学专业 2017 级本科生；邵晋涵，浙江大学人文学院汉语言文学专业 2018 级本科生。

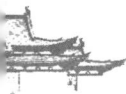

马沛萱、邵晋涵（以下简称马、邵）： 庄老师，晚上好！我们都知道您的研究领域是汉语方言学和音韵学这一块，所以我想请问庄老师，是什么契机让您走上研究汉语方言学和音韵学的道路，您为什么会选择这个作为自己的研究方向呢？

庄初升（以下简称庄）： 跟方言学结缘是在1985年，我还在福建龙溪师范学校念书的时候。我念的这所学校建于清末1905年，是非常有名的一所中等师范学校。1985年建校八十周年，学校请来厦门大学教授黄典诚先生给学生开讲座，这是我有生以来第一次听学术讲座。黄先生20世纪30年代毕业于我就读的这所师范学校，后来考上了厦门大学，师从德国汉堡大学语言学博士毕业的周辨明先生学习语言学。黄先生虽然是一个闽南人，但说起普通话来字正腔圆，这说明他在语言学方面特别有天分。我记得黄先生讲到30年代末因为日军入侵厦门沦陷，厦大搬到福建的西部长汀。在这段时间里，他们开始调查长汀客家话。长汀是历史文化名城，清朝叫汀州府，是整个闽西客家地区的中心。除了调查长汀话，他还讲到闽南话的基本情况、闽南话的研究等等，具体内容我记得不是很清楚了，但是对周先生讲到的在长汀调查客家话的这段经历印象特别深刻。黄先生的讲座讲了好几个小时，很多同学对这些东西可能没什么兴趣，而我听得津津有味。我后来读研究生之后，才知道黄典诚先生是我的导师李如龙先生的导师。所以说，我是先认识我的师爷，然后才认识我的导师的。

后来中师毕业后报送考大学，我就考上了福建师范大学中文系。中文系的课程大部分是文学类的，更多的同学也只是对文学有兴趣。我的现代汉语老师——后来成为我师兄的万波，是李如龙先生在福建师范大学招的第一个硕士生，他此前已经在江西师范大学教过几年书。他教我"现代汉语"，在课堂上讲如何利用方音跟古音、方音和普通话的对应关系来正音。

我们这一代闽南籍的学生，甚至包括整个福建省的学生，普通话普遍不好，所以他在课堂上讲了很多这方面的内容，给我留下了深刻的影响。我和他交往较多，他就建议我去考他导师的研究生。李如龙先生没有给我们年段的同学上过课，所以几乎没有人知道有这么一位教授。我那个时候就对他特别注意，经常去图书馆看他的论文。到了大二，中文系举办了一个本科生论文比赛，我写了一篇论文，大致内容是讲怎样利用闽南话和北京话的语音对应关系，来辨正普通话的前后鼻音。因为闽南人说普通话 an/ang、in/ing、en/eng 不分，尤其是漳州市区及郊区，完全分不清楚，但是这些韵类对应于闽南话却能分得很清楚。这篇小论文并没有得到老师的专门指导，现在看来当然很幼稚，当时拿去参加比赛竟然成为我们年段唯一获奖的作品，这给了我很大的信心。后来慢慢地我就对语言学，特别是对方言学和音韵学的兴趣越来越大了。

大学毕业，我本来是要回龙溪师范学校教书的，但是听说可以考研究生，自然地我就报考了李如龙先生的研究生。因为我们年段几乎没人知道福建师范大学还有这样一位教授，所以没有人跟我竞争。后来成为我研究生同学、经常跟我有合作的严修鸿，报考的是另外一个教授——也是方言学者的梁玉璋教授，他也上了线，但是因为梁教授主要做闽东方言，所以李老师就把我们俩一起招了，这样我们俩就成了研究生同学。其实大学阶段我们也是同学，只不过不是同一个班，大学高年级时他经常到我宿舍来跟我探讨方言音韵问题，他对方言音韵很有天分，也很有兴趣。李老师从1991 年到 1994 年，就招了我跟严修鸿两个研究生。李老师也是闽南人，50 年代末厦门大学毕业后留校工作，后来才调到福建师范大学。跟李老师读研的时候，当然还是从非常基础的音韵学、方言学学起。你们本科时候就已经听过如何查韵书、如何读反切的内容，但我们那时候本科根本没机会听这些课，都是到了研究生阶段跟着李老师才开始学的。李老师的特点

是专业面非常广：他调查的方言非常多，不像有的学者闽南人只研究闽南话，广州人只研究广州话，上海人只研究上海话。李老师从五六十年代留在厦门大学工作开始，就受黄先生影响开始调查客家话和闽北的很多方言，而且他在二十几岁的时候，就主持修订了《福建省汉语方言概况》①，说明他的语言学天分非常高。除了方言本体研究，他还做跟方言有关的许多研究，比如福建闽方言韵书的整理，很早就合作出版了《戚林八音校注》②；他还研究地名，很早就有地名学的著作出版；还研究方言和文化的关系，他有本《福建方言》的书③，讲的就是福建方言与文化的关系。李老师还研究语言教学、语言政策等，特别需要指出的是他的音韵学功底非常好，很早就发表过像《自闽方言证四等韵无 –i– 说》④等文章，收录在《音韵学研究》（第一辑）⑤。还有，在我读研究生之前李老师开始组织编写《客赣方言调查报告》⑥，这本书在我研究生入学的第二年——1992 年出版。李老师研究的范围很广，音韵学功底深厚，田野调查经验丰富，他对方言以及跟方言有关的研究领域对我的启发非常大。我的学术之路应该是从跟随李如龙先生读研究生才正式开始的。

马、邵： 明白了。能请您继续简单谈一下您研究生和博士生阶段的学术探索过程吗？当时都读了什么书，做过哪些调查之类的呢？

庄： 好的。应该说我们在硕士期间读得最多的论著还是自己导师的论

---

① 《福建省汉语方言概况》，福建省汉语方言调查指导组编，1962 年油印本。
② 《戚林八音校注》，福建人民出版社 2001 年版。
③ 《福建方言》，福建人民出版社 1997 年版。
④ 《音韵学研究》（第一辑），中华书局 1984 年版。
⑤ 《音韵学研究》（第一辑），中华书局 1984 年版。
⑥ 《客赣方言调查报告》，厦门大学出版社 1992 年版。

著。大概在 1991 年，李老师出版了《闽语研究》①，这是他和陈章太先生合作完成的一部有关闽方言的论文集。像《论闽方言的一致性》②、《论闽方言的差异性》③，还有专门介绍闽北方言、闽中方言、浦城方言、邵武方言等非常重要的论文，都收录在这里。这本书我们读得很透彻，对我影响巨大，它可以说是方言比较研究的一个成功典范，为我们打开了闽方言广阔、深奥的语言世界。再有就是《客赣方言调查报告》，后来二十几年来我能够孜孜不倦地对海内外的客家话进行调查和研究，就跟李老师的这本书有着密切的关系。李老师算是比较高产的学者，他在八九十年代发表了很多很好的论文，其中闽方言的研究成果最多，此外还涉及客家话和其他多种方言，内容包括方言本字考、地名学、少数民族语言学、文化语言学等等，特别是方言音韵以及方言岛研究的论文，涉及闽方言古全浊声母今读送气不送气的性质、建瓯方言声调的演变、福建省内外多个方言岛的归属等许多重要问题，我每一篇都反复精读、研读，这对我的学术取向影响非常大。

关于硕士论文，李老师很早就建议我和严修鸿做福建双方言的调查研究。福建的双方言分布广泛而且类型众多，李老师给我们制订了非常详密的调查研究计划，所以在硕士研究生阶段读的最多的还是与双方言、方言岛、社会语言学有关的书，特别是双方言的论著，也包括国外的名著。除了读书，当然还要实地去做方言调查，一般都是我和严修鸿结伴出行，有些时候一去就要四五十天。那个时候没什么经费，到村里调查一般也没旅店可住，大多是在村委会睡办公桌，有时也住发音人家里。因为那时候乡

---

① 《闽语研究》，语文出版社 1991 年版。
② 参见陈章太、李如龙著《闽语研究》，语文出版社 1991 年版。
③ 参见陈章太、李如龙著《闽语研究》，语文出版社 1991 年版。

间交通很不方便，所以我们船坐过，拖拉机坐过，自行车也骑过。我们调查的双方言主要有两种类型，一种是在一个方言和另外一个差别较大的方言交界的地区，比如闽西南的闽客交界地区，从龙岩市郊到漳州市诏安县有一两百千米，我们差不多跑了一遍。还有一种是方言岛，方言岛的岛民一般要会讲周边的方言，不然根本走不出去。福建省内最有特色的方言岛，像赣方言岛以及两个官话方言岛——它们一个是明朝形成的，一个是清朝雍正年间形成的，我和严修鸿都去调查过。除了到实地调查，我们还到学生宿舍里找大学生访谈。那个时代的大学生都会讲方言，而且都讲得比较地道。我们根据李老师提供的线索，通过老乡、同学找双方言地区来的大学生了解各地双方言的地理分布、语言生活和语言态度等。我和严修鸿的硕士论文都是做双方言研究，我的题目是《双方言区方言相互影响的研究》，主要是用我们自己调查得到的福建双方言区的材料，也用到了浙江、江西等双方言区的二手材料。我和严修鸿的硕士论文，后来经过李老师的精心删改、整理，成了《福建双方言研究》① 一书，所以我们二十几岁——研究生毕业一两年就合作出版了著作。我们还合作写了《漳属四县闽南话与客家话的双方言区》② 一文，毕业前投给《福建师范大学学报》，毕业后很快就发表出来了，这是我和严修鸿公开发表的第一篇方言学论文。这篇文章发表后被人大复印资料全文转载，到现在都还有人在引用，特别是吸引了中国台湾地区不少做客家话的学者到闽西南一带来调查。这篇文章虽然写于硕士阶段，也挺"可爱"，就是现在看来也几乎看不出有什么硬伤。比如漳属四县客家话普遍有两套塞擦音、擦音声母，精庄知二和知三章两分。客家话的这个特点，到底是精庄知二和知三章两分，还是知章和精庄两分？

---

① 《福建双方言研究》，汉学出版社 1995 年版。
② 《漳属四县闽南话与客家话的双方言区》，载《福建师范大学学报》(哲学社会科学版)1994 年第 3 期。

当时学界的认识是非常混乱的，大部分学者都认为是知章和精庄两分。就是这么一个重要的性质问题，我和严修鸿的这篇论文竟然说对了，明确提出了精庄知二和知三章两分。现在看来我们都很惊讶，当时究竟是怎样的一种灵光闪现呢？（笑）再如诏安客家话通摄入声字有些特殊的演变，我们的这篇文章也观察到了。过了二十几年，2016年当我再一次到诏安调查客家话的时候，也发现了通摄入声字的特殊演变类型，就翻阅了1994年的那篇论文，发现当时我们竟然已经说清楚了，不由得感慨万分。

我硕士毕业前李老师还不能招博，我希望报考戴庆厦先生的博士生。戴先生是少数民族语言学的权威学者，是研究藏缅语的大家。我那时对少数民族语言也特别感兴趣，总觉得少数民族语言很"神秘"。当时我已经意识到，要深刻认识南方汉语方言底层问题，没有少数民族语言学的基础非常困难，所以就想转换一下专业方向，去考少数民族语言学。我跟戴先生联系，他说他只有一个招生指标，因为有一个本校的年轻老师要报考，所以建议我次年再来。于是我突发奇想，决定改报俞敏先生的博士生，因为他懂梵文、藏文，音韵学的路子非常特殊，所以我也特别崇拜他。我给俞敏先生写过两次信他都回了信，他建议我自学梵文。俞先生亲自给我回信的事儿，我的导师李老师都觉得非常不可思议。后来我了解到，俞先生在北京师范大学当了八年博导，一个博士生都没招，因为他对博士生的要求非常高。最终我没能考成，只好出去工作，第二年俞先生也去世了。

硕士毕业后到韶关工作非常偶然。因为我和中文系签过合同，研究生毕业要定向留在福建师范大学教书，但因为李老师调走了，我也想换个环境到处去走走看看。李老师以前在课堂上曾经说到粤北韶关的土话很古怪，有一些特殊的音节和音变现象，我印象特深。刚好毕业前一年在龙岩参加首届客家方言学术会议时，我认识了韶关学院中文系主任林立芳教授。林老师早年在福建跟李老师进修过方言学，算是同行，他就动员我到韶关去

工作。1994 年硕士毕业我真就去了韶关，当时（韶关学院）还是一个专科学校，我作为中文系第一个有硕士学位的老师，颇受学校重视。我住的地方走出去一千米以内，就有各种土话，几乎是每个村一种口音，非常复杂，我好像进入了一个到处是黄金的矿山，一发不可收拾，越做越有兴趣，一到周末节假只要有空就往下面跑。可以说在 1997 年读博之前，我对粤北土话已经有了相当的了解，而且发表了几篇相关论文，所以博士论文以粤北土话为研究对象也就水到渠成了。博士毕业的时候，我在韶关主持召开了第一届粤桂湘三省区土话平话研讨会，得到了中国社会科学院语言学所的大力支持。后来，也有多位学者前来粤北调查土话，像余霭芹、张洪明、朱晓农、沙加尔^① 等，还有日本、韩国的几位学者。后来因为我离开韶关到了中山大学，做了其他课题的研究，反而没有多少时间对粤北土话进一步开展调查研究。好在去年出版的《广东连南石蛤塘土话》^②，也是属于粤北土话方面，算是弥补了遗憾。要不是因缘巧合有国家语保工程项目的大力推动，我想我不可能在一两年内三番五次跑到粤西北偏远山区，再去做这样一个土话的深度调查。

马、邵：您刚才提到了多位学者，还有您的导师李老师，都对您的学术之路有着非常大的影响。那除了刚才您说的这些内容，还有哪些学者对您的研究产生过比较大的影响呢？

庄：有的。可能跟我自己的学术兴趣有关，早年对我影响较大的学者主要是方言音韵以及语音学领域的老一辈学者，像李荣、吴宗济、郑张

---

① 沙加尔（Laurent Sagart），法国语言学家，上古汉语、汉语方言和南岛语系的专家。他第一个提出汉藏语系和南岛语系同源的假设。
② 《广东连南石蛤塘土话》，商务印书馆 2019 年版。

尚芳、王福堂、潘悟云等先生，年纪小一些的学者也不少。李荣先生的《方言存稿》《音韵存稿》，一直到现在我都还在经常翻阅。李如龙老师在 90年代初就申请到了一个有关福建方言实验研究的课题，而且还通过福建的一位华侨给学校捐赠了一台美国生产的语图仪，这可以看出李老师的学术眼光非常超前。1991 年秋天中国语言学会年会在厦门大学召开，李老师邀请了与会的吴宗济先生、林茂灿先生会后到福州教我和严修鸿学习使用语图仪，我们得以有机会与老一辈一流学者近距离接触了几天。我们尽管学到了很多新鲜的知识，但距离跨进实验语音学的大门还路途遥远。吴、林二位先生希望我和严修鸿毕业后到北京进修几个月，但因为李老师 1993 年调到暨南大学，有关实验语音学的课题被取消，我们也就没有机会继续跟吴、林二位先生学习了。可以说，没有机会学好实验语音学，是我学术上最大的一个缺憾。

我博士研究生期间主要做粤北土话调查研究，得益于香港中文大学张双庆教授申请立项的几个有关课题。这里补充说明一下，张教授曾多次邀请我到香港中文大学合作研究或访学，主要做的是香港新界方言和闽方言的课题，合起来有三两年的时间，对我的帮助不是几句话可以说清楚的。除了博士论文涉及粤北土话音韵，我还与张教授组织的团队合作出版了《乐昌土话研究》《连州土话研究》等。客家话方面除了做田野调查，我也做域外客家方言文献的搜集、整理和研究，这方面我要特别感谢柯理思教授 ①。早期有关巴色会的客家方言文献，主要就是柯理思教授无私提供给我

---

① 柯理思（Lamarre, Christine），法国人，现任法国国立东方语言文化学院教授，兼任东亚语言研究所研究员。曾任国际中国语言学学会会长、欧洲汉语语言学会会长。主要从事现代汉语语法（如体貌和情态等动词范畴）、方言语法、近代汉语、共同语的形成过程等方面的研究。柯理思教授 1977—1979 年在中国留学，1998—2009 年曾任日本东京大学语言信息科学系教授。主要学术论著有《汉语的一次动词和躯体动作》《北方汉语里形态化的动词后缀》《客家话的语法和词汇：瑞士巴色会馆所藏晚清文献》《汉语里标注惯常动作的形式》《汉语空间位移事件的语言表达》《河北冀州方言"拿不了走"一类的格式》等。

的。大概到了 2002 年，她还邀请过我去日本访学，使我得有机会看到了许许多多以前根本想不到的宝贵资料。一直到最近几年，我与柯理思教授还时有往来，从她那里得到的教益实在是太多了。

马、邵： 在您的学术研究过程中，无论是曾经的顺利进行还是遇到过的瓶颈，现在回首看来一定有很多收获和心得。根据您的经历，您觉得在学术研究的过程中需要具备哪些素质、有哪些尝试呢？

庄： 首先，我个人感受最深的还是田野调查。读研时，李老师、我的师兄万波带我们去调查过，但更主要的还是我和严修鸿两个人单独去调查——所以我们在硕士阶段就有独立的方言调查经历和调查经验。那个年代，很多地方的方言保留得非常完整，老百姓都很淳朴，比较容易找到理想的发音合作人。但那个年代做田野调查确实辛苦，去福州郊区调查大多是骑着自行车去，在那里有什么吃什么，住宿的条件也非常简陋。我做粤北土话调查的时候，从韶关到连州坐班车要整整一个白天，中途经过湖南省的两个县，要是去连南瑶族自治县就更远了。当时没有课题，没有经费，都是用自己微博的工资。没有电脑录音和做声学分析，用来记音的纸张都是破旧的小本子。我认为就方言学的田野调查而言，能够吃苦耐劳是最重要的素质。当然，音韵学、语音学的功底以及农业生活的经验也很重要。现在和以前相比条件不知道好了多少倍，不仅有充足的经费，而且技术条件也不一样了。总之，对于读方言学的研究生来说，调查实践和调查经验非常重要。我认为一定要走出去，要接触不同的语言、不同的方言，和农村基层不同的人打交道，丰富自己的调查经历。调查过程中可以搜集到一些最新的方言语料，感性东西的积累多了，很多理论问题就会豁然开朗。像李老师课堂上讲的粤北土话的特殊音节，你没去调查就会觉得很古怪，实际上你一到那些地方就很容易听到，耳熟能详也就见怪不怪了。

第二就是不仅要"行万里路"，还要"读万卷书"。李老师常教导我们说，做学问除了要"低头拉车"，还要"抬头看路"，从事田野调查的同时还要懂得怎样在语言学理论上进行升华。我个人还有一个遗憾就是读书不够多，平时读的更多的是语料，因此我觉得我的理论修养还很不够。尽管我调查的方言应该算是很多的了，但仍然觉得还有许多东西没有搞清楚，语言事实方面掌握得也还不够。当然，当代语言学理论方法可谓五花八门，我知道自己的不足，也在努力弥补。虽然方言学在我国的学科体系里只是一个非常小的学科，甚至连三级学科都算不上，只是一个学科方向，但我经常跟学生说，方言学其实就是语言学，因为方言学用到了语言学所有的理论方法，包括语音、词汇、语法、语用的，也包括共时、历时的。语言学可以研究的，方言学全部可以研究。方言学虽然只是一个很小的学科，但是面对的陌生世界却是非常广阔、深邃的。因此我们从事方言调查研究的人"命特别苦"，要不断学习新东西，包括各种理论方法、各种先进的技术手段。除了实验语音学以外，地理语言学的方法也非常重要。有时候我觉得，在汉语这么复杂的方言的面前，自己非常渺小。你刚才讲的瓶颈问题，我觉得一直有瓶颈，不是说这个瓶颈突破了以后就什么问题都没有了。瓶颈可能会越来越多，只要你不断地在做调查研究。

我这代"土鳖"学者还有个天然的缺陷就是外语不太好，所以洋书读得非常少，这个我也觉得很遗憾。其实我先后学过英、俄、日三门外语，但因为时间、精力有限，都学得不精。特别值得一提的是我早年学过几年俄语，这门语言对我的语言学学习和教学都大有裨益。我读大学的时候，"语言学概论"学得非常好；考研究生时，这门课也考得不错；后来在中山大学中文系教书，我最喜欢教的课还是"语言学概论"，这些都在一定程度上得益于我对俄语的认识以及对汉语方言的了解。要知道，俄语的形态

非常复杂，性、数、格、时、体、态、人称等都具备，是世界语言类型的极端，对于我们理解语言学理论非常有益。

马、邵：您的学生做什么方向的都有，您也是在语言学这个包罗万象的学科里面各个方向都有所涉猎，但又有所专长，这有一点像我们常说的"博雅"和"专精"。从一个学者的角度来说，您觉得应该怎么去平衡二者的关系呢？

庄：我觉得，作为一个人文学者，首先要"博"，要有一定的"面"，才能回归"精"。"博"有两层含义，一是语言学本身的"博"。不能说我只研究方音，而对其他的都不关心没兴趣，这样是绝对不行的。比如我尽管专攻客家话、粤北土话音韵，但是对其他方言的音韵起码也要了解到一个合格的程度，不然连课都上不好。另外，即使你的主业是方言音韵，但音韵和词汇、语法非但不是绝对对立的，而且可以相互为用。方言音韵的知识可以用来解决方言词汇、方言语法的很多问题，像考本字——其实既是音韵研究，又是词汇研究。再比如很多虚成分的来源考证，也可以同时视作方言音韵、词汇和语法的综合研究。我近几年连续写了几篇有关名词后缀的论文[①]，就不是纯粹的方言音韵研究。在学术研究的过程中，要大胆地"越界"，不能"画地为牢"——"画地为牢"这个词是从李老师那里听到的。他引用朱德熙先生的说法，就是做学问不能"画地为牢"，不能仅仅经营自己的一亩三分地，其他的什么都不管。做方言学研究，对诸如词

---

① 《客家方言名词后缀"子""崽"的类型及其演变》，《中国语文》2020 年第 1 期；《一些边界方言名词后缀"子""崽""儿"的来源》，《汉语史学报》第二十二辑，上海教育出版社 2020 年版；《湘、赣方言与"儿子"义名词相关的后缀》，《方言》2021 年第 1 期。

汇学、语法学、语义学、语用学等等，也要了解到合格的程度。总之，我们不一定有足够的时间去读很多前沿的理论著作，但最经典的著作还是要全面涉猎，这样才能做到由此入彼、触类旁通，很多问题才会互相启发、互相碰撞，做研究的问题意识也才会越来越强烈。二是人文社科方面的"博"。语言学其实不是典型的人文学科，它带有强烈的社会学科特征，比如问卷、访谈、隐匿观察等等都属于社会学的领域。方言学的田野调查方法来自人类学，人类学也是社会学科。美国早期的结构主义语言学家，像萨丕尔、布龙菲尔德，他们的身份实际上也是人类学家。所以，我认为从事方言调查研究的学者，对其他相关的人文社会科学也要保持一定的好奇心。语言和方言都存在于人类社会当中，其本质特征毕竟是一种社会现象。研究语言不能纯而又纯地把它看作一个"结构"，要把它和各种社会、历史、文化现象结合起来。我一直鼓励学生，要多涉猎语言学以外的领域，即便是具体到研究客家方言，也要对客家的历史、文化、民俗、曲艺等有个基本的了解。

马、邵： 其实这也是现在很多学科都有的趋势，研究单独、狭窄的方向已经不是那么有效，必须放开视野，去更多地关注能和它产生交叉的东西。

庄： 是的，我这里举一个例子。今年暑假前，中山大学中国非物质文化遗产研究中心的康保成教授受广东汉剧院的委托，承担了广东汉剧音韵规范化的课题研究。传统上认为汉剧的舞台语言是所谓的"中州音，湖广韵"，但是到底什么是"中州音"？什么是"湖广韵"？它们有什么特点？戏剧学界也好，汉剧艺人圈也好，说法各异。我出于好奇，就答应了康老师协助他做这个课题。客家人没有自己的方言剧种，汉剧就是客家的大戏。我很早就知道有汉剧，但是从没有认真了解过。出于研究的需要，前段时

间我经常抽空听这个戏，听着听着，思路慢慢就出来了。我们的任务就是要写出一本关于汉剧音韵规范的书，做出一本像《中原音韵》那样的韵谱，作为广东汉剧未来舞台唱念的语音依据。确定一个字要怎么归类，需要有学理上的支撑，我们要一个个去听早期传统戏的录音资料，辨音、记音和归纳，最后形成一个标准化的韵谱。这其实就是一种小交叉的研究。此前我对戏剧理论、戏剧史基本上一窍不通，但这个研究就要求我去大量阅读，所以半年内关于汉剧历史以及京剧音韵的著作，我都看了个遍。罗常培先生和王力先生早年都写过京剧音韵的论文，此前我并不知道，现在就得顺藤摸瓜一篇篇去找，一篇篇去读。汉剧和京剧关系非常密切，都属于皮黄腔，如果我们把广东汉剧的音韵搞清楚，进而就可以去研究福建闽西的汉剧、湖南常德的汉剧、湖北武汉的汉剧和陕西安康的汉剧。汉剧流传的范围，和相关方言分布的范围是吻合的。之前研究汉剧的学者，大部分是从文学、艺术、舞台等角度，但很少有从音韵出发开展研究的。所谓"中州音、湖广韵"、汉剧四个调的调值、唱词和念白如何押韵、其韵部与传统十三辙的关系、与京剧的韵辙以及《中原音韵》韵部的关系等等，都是完全陌生的问题。我相信这对于我而言又是一个全新的领域。

马、邵：其实我们很多同学——包括我在内，很多时候都会感觉不知道该提出什么问题。现在看来，可能是因为接触的太少。

庄：所以说要"活到老、学到老"，我之前也从来没有想过要搞戏剧方面的研究。虽然这也是因缘巧合，但一旦陷进去，就一发不可收拾。我做域外传教士、汉学家方言文献研究其实也非常偶然。1998年上半年，我在苏州参加一个东南方言语法的小会议，在会上第一次见到柯理思教授。聊天中，她得知我不久后要去香港中文大学开展合作研究，调查香港新界

"原居民"的客家话，就说他手头有一些客家话的《圣经》，应该就是香港新界那一带的口音。我当时完全反应不过来，客家话怎么与《圣经》扯上关系呢？（笑）她就拿出了几张纸给我看。我一看就被镇住了——天底下竟然还有这种用客家话来翻译的《圣经》！柯理思教授还向我提供香港中文大学崇基学院①一个外籍教师兼神父的联系方式，希望我去请教他。我到香港后就写邮件给柯教授，希望她能给我寄一些有关的资料。她给我寄来的就是《启蒙浅学》②罗马字本和汉字本，这个文献对我后来的研究影响太大了！我还去香港中文大学的图书馆里查找，发现了非常多有用的教会方言文献，不仅有客家话，还有广州话、闽南话、福州话、上海话、宁波话……于是我就陆续打印了很多目录带回内地。后来我就做起相关的研究，并且托朋友陆续从德国、美国、英国、瑞士、日本等国继续寻找资料，有巴色会、巴黎外方传教会③、英国长老会④等多个差会的方言文献，涉及英文、德文、法文、日文甚至荷兰文等文字，包括方言《圣经》、字典、词典、课本等等。商务印书馆最近希望我把域外的这些客家话文献集中起来影印出版，让我在每种文献之前写一个提要。这段时间我就在忙这个事情，尽管此前断断续续做了好多年了，但对我来说还是有很大的挑战性。这项工作和田野调查根本不同，它需要比较各种版本并分析它们之间的关系，没有相当的积

---

① 崇基学院（Chung Chi College），香港中文大学九家书院之一，代表基督教在华发展高等教育传统的延续。该校依据中国基督教之传统，提供高等教育，以中文为主要授课语言，并以融合基督精神与中国文化精神，开拓博爱包容、自由开放之风气，培养学问通达、襟怀广阔、具有世界文化视野的人才为宗旨。
② 《启蒙浅学》（First Book of Reading）是巴色会于 1879—1880 年编写和出版的，以当时香港新界一带客家方言为基础方言的儿童启蒙课本。
③ 天主教传教会。1653 年由法国人巴吕和郎柏尔两主教发起，1663 年在巴黎建立修道院，遂成为该会中心。
④ 英国长老会（Presbyterian Church of England），近代在闽南地区宣教的主要团体，与美国归正会、英国伦敦会并称闽南三公会。

累，根本没有办法做。我在上学期的研究生课程"历史语言学"中，也专门讲授了传教士、汉学家方言文献的几个专题。2013 年我获得国家社科基金项目"明末以来西方人创制的汉语罗马字拼音方案研究"的立项，是研究利玛窦等人以来，外国人怎样用罗马字来给全国多个方言注音的。因为要了解这些文献所反映的语音系统，首先要破解它的罗马字拼音方案，比如它用什么符号来标这个方言的舌尖前音？用什么符号来标舌叶音？这个音到底是舌叶音还是卷舌音？这个课题去年结项，获得优秀等级。在做课题的过程中我就从客家话出发，进而到广州话、闽南话、福州话以及多种吴语和官话，全部都粗略研究了一遍。我个人的感受是，如果纯粹从文献学角度来研究这些资料是远远不够的，一定要有田野基础，要对当地方言语音有相当的认识，看文献的时候才能看出其中的端倪。例如山东方言的传教士文献主要来自两处，一个是德国圣言会①，主要有青岛、兖州、阳谷一带的方言文献；一个是美国新教的一个差会，主要有潍县、登州一带的方言文献。美国传教士编的潍县方言文献有四套塞擦音、擦音，我们如果对那一带的方言没有感性认识，根本就无法理解。总之田野调查非常重要，对于阅读这些文献也非常有好处。田野上的东西和文献上的东西，可以相互为用。

马、邵：在研究过程中，不同学科的知识背景其实也是一个必要的条件。

庄：对呀！在研究山东传教士方言文献的过程中，有关山东传教史的论著，我也全部搜集了一遍。有些近代史、宗教史方面的书，因为已经出

---

① 圣言会（拉丁语：Societas Verbi Divini，简称 SVD；英语：Divine Word Missionaries）是一个国际性天主教传教修会。1875 年由杨生神父（Arnold Janssen）创立。

版很多年，书店买不到，图书馆也找不到，只有二手书网上有，虽然很贵，但我都买了下来。还有两三种，如果拿到手，我手里的山东方言文献应该是最多的，对当中的这本书和那本书、这个人和那个人的关系以及整体发展脉络，我基本上理清楚了。带着不同的研究视角和强烈的求知欲去看文献，那些知识就都是活的，记得特别牢；但如果是漫无目的地去看，可能今天看明天就忘了。

马、邵：老师，您是去年来的浙江大学，我们2017级是最早一批听您课的学生，从"音韵学"到后来的"现代语言学"，同学们都觉得您博览群书，课上得非常精彩，每一节课的收获都很大。那您觉得，学术研究和课堂教学应该是怎样一种关系呢？

庄：我认为关系很密切。要教好书，首先要做好学术研究，特别是在大学上的专业选修课。你看，我们那两门课都没有教材，因为我主要做方言调查研究，音韵学对我来说就是一个非常重要的工具，所以有关内容我比较熟悉。我常常说，方言调查和研究的水平，很大程度上取决于音韵学和语音学的功底。至于现代语言学，给你们上的课无非就是这六个字的内容：语音、音系、音变。音系学，特别是结构主义音系学对我们汉语语音研究非常重要，基本的音变理论也要懂一些，这些都和我日常的研究关系非常密切。如果没有这些方面的研究，拿着别人写的教材来讲，恐怕永远无法讲好。那些知识在经过自己的研究之后，已经内化为自我的东西，上课都能脱口而出，而不是照本宣科。

马、邵：就像您刚才说到的，在研究生课程中，会讲授很多您最近在做的传教士方言文献方面的内容。

庄: 早期海外传教士、汉学家方言文献的内容,我之前在中山大学没有开过专门的课,其他大学邀请我做讲演时我偶尔会讲一两个专题。来浙江大学之后开了这门课,我确实是下了功夫去准备。我把我所掌握的所有这类汉语方言文献的电子本全部放在了"学在浙大",供同学们下载。我觉得学术是天下之公器,没必要捂着这些材料,何况这些材料中的一大部分也是学界朋友无私提供给我的。如果连学生都不给用,这是不对的。就算不是我指导的研究生,只要对这方面有兴趣,我都会给他。

马、邵: 庄老师,下一个问题比较轻松,因为您平时的科研教学工作也比较繁忙,所以想问一下您日常有没有什么缓解压力的业余爱好呢?

庄: 几乎没有,哈哈,我的生活极其单调(笑),喝茶可能算是我最大的爱好。十几岁在中师的时候学过几种乐器,现在都忘光了。不过这次在做汉剧研究时需要读曲谱,基本的乐理知识我还是懂的。以前对书法也有兴趣,偶尔会写写毛笔字。这些年来越来越忙,基本上荒废了。

马、邵: 老师,最后一个问题是想分别代表目前的本科生和研究生询问一下您:对于那些刚对语言学产生兴趣的本科生,您对他们有哪些叮嘱呢?对于那些已经确定要走语言学道路,或者已经在走语言学道路的硕士生、博士生,您对他们又有哪些建议呢?

庄: 对于还没有踏入语言学门槛的本科生来说,我认为首先要听从自己内心的召唤,从兴趣着眼来考虑自己的选择,不能有功利的思想。如果经常在考虑学了语言学对我有什么好处,对我找工作、对我的职业生涯有什么帮助,这样肯定是学不好语言学的。真正的兴趣比什么都重要。方言调查研究又是特别艰辛的一种专业方向，我经常跟我的学生说"你跟我学方言学，就好像加入了黑社会一样，是没有回头路的"。意思就是没有非常强烈的兴趣，最好不要走这条路。其次，要有一些基本准备，不一定要读很多艰深的前沿著作——因为越是前沿，分化就越厉害，流派就越多，越是无所适从，但经典的专业著作确实要潜下心去读。没有基本的理论武装，很多地方是看不出所以然的，也很难有问题意识。特别是像历史语言学、接触语言学、语言类型学，对我们研究汉语来说尤为重要。我们汉语历史悠久，有着三四千年不间断的文字记载，有这么多的汉语方言和少数民族语言，因此可以说，我国是历史语言学、语言类型学的一块沃土。我们中国的语言学家如果在这方面做得好，对世界语言学就有很大的贡献。再有呢，我们的方言跟方言之间、方言和共同语之间、方言和少数民族语言之间、少数民族语言和少数民族语言之间，再加上汉语和域外语言之间，近处如日语、越南语、朝鲜语，远处如欧洲、美国的一些语言，都有直接或间接的接触关系，汉语的历史演变不像欧洲那样是分裂的，也不是纯而又纯的直线式演变，而是一种接触音变，所以接触语言学的视角也是很有必要的。还有类型学，有语音类型学也有语法类型学。研究汉语如果没有类型学的素养，就不知道什么是所谓的"特点"，哪些是人家有的而你没有的？哪些是人家没有而你有的成分和特点？所谓"有"和"没有"，实际上都是基于比较得出的。要进行比较，就要对其他语言有足够的认知。从这一方面来讲，类型学可以提供很好的理论武器。另外，对研究方言来说，一些基本的实验手段也是很重要的。这些对年轻人来说花点时间去学都不是太难。

　　对于即将入学的研究生来说，首先要考虑你的专业方向：未来是要做汉语史、古汉语、语法学、方言学还是修辞学、语用学等等。但除了这个"点"以外，一般"面"上的东西也不能忽略。研究生阶段要以"博"为

基本目标，要多听一点课，不能说和论文有关的才去选修，和论文没有太大关系的就不去选修。现在和以前不同的是有了很多讲座，网络上也有丰富的学术资源，这些都可以利用。我个人培养学生非常强调"转益多师"这个理念，经常鼓励学生向其他老师学习，并且推荐学生去外校跟随名师学习。比如我最擅长的是方言音韵，但如果一个学生要做语法，而语法并不是我的专长，这个时候我就会让他去听其他老师的课，参加他们的研究团队。硕士研究生要有一定的广度，要"一专多能"，在某一个方面有专长，在其他方面也要能了解到合格的程度。作为导师，有些东西你自己可以不懂，但是要鼓励学生去学那些你不懂的东西，不能把他们限制在你的一亩三分地里。我的有些学生现在做的东西我基本不懂了，但我觉得挺好的，说明学生已经在某些方面超过老师。学生一定要有一些领域是老师没有做过的，要超越老师。如果我有 100 分的本事，只教给学生 90 分，学生再拿着 90 分的本事去教他的学生，剩下 80 分，就变成九斤老太讲的"一代不如一代"，这和现代学术背道而驰。要有开放的胸怀，以广阔的视野来对待学术和学生。这学期有一个上海师范大学的博士生来浙江大学跟我访学，她正在做湘北官话音韵的论文，遇到了一些问题无法解决就来找我请教，我也从中学到了不少新知。不论是哪个学校的学生都是国家未来的人才，我认为要有教无类。

马、邵：（笑）但有时候就是因为可供选择的东西太多，反而让学生更加迷茫了。

庄：对，诱惑太多，你们每天打开手机就可以玩一天（笑）。还有就是学术资源太多，营养过剩，也会让人眼花缭乱。可是我觉得没关系，还是要稍微广博一点，什么东西都学一些，就像建房子地基一定要牢固一样。

学问广博不仅是对学术研究有好处，对未来的工作也都是很重要的。上课也是一样，教师把每一句话都写进教案里是不可能的。有经验的教师课堂上说的很多东西，其实都是即兴的。一个问题讲十分钟能讲，讲一天也能讲，要有这样的储备才行。

马、邵：而且很多时候，比起教材，老师课堂上即兴发挥的东西能让学生更有收获。

庄：现在我们因为课时、考试等等的各种限制，其实也不能做到尽善尽美。中国的语言学发展到今天，已经进入了一个黄金时期。语言学在中文系有两个二级学科，汉语言文字学和语言学及应用语言学，我们面对的学术问题还非常多，可以做的研究课题还非常多。

马、邵：谢谢老师，我的问题基本都问完了。今天的收获真的很大，您辛苦了！

探寻文学"术"与"道"的结合

——姚晓雷教授访谈录

张慧伦 ※

学者
名片

河南渑池人，1968 年 11 月出生。2002 年毕业于复旦大学，获得博士学位。博士毕业后到山东大学威海校区工作，2004 年被破格评为教授；入选 2006 年度教育部新世纪优秀人才支持计划；2008 年被评为山东优秀青年知识分子，并被评为山东大学三级教授；2009 年 7 月调入浙江大学工作。现为浙江大学人文学院教授，博士生导师。多年来一直从事中国现当代文学专业的教学科研工作，主持国家及省部级课题多项，出版著作多部，并在《文学评论》《文艺研究》《新华文摘》等一系列专业权威或重要核心刊物发表现当代文学方面学术论文 80 多篇，获得奖励多项。在乡土文学研究、大众文学和文化研究、当代文学史和文艺理论研究、重要作家作品研究等方面都富有成绩，在学界拥有良好声誉。

※　张慧伦，山东师范大学文学院讲师。

张慧伦（以下简称张）：姚老师，您多年来一直从事当代文学的研究与批评工作，并在乡土文学研究、作家作品论等多个领域取得了丰富的成果。请问当初是何种契机使您选择文学研究与批评作为您的兴趣点呢？您怎么认识文学研究与批评工作本身？

姚晓雷（以下简称姚）：若说走上这条道路的契机，有偶然的因素，也有必然的因素。从偶然的角度讲，这是一种你遇到的谋生选择。我出生在河南一个偏僻的农村，从小家里很穷，成分又不好，童年的时候就要跟着父母干繁重的农活，饭也吃不饱，常有一种超出身心负荷的崩溃之感。那时最大的理想就是逃离现实生存状态，至于具体做什么，想的倒不少，但基本没有和文学研究沾边的。后来上了大学，读的是中文系，又考了研究生，就自然而然地和这项工作发生关系了。就像你做工人，你就要去车间；你做了农民，你就要去种地一样。但如果再仔细地想，这里面也有许多必然的成分。一个人能且愿意在文学研究与批评这个职业领域长期走下去，不是单靠偶然性的谋生需要就可以完全解释清楚的。这里要有一个前提，就是这个工作肯定要和你的内在生命需求发生某种程度的契合，你能在其中收获一种精神价值上的满足。作为一个来自社会底层的渺小个体，辗转在社会这个庞然大物面前，郁积的种种生存体验也需要寻找一种呼应、发泄和升华的渠道，自己学的是中文，而文学恰巧是提供这种渠道的最好方式。于是自己的兴趣就逐渐陷入文学中了，先是迷恋于阅读各式各样的作品，逐渐地开始寻求同作品中人物和主题的对话。这种自我生存体验同文学作品中人物和主题的对话，在我看来就是文学批评的关键所在。所谓的文学批评，概括起来，就是要用心去和批评对象进行对话。

张：可不可以将您所说的对话进一步概括为借助文本媒介进行的一种自我阐释？

姚：也可以这么说，但不够全面。我曾经在一篇阐述自己批评观的文章里谈到过，用心去和批评对象对话，意味着文学批评是一种双重属性的行为：阅读自己和阅读对方。阅读自己即理解自己的生存经验。每个人的生命和灵魂都是由他特殊的生存经验构成，他的热情、他的爱憎、他的欢乐与痛苦、他的生存态度和理念，都与他的个人经验有关。我欣赏王国维在《人间词话》里的一句话："以我观物，则物皆著我之情。"批评就是这样，哪怕再讲究客观的立场也不能不带有"以我观物"的色彩，所以一个好的批评家首先要做的不是观察别人，而是观察自己。知道了自己，这样在面对研究对象的时候，就会站在理性角度客观审视自己的背景、态度、立场，做到触类旁通，同时对自己的感性态度、立场所可能存在的偏颇会持一种警惕的心理，避免因此牺牲了观察对方的公正性。阅读对方即设身处地去理解别人的生存经验。别人的生命经验包括作为个体的他人的生存经验以及作为社会群体的"类"的生存经验。文学批评的对象，通常涉及这两个方面。尽管文学批评者不可避免有自己的立场，但在面对研究对象时必须尊重对方，要明白不管是文学所涉及的作为个体的别人生存经验还是作为群体的"类"的生存经验，都有自身复杂的背景和结构。文学批评过程中的阅读自己和阅读对方是相辅相成的。阅读自己是阅读对方的基础，一个不擅长阅读自己的人，你无法想象他能对他的研究对象有多深入的了解。文学批评就是以自己的心灵去向对方的领域探险，去和对方对话。一个好的文学批评家，必然是用自己的心灵和对象进行深层对话的人，他用自己的生命经验和升华出来的理性意识去和对象交流、沟通、驳诘，但他从来不会轻率看待对方，不会随心所欲地怠慢对方。在我们生活的这个多元化的时代，大家对一个事物的看法会不尽相同。一篇好的批评文章并不在于你提供了某些不容置疑的结论，而在于你给大家全面深入地展示了对话的灵魂。这样的批评，你可以不认同他的观点，你却无法回避它的深刻，因为它包含的是双方灵魂的分量。

张：那如此说来，在阅读自己和阅读对方的对话中形成的对自我和研究对象的认知，可不可以算是文学批评与研究的最高目的？

姚：这当然是文学研究和批评的一个极其重要的功能，但恐怕还不能说是终极目的。文学研究和批评除了是研究者在表达他的一种对文学的理解，在更高的意义上，它还服从于自己所追求的一种"道"，即研究者在整体的社会生活实践中所形成和皈依的一种生存理想。中国古代社会有"文以载道"的说法，我认为这个说法放在今天仍然是一个颠扑不破的真理。只不过中国古代社会里将"道"的内容狭隘化了，专指维护当时社会体制形态的一套封建伦理；今天我们所要承载的"道"，则应该是在今天社会背景下所形成的具有现代性特质的一种人类情怀，是自己精神深处善与美最高结晶的乌托邦理想。就我个人而言，大致说来，我愿意把它归纳为基于平等和自由立场的一种人道主义追寻。五四时期，周作人有一篇文章《人的文学》，提倡文学要以现代人道主义为本，我一直认为这是我们后来文学研究者的纲领性文章。

张：既然文学批评与研究的最高目的是承载和捍卫人道主义之"道"，而人道主义又是一个已经经典化的命题，很多研究者都在坚持它，那么不同的研究者又怎样体现出自己在"道"的层面的个人独创性？

姚：这就涉及从开放的、发展的、多元的角度来理解人道主义的问题。

我是这样理解人道主义的：人道主义是"现代性"精神原则在文学艺术领域里所派生出来的一种精神目标。所谓"现代性"精神原则，它是整个现代社会系统赖以运转的精神中枢，其一切行为的出发点是理性的态度。当然，理性可以有多方面的解说，但大体上，它是指一种人类理智地安排自己各方面生存内容的能力。在"现代性"的历史实践过程中，理性的内容及人们对它的理解不断地发展和深化。人道主义作为"现代性"精神原则在文学艺术领域里所派生出来的一种精神目标，它的本质的原则就是"对人的理性关怀"。它要求人们在任何时候都要以现代理性所能达到的最大限度去关心人、理解人、尊重人。曾有西方学者把这种个人主义的人道价值观概括为三个命题：一、人类社会的一切价值都是以人为中心的，即价值都是人所经验到的（但不必为人类所创造）；二、个人就是目的本身，个人是最高的价值，社会存在仅仅是实现个人目的的手段；三、所有个人都是在道义上平等的，任何人都不可被他人仅当作谋求利益的手段，我觉得这样的概括是比较中肯的。

由于人道主义这一原则只奠定了一种现代人文关怀的基点，它本身不包含固定内容，所以它只是在主体追求它的具体实践中才具有内容，所以它要求的是不同的主体从它们不同的现实出发而对之进行平等的实践。以被我们公认的践行人道主义价值原则典范的西方近现代文学主体为例。西方主体正是从该基点出发去进行实践，才贡献出了从 14 到 16 世纪的文艺复兴时期、17 世纪的古典主义、18 世纪的启蒙主义以及接踵而来的浪漫主义和现实主义此起彼伏的一系列思潮。他们虽然在具体主张和表现形态上也各有不同，但基本精神上是一以贯之的，只是由于各时期理性所能达到的对人本质认识的程度不同而呈现出不同特征。比如说，文艺复兴时期的文学对人的理解带有人性刚从神学束缚下挣脱时那种盲目的放纵；古典主义则是对缘于这种放纵的盲目性有所觉悟而要求一种有法度的约束；现实主义文学则意味着理性已发展到了对人和各种环境背景之间关系有了更具体的认识等等。即便对在西方语境里一向被标榜为反理性的现代主义文学思潮来说，本质也和人道主义要求的时代所能达到的最大理性限度来关怀人的原则密切相通的，其真实的意义也只有在这一原则下才能得到说明。也就是说，它们同样是这一原则在新处境下的一种实践。拿现代派创作中最主要的一个表现现代社会给人造成的压抑和"异化"的主题说，它表现的经常是典型的对世界绝望的情绪。可是我们想想，当绝望被当作一种问题表现出来的时候，不管作者是不是明确地意识到，这本身就说明社会里边有一种深层价值在关心着这种绝望，在允许它被表现出来引起大家的重视。一些作品里对人的潜意识的表现也是如此，这也是随着理性发展到已经认识到人身上还有自己未能准确把握的东西，所以就明智地在文学艺术中留出一块允许它得以阐扬的地盘，即使不理解它，但是也并不因此专断地去否决它。所以说，对西方近现代文学来说，它们之所以能为人们贡献出一些"世界性"的东西，正是因为它们在人道主义的目标下，从自己不同的历史处境出发提供了一份独特的人文实践。

中国文学亦然。20 世纪的中国是被世界性的现代化浪潮挟裹进了这一洪流，并内化为一种对现代理性精神的自我认同。20 世纪中国文学主体和世界其他各国文学主体的平等地位就体现在，它在认同人道主义这一思想原则后，便同样开始了自己的一份对人道主义这一精神原则的独特的实践；在各自根据自身的现实情况不断地发展和丰富出人道主义的多样化具体内涵方面，它们是站在平等的位置上的。需要补充的是，我也承认，现代理性精神的最初发明权是属于西方文化的，从大的思想背景上看，的确存在着中国文化受其影响的因素，但这也并不能成为证明中国文学可以从机械地接受西方文学影响中获得自己现代性的借口。一方面，这种思

想上的发明权不等于思想垄断，它一旦出现就已经开始作为一种人类认识领域的公共财富，没有也不可能去规定一个别的主体对它接受的现成的样板。换句话说，在这里，人道主义只是给中国文学的主体重塑了一个抽象精神原则，也可以说是一双打量世界的精神眼睛，它即无意也不可能代替主体自身的实践。但无论什么原则理念，最终还是要落实到主体自身的实践上来。

对不同的文学研究者来说，他们在"道"的层面的个人独创性也由此产生：当不同的主体从不同的背景出发，本着人道主义的整体精神目标而对之进行的个人化研究和批评实践，本身就蕴含着一个"道"的具体内容的再创造过程。另外由于人道主义原则所依赖的现代理性，本身不是一个僵化的概念，而处在一个不断发展和深化的过程中，所以当不同的人们从各自不可替代的具体背景出发，调动自己内外各方面资源来拓展和丰富它的内容时，这种实践工作便同样自然而然有了一种无法替代的个人独创性。

张： 就姚老师您个人而言，您认为您的文学研究和批评是如何进行对"道"的个人化体认的？

姚： 从来理论上的提倡和实际研究过程中的落实其实是两个概念，一些口口声声说人道主义的人，未必能在自己的具体实践中落实它；这需要一个人的内在生命体验和它对接的过程。我自己对这一价值角度和立场的体认，也是在自己的成长和研究实践中逐渐明确的。这首先离不开自己从小到大的生命经验打下的基调。自己从小到大的大多数时候，都生活在惴惴不安之中。小时候，农村人的贫穷、卑下、朝不保夕的处境不仅构成了自己终生都无法避开的潜意识，即便后来进入了大学，那时的"一进大学门，便是公家人"的说法带来的安慰，也不可能保持多久。在有了比较从容的思考条件后，这种经验就会促使你从更高的层面思考：这个社会里自己这样一种生存状态的人是非常个别的另类，还是一个普遍的群体现象？如果是一个群体现象，那么造成这种现象的深层原因是什么？是社会的问题还是他们自己的问题？社会该怎么样善待它的每一个成员，特别是弱势群体？什么是最理想的姿态？该如何建构？诸如此类，不一而足，这样无形中形成了自己对现代人道主义的个人化体认。在大学里面我特别喜欢描写现实苦难的文学创作，像路遥的《平凡的世界》、雨果的《悲惨世界》等；也喜欢表现人精神世界苦难的文学作品，像鲁迅的作品、陀思妥耶夫斯基的小说。在阅读过程中，我深深地感到，文学家多是人类苦难的承担者，因为观察到人类生活太多的不幸。我印象很深的是在大学毕业时，一位名叫薛九仓的同学写在我留言册上的一首诗：

> 琴台每抚心意沉，黄昏常闻啼杜鹃。
>
> 禹台康书贯日月，默然而立思翩然。
>
> 潜心只为就有道，难将风雨隔窗前。
>
> 多年欲作云雨谋，回首只见日惨淡。
>
> 无奈游心去学佛，醉里却作山河叹。
>
> 雨夜常听龙泉鸣，始知不敢忘贫贱。
>
> 起于贫贱知事艰，意气潇潇常肃然。
>
> 而今归去欲何为，精卫翩翩于九天。

其实，我和薛九仓同学平时并不熟，不是一个大班的，上课不在一起，也不住在同一层楼上，甚至可以说几乎没来往过，只是见面知道是中文系的，也是来自农村的家境很穷困的那种。这首诗若从工整角度而言实在算不上好，况意象运用上也未免有从俗之嫌，例如像"琴台"之类的。我们那些农村孩子恐怕很少能有人敢奢望自己真有那么一份高雅的资格的，这样写也仅仅是在虚拟一种观念中的文人身份。不过他这首诗，倒很直接地

触及了那时我们许多从社会底层进入大学的人的另一面：即对社会正义的一种真诚忧虑。这首诗中我最喜欢和有共鸣的是这两句："起于贫贱知事艰，意气潇潇常肃然。"我想，这种对"贫贱"和"事艰"的刻骨铭心的体认，应该是自己人道主义个人化追寻中的一个立足点。

读硕士研究生期间，我的专业是近代文学。当时的导师学问是非常有名的，可是自己还无法找到一个将学术研究和自己的内部经验连接起来的法子。那时自己对做学术总有一种误解，认为那是和真理有关的非常神圣的事情，是"代圣贤立言"，自己怎么能妄居圣贤，拿着一些琐碎的、不登大雅之堂的个人经验说事呢？这样一来，自己固有的那种对生活的内部经验便成了和自己所要做的事情相对立的东西。这自然是我自己的不成熟。苦恼和困惑了好久，自己就尝试换个思路，决定考更能和个人经验直接对话的现当代方面的博士生。读博期间，我很荣幸地进入了很会指导学生的陈思和老师的名下，他对学问有自己的理解，从不把学问看成是僵化的东西，而把它看作是借学术话语传达出来的生命体验。所以他非常在意维护每一个学生自己的本真体验，他要做的工作就是帮助学生把这种体验发掘出来。这使我认识到文学研究其实也就是明心见性的事情。我的博士论文做的是新时期以来的河南乡土小说，正是在做这一课题的基础上，我才把自己曾有的经验和研究对象逐步贯通起来，评论作家某种意义上就变成了一件评论自己本身的事情。博士论文曾获得评阅老师的某些好评，恐怕也是这个原因。我的导师还有一种观点，说他习惯就是站在弱势者的立场上，这对我影响也非常大。的确，人类社会的不公平，主要不都是强势者利用各种霸权对弱势者进行欺凌造成的吗？以后再写文章，再思索问题，我都有意地注意着这两个出发点。自己所要进行的文学批评，一定程度上也就成了从平等的愿望出发，运用自己的理性逻辑，通过文学文本把既得利益者所制造的维护自己特殊利益的各种话语画皮都戳破，让居于边缘位置的弱势者能真实地面对自己的处境和利益。当然，任何东西都是相对的，这两点也并非在所有场合都天然具有合法性，都需要在特定的处境下使用：毕竟一个人的私人经验不可避免地要有偏狭的、需要克服的地方；而弱势者自身也并不等于真善美的化身，他们身上也藏污纳垢。所以这就回到了前边谈到过的阅读自己过程中的自审问题。这种自审的标尺，自然就是你的理性所能达到的最高限度。总之，我觉得，一个文学研究和批评者对"道"的探寻和体认，既离不开他的本初经验，又必须将这种经验放在现代人文理性的维度上进行升华。

张：我曾看到一篇评论您学术个性的文章，把你比作"尖锐的刺猬"，是不是和你的这种学术立场有关系？

姚：应该是吧。那是赵卫东的一篇文章，标题是《尖锐的"刺猬"的沉思》，发表在《南方文坛》上。赵卫东先生借用伯林在《刺猬与狐狸》中对"刺猬型"学者风格的描述，进行发挥。所谓狐狸和刺猬的说法，源于古希腊"狐狸知道很多，而刺猬只知道一件事"，伯林在该文中据此将学者分为两种不同类型：刺猬型的学者只关心和思量一个永恒的问题，如黑格尔、陀思妥耶夫斯基等；狐狸型的学者同时追逐许多目的，并用不同的思维方式把握不同的研究对象，如蒙田、歌德等。赵卫东先生在文章里认为我是属于"刺猬"的风格，不仅有自己一定的批评目标，而且有始终如一的价值立场。怎么说呢？尖锐与否，可能过奖；但就研究范畴和价值出发点而言，这样的把握还是比较准确的。我也曾在一篇文章里谈自己的学术研究时有这样一段话："我不是那种文学趣味非常宽广的人，只愿意去选择一些和自己的经验相近的作品去阅读，去研究，爱我所爱，憎我所憎。所以我喜欢那些现实感、历史感比较强的东西，对那些过于先锋、过于花哨

以及过于无病呻吟的东西都敬而远之。即使这始终作为一种局限存在，我也不愿意苛求自己。成功也罢，失败也罢，做到什么程度并不重要，关键是真实而努力的活着，这就够了。"当然，这种文学趣味的顽固未必是一件好事，它往往会导致你对一些异己的生命经验体悟不够，比如说生活里那些超脱的、优雅的生命境界。

张：每一个学者都不是万能的，都有自己研究个性的适合领域与不适合领域，所以您说到自己文学趣味的个人化特征，我倒觉得这很正常。读您的研究论文，觉得您的研究领域并不狭窄，有关于清末常州词派的研究，有关于 20 世纪中国文学现代性与世界性的研究，有关于启蒙、民间等理论命题的研究，有武侠小说特别是金庸小说的研究，有对王朔、余秋雨、网络文学等文学思潮现象的研究，有对中原文学地域特征的研究，更有大量的作家作品论研究。它们如何有机地融合在您的学术研究工作中？

姚：作为一个当代文学的研究者，研究领域的专与博是相对的。一方面，社会生活是复杂的，人作为生活中的个体也是复杂的，即便某种生命经验让他印象深刻，但也不排除他还有其他面孔、其他诉求。另一方面，我觉得一个文学研究者要想提升自己的视野和境界，也必须同时保持着对多个领域的兴趣，这样可以互为参照、互相促进。

张：您曾说过，文学批评只有立场是不行的，还需要有特定的技术和方法，即"术"的问题。您是怎么理解"术"的问题的？在您的研究过程中您又有哪些个人化倾向？

姚："术"的问题在当代文学研究与批评中，应该说地位和"道"的问题同样重要。这里的"术"，不是指心术、权术之类阴谋诡计的意思，而是指方法。"术"是沟通批评者主体的"道"和研究对象客体之间的桥梁。我在教学过程中，和学生交流时，经常遇到他们尽管也有自己的想法，却不懂审美，不知道该如何进入文本进行发现和评价问题。这就涉及一个"术"的掌握和运用的问题。文学研究和批评既然是一种建立在主体客体彼此认知基础上的对话，这种主体客体彼此认知不可能是从观念到观念，而是要借助某种特定的方法来实现这种认知。作家作品那儿有什么、你想要从作家作品那儿看到什么和你能从作家作品那儿找到什么，并非完全是一回事。优秀作家其实大都很狡猾，他们为了让作品的内涵更丰富些，魅力更大些，往往不把要表达的意思直接说出来，而是精心制造了一个个情节圈套、一个个意象图案圈套、一个个人物圈套等，你首先要有相应的方法破解他的圈套，甚至是破解制造这些圈套作者背后更深层的、连作者自己也未必清楚意识到的东西。总体而言，方法问题到今天为止不是一个很陌生很艰难的问题。自从 20 世纪 80 年代以来，随着文学研究领域的理论热、方法热的大行其道，古今中外人类历史上各种解读文学的理论和方法基本都被引进和发掘出来，不管是社会学、文化学、心理学的外部视角还是文本语言、结构等的内部视角。到今天为止，它们已经成为一个文学研究者的基本素养。当然不是说，文学研究不需要再探索新方法，立足于文明最前沿成果的新方法的探索任何时候都是需要的；我这里的意思是，文学研究作为一门有着深厚人文积淀的学科，不可能像自然科学那样时刻追逐方法上的日新月异。对于大多数文学研究者而言，已有的方法已经是一笔很可观的财富，足以在大多数场合起到有效沟通批评者主体和研究对象客体之间的桥梁作用。

"术"的问题的关键不在于你掌握了多少方法，而在于你如何在研究过程中选择和运用。所谓"运用之妙，存乎一心"。也就是说，你要先充分感知你的研究对象适合用哪些方法去发掘，以及在何种程度上、何种范

围内使用这些方法。说到底，文学研究的方法论服从于关于研究对象的认识论。使用方法之前，认真搜集和分析作家作品的各种信息，找到你的研究方向是最值得重视的。这里包括了史料的梳理和辨析、文本的反复细读等一系列基础性的工作。

就我个人而言，在整体上，我仍然倾向于传统的"知人论世"和文本审美分析相结合的综合方式。人生于世，文成于心而表以言，社会、人、文本三者之间的复杂关系永远是文学研究的核心，在一定意义上它们可以说是分别代表了文学研究宏观、中观、微观三个层面。我自己最推崇的文学研究的一部经典论著，是刘勰的《文心雕龙》，它的宏观、中观与微观相结合的整体性方法，的确切中文学研究方法的肯綮，到今天仍然具有莫大的指导意义。当然，具体到某一个层面，后来者可能发展得更为完善和深入。我比较青睐的研究，大概首先要寻找宏观的社会历史文化视野和相关方法，在社会历史的整体背景下理解作家作品的生成；其次要有对人心人性进行穿透的一些心理学、伦理学等方面的理论方法，再次是对文学文本进行深入解读的话语分析、结构分析等方面的方法。这种研究方式应该也是当下中国文学研究与批评的主流方式，其成败取决于你对三个层面理解的深入程度以及彼此结合的有机程度。我们的很多研究者这方面都做得非常出色，他们也是我努力学习的目标。

张：文学批评与研究存在着一个"道"与"术"的问题，文学创作也同样存在着一个"道"与"术"的问题。以您多年的批评和研究经验看，您以为当下文学进一步发展遇到的核心问题是什么？

姚：我认为不管是当下文学研究与批评也好，还是文学创作也好，面临的一个核心瓶颈都不是"术"的问题，而是"道"的问题，即思想创造性方面的问题。中国文学的批评研究和文学创作都在 20 世纪以来中国文学的长期实践过程中积累了丰富的"术"方面的经验，可在本质上秉持一种什么样的思想性价值原则来同本土生存内容对话，当代文学正变得越来越迷惑，以至于术有余而道不足。首先是历史上那些曾被视作具有思想创造力的命题，由于长期缺乏发展，已丧失了原初的革命性意义而沦为僵化的教条，如启蒙。众所周知，启蒙范式是 20 世纪中国新文学最先采用的经典思想范式。中国新文学一开始就是作为现代思想启蒙的一个载体而出现的。所谓思想启蒙，就是汲取世界历史发展过程中的现代精神成果，来更新国人固有的价值范式。由于启蒙所宗承的理性精神及又之派生的民主、科学、自由、进步、人权、平等、公正等现代知识谱系至今仍然代表着人类社会文明的最高价值，因而对于百年以来一直处于由传统向现代转型过程中的中国来说尤其具有不容置疑的意义。就道的层面而言，启蒙话语范式所捍卫的核心价值是阔大刚正的。启蒙话语范式在历史上几经沉浮，20 世纪 90 年代以后，启蒙范式开始走向式微，逐渐成为疏离的对象，文学批评中的反思启蒙甚至躲避启蒙逐渐成一时风气。为什么会出现这种情况呢？这主要是过去启蒙范式的僵化造成的。五四时期乃至 20 世纪 80 年代，知识分子之所以能在这一旗帜下有效凝聚，是因为在相当长的时间内中国社会的主要矛盾一直是传统的集权社会和历史发展的现代性要求之间的矛盾，面对传统的集权社会给中国民间造成的灾难，大家尚能保持一个以含混的启蒙目标为准则的共同价值诉求；然而到了 90 年代，改革的深入带来了社会利益格局和文化状况的改变，原来被作为启蒙范畴的一些内容已经实现，还有一些在过去被视作天经地义的启蒙信条这时被实践证明其实充满谬误，总是单靠僵化的固有范式已经无法解释当下极其复杂的现实，这是需要思想创造的时代而非观念复制的时代，缺乏穿透现实的思想能力的启蒙教条已经失去了为时代

立心的道方面的原创性。

再以 20 世纪 90 年代兴起的民间范式为例，也存在着一种术大于道的现象。民间理念是指以陈思和的"民间"理念为核心所建构的一种旨在补启蒙之弊的文学批评范式。在 1994 年发表的《民间的沉浮》一文里，陈思和先生结合 20 世纪文学中民间文化形态的实际内容，从以下三个方面提炼出了他的民间的特点：一、它是国家政权控制相对薄弱的地方产生的，保存了相对自由活泼的形式，能够比较真实地表达出民间社会的面貌和下层人民的情绪世界。虽然与国家权力相互渗透，但它毕竟属于"被统治"的范畴，有自己的独立历史和传统。二、自由自在是它的最基本的审美风格。民间的传统意味着人类原始的生命力紧紧地拥抱生活本身的过程，由此迸发出对生活的爱与憎，对人生欲望的追求，这是任何道德说教都无法规范，任何政治条律都无法约束，甚至连文明、进步、美这样一些抽象概念也无法涵盖的自由自在。在一个生命力普遍受到压抑的文明社会里，这种境界的最高表现形态只能是审美的。三、它既然拥有民间宗教、哲学、文学艺术的传统背景，用政治术语说，民主性的精华和封建性的糟粕交杂在一起，构成了独特的藏污纳垢的形态。陈思和先生旨在通过对这一"民间"的界定来寄予自己文学价值的探寻，并取得了巨大成功，带动了其后声势浩大的民间创作与批评思潮。它之所以能给文学史走向带来革命性变化，正与其在对"启蒙"范式与"地域"范式反思吸收的过程中，创造出的"道"和"术"的特色有关。"民间"作为一种"道"，首先是对"启蒙"范式的吸收和反思。它既以对人性追求"自由自在"的现代价值观的肯定、以对国家权力话语的抗衡和批判沟通了"启蒙"所主张的现代人文理想；又没有采用启蒙视角里高高在上的启蒙者与愚昧、麻木的被启蒙者之间的二元对立的等级审视，将其引向建立在人性基础上的全面、平等的考察，显示了一种更开阔的精神包容力。不过毋庸讳言的是，陈思和先生建立的民间批评范式，本质上是一种借"术"以求"道"的模式，即它所蕴含的"道"深层次追求的表达方式并不那么直接，而是主要借助一种"术"来间接表达。陈思和先生这里刻意用了一个非常富有知识分子意境的形容词"自由自在"为"民间"构筑了一个审美乌托邦，这显然很大程度上是一种为了让人重视民间被遮蔽的内容时的一种"术"。因为事实上，"自由自在""原始生命力"这些借以为民间自身生存形态争取合法性的词汇，从作为一种科学的描述话语的要求看，它们从来都是语焉不详的。一方面，"人类是一种不断演化的动物，这一演化已经经历了包括从猿到人到今天状态的人好几百万年的历史过程，人性的内容也随之处于一个连续不断的变化中"，设若"人类原始的生命力"的存在是一种真实状态，我们不可能从中划出一条界线，证明它以前表现出来的生命力内容是原始的，它以后表现出来的生命力内容变成了不原始的。另一方面，"自由自在"也是相对的，在复杂的人性构成内容中，也包含了出于生存需要而派生出来的种种互相对立的成分，它们各有自己存在的理由，当其中的一部分内容得以获得"自由自在"的张扬时，与它相左的那部分内容可能就会受到贬抑，所以单纯从思辨角度来说，每一种表达方式对人的欲望赋值都同时既是一种自由自在又不是一种自由自在。这一价值范式由于术大于道，所以在实践过程中也迅速产生了一些负面价值，一些缺乏对民间生存有本真体验的人，把它作为一条指导创作的终南捷径，套用"民间"理念里所提供的非主流、藏污纳垢、原始生命强力等几个表层概括，大批量自我重复或互相模仿，制造出众多"伪民间"场景和"伪民间"主题，从而导致了"民间"范式原创性意义的消失。

总之不管研究和批评也好，还是文学创作也好，文学进一步发展的核心是一种能在历史维度、现实维度以及未来维度和本土生存全面深入地进行正面对话的"道"。

张: 那您认为当下作家和批评家的共同出路何在?

姚: 要在各自的"术"之外,学做时代需要的思想家。

(原载《创作与评论》2015 年第 16 期)

且住湖山做散仙

——与陶然教授漫谈诗词与治学

吴　繁[※]

学者
名片

陶然，汉族，1971 年生，江苏南京人。现为浙江大学教授，博士生导师。兼任浙江大学宋学研究中心主任、全国大学语文研究会副会长、浙江省诗词与楹联学会副会长等。1999 年毕业于浙江大学中国古代文学专业，获博士学位。主要著作有《金元词通论》《乐章集校笺》等，主持国家社科基金重点项目"韩国古代词文学及全集笺注"等。

※　吴繁，美国普林斯顿大学香槟分校博士研究生。

吴繁（以下简称吴）：吴熊和先生曾经赠诗于您云："任他闱下马蹄疾，且住湖山作散仙。"我们想这和您的治学与为人风格是非常契合的。我听您讲课，感觉十分精彩，而您给人留下的印象又比较冷峻，您的学术功底也非常扎实，兼擅诗词创作。我想通过和您的漫谈，了解一些治学经验以及诗词创作研读的体会。您自幼爱好诗词，但对我而言，作为一个初学者，可能只是觉得诗词很好，但是跟其他爱好相比，其吸引力究在何处，却很难把握。您觉得是什么吸引了您，是什么因素让您把诗词研究当作自己的爱好乃至事业追求呢？

陶然（以下简称陶）：吴先生赠诗以"散仙"称许，其实有鼓励的成分，实不敢当。谈及所谓对诗词的爱好，实际上更多的是缘于我们幼年的那个时代没什么别的东西，对吧？没有电视，也没有太多的流行歌曲，基本上能够有些书可供翻阅，就不错了。因为我父亲在学校工作，家就在学校里面，学校里有一个图书馆，相对比较完备的图书馆，所以可以没事儿就到书库中去翻书看。因为小时候没什么书可看，除了你们都没见过的那种小人书以外，其他途径实际上是没什么书可读的。但是有了这个图书馆呢，就可以接触各种各样的书。其中历史故事一类的书非常多，慢慢地就对历史感兴趣了。最早看的还是《上下五千年》这类读物，觉得非常精彩。现在小朋友如果想要了解中国历史的话，我还是会推荐他先看这套书，挺有用的，能够培养兴趣。小时候还在父亲的影响下念过《唐诗三百首》、练过书法。因为写毛笔字用的那个字帖就是古代的东西，有好多文字搞不清楚，比如说最早练颜真卿的《颜勤礼碑》和柳公权的《神策军碑》，字是认识的，但是字的意思、文句的内容都不能理解，就会很想要去把它搞明白。时间长了，慢慢就会发现原来这些东西跟诗词是有关系的，才慢慢地了解到原来历史上某个人可能是著名的诗词作家，还可能是著名的书法家或画家，像宋代的苏黄这些人一样。所以就对历史上这些伟大的人物产生了兴趣和崇敬的心理，也就逐渐有了阅读他们诗词作品的动力。当然，每个人幼年经历不同，对未来人生所发挥的作用也不一样。但我现在想起来，家庭的潜移默化的作用，虽有偶然性，也有必然性。

其次，在我的求学过程中，老师的作用是非常大的。对我影响比较大的老师，念中学时有一位，念大学本科时有两位，到读研究生以后，主要就是导师吴熊和先生。这些老师对我的影响非常大。例如我读中学时印象最深的一位语文老师陈铮先生，教我们时年纪已50余岁了，是一位从印尼归国的华侨，旧学功底深厚。他给我们讲教材里面的诗词就跟其他老师讲得不大一样。我至今仍然记得他在课堂上讲辛弃疾《永遇乐》（千古英雄）这首词时那种老泪纵横的景象，或许是牵动了其个人经历中的一些艰难往事吧。他讲课有情感的投入，对学生的吸引力非常强烈。他让我认识到文学的理解本质上是情感的沟通，而这种沟通是超越时空的。我大学本科念的是江西大学新闻系，本系的易平先生、中文系的滕振国先生，这两位老师对我的影响非常大。易先生从事的是《左传》《史记》的研究，给我们讲中国古代文学课，我们都觉得他讲得真好。和我给你们上课的风格完全不一样，他是手舞足蹈、激情四溢的。我记得非常清楚，他在课堂上用四川方言吟诵陆游的《剑门道中遇微雨》一诗："此身合是诗人未，细雨骑驴入剑门。"能让人立即就被他的语调所感染，仿佛进入了行走在蜀道上的陆游的心灵世界。同学们对其他老师的课或许有时不太认真，但易先生的课一定都是争着坐在前排的位置去听的。当时我就觉得作为老师能对学生产生这样的影响力，真是很令人羡慕的。滕振国先生当时是中文系的老师，很有名望。他是钱南扬先生的弟子。钱先生是戏曲研究名家，原来在我们杭州大学中文系做过教授的，后来才调到南京大学。滕振国先生没有教过我们课，我旁听过他的一些公共课和专业课程，他上课时总是笑眯眯的，风格悠然不

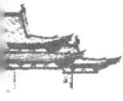

迫。我记得有一次是讲李清照词，他在黑板上写满了历代关于李清照词的评论，板书很漂亮，然后就跑开抽烟去了，过完烟瘾，再回到课堂笑眯眯地一条一条分析那些材料，讲解得非常精彩。再后来我就经常去滕先生家里，他家就在校园里面，他的女儿滕肖澜现在是上海著名作家了，当时还在念中学，也经常遇见。有一次我把自己原来写的不成熟的所谓诗词作品拿去请他看看，却意外地得到滕先生的极大肯定。因为那个时候你不知道自己是个什么样的情况，也不知道自己瞎琢磨写出来的东西到底是什么水平，搞不清楚的，所以这个时候就特别需要有人去肯定你。当然那些所谓作品其实肯定是写得不好的，但是如果有这么一位老师给你肯定，告诉你说这个东西是好的，你将来应该往这个方向写，而不适合往另外那个方向写，问题在什么地方，你这样写好处在什么地方等等，慢慢地你就会找到自己的方向的，对不对？后来滕先生还指导我收集整理宋词中的情绪表达范例，易平先生指导我写本科毕业论文《简论周邦彦词的章法》，这也成为我所发表的第一篇学术论文。所以我觉得一个人在 20 岁出头这样一个思想不定形、对未来没有明确规划的阶段，有这样的好老师点拨一下，通过鼓励或言传身教的方式指明一下方向，这是非常非常重要的。后来到杭州大学来读研究生，主要是跟随吴熊和先生，他对我的影响就更加全面了，为人、治学和诗词创作各方面，影响都非常巨大。所以如果要说我研治诗词的所谓因缘，我想最主要的还是跟这几位老师的指点是有密切关系的。

吴：其实很多同学可能很喜欢历史，很喜欢文学，但是大家选择专业的时候可能就会去选金融、经济等社科专业或机械、建筑这类工科专业，只是把历史和文学当成一个兴趣而已。刚才听您所说，您原来是念新闻系的，但是研究生转到中文系古代文学专业了，这其实相当于改行了。我想了解的是当时您为什么有这样的一种选择呢？

陶：我是 1992 年本科毕业的，那个年代大学本科毕业要找一个不坏的工作是不困难的，可能比现在要方便一些。我们那一届同学很多从事新闻事业的，也都很有成就。但就我个人而言，始终对古典文学以及学术研究有兴趣。80 年代有一句很有名的话叫"新闻无学"，就是说新闻学专业不过多探讨理论问题，新闻工作只是一项实际工作，是一种"术"而不是"学"。所学的主要是怎么去写报道，怎么写导语、评论等等，基本上是这种"术"的层面，跟现在的新闻和传播专业相差比较大。当然很大程度上也是因为自己的偏见，没有很好地投入精力去认识、学习这个专业的相关知识。所以那个时候就对新闻专业不是很喜欢，对于这个专业的兴趣没有被激发出来。而对于古典文学领域的兴趣却被几位老师激发出来了，所以决定转到古代文学专业去攻读研究生。滕振国先生知道我的祖籍是南京，因此特别热心地为我向南京大学、南京师范大学、东南大学的几位先生写了推荐信，让我非常感激。后来东南大学的王步高先生和我说，如果对研究词学有兴趣，那就应该去杭州追随吴熊和先生。很久以后我才从吴熊和先生处得知，王步高先生还专门写信向吴先生推荐我。这些老师们对后学的提携和无私关爱，一直让我非常感动。我在后来的教学工作中，对待学生的态度也一直是以这些先生们为榜样的。我读大学三年级的时候，专门来到杭州大学求见吴熊和先生。找到中文系，系里的老师们都对吴先生非常尊敬，称"先生"而不名。办公室的毛阿姨替我联系并告知了吴先生的家庭住址和电话，次日我就往体育场路吴先生家中拜谒。吴先生来开的门，那时候吴先生还不到 60 岁，精力旺盛，身材高大，与我想象中的博学老儒的形象截然不同。吴先生那时已是名满天下的词学家，但对我这样初次谋面的一个外校本科学生却非常和蔼，询问了我的求学经历和兴趣爱好，并且欢迎我来报考。大学四年级的时候，我跟吴先生也经常有书信往来，抄录了自己的一些拙劣的诗词作品请他指教。吴先生每信必详细回复，并指出我的

诗词"俊逸有法，功底沉厚"，但要避免"伤于老气"的不足。现在想来，其实就是对年轻人"为赋新词强说愁"的委婉批评了。大学毕业后，我考取了杭州大学中文系的研究生，成为吴先生门下最后一届的硕士生，后来又继续随先生攻读博士学位。这既是我学术道路的起点，而得遇明师更是我一生中最大的幸运之一。从我的个人角度来看，我以为一个人对自己人生道路的选择，师长的教诲和帮助是有极其重要的指路作用的。同时对于自己内心真正感兴趣的东西，一定能从中看到希望的萌芽，能够从中得到乐趣。我现在回想起来自己读中学的时候，面临即将高考的最紧张的时候，好像也没有整天去做题目的兴趣，最喜欢的事儿是冬天围着那种炭盆儿的火炉，读上海辞书出版社的《唐诗鉴赏辞典》。当时那本书 9 元多钱，很贵的，但也还是央求父亲买回来。觉得那种读书的乐趣超过了做其他事情的乐趣。所以我想学术兴趣、职业兴趣的培养，最终还是落脚到能不能从兴趣中获得乐趣。所谓兴趣，最终还是乐趣。所以在他人看来，每天看的都是与现实生活没什么关系的书，好像没什么大意思，也没什么用。当然咱们做的这些研究，从现实功利角度来衡量，的确似乎没有用处。但从文化发展传承、从社会价值建构角度，也不能说完全没有用处。但无论有用还是无用，其实都无法代替它对于你自己内心之用。你能够从自己从事的教学科研工作中获得乐趣，你就会有动力，就能慢慢地一步一步地走下去。

吴：不但可以从文学作品的阅读、研究、传授的过程中获得乐趣，从创作中也能获得乐趣，是吗？

陶：当然。每个人都会有表达的欲望，这就是创作的动力。你们在读小学、初中、高中的时候，难道就没有创作的欲望吗？一定也有的，只不过表达方式不一样。可能会以微博、微信朋友圈或其他形式表达，表达的形态可能有长篇有短章，形式不断变化，每个时代都不一样。但是我想在这个过程中释放的都是人内心的表达欲望，想要把自己的一些所思所感表达出来，或许希望传达给别人，影响他人，或令他人了解自己，或者就仅仅是一种自我记录。我们小时候的日记本封面上常常写上四句话："日记日记，日日要记。一日不记，不是日记。"用这个来督促自己，但是最后能坚持下来的不多。古人有功过格，现代学者中如夏承焘先生的日记持续一生、从不间断，这都是很不容易的。其实你会发现如果用创作的方式去记录自己的人生，可能比单纯的流水账式的日记更有意思一点。不一定更有意义，但是更有意思一点。我们现在看古人的日记，对于我们研究来讲非常有意义，但是不一定有意思。比如说你读《鲁迅日记》有什么意思？没什么意思，它大多就是流水账。但有趣的是往往流水账才能坚持写得下去，而且对于研究鲁迅的学者来讲，就十分有意义。但普通人不会把自己当作"后人会去研究他的生平"的这种人物来看待，所以需要的往往不是"意义"而是"意思"，用有意思的一种记录方式来记述、来表达。所以不管诗词创作也好，写文章也好，都是有意思的事情。你想想你自己写出一首诗歌来，哪怕过了十几年、几十年看看，觉得自己写得不怎么好，可是你无法忘怀当时那天晚上你熬夜将它写出来时的那种兴奋和成就感，即以这样一种古典的形式一个字、一个字地把它合乎格律地写出来，而且还表达的是我想说的话，这不就是满足感么？成就感和满足感当然是乐趣，对不对？所以我总以为不管是做研究也好、从事创作也好，从古至今都是如此，在这个过程当中，是能获得乐趣的。

吴：我当时选专业的时候也是在新闻专业和中文专业之间犹豫了很久。最后因为当时一方面自己挺喜欢写东西的，另一方面是对外国文学很喜欢，所以就选了中文系。但是后来发现写东西越来越写不好了，感觉现在越来

越言不达意，行文总会突然间中断。我现在在想是不是第一跟生活经验有关，第二创作是不是也应当跟研究结合起来，要先看很多书，然后才能更有助于表达？

陶：这一点我倒觉得未必如此。至少从文学史上来看并不都是这样。很多优秀的创作者并不一定是优秀的学术研究者，甚至也不一定有很丰富的阅历，但他就是能写出很好的作品来。古代那么多短命的作家，他有什么阅历？但他照样能写出很吸引你的作品。我总以为这还是有天赋和才华的成分。而要成为一名作家或诗人，念中文系肯定不是一个必需的途径，培养作家也不是中文系的使命。人们常说，要成为一名作家，要有社会阅历和想象力。但是我总觉得想象力比阅历更重要。还有就是写的过程很重要，比结果还重要。比如说你讲的"行文中断"这个现象，其实在无数作家身上都发生过，你看到的是他们克服"中断"后的成品，那个过程的艰难困苦你是看不到的。而坚持不懈地写作，本身就是一个锻炼的过程。不管自觉写得好或写得坏，但是得不断地写。在这个过程中，慢慢地你就会积累出对于文字的驾驭能力和敏感度。你总想着要万事俱备之后再去写，那可能永远也没有那一天。做研究也是这样。当你发现了某个学术问题，做到某个程度，觉得好像可以动笔写了。但是你到了这个程度就会发现后面还有更多的问题需要你去解答、去攻难，如果想到这样就不敢写，那也永远没有写出来的一天。所以不管写得好也罢、写得差也罢，总得去写，这个我觉得更重要一点。这和专业没有关系，跟人生的阶段也没有关系。有时候我们看小朋友写的文字，你会觉得有天分的、很敏感的小朋友写出来的东西一点也不比成年人差。这说明文字、文学中必然有超脱阅历和社会经验的更本质的东西，等待你去发现。经典文学作品也好，一般人写的文字也好，我们还是要去看它有没有更本质的东西，它有没有提供一个新的意思、一种新的审美、一种新的打动人的力量，有这个就够了，用不着那么全面，也没有那么完美的，这世界上没有完美的东西，一定是有缺憾的，对吧？所以古人写的也好，当代人写的也好，我们要避免把它们人为地隔绝开来，认为古人写的就是作品，当代人写的就是垃圾。不必如此绝对。古人也是像我们一样的人，他也得像这样生活，只是他的生活面跟我们不一样。我们有我们的生活环境，我们有我们接触的东西，有长处，也有不足。无非就是你有没有兴趣，把自己的人生、把自己的生活、把自己所感知的世界，通过一种合适的、有意思的方式写出来、记录下来，在这个过程中能不能感受到乐趣。不管发表也好，不发表也好，是不是有快乐在？我爱好诗词创作，写的数量不算太少，但是也不太拿去发表，发表的不多。主要将其作为一种自娱和自觉有意趣的寄托而已。吴熊和先生一生写的诗词，数量也不少，但发表的同样不多。夏承焘先生作为"一代词宗"，其作品也多是在晚年结集发表的。

吴：我有一种感受，觉得一个人研究上的精进或者长期从事学术研究造成的审美疲劳反倒会阻碍创作的热情。您有没有过这种感觉，就是对文学的研究和浪漫预期有所差距？

陶：这是两条线的问题，创作是一条线，研究又是一条线。从理论上来讲创作和研究应当是相互促进的，这是从学理的层面上来讲的。当然一旦进入创作实践中，创作诗词也好，创作小说也好，你会发现这是两条线，不一定是互相干扰的。只是我个人一直觉得从事古典文学研究的学者应该有一些诗词创作的体验，知甘苦方能知得失，学术研究中所获得的审美能力与趣味的提升对于创作也有积极的、正面的作用。如夏承焘先生的词学研究和他的诗词创作成就一定是相辅相成的。肖瑞峰老师近年来发表了不

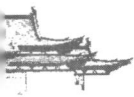

少小说，从他的小说中仍然可以感受到他在学术论文中同样显现出的敏锐和才华。所以恐怕所谓疲劳和差距是因人而异的吧。

吴： 您刚刚说除了对于诗词的爱好和创作兴趣以外，还提到了许多老师对自己的影响，尤其是在兴趣的激发方面。但我有时会想我们现在都已经 20 岁了，已经成型了，很难想象说有一个人对我们的为人方面产生多么大的影响。您觉得呢？

陶： 你们这个年龄远远没有成型，我不觉得你们成型了，至少在我眼里看来是如此。现代社会中，人会早熟一点。但这个早熟永远是相对的，也就是说你纵向地来比较，现在的 20 岁的青年与数十年前的同龄人相比，跟古代的同龄人相比，那肯定是成熟了许多。但是在同一个时空中，20 岁始终还是青年。如果一个年轻人在 20 岁左右，就把自己限定为很成熟了、定型了，已经没有什么变化的空间了，我觉得这是很可悲的。20 岁应该是最风华正茂的时候，应该是有无数可能性的时候，千万别在这个年龄就把自己框死了，对吧？你们目前念的是中文系，可是以后你们做什么都是有可能的，完全没有必要把自己框得那么死。你的性格，你将来的职业、兴趣，其实都有无数的可能性。所以我个人不是非常赞赏那种在大学里面读书的时候，学习、学生工作、人际关系方面，都是那样一种很条理化、非常目的化的姿态。这个所谓"目的"并没有贬低的意思，你把自己的一切规划得特别好，这是一种人生。但是这种人生里面也有不够完美的地方吧。有的时候率性一点、随意一点，也是一种人生。我们现代的社会都比较强调自我规划、自我实现，但是强调过头的话，好像也没有什么太大的意思。就如同什么时候说什么话、什么年龄该做什么事情，该放纵的时候就应该放纵，该成熟的时候自然就会成熟，用不着刻意地去认为"我到这个年龄了，我该成熟了"。这是没有必要刻意地去追求的。包括在学业方面。在学术研究上刻意往往都是适得其反的。说一定要达到什么样的目的，一定要做出什么样的高深的研究成果。那个是在过程之中实现的，而很难说是预先设定的。

吴： 其实您刚才提到的这种率性，我觉得和吴熊和老师形容您的"且住湖山做散仙"就很契合。

陶： 我更愿意将这句诗作为吴先生对我的期许。每个人的性格和人生经历、体验都不一样，我的经历不能够移用到你们身上去，但是你们可以把它作为一种可能的经验，而同时也有另外的经验，有其他老师的经验，也会有你们自己的经验。这个社会是多元化的，其实传统社会也是多元化的。有各种各样的人生，有各种各样的阅历。一个人不可能所有的阅历都去体验、体会，但是在寻找自我的过程中，会自然而然地找到自己的人生道路。这个不是设计出来的，你走的过程就是你的人生道路，没办法改变的。我们没办法穿越到 20 年之后、30 年之后去知道自己的状况，预先知道自己的未来命运，然后回来重生一下。那只能存在于玄幻穿越小说里面。

吴： 我觉得难能可贵的一点是好像您可以很自由、很单纯地从事学术研究，并不是所有的研究者都可以在一个这么轻松、简单的环境里率性而为，保持自己的初心。

陶： 我并不觉得自己就是那种在一个比较自如的空间里生存的人，也很难说得上自由和单纯。没有人能做到的。有最好的条件、最好的空间提供给你，你就在这么一个划定的空间里面想干什么干什么，想做什么研究

就做什么研究，完全由着自己性子来。这只是一种理想。我以为这种理想存在于两种状态之下：一是你年少的时候对未来的一种预期，觉得这是一个很完美的状态；二是年纪渐长以后，回顾自己原来的状况，发现和自己此刻的心态相比，20 岁、30 岁的时候是那么完美。说到底，不管是从前往后看，还是从后往前看，它都有虚化的成分，这个是不可避免的。但是人生就是这样，无非就是把其中的某一个方面强化了之后，你觉得在这个方面是比较难得的。有时候在他人眼中看到的你，跟你自己的体会总会有些差别。在学校中，老师和学生之间构成了一个非常重要的学术空间。在这个空间中，老师并不需要庇护学生，也不仅仅是知识的传授和指导，我始终觉得在精神层面帮助学生提升的作用是最重要的。不仅仅是学问方面，更重要的是精神。因为一个人的学问大小，看这个人的精神就可以看出来，他的精神气象，就可以决定其学问所能达到的高度。人们常说"先做人后做事"，做学问也是这样。一个某种品性的人，他能够达到什么样的成就，其实是可以预期的。

吴：所以您觉得吴熊和先生这么多年来对您在精神上的影响，或者是您刚才提到的做人方面的影响，有哪些？

陶：我觉得主要有三个方面。第一是从吴先生身上我们感受到，一个真正的学者应当是一个什么样的人。通过他的言传身教，我们了解到我们理想中的学者应该是一个什么样的人。在他身上，我们看到了一个学者的正直。这个"正直"跟我们日常生活中那种好恶的价值判断不太一样。这个"正直"是指对待你的工作、对待你的学问的一种正直，也就是宋代人讲的"诚"。就是说要以一种正直的诚信去对待学问。有了这样的观念，你就不至于在学术研究上犯一些毛病、一些错误，比如说拿不完善的、局部的材料来说明你的观点等等。这些本来都是做学问的时候首先要避免的一些枝节问题，但是所有这些枝节问题上升上来都是一个"正直"与否的问题，当然为人的正直也就包含在这里面了。第二是吴先生让我们看到一个学者的胸怀。正直是纵向的、扎进去的，胸怀是横向的、宽广的。我们看很多学生回忆吴先生的文章，都会提到这一点。这种胸怀首先表现在因材施教。他有判断力，知道什么样的学生能做什么样的学问，并引导他往这个方向走；其次是告诉你，你的这个路径之外还有很多其他的路径，整个空间是非常宽广的。所以我们自己读书研究，没有人指点，这时候有个人给你"启蒙"，给你点盏灯，那就不同了。所以说吴先生给我们留下的最大印象，就是他是一个善于"点灯"的老师，这是很难得的，像这样比较善于在你最麻烦、最困惑的时候给你指一个方向、点一盏灯的老师，是很少的。以后你们如果碰到这样的人，不管他是老师、长辈、朋友还是领导的身份，能够起到这样的作用的人就是老师，就是你人生中的老师。这样的老师是可遇而不可求的。第三是在吴先生这里我们感觉到一个学者的低调和淡泊。这当然只是一个方面，不能说所有的学者都应当如此，我们不能把它作为唯一的标准。但是在吴先生身上的确体现得比较明显，就是那样一种中国传统士大夫的情怀和心境。我讲这个话的意思不是说吴先生没有烟火气，是一个出世的神仙一样的人，是一个纯粹的、理想的、完善的人，不是的。他也是一个现实生活中的平常人，但是他骨子里流露出的那种中国传统士大夫的典雅，我觉得是现在很多学者都不容易具备的。这也应当是我们去学习的一个方向。

吴：您刚刚提到您从吴先生身上感受到一种"士大夫的典雅"，而除此之外，您有没有从您阅读的唐诗宋词的作品中得到这种为人处世或是生命态度的感染呢？

陶：肯定是有的。每个人读到古人的作品时，都会不由自主地受它们的影响。或许你读李白读多了以后人就会狂傲起来，读杜甫读多了以后人就会郁闷起来，读苏轼读多了以后人就容易豁达起来，这都是应该有的。至于说这样一种感受是不是能够融入你自己的生命体验和人生历程中，恐怕每个人的情况不一样。也许某位作家符合了一位读者的情感需求，可能就与另一位读者的情感需求发生错位了。就像苏轼讲的"西湖天下景，游者无愚贤。深浅随所得，谁能识其全"。每一个去西湖的人面对的对象是一样的，但是所获得的肯定深浅有别，是吧？我不敢说受到了很完备、很充分的中国古典士大夫风范的影响，我们毕竟也是红尘中人，未能免俗。但是心向往之而已。能不能做到则是另一回事了。

吴：那么，您觉得古代哪一位诗人比较符合您的情感需求呢？

陶：从个人体验来说，相对比较契合的还是苏轼和姜夔。这两个人代表着典型的宋代形态的士大夫形象，尤其是苏轼。他们给我们一种印象，即在逆境中有定力，能够立稳脚跟，不管是什么样的外在侵扰，都不影响自己内心世界的丰厚和醇雅。当然，我们也知道苏轼未必一生时时如此，这只是一个完美的理想而已，对于我们后代人来说更加如此。但它毕竟是一个美好的理想。对于我们普通人来说，有些传统的士大夫离我们的心理距离太远，够不到。而宋代的很多士大夫相对我们的心理距离，会比较近。以前我在课堂上也讲过这点。所以我们读他们的作品会有一种亲近感。元明以后文人的作品，我读得不太多，谈不上对哪一位特别有感情。但是我想相对而言，唐宋时期的士大夫，包括唐宋以前的著名的如屈原、陶渊明这些人，他们对后世的影响是更大一些的，比元明以后的文人对后世包括现代人的精神影响可能要更大一些。

吴：您选择了宋词作为主要的治学领域，这是不是因为您的个性里面有着比较敏感的成分呢？

陶：可能有一些这种因素。相对于唐诗来说，对于宋词作品的理解，如同亲身感受一般的倾向会更强烈一些，或者说感性化的色彩会比较强一点。但无法绝对化地理解。一个人的偏好和选择，与实际为人，完全有可能是割裂开来的，不一定完全一致。古人既讲"诗如其人"，也讲"心画心声总失真，文章宁复见为人"，有的时候是"如"的，有的时候也是"失真"的。人本身就是一个矛盾体。如果要说跟宋词的渊源，其实初衷很简单，就是认为宋词里的那种情感表达很有吸引力，就会觉得它的那种细腻、柔婉、清雅很吸引自己。更何况宋词里还有激越、旷远、典重的作品。当然，选择以词学研究作为自己的主要学术方向，也主要受到吴熊和先生的影响。

吴：您刚刚提到与唐诗相比，宋词让您更加感同身受。但我想在不同的年龄阶段，感同身受的点可能会有所不同。年龄的增长、阅历的丰富既可能让一个人的感受更加透彻深刻，但也有可能让一个人失去了当初那份"心斋坐忘"的心思了。您怎么看这个问题呢？

陶：面对不同的对象可能会有差别。宋词并不是单一化的，而是多元化的，宋代词史上有那么多的词人，有不同风格的作品。有的是耐读的，也有很多作品是不耐读的。有些作品读一遍就知道它讲什么，然后也就没有再去读它的兴趣了。而对于那些值得反复诵读的作品，你每读一遍，都能体会到新的意思。如同诗歌领域中读杜诗、读苏轼的诗歌一样，它经得住你反复地读。而且在不同的心境下读同一首作品，你读出来的东西也是有差别的，不完全一样。所以我们从个体的体验来讲，总感觉宋词中有

比较丰富的内容，值得你在人生的不同阶段不断地去阅读，去找到其中的兴趣点。但是光凭阅读兴趣，不可能支撑你一直把这作为一个工作、一个事业去做，在研究的过程中，研究本身探寻的过程也会给你提供乐趣，这又是另外一个层面的兴趣了，而不是单纯的文学欣赏层面得来的兴趣。人总归是要不断地有获得感，在学术研究过程中，通过逻辑的方式，解决了什么问题。这样的获得感，也是一种自我实现的乐趣。这个时候就跟单纯的作品欣赏的心态不一样了，方式也是不一样的。

吴： 您能举一个您觉得比较耐读的作品的例子跟我们大家分享一下吗？

陶： 那还是苏轼的词和姜夔的词很耐读，我喜欢这两个人，所以很自然会联想到他们的作品。姜夔的《暗香》《疏影》这两首咏梅词，你说它有多么新鲜的意思，似乎也没有什么，但是其词中似乎有一种魔力，弥漫在词中的那种格调和意境，就是值得反复地讽诵吟咏的。

吴： 说到读诗词，很多同学都会有这样的阅读体验。理性上觉得它是部好作品，可是自己却读不懂，读不出味道来，也就渐渐地没什么兴趣了。您是怎么看的呢？

陶： 因为大家最初的时候接触词作，都是借助选本，选本中往往都是一些艺术水平比较高的作家的代表性的作品，这样接触到的都是最好的作品。那在这个层面上就是欣赏和接受。读选本有它的价值，是为了培养你的审美能力的高度，让你知道什么是好的。但是这个时候你还不知道什么是不好的，什么是一般的。当你去读一个作家的完整作品集的时候，你一定会碰到很多写得并不好的或写得一般的作品。而这时你才可以说接近了审美能力的广度。至于读不懂，很正常。且不说所谓"诗无达诂"，古代诗词里面有很多东西，我们到现在也搞不清楚。李商隐的很多无题诗究竟何所指，至今仍是一笔糊涂账。而宋词中的代言问题、寄托问题也是这样，一定会有无法彻底还原、彻底读懂的。但是读不懂不妨碍你对作品的理解。因为读懂了是一种理解，读不懂也是一种理解；清楚的是一种理解，模糊的也是一种理解。每一种状态下的理解都是有意义的，都是有价值的。你要说怎样提高自己的兴趣，这我还真说不上来，恐怕因人而异。比如你读到这一首，读懂了就很有兴趣，读不懂就没有了兴趣。但是我却感觉读不懂会更有兴趣，你会有想要把它搞清楚的动力。到后来如果发现谁都说不清楚，那反而会促使我们去形成自己的观点，即我来说说看能不能说清楚。当然可能每个读者的着眼点不一样，也没有一致的解释。夏承焘先生说词时曾经讲这词好就好在你说不出它好在哪里，虽然或许有点玄虚，但实际上就是这样。

吴：老师，就像您刚才所说，诗词里面良莠有别，可我们在阅读的时候怎么鉴别呢？比如说《长安古意》，为什么就说它是宫体诗里的佳作呢？

陶：看你以怎样的标准去判断。如果纯粹以文学欣赏的标准来看，我们会觉得，其实大部分宫体诗都写得不错。它的遣词造句、它的用语、它的描写能力、它的装饰性，都是挺美的、挺漂亮的。而像《长安古意》这首诗作，我也没有觉得它一定比其他的宫体诗好到哪儿去，只能说它的确很有名。这首诗透露出来的一些新的气息就尤其值得注意。它与汉赋结构上的关系以及流溢诗中的那种盛唐时代的新气象，作为一首代表作，这种特征展现得比较明显。所以它自然会比较有名。但是你一定要说这首诗里的词句一定比那些不太有名的诗里的词句好到哪儿去呢，也很难说。有的

时候作品名气跟好坏，并不是完全画等号的。当然不能否认《长安古意》这篇作品它本身的艺术水准肯定是一流的，在宫体诗这个范围内肯定是不低的。所以好坏的差别，还得看具体的文本、具体的作品。一首很一般的作品跟一首公认的很好的作品放在一块儿，要做到一比较就能发现前者写得很拙劣、很窘迫、很费劲，另一首则很舒展、很自如、很到位。这不是语词技术问题，也不是风格问题，而是气象问题。能作出类似分辨的前提是在大量的、长期的阅读中慢慢培养起的判断力。所以我们讲审美能力的培养，它一定是个长期的过程。别人只能告诉你这首好，那首不好。但是为什么好或不好，你得自己去读出来它们的差别在什么地方，别人能告诉你的都只是结论。

吴：有这样一种说法，现在一个新人想在宋词研究领域做出头，只能去研究一些冷门的、艺术水准比较差的作家及作品。这种说法很现实，但也很容易让有志研究的同学打退堂鼓。

陶：要看你处在什么样的阶段。如果你只是想写出一篇学位论文，想办法毕业，这样做或许勉强能过关。或者说只是想写一个课程论文，写一个小作业当作学术训练，问题也不大。但是对于学术研究而言，尤其是有志于以学术为终身事业的同学而言，是不能回避大问题和大作家的。你要在学术上面有推进的话，不能"舍大就小""避难就易"，否则永远是非主流的。做什么事情都是这样，要做就做最难的事，否则的话怎么培养出学术高度和学术能力呢？所以不能有畏难的心理，到了某个阶段，自然就会有某个阶段的新看法和新高度。

吴：我上过一些有关唐诗宋词的课，老师们普遍都对那些朝代，尤其是对宋代，有一种特别强烈的怀想。您是否也有这样的感受？您觉得那个朝代比较吸引你的是什么？

陶：这种所谓"怀想"，其实是一种比喻的说法，没有人真的愿意回到宋代去。我想对现代人而言，或许会觉得宋代提供给士大夫参与社会的机制比较理想化，宋型士大夫的主体精神、社会责任感又比较有吸引力，于是在人们的印象中，会觉得那是一个文化繁盛、社会稳定、皇帝与士大夫共治天下的理想化的太平盛世。这无疑是一种美化的想法。宋代的政治斗争同样残酷，宋代的社会矛盾同样尖锐。

吴：现在很流行一个说法"诗意地栖居"。吴熊和先生形容您"诗酒纵横不惑年"这句诗，也让我们不禁觉得您一定是生活在一种诗意里，可以谈谈您生活中的诗意吗？

陶：我没有觉得自己的生活方式非常诗意。我们每个人都是社会人，不可能脱离这个社会环境。环境不可能是诗意的，内心却可以是诗意的。当然，心灵要做到"诗意地栖居"谈何容易。从宋代人那儿，尤其是从苏轼身上，我们可以感受到一种在充满缺憾的人生中满怀温情地寻求圆满的方式。是否也可以说我们想努力在反诗意的环境中寻求内心丰盈的诗意呢？虽不能至，心向往之吧。

找到"刺点",轻轻撕开那一层膜

——翟业军访谈录

唐秀清[※]

学者
名片

翟业军,汉族,1977年生于江苏省宝应县,浙江大学教授。2004年毕业于南京大学中文系,获博士学位,旋即留校任教。2016年底入职于浙江大学中文系。曾任韩国崇实大学交换教授、韩国外国语大学访问学者。兼任浙江省中国当代文学研究会秘书长。已发表论文一百多篇,百万字,多篇作家作品论引起全国性的争鸣。出版专著《春韭集》《金凤集》《洞穴与后窗》。主持国家、教育部和江苏省项目多项。获得第十届(2020年)唐弢青年文学研究奖、第二十一届浙江省哲学社会科学优秀成果奖二等奖、浙江省优秀文学作品奖(2018—2020)等奖项。

※ 唐秀清,浙江大学2018级创意写作专业研究生。

一、中师生，一个意味深长的话题

唐秀清（以下简称唐）： 翟老师，您的学术经历跟一般学人不太一样，能否给我们大致介绍一下，并说说这样的经历对于您的学术道路发生了哪些影响，正面的多还是负面的多。

翟业军（以下简称翟）： 谢谢秀清的访谈。我跟多数同行确实不太一样。我 1977 年出生于江苏中部，扬州宝应的一个小镇上。宝应人不太杰、地不太灵，有点名气的可能就是 30 出头的蒲松龄应他的同乡、时任宝应知县孙蕙的邀请，来敝乡做了一年的师爷。宝应南邻高邮，东邻兴化，高邮有秦观（少游）、王磐（西楼）、王氏父子（王念孙、王引之）、汪曾祺，兴化有施耐庵、郑燮（板桥），灿若星辰，奇怪的是，宝应就是如此黯淡。20 世纪八九十年代，我们那里的孩子的梦想并不是上高中、考大学，而是在中考的时候考上一个中专、中师。上中专、中师有什么好处呢？就是一下子从农村户口转成城市户口，吃商品粮，且包分配。学生可能还无所谓，不懂事嘛，家长就太渴望自己的孩子一跃过龙门了，中专、中师是他们的唯一目标。这就导致中专、中师的分数线比县中高很多，成绩最好的学生全上了中专、中师。就这样，我 13 岁考上江苏省高邮师范学校。高邮师范出过很多挺有名的人，比如，叶橹老师，原名莫绍裘，是一位非常有名的诗评家，再如，著名批评家王干、费振钟。其实，我 1990 年入学的时候，他们都离开高邮了，不过，受他们影响，学校还有一些有趣、有情怀的老师，把学校的文学氛围带得挺浓。有一位老师，孙生民，矮矮的个子，一手狂草，几个字就能填满整块黑板，有一天却在黑板的左上角工工整整写下沈从文《菜园》里的几句话，"秋天来时，菊花开遍了一地。主人对花无语，无可记述"，然后郑重宣告，这是世界上最好的小说语言。这几句话是不是最

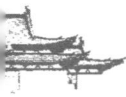

好的小说语言，我不敢说，不过，它们深深地镌进我的脑海，再也抹不去。这样一来，文学成了我们共同的梦，我们都想成为诗人、作家，最不济也要是个爱好文学的好青年。

中师毕业生的经历给我带来很多负面影响，最主要的，就是没有接受过正规、系统的文学教育。1993年师范毕业后，我在宝应的多所中、小学工作过，在小学教过数学、语文，初中教过语文、数学、物理、政治，只有英语没教过，因为我实在不懂，师范不学英语，初中学的一点，早忘了。后来参加自学考试，很快拿了专科、本科文凭。那时学了古代文学、现代文学、古代汉语、现代汉语，但自学跟在大学里学，效果怎么可能一样？本科快毕业时，我在英语零起点的情况下，花了不到一年时间，考上扬州大学研究生，英语超国家线10分，由此开启了正规的学习生活。读研究生以后，我开始大范围、大剂量地补课，狼吞虎咽，但有些知识，补也是来不及的，比如，我对古典诗词的格律一直就不太懂。其实，之所以会选择中国现当代文学，很大程度上就是因为这个学科的门槛略低一点——白话文总是能看懂的吧，又不是佶屈聱牙的古文。另一个遗憾，就是英语没学好。我的英语水平只能看不太复杂的英语小说，看看英语论文，让我说和听，就痛苦了，因为是自学的，哑巴英语。不过，正因为没有受过正规的文学教育，甚至没有上过高中，我就完全没有受到文学成规的规训。比如，我从来没有受过杨朔散文模式的影响，我写文章是不可能卒章显志、托物寓意的，我本能地反对这样的东西。如果去高考，就难免有杨朔腔，高考要的就是"时文"、就是套路么。而我的师范老师早就告诉过我什么是好的，什么是不好的，于是，对于杨朔散文，我一开始就有了抗体，我可以轻松绕开密布着的暗礁。虽然，要到很多年后，我才从李渔那里知道，"十分牢骚，还须留住六七分；八斗才学，止可使出二三升"，杨朔的不好就在于太露、太腻、太媚。所以，我真的感谢我的师范老师们，他们也许并没有给过我多少确定的知识，但他们没有束缚我，让我能够自由自主地以一颗素心、素体去和对象见面。直到现在，我仍然觉得，如果说我走出了一条独特且有趣的学术路径的话，大概与我不太健全但更接近自己的生命体验的教育背景是有关系的。

再啰唆一句，中师经历是许多 60、70 后学人所共有的，比如我的师兄，上海大学的葛红兵教授，他是创意写作方向的领军人物，也是中师生。中师生，这是一个既酸楚又幸福，因而显得古怪、意味深长的话题，里面潜藏着许多那段历史的信息，值得进一步探究。

二、说好比说坏难很多

唐：您曾说，"说好比说坏难很多"，请详尽阐释一下这个观点。

翟："说好比说坏难很多"，这是我必须一说再说的老话、常识，希望有一天它成了废话。我主要做当下文学批评。我写过很多文章去阐发那些迷人的、美好的对象，莫言、王安忆、余华、苏童，也写过一些非常严厉，严厉到令有些人觉得不通人情的文章，像批评方方《涂自强的个人悲伤》、刘醒龙《天行者》。其实，说坏才是真难，难到不可能。这是一个人情社会，大家在同一个文学的、学术的共同体（如果真有的话）里面，你说人家不好，当然会得罪人家，被批评的对象还都是一些有名、有地位的人，不必他们自己开口，来自各方面的还击就箭矢一样奔来。2014 年，我批评《涂自强的个人悲伤》，武汉《楚天都市报》、深圳《晶报》等算是有影响力的报纸都整版报道了这场争论。不过，记者没有采访我，只采访了方方，批评者在这场争论中是失语的。很多作家、批评家朋友给我发信息，表示佩服和欣慰，因为这样的小说盘踞于多家小说排行榜前列的现状已经让他们严重

怀疑自己的审美判断力了。有个作家这样对我说：看到兄的文章，我终于不"悲伤"了。但，他们很难公开发声，表示支持，大家抬头不见低头见，总要"做人"的。类似的例子还有很多，给我带来太大困扰，我现在基本不写这样的文章了，哪天批评生态好一点了，可能再写一些，走着瞧吧。

那么，我为什么还说说坏容易呢？说坏，是因为你站得比对象高，高很多，你真的看到了对象的问题之所在并一一罗列出这些问题，有什么难的？就像说《涂自强的个人悲伤》，我站的比作者高，一眼就看到许多严重的问题。我认为，这是一篇连五四的"问题小说"都不如的概念化、粗线条的小说。鲁迅批评"问题小说"时说，这些作家没有能力写苦难，只知道往一个人的身上堆积太多难堪的不幸。方方就是这个毛病，她在一个人的身上堆积了过量的苦难，让涂自强一再地错失、错失，最终还要失去自己的生命，这是非常软弱的写法。王安忆说她很少会写一个人的死，因为在现实生活中，一个人的死是很难、很重大的事情，现实又不是阿加莎·克里斯蒂的"焚尸炉"。方方就是可以让一个人"轻率"地死去。比如，父亲突如其来的去世让涂自强错过了考研，这是他人生里最重要的挫折，其后的种种磨难只是这一次摔倒之后身不由己地下滑而已，可是，如此至关重要的转折，叙事人只用"父亲去世了"五个字一笔带过，未作更多解释。这篇小说的另一个问题，就是细节的不可靠。底层书写必须有可靠的细节来支撑，来说服读者，一个细节出错，就可能瓦解掉整个故事。比如，赵同学搬回一台电脑，与第一次见到电脑的涂自强发生了一次让我哑然失笑的对话。赵说，电脑可以发电邮、打游戏，涂惊呼，太神了，赵又说，电脑还能搜集资料，节省大把时间，对于理科生可是如虎添翼的，涂瞪大了眼睛，说，是吗？姑且不论涂自强在商场、网吧、学校的办公室或者机房都见过电脑，单说他对于电脑的功能、意义淳朴到愚蠢的惊讶，就让我觉得作家好像在恶作剧。就这样，方方塑造出一个一开始就认命，完全往下沉，他的任务只在于完成自己的沉没的人物，这样的人物太没有光彩、没有人气了。这怎么可能是一部好小说？批评这样的小说，能获得多少智的愉悦？如果不能获得智的愉悦，为什么做批评？

刘庆邦的情况有点不同。他有些小说写得很灵动，甚至凌厉，比如《玉字》，但总体来说，我觉得问题很大，包括他的名篇《鞋》。批评他的文章，我用的题目是，"忠实于自己就是忠实于虚无"。《文学报》时任主编对我说，我给他们写的多篇文章里，唯独这篇，他有保留意见，原因是在于过浓的道德臧否。他没有理解到的是，我对刘庆邦的批评，也是针对我自己，甚至针对所有写作者的：一个写作者怎么可以把忠实于自己当作写作的最高伦理？自己，不管是谁的自己，该有多少不能为外人道来的暗影、污秽啊。忠实于自己，是一种自傲、自恋，同时也是一种诡计，试图遮蔽掉自己一定存在的大面积阴影。蒲宁说托尔斯泰犯了一种"圣人之罪"，他一直在用瓦片刮自己的罪孽的脓疮，像约伯一样战栗。蒲宁的意思是，对于俄罗斯人，自己从来就是一种靠不住的东西，哪怕是托尔斯泰的自己，忠实于自己就是忠实于虚无。托尔斯泰觉得自己脏，刘庆邦却认为自己干净、真诚，只要忠实于自己就万事大吉了，是不是有点滑稽？我觉得，刘庆邦对自己的生命，对这个世界并没有什么反思，而他不过是中国人的一个典型、缩影，以蒲宁所阐释的托尔斯泰为参照来批评他，就是要给所有中国人一记棒喝。看托尔斯泰会提升我、撼动我，照出我的"小"，让我战栗，同时给我一种智的愉悦，批评刘庆邦，我能获得什么？

但是，当我们去谈论、想象一个比我高、好的对象的时候，就太困难了。胡兰成说，最近有一个人写了本《苏东坡传》，我看了以后觉得，一个人还是不能写比他高的对象。他说的是林语堂，他觉得林语堂根本理解不了苏东坡。对象比你高，你摸不到他，就只能以你自己的境界和知识储备所能理解到的范式，盲人摸象一样的，去想象他、比附他，这不就是把对象

矮化得跟你是同一个层次的？不过，正因为他比我高，说他怎么好、好在哪里是一件难事，我才要看清他的好，而要看清他的好，就必须走进他的世界，并在他的世界中把自己越走越高、越好，走得跟他一样高、一样好。一个人走出自己习惯的领地、高度，走出舒适区，朝向空气愈益稀薄的高处跋涉，是一件很困难、很窒息的事情，需要惊人的毅力。但只要走过去了，就会发现对象是迷人的、丰富的，你从这些迷人的对象那里获得了滋养，你成长了。而且，走进对象、打开对象也是一个把自身沉睡的可能性唤醒的过程。可能性沉睡在那里，不惊动它，挺舒适的，人都是有惰性的嘛，这就像大冬天里闷头昏睡。而打开它的过程则像钻出温暖的被窝，是寒冷却刚健的。我一直对我的学生说，要读两三位大家的全集，竭泽而渔，充分地占有他们，你不可能跟他们一样好，但你获得了甲的一半的好、乙的一半的好，综合起来，你就很厉害了，你看什么都有了自己的稳定的目光，不太会走眼的。

不过，不要以为对象的好、高是现成放在那里的，它需要你的发现，你在发现它的时候被它所提升，提升了的你也越能发现它的好——它的好和你的好，哪一个是因、哪一个是果？关于最美的批评，我有一个比喻，来自《禅是一枝花》，叫"啐啄之情"：母鸡孵小鸡，母鸡觉得小鸡快要出壳了，用嘴去轻轻地"啄"蛋壳，帮助小鸡挣脱出来；小鸡呢，它蠢蠢欲动，仿佛应和着母亲的节奏，用嫩嫩的小嘴在里面"啐"。真是一个美妙的瞬间啊，早一点，可能是一摊蛋水，晚一步，小鸡就闷死在里面，就在这不早不晚的时刻，母子同时啐啄起来，这是感、是机、是情。好的批评应该流溢着"啐啄之情"：批评家看得格外笃定，这个对象就是一枚受精卵，能够孵出小鸡，生发出一片崭新的境界，他所要做的就是在它成熟之际"啄"一下；对象确实是受过精的，拥有生长、蓬勃的可能，当它听到批评家"啄"的声音时，立刻轻轻地"啐"起来。经过这样的批评、阐释的对象不再是它本身，而是经过批评家阐释的对象，属于作家，更属于批评家。从这个意义上说，批评从来不是嚼别人嚼过的馍，而是一种创造，因为有一只小鸡来到了人世，而不是一只鸡蛋死寂地躺在那里。这种状态非常令我着迷，但可遇不可求，我做了这么多年批评，也就遇到过十几次。我经常想，人生有了此等美妙的际遇，真好，如果再来一点，更好。如果不是期待、奢望这样的体验一再降临，我做什么学术呢？

三、打通它们，做一个通人、边缘人

唐：您现在的学术兴趣集中在哪些地方？

翟：手上正在做一个国家社科基金后期资助项目成果《"文人"汪曾祺研究》。这是我做了快 20 年的一个工作。我很难圈出一块地，用两三年时间做出一些成果，结项，再去圈另一块地。我的汪曾祺研究就像一棵树，是慢慢生长起来的，当它破土而出的时候，我其实并不知道它后来会抽什么样的条，发什么样的花。这本书在生长，我这个人也在成长，成长的过程真是快乐，浑然不觉漫长的光阴流过，或者说，在文学和思想的世界里，根本没有时间这回事，当我看十多年前的文章时，仍然觉得新鲜，仍然能感动于当年写作时的感动。所以，研究铺展的过程就是我生命铺展的过程。

前面说到，我以前做了很多当下批评，现在做得少了，一方面是因为说坏的文章给我带来压力，另一方面则是当下创作太差了，根本不能激发我。2018 年底，我们跟麦家对话，我说，当下的文学创作死了，死透了。2018 年那一届鲁迅文学奖十部获奖的中短篇小说，我几乎都没听过，名单公布后，我去看，都不满意，布置研究生去看，然后讨论，没有一个看完的，理由都是：不好看。被鲁奖"加持"过的作品都走不进当代文学的课堂，

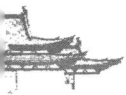

遑论其余？如此一来，我就不太愿意狭隘地认定我就是一个中国现当代文学的研究者，作为一个研究者，什么对象有趣、好玩，能够引领我，我又能从哪些对象身上开创出属于我的崭新的质素来，我就去做它，我为什么要像那个刻舟求剑的傻瓜，把自己框定在一个小小的点上呢？比如，我一直强调，当下最强大、最有影响力的媒介不是文学而是影视，特别是电影，一部电影上档，成千上万人在一个短短的时段内一起看它，由此引发的心理潮涌是非常剧烈的，更不必说这是一个视觉文化的时代，文字的力量早就大大弱化。所以，这些年来我为报纸、微信公众号写了很多影评，还在专业刊物写过"曹保平论"等，写这些文章，我感觉我触摸到了时代的心跳。更具有挑战、更能激发我的，是从影像看文学，从文学看影像。我写的《退后，远一点，再远一点！——从沈从文的"天眼"到侯孝贤的长镜头》和《从系在扣子上的魂到情感的"孤儿院"——论〈陆犯焉识〉与〈芳华〉的文本旅行》，受到朋友们的广泛好评。《文学评论》2020 年第 2 期的"编后记"这样开头："这一期的篇目里，有一个题目别致而新奇：'退后，远一点，再远一点！'这不是翟业军第一次把电影语言跟文学语言的投射关系联系在一起了……"我想，这个"编后记"就是对于我的跨界努力的一次肯定。再如，汪曾祺岂止是散文家、小说家，他还是诗人、书画家、戏曲家、美食家，或者一言以蔽之，"文人"。子曰，"君子不器"，"文人"就是要以诗文书画等尽可能多的路径去体道，从而自我陶养成君子或高士的，否则，作文、赋诗的只配"俳优畜之"，画画、写字的也只是满纸"纵横气"的画史、字匠而已。基于体道的共同目的，诗文书画看起来形态各异，实际上却是声气相通、此呼彼应的，古人认为它们本来就是一回事。"万川映月"是佛学和理学都引用过的一个典故：一轮明月在万条川流留下了它的倒影，我们必须从无数的倒影里去追寻它，怎么可以执着于某一条河流中的倒影？所以，我写了《"萧萧"书画、"淡淡"文章——汪曾祺文学与书画创作的相互阐释》，发表于《文艺研究》。把汪曾祺的书画与文学勾连起来，发现它们彼此说明、相互阐释的关系，真是爽。写到最后，说到他去世前画的一幅长画，那么多浓艳的大枝大叶挨挨挤挤在一起，里面招摇着的每一朵花、每一片叶，都是向世界说但说不出口的再见，我悲不能禁。就这样，我努力跟着自己的研究对象一起，做一个"文人"、通人——通人站在多个领域的交叉处，他是每个领域的边缘人。

唐：您有没有属于自己的方法论？

翟：也谈不上方法论，不过，每一次写作，我都必须从问题、漏洞、罅隙、症候着手。手机、油烟机的表面都有一层膜，要撕开膜，就必须找到一个"刺点"，轻轻一拉，就撕掉了。这个"刺点"，就是症候，找不到它，你就别想撕开整片膜。比如，我之所以要做汪曾祺的《聊斋新义》，就是因为两个非常重要的"刺点"凸在那里：首先，一开始，汪曾祺顾盼自雄，觉得自己对于《黄英》《促织》的"小改而大动"式的改写非常精彩，为中国当代创作开辟了一个新方向，没想到，他很快难以为继、意兴阑珊，改不下去了。于是，我就想，汪曾祺跟蒲松龄的心性一定存在着质的差异，正是这样的差异，令他没法把自己的想法、体验放进蒲松龄的小说里面去。其次，汪曾祺对《聊斋新义》非常自负，史航等人也极喜欢，但是，林斤澜非常明确地告诉程绍国，《聊斋新义》写得不好，甚至向他转述了《北京文学》时任主编章德宁对自己说的话：小说如果不是你拿来的，如果不是汪曾祺写的，我根本不发。大家都知道，汪曾祺和林斤澜是"文坛双璧"，是知己，那么，知己为什么恰恰在《聊斋新义》这里心意就不相通了呢？就是顺着这两个"刺点"，我掀开了汪曾祺创作的很多秘密。再如，1983 年，侯孝贤拍《风柜来的人》，陷入了低潮，很迷茫，根本不知道怎么拍。他

以前是拍钟镇涛、凤飞飞这些明星出演的偶像剧的，很程式化，早已驾轻就熟，突然要拍几个男孩子没有故事的故事，怎么下手？朱天文扔给他一本书，《从文自传》，他看了后，如同拨云见日，豁然开朗，一下子就拍出了《风柜来的人》，沈从文也成了他一生创作的"领航员"。侯孝贤接受访谈时经常说到这个典故，沈从文对他的影响也成了电影界人尽皆知的事实，但是，《从文自传》究竟是如何影响侯孝贤的，由这样的侯孝贤反观沈从文，会不会让我们看到一个与学界所习惯勾画的沈从文形象不一样的另一个沈从文来？于是，我从侯孝贤的长镜头美学，发现了沈从文的"天眼"——一种像上帝的眼光一样，不悲不喜，却又把每一个人、物、事都看得如同结晶体一样明亮的视点。

我喜欢把对象放在一起打量，写"对照记"，同的，看它们的异，异的，看它们的同，这样的同中之异、异中之同就是症候，就是"刺点"，背后有太多的真相。比如，我在十多年前纪念老舍的文章里，把他在"十七年"创作的喜剧《西望长安》和沙叶新在"新时期"之初写的短剧《假如我是真的》作了一番比较。之所以有这样一个"脑洞"，是因为这两个戏很像，都是写骗子的，但际遇迥异：《西望长安》名不见经传，已被戏剧史淘汰，奇怪的是，十多年前，它被重新搬上舞台，主演葛优，全国巡演了几十场，非常得彩；《假如我是真的》是戏剧史的名篇，却早已成为专业读者的案头读物。被历史遗忘的东西反而拥有生命力，在历史中被反反复复申说的东西却早已枯萎，这是一个太有趣的症候，由此可以看出老舍和沙叶新各自的特质，一些不是在此"对照记"中就不可能被发现的特质。再如，我还写过礼平《晚霞消失的时候》与王安忆《启蒙时代》的"对照记"，它们看起来八竿子打不着，但是，只要把它们对照起来，就会发生化学反应——王安忆在写一部属于自己这个人、这个时代的《晚霞》，或者说，针对礼平所提出的问题，她试图给出一个王安忆的答案。此外，我还写过胡适《上山》与鲁迅《过客》

的"对照记"，鲁迅、蒋一谈的《在酒楼上》的"对照记"，不一而足。

四、在一个破碎的学界里，我们还是应该做点什么

唐：您怎么评价当下的学术界，特别是中国现当代文学研究界？

翟：2009 年秋天，我去武夷山参加了由中国现代文学研究会和福建师范大学文学院合作举办的一个青年论坛，两天的会议，我听到太多青年学者的发言，非常错愕和难受，回去就写了一篇短文，叫《分裂的学界》，发表于次年第 1 期《粤海风》。文章在当时几无反响，却奇怪地在去年底被翻了出来，阅读量全网 10 万＋。写这篇文章，我只想表达一点不解、愤怒和悲凉：当下学术研究得病了，这个病叫知识增生症，不嫌刻薄的话，可以再加一个定语，无聊知识的增生症。这个病受到主流学术界以及学术评价机制的无节制的鼓励，可以料想，它将继续恶化下去。所谓知识增生症，就是热衷于那些早已被淹没的史实，关于一个人、一个社团、一份刊物的。我完全不懂，你们把这些没有什么意义的事情弄得那么清楚，想干什么？这些知识，对于研究者和读者有何意义？这世界迷人的东西太多了，有这闲工夫，我为什么不去看莎士比亚？学术研究应该做减法，但我们大量的精力都用在做加法上，把历史尘埃下面更细微的尘埃翻出来，于是，学术期刊上一地的鱼腥和皮渣。我喜欢引用迈尔维尔《白鲸》里的话："猎鲸，就要猎最大的那一条，那才是值得的。"做研究同样如此，一定要挑重要的对象一再研读，由此，我还生发出另一个谬论：大人物的小事情都是大的，小人物的大事情还是小的。很遗憾，很多人把毕生精力放在小的对象的细枝末节上，稍好一点的，就是做大的对象的小事情。让我做这样的研究，我宁可改行，吾生有涯，还是要做一些好玩的，能激发自己的事。

知识增生症的另一面，就是研究者不再追问研究意义、目的，甚至从来不怀疑一下自己的出发点：我为什么做研究？没有这样的追问和怀疑，就不可能形成意义的"共契"，没有"共契"，这个学术界就一定是分裂的。失望于学界的分裂，并不意味着渴望一个大一统的学术界降临，我不过是希望大家在一些相对共识的基础之上形成有效对话，而不是沦为自说自话。不过，现在的学术界好像不必追问意义、目的，也能够不断地自我复制下去，因为有一级学科、二级学科，博士点、硕士点，学术期刊、出版社，共同形成了一个牢不可破的学术机制，像一条条开动着的工业流水线，每年不停地生产出学术人口和学术产品，有了这些新鲜的、源源不断地涌现着的学术血液，学术界就是蓬勃的啊。这样的学术机制和学界的分裂状态是互为因果的关系：分裂的学界需要这样的机制从而确保自己的持存，这样的机制也排斥对于意义的追问，因为意义从来都是个体的、反体制化的。不过，我还是希望大家停下手中正在干的活，去想一想我在干什么，为什么这样干，去问一问我是谁，从哪里来，到哪里去。这些基本的追问才是我们上路的原动力。

唐： 对于那些想读研、读博的学子们，您有哪些建议？

翟： 其实，读书分两种，一种是作为职场敲门砖的读书，一种是作为志愿的读书。前一种读书，对于大家是必须的、不得不如此的，如果不读研究生，很难找到一份好工作。所以，我基本不对我的研究生提太高的要求，我知道，大家的目的只是为了找一份满意的工作。不过，如果你的读书态度就是第一种，我建议读到硕士就可以了，读博士，需谨慎。读博士，特别是文科博士，是一件蛮辛苦而且挺没趣味的事情，如果想做好的话，一方面要花很多的精力，所得不偿劳，另一方面很考验智商、天分。如果既没有足够的天赋和灵气，又没有充分的热情，对你的研究对象提不起兴趣，那做什么学术？不是给自己添堵吗？整天硬着头皮写一些连自己都不相信、都不想看的东西，想想都是荒诞的。现在的很多博士生有怨妇心态，像祥林嫂一样抱怨自己的辛苦和无望。我想，这是因为他们不够喜欢自己的专业，看重的是专业给自己带来的好处，而事实上专业所能带来的好处是如此有限，他们怎么可能不牢骚满腹？

自己不喜欢这一行，一来把自己弄得很哀怨、萎靡，二来对于学术生态也是一件非常不好的事情。为什么这么说？人文研究，特别是文学研究，说到底还是对于意义的追问，对于美好的渴慕。我经常说一句自大的话：听过我几次课，看过我一些文章的学生，我相信，他们不会变得太坏的。有一个词，孺慕，王安忆《弄堂里的白马》的结尾，那个小男孩一路跟着北路人、白马走着，走着，来到一个光的所在，我说，这就是孺慕。我一直希望通过自己的研究、写作，把对于美好的孺慕之情传递给学生，传递给我的读者，让他们一直美好下去。不过，现实是，文学研究界太多人与"纯良"无关，基本不想我为什么要做文学、做了文学怎样之类"高蹈"的问题，心思全放在文坛登龙术，放在如何发文章、拿课题上，这就导致一个非常可怕的结果：劣币驱逐良币。要知道，对于美好的孺慕之情是非功利的，对于世俗世界基本无能为力，孺慕的人们不太重视也没有多少办法弄到量化指标。相反，那些并不热爱学术的人们也许很会来事，他们的唯一使命就是刷量化指标，他们取指标易如反掌。在一个视指标为唯一标准的学术机制里，一方对于另一方的绞杀和碾压态势是显而易见且愈演愈烈的。所以，为自己计，为这个已经严重恶化了的学术生态计，读博要慎重，慎之又慎。

唐：今天的访谈就到这里，谢谢翟老师！

治学经历与教学理念

——金进研究员访谈录

舒 芯

<table>
<tr><td>学者
名片</td><td>金进，汉族，1979 年生，湖北武汉人。现为浙江大学"百人计划"研究员，博士生导师，兼任浙江大学海外华人文学与文化研究中心主任，中国世界华文文学学会副秘书长等。2001 年毕业于湖北师范大学中文系，获汉语言文学教育学士；2004 年毕业于华中师范大学中文系，获中国现当代文学专业硕士；2007 年毕业于华东师范大学中文系，获中国现当代文学专业博士学位。主要著作有《世界华文文学史》《冷战与华诋语系文学研究》《中国现代文学的疆界》《马华文学》《革命历史的合法性论证》等，主持国家社科一般项目"中国与东南亚文学的建构研究"。</td></tr>
</table>

舒芯（以下简称舒）：金老师，您好！很荣幸今天能有这样一个机会与您进行交流，这也是我的一次学习的机会。金老师，我们了解到您是在 2016 年 1 月来浙大工作的，在这之前您也经历了一些事业上的转变，能分享一下您来浙大之前的求学或工作经历吗？

金进（以下简称金）：2007 年 6 月我从华东师范大学中文系毕业，专业是中国现当代文学，导师是复旦大学中文系的陈思和教授，毕业那年，马来西亚拉曼大学中文系请复旦大学中文系年轻教师去支援中国现当代文学这门课程，陈老师把我推荐过去了，接替即将回国的刘志荣教授，那是我的第一份工作。

马来西亚的四年，首先是拉曼大学中文系教师对我的影响，当时林水檺教授是我们的系主任，他原是马来亚大学中文系主任，加上拉曼大学和马来亚大学相距五分钟的路程，两个中文系的关系非常融洽，经常一起办会议、开讲座、搞联谊。众多朋友中，马来亚大学中文系的潘碧华教授是我多年的挚友，她也是我太太的硕士导师，我跟潘教授一起编过《马华散文选》，一起合作过研究项目。她是马来西亚华文作家协会的秘书长，也是她介绍了很多的马华作家给我认识，马华作家大多数我都有交往。其次，马来西亚华人社会对大学教师非常尊重，在林水檺和潘碧华两位教授的介绍下，我参加了很多的马来西亚华人社团的活动和学术研讨会。拉曼大学是在马来西亚华人最大政党马华公会支持下建立的，所以我们跟马华公会有着很多的接触，何国忠教授一直提携我，他原是马来亚大学中文系的教授，后被马华公会召集从政，担任马来西亚高等教育部副部长，在任期间，他大力扶植马华文学、历史和思想史的相关研究，在他的引荐下，我结识了许育华、何启良、黄文斌、张晓威等重要马华文学和文化研究者。马来西亚在台湾的学生很多，他们多是受台湾高校的教育，后返马发展，正是

在众多好友的介绍和推荐下，我开始了对马来西亚华人文学的研究，同时也开始了对中国台湾文学的研究（马来亚大学图书馆和吉隆坡书店，很容易得到中国台湾出版的文学作品）。

2011年初我拿到了新加坡国立大学的聘书，当时拉曼大学的四年合约还没有到，我又不想续约，当时正好接到台湾东华大学华文系须文蔚教授的邀请，开始了一年的客座生涯。这是我第一次在那么长的时间里，近距离地接触到台湾。当时跟我一起客座的，有中国社会科学院文学所的蒋寅教授、辽宁大学的江帆教授，平时我们一起骑车、打羽毛球、游泳和吃火锅。他们两位一个是中国古代文学研究的大咖，一个是民俗学研究的专家，不少台湾高校邀请他们去开会、去旅游，沾他们的光，我和我太太经常被他们叫上，一起去台北、去宜兰、去桃园，那是一段很难忘的日子。我当时教授"中国文学"和"世界华文文学"两门课程，一门本科，一门研究生，选课的学生很多，台湾学生性格平和，内敛多思。教学相长，我那个时候从他们身上学到了很多，也了解到他们对于中国大陆文学、中国台湾文学的一些最真实的想法。东华的客座时光，我认识和拜访过很多台湾作家，像东华大学的同事杨牧（现代派诗人，与余光中齐名）、李永平（《大河尽头》的作者）、吴明益（《复眼人》的作者）、郝誉翔（《洗》的作者）、郭强生（戏剧研究者），东华大学的研究生甘耀明（《杀鬼》的作者），还有管管、朱天文、李昂、施叔青、林黛嫚、钟文音、骆以军、成英姝、陈大为、钟怡雯，他们都是台湾文坛重要的作家，大家一起去民宿吃饭、去太鲁阁探险、去溪水里找台湾玉、出海去看鲸鱼。这些都是我宝贵的人生经验，也是我面对台湾作家和作品从不觉得隔膜的重要原因。

2012年1月1日，我和太太直飞新加坡，开始了新加坡国立大学四年的任教生涯。我当时应聘的岗位是中国现代文学，教授中文系本科生的"中国现代文学""世界华文文学"，研究生的"中国现代文学专题""东南亚华文文学专题"几门课程。新加坡国立大学是亚洲排名第一、世界排名前三十名的高等学府。新加坡的四年，我主要的收获有三：一是我的同事们都是欧美名校毕业的，与他们交流过程中，学会了很多知识，插一句，我是新加坡国立大学中文系建系以来以中国高校博士学位任教国大的中国籍教师之一（共两位，还有一位是北京大学毕业的王惠老师），我觉得我还是蛮幸运的。众多同事之中，给我影响最大的是容世诚教授，他是中国戏曲研究专家，他的印刷与大众文化研究、阅读史和香港电影的研究非常的厉害，我的冷战文化的研究就是与他合作的，也从他那里学到了很多知识。他的课我都旁听过，也经常一起去食堂吃饭，每每闲聊下来都是收获。他的学生林佩吟、麦欣恩都是我的朋友，大家都是电影研究的爱好者。二是新加坡国立大学的图书馆资源。这个图书馆藏书亚洲前三，而且可以与欧美澳各大学馆际互借，可以很方便地拿到研究所需要的资料。加上教师有一些特权，我经常在样本书库里搜集很多绝版的报刊和图书资料，这些都是很多人看不到的。如果有一天让我建言浙江大学图书馆的建设，我会提议跟新加坡国立大学图书馆好好合作一下。三是新加坡华人社会团体对我的影响。跟马来西亚不一样，新加坡华人使用中英文双语，华社也分成两种，王赓武教授带我去过英文华人社团，陈荣照教授介绍我遍访华人社团，见过英殖民地时代色彩的宴会，也去过南洋风味浓厚的舞狮表演，难忘的经历。新加坡华人社团跟我关系最深的是南洋学会，我从 2012 年就开始担任《南洋学报》的副主编，一直到今天。华社对我的东南亚研究帮助很大，我手上的全套《蕉风》《叻报》《中国学生周报》《南洋学报》《华人研究国际学报》，还有 6000 多本绝版、初版的东南亚华人文学的文史资料，都是华社朋友们赠予的，这也是我在浙江大学成立海外华人文学与文化研究中心最大的资源和底气所在。

舒: 在您的求学和治学过程中，有没有让您印象特别深刻，或者对您的学术研究和为人处世产生过重大影响的老师？

金: 对我影响最大的老师是陈思和教授，他是我的授业恩师。在他身上，我学习到了很多，首先是做人，我记得要离开上海，晚上飞吉隆坡的那个下午，陈老师和师母为我们夫妇俩践行。陈老师当时跟我说了一句："为师者，立德为本，对待自己的学生要像对自己的兄弟姐妹一样。"我一直牢记老师的赠言。其次是做学问，陈老师对我很严，我记得我第一次做口头报告，就被他批评得一无是处，很丢人的，还好我脸皮厚。为了熟悉陈老师的学问，我选修和旁听过他所有的课程，本科的、硕士的、博士的都有。那个时候，华东师范大学在中山北路，和复旦大学有些距离，每次坐地铁三号线，加上转车，路上要一个多小时，为了不误陈老师的课，我在复旦大学北区宿舍住过很长时间，宿舍还是李敬泽师兄的，他是论文博士，可以不住校，免费给我住。除了专业课，我们还被陈老师带着每个周末去听张文江老师的课，那时张老师刚刚换肾，所以我们都得去他家里听讲。一群人，坐在沙发上、地板上、板凳上，张老师就在书桌边跟我们讲庄子，听了半年，陈老师、王安忆老师、刘志荣老师都在。那种静静的氛围，温馨的场面，还有张老师抑扬顿挫的声音，一直都提醒和告诉我学术应有的自尊和高尚。

舒: 王德威教授在为您的著作《马华文学》写序时谈到您的研究方向认为，您在国内受教于复旦大学陈思和教授，博士专攻革命历史叙事学，这样的背景本可以让您在国内延续所学，占有一席之地，但您却选择了一条更具有挑战性的路，一条不断创新之路，您可以谈谈当初为何会选择一条更具挑战性且不断创新的路吗？

金： 这个答案跟我出国任教的十年经历有关，也跟王德威老师有着很大的关系。王德威老师 2004—2006 年是复旦大学的长江学者，他每学期会来复旦做几场演讲，那个时候，我、金理和陈婧绫负责接待，帮忙安排住宿，布置演讲会场。学生时代对王老师讲的东西不是很熟悉，也没有共鸣，跟当时复旦大学的学生一样，都是慕名听讲座。直到我 2007 年出国后，接触到东南亚文学（主要是新马文学），我才开始慢慢地体会到王老师提出的"华语比较文学""华语语系文学"的内涵，也开始慢慢转向做一些华文文学的研究。那些年，王老师经常去吉隆坡、新加坡。我也去过几次波士顿，主要是参加国际学术会议，会议间隙、私人宴会上，我一直向王老师请教自己研究中出现的困惑和难题。王老师总是很耐心地解答，也介绍了很多的圈内朋友给我，让我增长见闻。像宋怡明、Karen L. Thorner、贺麦晓、史书美、单德兴、李有成、黄锦树、张锦忠、林建国、石静远、Carolos Rojas、Andrea Bachner、Brian Bernards、E. K. Tan、Allison M. Groppe 都是在他组织的会议上结识的朋友，这些朋友非常的无私，我手头缺资料的时候，经常会发电邮求教于他们。我手头有一本绝版的李永平的《婆罗洲之子》，就是李有成老师扫描给我的。2013 年开始，我开始埋头于"冷战文化与华语文学的关系研究"，这个题目是王老师给我，也是我和他的一个合作项目，目前先期已经出版了一本专著，就是去年的那本《冷战与华语语系文学研究》，后续还会有一本专著和一套华文文学史料选出版。

舒： 老师您在著作《中国现代文学的疆界》中指出，"中国现代文学"应该包括传统意义上的"中国现代文学""中国当代文学"和"台港澳现代文学"，甚至包括中国作家在海外的创作及文学活动。就您个人的学术经历和心得而言，您认为中国学者在没有海外治学经历或丰厚的在地背景

情况下，应该如何把握马华文学或东南亚华文文学等其他华语地区文学的研究，能谈谈您在这方面的研究历程和治学心得吗？

金：这个问题很难回答，我回国后，每次世界华文文学的会议上，会议方都会让我作评议人，我的评议一向以中肯、实在见长。现在只要我参会，每位论文报告人发言之前都会跟我说，请金进老师手下留情，特别是东南亚文学研究的发言。仔细想来，朋友们的不自信来源于没有海外治学游历的经历，也没有第一手的海外华人文学的研究资料，所以多多少少不是那么自信。

不过，没有在地经历也不是不能做华文文学的研究，拿《红楼梦》研究来说，曹雪芹的时代我们也没有经历过，红学研究一直都很热闹的，成果丰硕。

治学心得不敢说，我们浙江大学中文系比我有资格的前辈老师多得是，他们才是著述等身、开宗立派的学术大师。在他们面前，我永远只是后辈，只是学生。我的研究历程很简单，因为曾于马来西亚任教，借着天时地利人和，所以搜集、整理和写作马华文学的评论文章；因为曾于新加坡任教，要教授"中国现代文学"和"东南亚华人文学"，为了饭碗，必须关注新加坡文学和东南亚文学的历史和现状。这个过程中，老老实实读作品，老老实实写评论是必须的。我已经出版了《马华文学》（复旦大学出版社），明年 6 月出版《新加坡华人文学史》（复旦大学出版社），明年 12 月出版《世界华文文学史教程》（浙江大学出版社），在华文文学这一块，我一直相信：不老老实实、踏踏实实做 100 个作家专论，一切大理论的构架都是空中楼阁。这算是我的一点点研究心得吧。

舒：老师您曾提及在一个华语语系文学学术研讨会上，由于学术观点的差异，曾经质疑过自己关于冷战文化和华语文学关系的论题是否值得继续下去，但是，这些年您一直致力于这方面的研究，陆陆续续发表了一系列论文，还出版了中国大陆学界第一本关于华语语系文学的论著《冷战与华语语系文学研究》，您可以谈谈自己在面对研究对象时是如何形成与他人不同的研究眼光，研究动力又是来自何处的吗？

金：冷战文化与华语文学的关系研究是我这八年来的研究重点，一是跟王德威老师的合作项目，他在哈佛东亚系也开设了冷战文化与华语文学的课程。今年 10、11 月，我们还合办了"浙大—哈佛世界顶尖高校合作项目之冷战文化与华语文学的关系研究"的系列学术演讲活动，明年我们继续冷战文化方面的合作研究。二是跟我的博士论文有关，我的博士论文做的是 1949—1966 年的当代文学，就是所谓的"十七年文学"，研究的是革命历史题材文学，论文理论的支撑就是陈思和老师提出的"战争文化心理"这一创新理论。仔细想想，不论是我出国后转向，还是基于我博士论文研究的已有基础，研究冷战文化似乎冥冥之中有着定数。

舒：在拜读了老师的一些著作之后，我有一个感觉，就是您一直特别关注中国文学与海外华人文学的关联，这种研究是否含有对现有文学研究范式构建的尝试？

金：这是我近些年做的一个努力，就是"华语内比较文学"的理论和实践。比如 20 世纪 70 年代后期，中国大陆有伤痕—反思文学、中国台湾有三三集刊、马来西亚有天狼星诗社；再比如 20 世纪 80 年代初，大陆、香港、台湾都出现了电影新浪潮运动，其他的就不方便跟你说了，都是好题目。这些同时期出现的文学或者文化现象引起了我的浓厚兴趣。这种题

目需要有更宏观的视野，就我们中国现代文学专业而言，困守在三十年的现代文学史，或者目前的中国现当代文学史，在我看来都只能算是"中国大陆现当代文学"，别忘了中华人民共和国是由中国大陆、中国香港、中国台湾、中国澳门共同组成的，没有两岸的文学视野，何谈中国现代文学？我尝试在这方面有所突破。

舒：谢谢老师今天分享的治学和研究经历，也让我受益匪浅。最后，我还有一个小问题，老师您上课很受学生欢迎，这跟您的学术研究似乎有一定的联系，您可以谈谈您的教学理念吗？

金：马来西亚、新加坡都是英联邦成员国，高校是英制的，我上课延续着英制教学方法，采用的是"大堂课＋讨论课"的形式，这种授课形式我很熟悉，运用起来也有一些心得和创新。插一句，回国后，我发现我们浙江大学很多方面都在学习国外，包括上课形式。我的课都是一个学期的课程，大致的安排，前四周我讲，后四周同学口头报告，期末每人交一篇书面作业。对于本科生，我强调好好选一个题目，读一本经典的作品；对于硕士生，我强调在读作品之后，要有理论介入，形成有材料有理论的书面作业；对于博士生，我强调要文本细读的基础上，将文本、理论、文学史合三为一，形成一篇高水平的期刊论文。

我的课学生很喜欢，我想主要有两点，第一点是我上课的角度比较新颖，很多资料整合起来需要老师有选择的眼光，如我的"世界华文文学与文化""中国当代小说专题""都市文化与华语文学"这几门课，在每个论题之下，我每次都会调整自己的讲课角度和讨论题目，从不重复自己的讲课内容。第二点是我上课的材料比较新颖，浙江大学中文系有全国顶尖的优秀学子，他们很单纯，也很好学，我提供的阅读文本、视频材料和随堂资料能满足他们的求知欲，我很喜欢浙江大学中文系的学生，教学相长是我与学生交流最大的收获。

在我们中文系建系百周年之际，衷心祝愿中文系百尺竿头更进一步，衷心祝福中文系师生身体健康、万事如意！浙大中文系，祝福你！

流连于语文学与语言学之间

——史文磊学术成长访谈录

邢添尔 ※

学者
名片

史文磊，汉族，1981 年生，山东昌邑人。现为浙江大学中文系教授，博士生导师。2010 年毕业于南京大学汉语言文字学专业，获博士学位。主要著作有《汉语运动事件词化类型的历时考察》（2014 年）、《汉语历史语法》（2021 年）等；主持国家社科基金青年项目（鉴定"优秀"）"语法化中的语法性及相关问题研究"、国家社科基金一般项目"汉语分析性词汇语法特征的历时演变研究"等；获第八届高等学校科学研究优秀成果奖（人文社科）青年奖（2020 年）、浙江省第十八届哲学社会科学优秀成果奖三等奖（2015 年）、浙江大学"2014 年十大学术进展"（2015 年）、第十六届中国社会科学院吕叔湘语言学奖二等奖（2012 年）等奖励。

※　邢添尔，浙江大学中文系汉语言文字学 2020 级博士生。

邢添尔（以下简称邢）：首先，请介绍一下您求学的经历。

史文磊（以下简称史）：我大学毕业，签了我们县的文山中学。文山中学是县重点，离我们家五百米，很方便。父母说，在这里当一名中学老师，多好啊。但当时我总觉得，当一辈子的中学老师，好像不太甘心。所以大四那年也同时准备了考研，后来也是很意外，考上了北京师范大学，之后又考取了南京大学的博士，然后又出国，从此改变了人生轨迹。我之所以报考北京师范大学，主要是发现那年师大的古代汉语专业招生特别多，不知道为什么。然后我考的时候英语还没过，考了45分，基本上没戏了。但那天回宿舍，突然舍友跟我说，接到北京师范大学的一个电话，让我去复试。我去复试，恰好是2003年"非典"那个时候，4月5日、6日、7日在北京还没有什么感觉，7日回来以后就全部戒严了，很艰难的一个时刻。尽管英语没有过线，但是好像那年专业题出得太难了，过线的人不多，那一年又刚好是自主画线招生，然后师大那边就问我愿不愿意上自费。①

我想了想，交钱也去，给自己一个机会。人生就是很奇妙的，因为这个事就改变了。

去了北京，一种很空旷的感觉。整个北京城那么大，也很繁华，却什么都不属于你。我们那级是住在大运村，在北京语言大学那边，骑着自行车每天路过北京电影学院、北京邮电大学，刚开始看着空旷的马路，什么都不舒服，感觉很落寞。但是慢慢两年下来以后，又觉得这个城市很有吸引力，觉得要做事的话，还是要留在北京。

但是阴差阳错，想留北京，却没留下。那年我的硕导王立军老师不能

---

① 受访者按：后来才得知，联络的老师是北京师范大学文学院研究生科的赵曦老师，也就是刘利老师的夫人。

招博士生。其实我当时硕士三年，还是不清楚自己到底要不要做学术，要不要做研究。我的硕士论文是做宋金房山石经的碑刻文字，就是一个字头一个字头地摘下来，做了将近 100 万字的材料，做了很厚的字表。当时感触最深的就是我的硕导王立军老师，那年他刚留在北京师范大学，我是他在师大招的第一届，他带着我们读《说文解字》。那时候就觉得这个东西挺好玩的。读一读、写一写、抄一抄，但也不清楚《说文解字》到底有什么用。

然后硕士三年级找工作，本来是有一个不错的选择的，我记得济南有一个山东管理干部学院，但没成。那一年我联系了北京大学，联系了中国社会科学院，联系了南京大学。南京大学的汪维辉老师给了我很详细的回复，考哪些方面的内容，准备哪些科目，看哪些参考书。我很感动，所以就报考了南京大学。南京大学我记得是 2006 年的 3 月 17 日左右考试，我当时拉了另外一个舍友来考的，他是管理学院的，但他当时没考上，我考上了。① 真的稀里糊涂，就是这样，感觉人生真的是际遇。

到了南京大学，也还是不明白，还是比较懵懂，到底什么叫作研究，要做什么样的研究。尤其是第一年，现在想想，我第一年好像就是看看书，写写文章吧。但是到底要做什么样的东西还不是很清楚。其实我博士第一年写了好几篇文章，包括在《语言科学》上发的文章，讲"媳妇"的字形演变，好像西南大学有学者写过这样的一篇文章，我觉得他说得不对，然后我写出来商榷的，投到《中国语文》后也没有反馈，我就想再重新写一个，投到了《语言科学》。还有一篇写量词"掘"的文章，那天汪维辉老师给我打电话，夏天的中午，记得很热，当时我们住在南京大学外面的上海路 148 号，很简陋的一个地方。汪老师跟我说《中国语文》发了一篇文章，他觉得可

---

① 受访者按：这位舍友现在也混得不错，在中央民族大学当老师。

能有点问题，让我去看一看。于是我就去看了看，但看了看好像也看不出什么问题来。当我看到他那个文章讲清代马骕的《绎史》，讲周公"一沐三捉发"，他抄过来的就是"一沐而三掘发"，这个"掘"跟"握"不光是量词混用，动词还混用。我当时想，哪有"一沐三掘发"，不都是"一沐三握发"吗？慢慢就开始去看文献，那段时间在南京大学图书馆的古籍部，天天待在那，大概有 20 天，查出处、查文献，基本上能够确定那篇文章的观点是错的。现在想想，这个问题还是很有必要再展开的，当时就是为了解决这个问题，其实"掘"和"握"，还有那个"撅"字，在近代汉语里的字际关系非常复杂。

邢：那您选择走上学术研究之路的初衷是什么？

史：对我来说，步入学术研究，其实是一步一步走上这条路的，也是一个不断自我认同、获得自我成就感的一个过程。一开始我在读研究生的时候，并没有明确的学术规划，只是不甘心做一个中学老师。当时我在南京大学博士毕业以后，我一心想回到北京，结果就是去中华女子学院都很困难。北京根本进不去，几乎没有听说过北京以外的应届毕业生进北京找到工作，北京高校的工作一定要先读个博士后才行，很困难。

当时硕士毕业以后，我给牛栏山中学投简历，校长在电话里操着一口京腔儿，告诉我怎么去，要坐好几趟公交车，也没有直达的公交车。后来刚好博士录取结果出来了，就没去，真是不甘心到中学。然后博士毕业，其实我还可以去高教出版社，但后来权衡了一下，还是选择了一个做学术的地方。能来这里，跟汪维辉老师也是有很大关系的，因为他 2009 年来浙江大学。大概来了浙江大学三四年以后，觉得自己要能够做一些对于这个学科有贡献的研究，后面慢慢也发了几篇文章，出了书，感觉自己可以

在这方面做一些东西出来。

但其实对于我 2014 年那本书，也还是很忐忑，觉得这样的做法跟现在浙江大学的学术风格、学术理念不太一样，所以我这两年也在慢慢转型，试图去把语言学的理论跟文献的解读结合在一起，也试图去挖掘出土文献和传世材料的理论价值，用这个理论来更好地解释传统文献。所以我觉得到目前来说，才算是真正开始进入学术研究的一个阶段。你知道自己要做的东西是有价值的，对这个学科来说是有价值的，也知道要怎么做，有一定的追求和理念。

邢： 您曾到美国威斯康星大学麦迪逊校区和英国剑桥大学访学，对此您有什么印象深刻的经历吗？

史： 很机缘巧合的机会，2016 年的春节期间，汪维辉老师给我们群发了一个邮件，国家留学基金委要开展建设高水平大学公派出国项目，每年选 5000 人，如果愿意去的话可以帮着联系导师。我当时觉得反正无所谓，就试试看，但我真的是从来没想过我会出国，我一个学文献的、做古代汉语的出国干嘛去，真是从来没想过。然后当时就联系了威斯康星的张洪明老师，联系之后，好像就没有下文了。

但是后来一次上课，我听见同班的张艳，就是柳士镇老师的一个学生，说她拿到了威斯康星大学做形式句法的李亚非老师的邀请函，我就马上跟张洪明老师联系，后面才发来的邀请函，已经快要截止了。后面还要交体检报告，然后我记得第一次体检结果出来以后，说我的转氨酶偏高，据医生说像熬夜或者是跑步后马上体检转氨酶就会偏高。所以我休息了两三天后又去测，居然真就可以了。

反正后来稀里糊涂地就去了，我在我那个书的后记里也说，我第一次飞美国，连橘子汁叫什么都听不懂，飞机上的空姐问我要 orange juice 还是 apple juice 都听不明白。旁边坐的是当时四川大学图书馆的馆长，名字不记得了，他跟我翻译说问要橘子汁还是苹果汁。就烂到那样的一个英语水平。

去了以后，要找室友，因为没法通话，所以室友就通过发邮件，说在国际留学生住宿中心门口，他戴了一个红帽子，然后开着一辆绿色的车。当时觉得很可怕，这家伙不会是流氓吧。住进去的第二天早上，他就把他的铺盖和行李拿到了客厅的中心，我想这是什么意思？室友要跑路了？是不住了还是怎么着？他要是不住的话，住宿房租谁跟我一起分摊？就很担心。结果到了那天晚上又回来了，他说了半天我才有点明白了，他要跟我换房间，我也没听明白到底说的什么，就说了个"可以"，交流障碍就严重到这个程度。

反正就在麦迪逊待了两年，也修了好多的课，主要是一些形式语言学的课，形态学、语义学、句法学都听过。简单的形式句法课，我上了三次，跟着他们画树，反正也看不太懂。还参加过他们的读书班，一个德语系的老师叫 Joe Salmons，也是期刊 *Diachronica* 的主编，组织的读书班读18 世纪、19 世纪的西方历史比较语言学的原始文献，比如琼斯、施莱格尔。后来我投给他们一篇文章，还是主编给我回复的，他说读书班还在继续，欢迎继续参加，但文章给我拒了，这个经历还是很难忘的。两年修了好多课，真的是开眼界，知道欧美原汁原味的语言学是怎么来做的，他们的课是怎么来上的。

邢：那从国内到国外、再从美国威斯康星州到英国剑桥，您所感受到的学术氛围有何不同？可以分享一下您的心得体会吗？

史：首先我想从国内到国外，这两个对比来看的话是有不同的。国外的语言学，尤其是比较好的学校，他们很注重理论基础的学术训练，比如他们要学形式句法，要学语义学，要学形态学，然后还会有高级的那种语言学，再往上就是专题研究。剑桥那边也是这样的，他们有一套一步步提升的成熟的训练体系。

在我们国内是没有这样的体系的，我们现在学文字学、训诂学，学词汇史、语法史，一上来就是可以学、可以听的，但在欧美一些好的语言系里是不行的，一定要有入门的学术训练。我觉得这是一个学科成熟的表现，当然不是说国内的语言学不成熟。国内语言学的传统是不一样的，我们的传统就是《说文解字》这一系列，包括音韵、训诂这样一套体系。这套体系严格来说，就是我们传统的语言文字学的体系，它很少有理论假设，其实这也是事实，我们应该承认。

再一个，国外的语言学，他们比较强调理论上的创新，他们很多研究是以理论创新为出发点，所以他们鼓励提出一些新的东西。他们上课提的一些问题，你会觉得都很幼稚，包括研究生和博士生，他们有时发言讲很长的一段，说的话都很幼稚，你觉得根本不需要提问。但是他们很鼓励这样一些不是问题的提问，你尽可畅所欲言。这种风气在美国体现得尤为明显，非常鼓励自我表达、自我表现。

美国好多大学里也是有语文学系的，叫作 Classics，古代的语文学、文献学他们也有，但是这些人就不太注重理论创新。国内我们是把语言学和语文学混在一起，也就是说我们没有严格的独立出来的语言学系。甚至直到最近这些年，我们仍然没有把古代的文献看成是一个语言系统，但古代的文献就是表达思想的一个语言系统。我们只是关注字词，我们没有关注整个系统的构建，没有关注在说话系统或者书写系统里，句法定位是怎样的，词法定位是怎样的，信息结构是怎样分布的。

所谓的"语文学"其实是从欧美传过来的一个术语 philology，翻译成语文学，但是并不等于我们传统的语言文字学。我们传统的语言文字学有自己的精髓，其实这里头也有一些理论推演。但西方的语文学是不一样的，他们主要面对的是一些拼音文字，他们要做的就是把这些拼音文字，包括各种古籍、文学作品，搜集整理然后做校勘，这是他们的语文学。

但是我们的语文学有独特的一面，一个是字的问题，对我们来说，一个字就是一个意义单位。我们传统的语言文字学，都是以视觉语言作为基础。所以对语言单位,对最小的意义单位的辨认,就是在视觉语言的基础上,那就是一个个的字。当然也有联绵词的形式，联绵词有时可以拆开，拿其中一个字来作为一个单位。然后一个个字形成意义网络，最重要的是汉语有同源字，就是所谓的音近义通，形成一个核心意义。这跟汉语的特征有很大关系，和字词有很大关系。因为汉语不是拼音文字，但在视觉上又是可以标音的，所以人们慢慢形成了一个心理，要有一定的意义范畴，有一定的声音标识符号，然后也可以通过隐喻的方式跨向另外一个意义范畴，但会继承某些核心义素。慢慢就形成了写的字不一样，但词源是一样的，这是汉语的一个特点。

再一个我觉得要提的，美国跟英国是不一样的，我去英国之后才深切地体会到英国的大学跟美国的大学比起来，有一定的保守性。比如剑桥，体现出了非常强烈的朴学的风格，他们有很深厚的传统，他们古典系的人都是有各种头衔的教授，他们的工作也是来做文献整理。然后英国的语言学也是相对保守的，你可以换一个说法叫务实，他们的追求是解决实际问题。但从另外一个方面看，他们的理论创新是远远不足的。你会发现绝大部分理论创新点都是美国人提出来的，他们其实就是想出各种各样的东西，可能大部分是错的，是经不起验证的，但就是有那么一小批聪明人提出的东西，就产生了影响力，让大家去追随。

还有一个体会，一定要出去走一走，不要只在一个地方，多听一听、看一看别人在做什么，是怎么做的，尤其要去一些先进的地方。其实我们现在说要有学术自信，我觉得要分情况，如果我们国内的研究已经是世界领先了，你是可以只看一看别人做什么就行了。但是我觉得就语言研究来说，我们现在的范式是远远没有领先的，我们做的这些东西，100 年了都一直是在跟着别人走的。我们即便是提出一些新的想法，也没有达到领先的程度，远远没有。所以我们的学习还在路上，既然还在路上，那就一定要出去。

包括现在的语义学，我们没有一个系统的参照，就是你这样分析也可以，我这样分析也可以。但恰恰是欧美的一些学者，他们在做形式语义学的时候，是从逻辑出发做一些梳理，由逻辑发展出来的一些框架，这些分析手段就可以给我们提供一个非常精确的参照，我们就可以参照他们的理论框架来做进一步的精确分析。比如说很简单的例子，我们现在讲语气，到底什么是语气？判断语气、肯定语气是个什么语气？这一定要落实到语义分析上，有一个我们能够感知到的语义才行。

所以我们要向别人学习的还有很多，出去以后才知道跟别人相比，哪些方面自己有不足，哪些方面自己有优势。当然也要把自己的一些研究推出去，跟别人进行交流。现在这个时代，用英文写作也好，或者懂英文也好，这不是一个崇洋媚外的事情，不是一个政治性的问题，这是一个学术工具的问题，就是互通有无，文明互鉴。

邢：可否介绍一下您目前主要的研究领域和研究成果？以及今后您有什么拟研究的新方向和新课题？

史：一个是沿着博士论文做运动事件的表达。当时在美国，张洪明老师给了我一篇文章，那篇文章有150页，就是Leonard Talmy的经典文章。我当时也不知道这个人这么有名，这篇文章这么有名，反正就是硬着头皮做，选了这样一个博士论文题目。后来越做越艰难，因为我发现我所能想到的一些点都被别人做过了。共时的好多人都做过了，历时的贝罗贝先生也已经写过文章，2006年北京大学毕业的一个博士，博士论文都出书了，那这还有什么可做的呢？但是题目已经选了，只好硬着头皮做下来。在过去的10年里，相关论文发表在《中国语文》、*Linguistics*、*Studies in Language*等著名期刊上，专著于2014年出版，荣获第八届高校科学研究优秀成果奖（人文社会科学）青年成果奖。最近，这个领域的研究出现了新气象。原先我主要是做功能类型，随着文献的增多，我发现最近这五六年，学者们开始从句法刻画的角度来看类型的区分，我觉得是一个非常好的切入点。所以我还是会做下去，做运动表达的历时演变和共时分布。历时演变，就是看汉语从古到今的演变，句法刻画以及各个要素分布等等。共时分布，主要是我们汉语方言真的是一个很有趣的现象，各个方言的表达是不一样的，值得去进一步挖掘。还有一个思路是讲关于运动方式的，运动方式表达的历时演变和共时分布的差异，再有一个句法上的刻画，应该会出一个英文专著，正在申请出版社，这对我来说也是一个推动。

再一个，前些年包括博士期间我做了一些文献方面的字词考据，这几年我试图把我所接触到的一些语言学理论，跟我们传统文献的解读结合在一起，包括传世文献的解读和出土文献的解读。这两年我写了几篇文章，一个是从综合到分析，一个是介词的从句现象，还有关于"吾""我"的文章，从"吾""我"之别来看《论语》的句子解读，这是我所追求的一个思路。通过现有的一些理论性的研究，然后来反观传统经典句子的解读，就是从整个语言系统的角度去看，怎么样的解读是更合理的。

还有一个 2014 年申到的国家社科基金项目"语法化中的语法性及相关问题研究"。记得当时我看了一篇文章,觉得这应该是一个很有趣的问题,语法化中的语法性如何界定,它的本质属性是什么,就用这个来申请。然后这两年也做了几篇关于语法化的文章。

还有关于上古汉语反问系统的研究。我发现汉语史上的反问系统,几乎没人关注,从来没有人出过书。我在考察《论语》"君子质而已矣,何以文为"这个句子的时候,发现大家的研究调查仅仅是从结构主义出发,来认定这个位置的语气助词之类的,但是没有人去对上古汉语进行深入挖掘,这个句子其实是个反问句。这个反问句就涉及上古汉语中反问表达的策略是怎样的,这其实是有一系列的句法差异的,恰恰跟左缘结构有很强的主观性是有关系的。

20 世纪 90 年代美国有人提出过"新语文学"这样一个思路,我还在看他们的东西,感觉跟我想提出来的"新语文学"的思路是有点相似的。我想提出的"新语文学",不仅仅是文献整理,而是要把文献看成一种语言,语言是有它的结构体系的,要在这个语言系统里来看每一个字、每一个词所表达的意思,它所具有的功能,包括它的句法、词法,还有信息上的定位。但是语言理论也不要走得太远,一定要符合直觉,或者落实到解决实际问题上,来更好地解读文献。我们要积极地吸收借鉴新的语言学构建起来的语言学理论、语言学系统,来解决实际问题。这是我以后想追求的一个理念,我想做这方面的人也会越来越多。

今后的预想,我想重写一本汉语语法史,这是宏大的构想。通过结合理论语言学和文献考据,在我所追求的"新语文学"理念的支撑指导下写一部汉语语法史。这是一个理想,大概要等我老了退休了才能完成吧。

邢:您刚才提到硕士时主要做的是传统语言文字学,那是什么样的契

史： 我一直在想我如果没有出国的话，可能就是沿着硕士或者博士一年级的思路去做。因为跟着汪维辉老师做博士论文，大概就是要做中古汉语词汇史，硕士读的又是文字学，我就想把文字学跟词汇史结合在一起，然后利用一手材料，出土文献也好，传世文献也好，来精耕细作。但是出去以后就看到了很多理论，看到了很多新的东西，当时懵懵懂懂，一看一听就觉得思路很好，心向往之。包括后来到剑桥，国际上很有名的一些语言学家，听了他们的课，慢慢觉得这个东西应该是这么来做的。所以我觉得我的研究思路不是说转移，而是新的语言学理论跟传统的文献思路两者结合互给。

面临的挑战当然是很大的，其实我现在也一直在面临着挑战。一个是新的知识的接受，其实也是一个很痛苦的过程。这个瓶颈就是如何学习新的东西，然后不断地学习新的东西。我现在感觉已经有些跟不动了，形式语言学的东西我大概还能够看一看，以前形式语言学就是基本的命题这些东西，现在要把那种主观性的东西，比如疑问、反问进行形式化，用技术手段把它刻画出来，这些东西对我来说太难了，但我还是心向往之。所以我想自己不懂的，就去问别人，跟别人合作，不管是先进的理论还是文献方面，去克服自己对新知不懂的这样一个瓶颈。因为你不可能把所有的知识、所有的东西都弄明白，自己应该要有一定的优势和基础，但是不要把自己限制住，就是说尽量让自己没有"画地为牢"的思想，来任何新东西我都可以做，我做不了，那找别人来合作。

邢： 您每周都会和所带的硕士、博士一起开展读书分享会，为什么会

有这样的想法和坚持？您认为研究生应该具有什么样的基本素质？对其您有什么样的期待？

史：我们每周的读书会，我其实还是下了很大的决心的。我觉得是这样，对研究生来说，一个大家集中讨论的时间一定是需要的，在这样一个语境和氛围里，你自然而然就会学到很多，就会想很多事情，这个熏陶是一定要有的。所以我想一定要有这样一个坚持。

对于研究生来说，一定要有怀疑批判的素质。说得通俗一点，要有一个挑错的意识，所有文献在你面前，你首先不要去支持它，你第一印象不能觉得它都是对的，你甚至是要抱着它是错的，而我要找出它哪里错的思路去阅读这篇文献，去听一个报告，去看一本书，我觉得这是一个最基本的素质。再一个，能够在一定的研究基础上提出自己的想法，去论证自己的想法，这也是一种必备的素质，我想这应该是一个水到渠成的过程。另外一个就是一定要有严谨的意识，这就涉及你在构建自己的思想的时候、在论证的时候要严谨，在查阅文献、在收集语料的时候要严谨。所以我想归纳起来主要是两个方面，一个是批判意识，一个就是严谨意识。

我对博士生的期待，在读是一个研究生，出去后是一个研究者，就是这样的一个期待。当然也不排除有一些博士生毕业以后会去做别的事情，但是我觉得去做别的事情也应该是以一个研究者的意识和素质去工作，这个是非常重要的。那对硕士就不一样了，我的期待就是分流，如果硕士生觉得自己适合或者喜欢做研究，那么就继续你的研究生涯。但并不是所有的硕士研究生都能这样，其实这就是一个发现自我、认识自我的过程。当你觉得自己更适合其他领域的工作，你就要在硕士阶段除了做好本职研究学习之外，多参加一些社会实践，充实自己。

邢：您平时在阅读文献时有何习惯？在撰写论文、投稿发表方面有什么经验体会？

史：我觉得我是一个出活比较慢的人，是需要慢慢思考的类型。我现在只有偶尔才读一读闲书，大概停留在一个碎片化阅读的阶段，看看微信公众号推送的信息。但是我读得比较杂，比如我关注 *Nature*、*Science*，他们有汉语的导读，我就看一看最新进展，也去看看有没有语言学的。

我现在主要是集中阅读文献，带着问题去看文献，也随时留意这些材料对我的问题有什么价值。收集材料尽可能做到全面，研究文献也好，古籍材料也好，尽可能做到全面，一定要找到原始出处和原始文献。比如说我在做《论语》那篇论文的时候，就去找到最初日本的刻本文献，一定要看原来的出处。顺便也要了解一下这个人、这本书到底是什么情况。

撰写论文其实是个痛苦的过程，是个磨炼的过程，因为有的时候想得很美，研究下来却很痛苦，当然写成以后是很有成就感的。尤其当你在觉得自己解决了这个问题以后，是很有成就感的。写论文要做到最基本的一点，你要相信你写的，或者说你写的东西要让你自己相信是对的，你在整个研究过程中是坦诚的，这样的话你才能够理直气壮。

在投稿上，我被拒了无数次稿了，其实每一个投稿人都被拒过无数次稿，被拒得多了以后，现在一点感觉都没有。我记得当时第一次投《中国语文》，那时我投稿的时候还在南京，但是录用的时候我已经是在威斯康星了。那会好像是冬天，我突然收到他们的录用通知，搞得我很兴奋，我就把我室友喊起来，太兴奋了。我觉得现在我投稿有一个体会，就是一个很无奈的体会，是什么呢？我有一些新的想法，我觉得别人说的不对，但是我又不太便于很尖锐地指出来，有一些新的直觉或者新的想法，一说出来别人就不信，或者是觉得太虚渺了。但是我觉得有些时候，我还是坚持

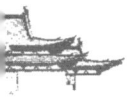

自己的看法，这都是应该鼓励的，不应该因为这样一个审稿的过程来轻易地否定自己的写作，对吧？所以我没有办法做到让所有人都喜欢我的文章，但是我可以尽力做到让所有人都不讨厌我的文章，只能是这么一种很无奈的体会。

我记得当时投 *Linguistics* 的文章，我收到了四页的审稿意见，当时我给他写了好长的反馈。然后2018年发在 *Studies in Language* 上的文章，收到了不止四页大概有五六页的审稿意见，我给他反馈的就有十几页，憋了一个星期，给他回复审稿意见。反正不管怎么着，即便是在你反驳的那个人手里头审稿，也不会说直接没有理由地给你拒掉，他一定会给你写很长的审稿意见，在国际上这是一个惯例。

现在像权威期刊的文章，定的级别很高，但其实从学术创新、学术价值来说，不一定的。你如果要推动学科的发展，你就要提出一个新的东西，或者引领一个新的风气，一个新的研究话题，引起争鸣。但是你会发现很多时候发出的文章都是比较侧重于材料型的，或者是用材料来验证一个既有的理论，或者发现了一个新的语料，然后对现有的体系有所补充。但是提出新的理论点，基本上是发不出来的。当然这个也不是说不好，追求严谨的一面也是好的。

邢：那在学术研究和日常教学之外，您有什么锻炼方式或休闲活动吗？

史：以前我还游过泳，前两年在和家园住的时候，会去游泳馆游泳，然后也跑步。后来因为自己没有坚持下来，这边也没有找到合适的游泳馆，然后现在基本上就是快走。我从西门出去，然后沿着余杭塘河走，那边有一个桥过去，然后要过了河滨融创，再往南边有一座桥，再从五常港路绕，走一圈也得有个大半个小时。现在如果不赶时间，我就走一走。应该锻炼的，让自己瘦下来，这真的是很重要的事情。

邢： 您目前也给本科生授课，那结合您自身的学习和研究经历，可否为语言文字学的初学者提供一些建议？

史： 一个就是要读原典，读经典性的材料和经典性的论著。比如你要去研究古代汉语，你就要去读《左传》，要熟悉古代语言的基本情况，然后要去读《说文解字》和《说文解字注》，这个是一定要读的。你读《左传》，可以读这个故事，可以了解古代的思想文化，也可以了解古代的语言，但是读《说文解字》或者是《尔雅》这样的文献，有个问题就是你可能不知道自己在读什么，读下来以后你不知道要去做什么，不会让你很快得到有价值的点。但是我觉得读《说文》《尔雅》《广韵》这一系列的书，不要把它作为一个材料来读，要把它作为一个研究性的工具来使用。

再一个就是要读经典论著，经典论著倒也不是说直接上来就读，像读教科书一样读。我是比较排斥读教科书的，但不是说我排斥教科书，教科书存在的价值当然是很大的，它的意义在于给你提供整个研究学科的一个概况，它的研究进展，它的研究体系，以及这个学科有哪些问题。但是对初学者来说，读教科书往往会让你觉得不知道要研究什么样的问题。所以最有效的办法是什么呢？找问题，从问题出发，然后在读文献的时候，读教科书的时候，或者是在上课的时候，去研究这个问题。比如我在教课的时候，古代汉语教材里第一单元是《左传》，第二单元是《战国策》，我就发现《左传》里的"使"跟《战国策》里的"使"，用法不太一样。《战国策》里"齐王使使者问赵威后"，但是在《左传》里头就从来没见过有这样的用法。然后再去调查还真没有，那么这是一个什么样的问题，反映的是一种什么样的现象？带着这些问题去读书，这样的话会比你单纯读教科书要事半功倍。

再比如"吾""我"的问题，"吾""我"之别，《说文解字》也都有解释，"吾"是自称，"我"是施身自谓。什么叫施身自谓？大家都搞不清楚，都是各种各样的解释。然后你带着这个思路去看文献，以新的理论点、新的框架、新的手段来分析它，再来看《说文解字》里的释义就会更加清楚，更加准确。当然包括段注也提到"吾""我"语音强弱的问题，段注里面很多认识都是非常好的，通过你自己对问题的研究，对经典的理解就深刻了，就不至于说你看《说文解字》就是一句话的解释就完了。

所以对于初学者，归纳起来就是两个方面，一个就是要读原始材料，就是沉浸在原典材料里面，这个过程一定要有，你要了解这个文本，然后要熟悉文本的版本、流传等等，这方面的语文学的功夫要做足。再一个就是要带着问题去看文献，要从问题出发来看文献，会达到事半功倍的效果。

邢：在您的学术研究历程中，有哪些重要的学者或专著对您产生过重要影响？也给大家推荐一下。

史：对我影响较深的，首先要从我的博士论文说起，2000 年 Leonard Talmy 的两卷本《走向认知语义学》（*Toward a Cognitive Semantics*），这部论文集是非常经典的，我觉得大家不管是研究哪个方面，都应该去好好读一读。

学者方面呢，我想要数我的三位导师了。

汪维辉老师的特点是很明显的，很好地体现了语文学的功底和语言学的眼光这样一个结合的风格。汪老师做论文会把文献功夫做得很足，然后他对语料、对词义的把握，也不会囿于传统的认定，他的基本思路就是在文章里、句子里要通顺，词义放在这里要符合文义，这个真的是很重要，我觉得我是受这个思路的影响很深刻的。我在判定释义或者是解释对不对、准确不准确的时候，我是根据我自己的理解。再一个汪老师的语言学的眼光也很好。他不会囿于传统的字词训释，不会淹没在材料里面，他是有现代语言学的一些思想理念的，这些理念尽管没有提升到用一些现代语言学的理论和手段来进行处理和分析刻画，但是他有这样的意识和眼光。

我在美国联合培养的时候，经常和张洪明老师聊关于一些问题的看法。张老师早年在复旦大学师从张世禄先生，功底也很深厚。但他后来接受了美国语言学的训练，理论性、层次性的意识也非常强烈。纷繁复杂的问题，他用简单几句话就能说清楚。张老师经常跟我说，分析问题要讲层次。我至今受益匪浅。

我的硕导王立军老师是我走上学术之路的启蒙者，当时他带我和海荣读《说文解字》打基础，并经常强调要有理论意识，到现在还记忆犹新。

"小"出版，"大"使命

——陈洁教授访谈录

陈企依

学者
名片

陈洁，浙江大学文学院教授、博士生导师，浙江大学数字出版研究中心执行主任，浙江大学出版社常务副总编、副总经理，浙江大学学报人文社科版执行副主编，清源学社副社长，剑桥大学访问学者。入选国家万人青年拔尖人才、浙江省万人青年拔尖人才、浙江省宣传系统五个一批人才、浙江省第一批之江青年社科学者、求是青年学者、省万名好党员。担任韬奋基金会第一届学术委员会委员、中国编辑出版高等研究会常务理事、国家出版融合发展重点实验室学术委员会委员、新华文轩博士后工作站指导专家。主要从事数字出版、媒介文化、出版产业等领域的研究。曾在《新闻与传播研究》《新华文摘》《中国出版》《出版科学》和人大复印资料等重要学术期刊和知名国际期刊

Publishing Research Quarterly 上发表 60 篇有影响力的学术论文，主持完成国家社科基金、教育部、中宣部等省部级课题 9 项，在国家一级出版社出版专著《数字出版商业模式研究》《数字时代的大众文学出版与传播研究》《数字时代的出版学》，成果获中华优秀出版物奖、省哲学社会科学优秀成果奖（3 次）、全国编辑出版优秀论文奖。教学方面成果被列为省优秀教材、获立省级精品课程，指导学生作品获全国竞赛一等奖，获浙江大学优秀班主任（3 次），获十佳青年岗位能手（2 次）。

一、源于热爱始于坚持的理论阅读与实践创新

陈企依（以下简称依）： 陈老师，您好！很荣幸有机会能采访您。我们了解到您一直在做"数字出版"领域的研究，能分享一下您是如何走上学术道路并确定研究方向的吗？或者说从事出版学研究的动因是什么？

陈洁（以下简称陈）： 主要是兴趣与坚持使然。其实我觉得人与书的相遇与人与人的相知类似，是一场机缘。说到我和出版研究是怎么结缘呢？归根到底，动因还是始于书的力量，因为在成长过程的每个阶段，一些经典作品始终是最好的伙伴和引路人。回顾和出版结缘的近 20 年，自博士毕业之后我一直在浙江大学编辑出版学学科任教，去年开始正式同时也在出版社任职。我经历了从学出版到出版实践，到教出版、研究出版，再到这一阶段呢，既是出版从业者，同时也是出版人才培养者，希望能致力于出版的理论与实践相结合吧。

之所以对出版研究有如此浓厚的兴趣，除了感恩书业精品好书之外，还是得益于在传播学的学习和研究。其实最开始是先对新闻学产生了兴趣，

希望能成为一名记者，但在学习新闻学时发现传播学对我更具吸引力，它将我领入一个全新的世界。脱胎于社会学、心理学等学科的各种传播学经典理论就像一幅余韵悠长的画卷在我面前展开，各种真知灼见时常让我沉思。在这之中，出版业具有的如此生动的案例与动态更是传播学中其他领域无法比拟的，使我在问学之路上一步步扎根其中。

后来真正步入研究之路，实际上还是得益于阅读和实践的双重影响。回想起来关键的两个时间段非常重要，一是非典时期，由于整个学期停课校园封闭管理，当其他人都在操场上数星星看月亮时，我把之前搜集留存的未读完的传播学著作基本都阅读了一番，在理论上有了相对扎实的积累，随后参与撰写完成张涵教授有关出版人研究的数万字报告，同时成果也陆续发表，在出版学研究上找到了一点点信心。

对于出版研究而言，实践是必不可少的。早年第一次迈进出版社大门前的驱动力，是因为当时基本上把市面上能找到的学科经典著作全阅读了一遍，后来发现如果想要再进一步读到新书的话，估计只能去出版社了，就是说在这些书没上架之前我就能早早地读到它。这个动因非常直白，就是最快读到好书。之后，我向中国传媒大学出版社的闵惠泉总编寄送一封自荐信，中传出版社可以说是那时除人大社之外出版传播学著作处于前沿的一家出版社。或许是因为当时给总编的手写自荐信实在是令人印象深刻，这封手写的自荐信敲开了出版社在我人生当中的大门。那段时间白天帮助编辑审读书稿，晚上撰写论文。越洋而来的美国《出版商周刊》给予我很多启发，从为专栏撰写国外出版集团和出版人的案例分析，再到从实践出版的选题，到国内外的案例，搜集素材，撰写成果，使我不知不觉向出版业研究靠近。

这些经历为我积累了出版学科理论和实践方面的基础，那年柳斌杰教授新在中国传媒大学招收第一批出版学博士生，老师的真知灼见令我钦佩，此后经过层层选拔终于顺利成为柳斌杰教授的博士生，深入研究出版学。但在博一的前半年，我十分迷茫。当时，全国没有出版学的系统博士课程，导师工作极其忙碌，经常需要办公时间随身带着我的论文批阅，上下几届又没有同学，处于独自一人迷茫探索的状态。

在彷徨与困惑之际，剑桥大学 John B. Tompson 教授是引领我拨云见日的一位重要学者。还记得 2005 年的冬天，经闵惠泉总编推荐，我遇到了这本漂洋过海来中国出售版权的《数字时代的图书》（*Books in the Digtal Age*）。一翻开这本书，我就被书中的叙述方式和研究问题的思路深深吸引了。当年在黑漆漆的核桃林，和每一个英文单词对话的情景再次浮现在眼前。与以往出版学著作不尽相同的是，其研究缘起和每部分的论述有着强烈的问题意识和实践导向。作为社会学系教授，同时又是 Polity 出版社社长，作者发现其实以读书为业的教授们对书业知之甚少，于是从媒介研究延伸至出版业的探索。在探索出版业之前，作者开拓性地借鉴了法国社会学家皮埃尔·布迪厄的场域理论，并受罗伯特·达恩顿书业研究影响，使出版学研究的面向更为严谨。书中将概念化的出版业根据不同的特点和动力划分成了不同领域，进而针对数字化的影响，提炼出三大主要出版领域：教育出版、专业出版和大众出版。将出版按领域分为如今熟知当时却从来未有人提及的最具代表性也是与数字出版结合最紧密的三个领域，同时将自己研究书业的历程娓娓道来，仿佛作者就在与自己对话。它以全新的视角激发我原本被困的思维，同时也引领我不断探寻充满魅力的出版研究领域。

其实最开始我打算研究的是大学出版，然而正碰上中国第一届数字出版论坛在香山举办，导师建议我去了解一下数字出版这一领域。数字出版在当时是崭新的研究方向，是我国文化发展的重中之重，也是国际上正在探讨的重要前沿领域。从阅读实践和国家层面的要求出发，又考虑到与实

际相结合的应用学科更具有社会效益，我 2005 年正式开始了数字出版研究的学术道路，成为数字出版研究最早的一批研究者，至今仍在继续从事数字出版研究。因为越发觉得，数字出版的理论与实践研究无论是从战略发展的共时性角度来说，还是对出版产业的历时性研究来说，都有重要意义。得益于导师柳斌杰教授的鼓励，他不止一次地告诉我，当所从事的研究绝大多数人都不是很明白时，你只要坚持努力相信自己。另一方面，在实践中，我越来越发现自己的学术思维能力和公开演讲的能力还有提升的空间，抱着挑战自我的心态，我拒绝了在北京的好几家出版集团和研究机构的工作邀请，毅然决然地走上了当一名大学老师的道路。或许是因为我与出版的结缘初期便是从理论到实践，再从实践到理论。去年一个很偶然的契机，我又来到了业界，除了在学院教学科研工作之外，同时在大学出版社工作。直观的印象是，出版业的学界和业界实在是太需要相互了解和互相支持，出版学的理论研究非常有实践意义。

二、善于发现不断思考的媒介观察与多学科视角

依：您选择极少人走过的道路，做新领域的持续开疆者，令人钦佩。在从业或治学经历中，您是否遇到过瓶颈期或重要节点？有没有想要放弃的时刻？

陈：谈到在从业经历中遇到的最大困惑，我眼前总会展现出一幅画面：一个人在森林中徒步，总在那么一条安静的小路，旁边是喧嚣是熙熙攘攘。这条小路可以是研究之路，也可以是当前从业之路。比如 2005 年的冬天，读博的彷徨与困惑；2008 年的冬天，浙大启真湖畔的专业迷茫；2012 年的冬天，在剑桥曾经动摇过职业理想；2021 年的冬天，面对高端学术精品书

的市场，不禁会感叹我们是要传播知识引领文化，还是要娱乐大众随波逐流。之前的困惑，最终似乎都迎刃而解，看起来始终与众不同另辟蹊径。克服这些困惑的力量可能非常简单，那就是源于热爱、终于坚持。当坚持不下去的时候，脑海里始终有出版史上灿若星辰的名字鼓舞，同时还有对出版好书、传播文化的执着信念。

回顾以往研究经历中，2011 年和 2012 年是相对瓶颈期。在 2005 年正式研究数字出版时，当时这领域属于前沿，但六七年以后，几乎所有从事出版研究的人都在写数字出版的文章，我困惑于数字出版研究的新突破与新进展。那时正是浙江大学鼓励教师出国访学的时期，但出版学研究实力雄厚的国外大学由于整体排名不佳，并不在浙江大学给出的访学范围内。我希望能有机会打开视野、调整思路，同时又有不知所措的迷茫。这时，我想到了对自己有重要意义的学者 John B. Tompson，当年在阅读完其 *Books in the Digital Age* 一书后，我将阅读思考以邮件的方式发给作者，Tompson 教授立刻回复了我，并邀我伦敦书展期间邀约相谈。后来因各种因素错过，甚至他 2008 年来北京讲学都没有遇到。如今恰逢良机，我给 Tompson 教授写了一封信，希望能去其所在的剑桥大学访学。但是我的邮件如石沉大海，在郁闷中又过了一年，在搜罗各知名高校根本无契合之方向时我鼓起勇气又给他写了一封邮件。后来才得知我第一次发邮件的时间不对，是在 public holiday 发的，细节是多么重要。这一次收到了对方的回信，但是教授是一位非常严谨的学者，他说需要见到我的研究计划才能判断。人的潜力真是无穷的，在一天之间我立刻撰写了移动阅读与数字出版发展研究的十几页英文研究计划发送给他，这是他那本书中不曾涉及但是后续值得拓展的领域。Tompson 教授非常高兴有人和他一样对出版满怀热情，同意作为我申请剑桥大学访学的学术担保人。也是因为与书结缘，2012 年受到作者 Thompson 教授推荐，来到剑桥访学开展相关

研究。当年想着英伦太过遥远的自己，如今真的来到剑桥，来到座落在卡文迪许实验室旧址楼上古朴的社会学系，与钦佩并交流已久的学者面对面交流，是一段奇妙的经历。在有着800年历史的剑桥大学参加一场场学术交流，在有着无尽美景和想象的康河边漫步，宛如爱丽丝漫游幻境。当然，这也得益于自己前期的积累，2009年我在美国的《出版研究季刊》上发表了关于文学原创网站的英文论文，受到在国际出版界颇有声望的主编欣赏，他十分乐意为我写剑桥访学的推荐信。

然而，来到剑桥后，事情并没有想象中的顺利。在剑桥一年中遇到的瓶颈来自于对出版学科的看法。2012年的剑桥与如今不同，当时基本仍处于印刷时代，剑桥大学的图书馆里没有与数字出版相关的文献，书店售卖的kindle问津者了了，剑桥大学出版社的数据库已经坚持积累了十几年但没有效果。自己怀揣着的对于出版的热忱，被真实现状所打击，从剑桥访学回来后，我茫然了差不多两年时间。在这两年里，我没有按照浙江大学要求的期刊发表论文，而处于无功利性地发表观点与想法的状态，始终思考着数字出版研究的发展方向。从剑桥回国，我恰好赶上微信在国内开始流行的时期，深深感受到媒介交替所带来的冲击。很快的，伴随着数字技术的发展，数字出版蓬勃兴起，传统出版行业日渐式微，传统出版物市场出现萎缩，国外的一些传统出版集团已难掩萧条态势，我国传统出版业的数字化转型迫在眉睫。在《数字化时代的出版学》一书中，我拓展和突破了出版学科理论、出版事业建设、出版策划运作等方面的内容，也对数字化转型带来的出版产业格局变迁、更为丰富的出版资源和多样化的整合营销等内容进行创新解读。访学经历让我得以近距离地接触国外数字出版前沿，也提供了站在旁观者角度解读我国出版业现状和未来发展的机会。其实，回想起来在剑桥期间通过系列研读和学术交流，领略到其开阔的学术视野和理论深度，也再一次构建了数字出版研究的基本范式。通过数字出版视角、中西方交融的出版学理阐释，我对融媒体时代下的行业转型和数字化建设提出了许多新观点、新方法。

一个人在某个环境中待久了，容易失去敏锐的感知力。2016 年再次从剑桥大学访学回国后，我深深感受到社群带来的影响，尤其是社群对于出版的影响。在原来对于数字出版发展模式的研究中，关于其盈利点我们一直没有突破，而基于群组信任的社群网络平台对数字出版的商业模式提供了重要借鉴。于是，我从移动阅读研究转向对社群网络的研究，《数字时代商业模式研究》一书是我对于移动互联时代出版之道的思想集合。全书 41 万字，以新时代的文化生产模式、传递模式作为数字出版的分析原点，来构建数字出版商业模式的底层逻辑，集中分析了出版业的社群化趋势，提出了用户创造内容的开放创作模式、基于不同社群需求的定制出版、利用社群力量推动的网络自出版、众筹出版、O2O 模式出版社营销等数字出版新模式。

之后，我关注到大众文学在数字时代的出版与传播呈现出此前不曾有的新面貌，以此为出发点撰写了《数字时代的大众文学出版与传播研究》一书，从阅读、创作，再到传播、产业，探寻大众文学出版的品质坚守与数字出版发展新路，探讨我国数字出版发展对策。这本书其实是发端于 2012 年访问剑桥大学时期，得益于东亚系 Susan Daruvala 老师的指引。当时我研修了她的一门"中国现当代文学"的课程，每次上课的思考和交流都给予我交叉学科领域的碰撞和探索。在数字时代，大众文学出版如何坚守出版品质，更新出版思维，发展数字出版新思路？这些都是亟待思考的问题，这也促使我 2016 年和 2018 年又访问剑桥大学。在后来的学术交流中，我更加聚焦于媒介与文化的领域，甚至还辅助参与网络文学专题的课程。在研究中紧密结合大众文学出版领域的数字出版新实践，延伸至网络自出版、定制出版、众筹、IP 等新业态，希望能对传统出版的数字化转

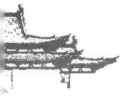

型中的行业管理提供参考对策与指导。

以上成果其实也是我从数字出版刚刚兴起到发展蓬勃过程中的三个重点研究方向，关注到"文化—经济"这一互联网带动下的新型生产结构，数字出版正是文化业与数字经济相联系的先锋军。其研究的商业模式、社群网络、大众文学等成果，均是这一领域问题的积极探索，具有重要学术和社会价值。因为研究有很强的应用性，成果被权威刊物《新华文摘》全文转载多次。非常感谢各方肯定，成果前后获得3次省部级优秀成果奖、中华优秀出版物奖。

至今，我仍会想起，第一次在剑桥大学"社会学研究"课程的教室里，Tompson教授望着窗外提醒大家一定要注重窗外的世界。我想那是我真正意义上的学术启蒙经典镜头之一：读万卷书打好理论基础，作为社会学研究者，行万里路善于观察窗外的世界注重实践。做出版研究，除了大量研读理论著作外，要切实关注媒介的新变化。不要怀疑自己，努力坚持下去，许多事情会迎刃而解。

三、秉承数字与人文两大特色的教学理念

依：您讲的治学经历和研究方法令我受益匪浅，出版学与社会现实联系紧密，保持对出版新现象与媒介新变化的高度敏锐是我们需要提高的能力，若一直处于相同环境，的确容易沉溺其中，伤及对新事物的好奇感与敏锐度。

我们知道，您是浙江大学编辑出版学学科多年的负责人，始终满怀热情，坚持壮大专业力量。那么，在推动学科发展的道路中，您是否遇到过困难，又是如何克服的呢？

陈：刚到浙江大学的第一年，我遭遇的困境便是招生难题，由于整个人文学部对编辑出版学了解甚少，学生也了解不足。于是，当我 2008 年 7 月刚来浙大做博后做的第一件事，便是当时系主任吴秀明教授让我去紫金港临水报告厅参加我们专业的宣讲。好在当时有学生对编辑出版学非常感兴趣，他们发动周围的同学都选择本专业，还在接下来的两年博后时光里时不时和我联系，希望我不要离开浙江大学。那段时间，我们组织了很多出版产学研相关的学术沙龙和活动，学生们对出版学的真挚渴望给我留下了深刻的印象，坚定了我推动出版学科继续发展的信心。

第一年便解决了招生问题，接下来的首要问题是如何教育培养好学生。教师的真正职责在于教书育人。因材施教，关注每位学生的个性化发展，让每位学生都能发现自身的亮点并将其与出版相结合，从而树立起专业的良好口碑，让学生无悔于当初的选择，需要教师付出很多的心血。编辑出版学毕业的同学基本上都能找到与兴趣、爱好相结合的工作，像中国首位科幻文学博士姜振宇，他高中的时候就喜欢科幻文学，本科选择了我们专业，在大三时参与了我指导的 SRTP 项目中的原创文学网站研究，兴趣和积累帮助他后来被中国社科院从事网络文学研究的老师录取，如今在四川大学还建了数字人文相关实验室。在之后的招生中，编辑出版学专业在学生间逐渐树立良好的口碑，获得认可。

编辑出版学科师资实际上是非常紧缺的，之所以问题没有其他同行高校那么突出，得益于浙江大学编辑出版学的特色。它依托于传统的人文学科，除了具有传统的人文学科特点和优势之外，还具有产、学、研相结合的学生培养模式和实践的特点与优势，培养出的学生具有出版加人文的双重素养，更具有竞争力。人文与科技相结合成为我们学科的一个亮点。

中华书局创建人陆费逵先生曾说："我们希望国家进步，不能不希望教育进步；我们希望教育进步，不能不希望书业进步。我们书业虽然是较

小的行业，但是与国家社会的关系，却比任何行业大些。"令人遗憾的是，本专业之外的人没有意识到出版的重要意义。出版是个具有优秀传统的行业，但出版学仍没有进入一级学科的行列，甚至连二级学科都不是。既无法与它积累的文化和价值相匹配，也难以和当下出版业繁荣兴盛的现实发展状况相适应。出版工作在社会主义文化建设中具有重要作用和重大意义。一级学科的设立，既有利于出版业自身的人才培养和行业发展，又有利于其与关联学科的廓清和建设，是学界和业界的广泛共识，我们长期在积极努力着。今年出版专业博士点的设立和一级学科的希望，都给予了很好的方向启示，也希望学校能够在这方面有所作为。

依：我也很赞同您提到的，书业虽小，但在社会发展中占据重要地位。您既是浙江大学数字出版研究中心的执行主任，又是浙江大学编辑出版学科"产学研共同体"的重要发起人，想请问下您对新时代编辑出版人才培养模式有何实践与思考？

陈：关于新时代编辑出版人才培养模式，我一直有在持续思考，围绕此主题发表了十余篇论文。智媒时代，出版业和其他产业一样，在生产方式、商业模式上发生了巨变，数字化和数字化带来的变革要求编辑出版人才从容应对数字媒介变革的冲击。在这样的变革中，产业和高校均不能置身事外、独善其身，产学研共同体不仅是机制层面的共同体，更是一种命运共同体。出版学科体系重构是当前编辑出版学产学研共同体的重点方向，要根据智媒时代对出版业的实际影响，重构现有的学科体系和教材教案。一是注重专业课程、培养方案的个性化调整，充分将大数据、智能算法运用到教学方法中，根据学生的学习兴趣和特征设计个性化的课程安排和培养计划，使学生全面发展、各有所长。二是研发智媒化的产学研一体应用平台，打造融合 web2.0、机器人写作、算法、VR 新闻、智能媒体等智媒元素的产学研一体应用平台，使学生可以真正在学习实践中操练，掌握新技术，把进阶、体验、互动学习模式落到实处。力求体现人文与科技特色，开启研究式、启发式策划创意，从而推动编辑出版学学科体系的重构。

我目前正在思考"出版 +X"的培养模式，出版加上某个特定领域的知识能帮助学生更具有竞争力。在人文与科技相结合的智媒时代，传统学科出现了许多新的可能性，在英、美等国家，文科专业已不再是传统的文科专业。作为一门应用性的学科，如何培养出适应时代需求的在各领域发挥重要作用的人才，是新时代编辑出版人才培养模式的出发点与落脚点。在过去十多年我一直承担着多门编辑出版学本科必修课程，应用的教学不能停留在教室讲授，而是需要不断创新教学方式改革。

另外，最近在出版社工作的一段时间，发现编辑职业素养中的学习力、创新力和传播力，很多方面恰恰是没有进行过编辑出版学系统训练的人所欠缺的。所以，出版产学研系列活动我们之前开展了将近 70 场，还是非常值得坚持下去的。接下来可能会创新更多的实践形式，使编辑和学生的培养能紧密结合。

四、因材施教教学相长的育人追求

依：在重视研究生成长发展的同时，您也非常关心本科生的教育培养，长达十余年亲自担任本科班主任，在学习与生活中为学生们答疑解惑、引领发展，请问您在育人经历中有什么经验与体悟？

陈：是的，我对本科生的教育培养格外关注。作为一名教师，他的传道授业解惑不仅是学术方面的，更要给每个学生足够的阳光、信任与鼓励。

我会对本专业每个学生从选专业开始的疑惑，到实习、毕业工作的各个阶段都给予足够的指导，学生们也爱来找我咨询。

大部分高校仅关注前面和后面段的学生，对中间段的普通学生经常忽略，但中间段的学生正是数量最多的群体。来到浙江大学后，成绩好的优势被弱化，大部分学生会感受到明显的落差。这时，性格内向、外表普通的孩子容易处于比较压抑的状态。在2008年担任本科生导师的时候，我以研究生培养的方式去指导负责联系的四位女生，告诉她们要是对出版学感兴趣，可以每屇阅读相关文献，把阅读思考在每周五发邮件给我。只有一个孩子坚持了下来，她本来是四位女生中最默默无闻且性格内向的，但她选择认真坚持，并在大二的时候受到我的鼓励参加全国未来编辑杯，获得了全国一等奖。之后顺利读了我的硕士生，现在有了不错的成就。选择学习编辑出版专业的学生大多数是从小对书感兴趣或者很有想法的孩子，每个人都有其闪光点，要在培养中给予学生们足够的信心，就算是一个小举动，学生们都能敏锐地感受到善意与温暖。

依：很多同学和我一样，认为老师与学生间存在不可消除的距离感，来自老师的鼓励和信任对学生来说往往有重大的意义。

陈：谈起育人经验来，我有很多可以说，但这点一定是最重要的。俗话说，"严师出高徒"，严师之严在过程、规范、战术上，但战略上应该鼓励。每个人在一生中都在寻找自己，但在寻找途中，大多数人没有十足的信心，作为老师便要鼓励他们成长，帮助他们明确、实现梦想。实际上，出版人和老师的状态相通，他们都帮助别人成长，把帮助别人成长作为自己的快乐，外圆内方，外表谦和，心中有追求、有原则。

依： 您从研究缘起，到剑桥访学，再到学院特色、教学实践，为我们做了系统的讲述与解答，非常感谢您的耐心分享。

陈： 有这次机会回顾从业历程也十分感慨。千里之行，始于足下，一路坚持的动力源自对这世界的好奇之心。我们如今已经形成了以学生培养与科研创新互补为基础、以数字人文精神为引领、以数字出版业的守正创新与道路探索为目标的产学研一体化的科研团队风格。

依： 最后是一个比较轻松的，也是很多同学们好奇的问题。繁重的科研和教学工作之余，您有缓解压力的业余爱好吗？

陈：（笑）我是一个对世界充满好奇的人，兴趣非常广泛。以前闲暇之余，喜欢扛着相机、三脚架，去捕捉自己能感受到的瞬间，自然的或人文的，还喜欢听音乐、唱歌，可以说学生们喜欢的我都有兴趣，艺术和人文一直是相通的。作为出版学的老师，到世界的每个角落都要到当地的书店去已经成为我不可割舍的热爱之事，不仅看书店本身，也喜欢观察书店之布局和来书店之人。最近两年实在是分身乏术，现在基本是通过看书看书稿来捕捉这个世界精彩的瞬间。